Max Ziegelbauer
Die „alte" Kirche ist mir lieber
Ein Plädoyer für die Wiederentdeckung des Katholischen

Max Ziegelbauer

Die „alte" Kirche
ist mir lieber

Ein Plädoyer für die
Wiederentdeckung des Katholischen

Mit 62 Abbildungen

Stella Maris Verlag
Buttenwiesen 3. Aufl. 2003

Die Deutsche Bibliothek – CIP-Einheitsaufnahme

Ziegelbauer, Max:
Die „alte" Kirche ist mir lieber : ein Plädoyer für die Wiederentdeckung des Katholischen / Max Ziegelbauer. – Buttenwiesen : Stella-Maris-Verl., 2002

ISBN 3-934225-25-X

Druck: Memminger MedienCentrum, Memmingen

3., erweiterte Auflage. 2003
© 2002 by Stella Maris Verlag e.K., Buttenwiesen, Germany.
Geistbergstr. 16, D-86647 Buttenwiesen
Tel. 0(049)-8274-6543, Fax: 0(049)-8274-6542
Internet: www.stella-maris-verlag.de
eMail: sabine.dueren@t-online.de
ISBN 3-934225-25-X

INHALT

KAPITEL III

WELT – Herberge des Pilgers

KAPITEL IV

MENSCH – Neuschöpfung in Christus

ANHANG

VORWORT

FUNDATA SUPRA PETRAM

Liebe Leserin, lieber Leser,

in diesem Buch kommt die „alte" Kirche zur Sprache, und sie wird auch ins Bild gesetzt. Im Blick ist die katholische Kirche zwischen 1925 und 1965. In diesen 40 Jahren – genau in der Mitte lag das Schicksalsjahr 1945 – tat sich eine Menge in Kirche und Welt. Am 8. Dezember 1965 war das im Jahre 1962 begonnene Zweite Vatikanische Konzil zu Ende gegangen. Die Zeit davor wird heute meist abschätzig als „vorkonziliar" tituliert. Doch der Blick auf die „alte" Kirche ist legitim, ebenso die Liebe zu ihr. Das Jahr 1965 markiert geradezu einen Bruch in allen Bereichen des kirchlichen Lebens: Der nachkonziliare Gottesdienst hat kaum noch Ähnlichkeiten mit der vor dem Konzil gefeierten Liturgie – vor allem was das Messverständnis vieler Katholiken betrifft; die damals feierlich bezeugten Glaubenssätze gelten heute als peripher; die verpflichtenden Prinzipien hält man für überholt. Wer sich heute auf den Glauben und die Moralverkündigung der Kirche beruft, gilt als „Fundamentalist", sein Denken und Handeln wird als nicht mehr zeitgemäß eingestuft.

Dass mir persönlich die „alte Kirche" lieber ist, hängt mit der zu meiner Jugendzeit noch so deutlichen Einheit der katholischen Christen im gemeinsamen Glauben, in den sittlichen Überzeugungen und der feierlichen Liturgie zusammen. Jene Einheit und Gemeinschaft innerhalb der katholischen Kirche müssen wir heute schmerzlich vermissen – auch wenn heute viel von „communio" die Rede ist. Die „alte" Kirche hatte einen Glanz, der die Herrlichkeit Gottes ungetrübt widerspiegelte und die Herzen der Menschen erfüllte.

Gewiss gab es auch damals Katholiken, die eine Kirche von innen kaum gesehen hatten. Und natürlich gab es Verfehlungen gegen die Heiligkeit der Kirche. Doch keiner bezweifelte, dass es sich bei der Missachtung der göttlichen und kirchlichen Gebote um Übergriffe handelte und nicht um legitime Gewissensentscheidungen einer autonomen Moral. Verstöße gegen die liturgische Ordnung, sofern diese überhaupt auftraten, wurden von den Oberhirten gemaßregelt.

Warum mir die „alte" Kirche lieber ist? Sie war eine Kirche des Volkes und schenkte den einfachen Seelen wie den intellektuellen Katholiken eine Fülle von anrührenden Gebeten, Weihehandlungen, Prozessionen und viele andere Hilfen zu einem katholischen Glaubensleben. Die Gläubigen konnten dabei ihr Herz ausschütten, und das Wort „Gottvertrauen" war mehr als eine bloße Floskel.

Dann kam eine Zeit, da man die Leute „umerziehen" wollte. Von einem „reflektierten Glauben" und der „Öffnung zur Welt" war die Rede. Plötzlich standen die „alten" Katholiken, die gemäß ihrer Spiritualität mit Jesus litten, zu Maria flüchteten, mit den lieben Verstorbenen Zwiesprache hielten und die (vielen) Kinder mit Heiligengeschichten versorgten, mit ihrer kindlichen Frömmigkeit am Rande der Kirche. Was früher als das Heiligste galt – die Vergegenwärtigung des Kreuzesopfers in der heiligen Messe – sollte plötzlich im „Gemeindeleben" nur noch eine unter zahlreichen anderen Veranstaltungen sein. Kirchlichkeit maß sich nicht mehr am sonntäglichen Kirchgang, der regelmäßigen Beichte und guten Werken, sondern an der Häufigkeit von Sitzungen, Pfarrfesten und dem Engagement für die Dritte Welt. Nicht mehr die Anbetung Gottes sollte im Zentrum stehen, sondern das Wohl der Menschen und ihre Gemeinschaft („communio") untereinander. Viele Katholiken fragen sich heute, ob die „alte Kirche" sich nicht grundlegend unterscheidet von der „anderen Kirche", der sie heute begegnen. Viele sind heimatlos geworden. Manche spüren nur instinktiv, dass ihnen etwas geraubt wurde, was (unwiederbringlich?) verloren gegangen ist. Daher ist es wichtig, die „alte Kirche" kennenzulernen.

Selbstverständlich bleibt auch die gegenwärtige Kirche „im Visier" – anerkennend oder bisweilen auch kritisch. Im Vordergrund soll jedoch der Rückblick auf die „alte" Kirche stehen, nicht, um nostalgische Erinnerungen zu wecken, sondern um so manche Neuerung in der katholischen Kirche einschätzen und beurteilen zu können. Solch eine Rückschau mit mancher Richtigstellung dürfte für das Morgen unserer Kirche nützlich sein.

Warum stehen gerade die vierzig Jahre von 1925 bis 1965 im Blick? „Vierzig" ist eine Zahl an Jahren, die in der Bibel nicht nur für Zeiten der Wunden, Schmerzen und Buße steht, sondern auch für solche der Hoffnung und Erwartung. „Vierzig Tage" lang geschahen die Ostererscheinungen des

8

Auferstandenen; die „40" steht somit für strahlende Begegnungen. Dadurch erhalten die hier betrachteten 40 Jahre einen symbolischen Charakter: In der Darstellung des selbst Erlebten soll Zeugnis vom lebendigen Gott gegeben werden, der in seiner Kirche lebt und wirkt. Die Wiedergabe des katholischen Glaubens sowie Reflexionen über Jahr und Zeit versprechen eine spannende Lektüre. Wer Näheres über die katholische Kirche erfahren oder Vergessenes auffrischen will, findet nützliche Informationen – über das Buch verstreut: Lebensart, Geschehnisse, Menschen …

Aber der Buchtitel! Wie mag einer bloß sagen wollen „Die ‚alte' Kirche ist mir lieber"? Doch siehe da: die Buchüberschrift war längst festgelegt, da erhielt der Autor im Oktober 2001, kurz vor Fertigstellung des ersten Entwurfs, eine Bestätigung seiner Wort- und Zeitwahl: in der „Forum"-Beilage der „Tagespost" Nr. 123 erklärt Kardinal Ratzinger in einem Gespräch mit Peter Seewald unter anderem: „Guardini gehört zu den Pionieren, die den liberalen Trend in der Theologie abgelöst haben. Sie haben damit für eine ganze Periode, die etwa von 1920 bis 1960 reicht, eine große Freude an der Kirche, am Mit-Denken, Mit-Glauben in ihr geweckt".

Eingeteilt in vier Kapitel (Gott – Kirche – Welt – Mensch) mit 44 Abschnitten, deutenden Maximen, Gedichten und Versen sowie Illustrationen, möge dieses Kompendium eine günstige Aufnahme finden. Den Autor würde es freuen, wenn dieser Lesestoff Einblick in manch verborgene Schönheit des Glaubens und der katholischen Kirche gewährte, und in dem einen Leser oder der anderen Leserin dadurch die Liebe zur Kirche (wieder erneut) geweckt werden könnte.

Augsburg am Hochfest des heiligen Josef,
des Patrons der Kirche, 19.03.2002

+ Max Ziegelbauer

Weihbischof em. Max Ziegelbauer
Titularbischof von Lapda

KAPITEL I

GOTT – Feuersäule zur Nacht

Der Herr zog vor ihnen her …,
bei Nacht in einer Feuersäule,
um ihnen zu leuchten (Ex 13,21)

Der dreifaltige Gott:
der Vater, der Sohn und der Heilige Geist

GOTT

Die Kontemplation ruht nicht,
bis sie den Gegenstand ihrer Erblindung findet.
(Konrad Weiß)
Ich bin ein Pilger nach dem Absoluten.
(Léon Bloy)

Im Frühjahr 2001 ereignete sich im oberen Allgäu folgende Begebenheit: zwei als katholische Geistliche deutlich erkennbare Herren gehen zusammen ihres Weges. Der eine Kleriker begrüßt den entgegenkommenden Mann mit: „Grüß Gott" und erhielt zur Antwort: „Sagen Sie ihm auch einen Gruß, wenn Sie ihn sehen." Er wollte damit wohl zum Ausdruck bringen, dass es keinen Gott geben kann, weil man ihn nicht sieht. Ruhig antwortete der Priester: „Haben Sie schon einmal Ihren Verstand gesehen?" Das klang hart, zugegeben, doch der Zweifler ging schweigend weiter.

Für manche mag diese Art von Glaubensverteidigung als zu einfach erscheinen, und doch war sie durchaus verständlich. Die Botschaft dieser Antwort lautete: Es gibt viele Dinge, die unserem Blick entzogen sind und die dennoch in der Realität existieren, die wirklich und wahr sind. Dazu gehört vor allem Gott.

Gott. Über diesem Buchbeitrag stehen keine weiteren Worte, erheben sich nur diese vier Buchstaben: Gott. Der Unaussprechliche, der Unsagbare. Schon, dass wir versuchen, diesem Mysterium (im übernatürlichen Sinne) einen Namen, eine Bezeichnung zu geben, Gott (lateinisch: Deus) sagen, ist im Grunde nichts als ein hilfloses Stammeln. Wir wissen mehr, was er nicht ist, als was er ist. Dennoch verfasste der Münchner Dogmatiker Michael Schmaus (1897-1993) je einen Band im Lexikonformat über „Gott den Einen" und „Gott den Dreieinen". Der heutige Mensch weiß zu diesem Thema kaum noch etwas zu sagen. Der Begriff „Gott" wird in manchen Kreisen oft nur noch zur Abdeckung einer letzten Unerklärlichkeit in unserem Dasein verwendet, und bezeichnet nicht mehr eine lebendige Person.

Gott ist. Aber noch mehr. Auch der Mensch ist. Nur: Gott ist *der, der da ist*. Das ist weitaus mehr. „Ich bin, der ich bin" (Ex 3,14), offenbarte sich Gott im brennenden Dornbusch. Gott ist aus sich selbst, der Mensch *ist* nur als Gottes Geschöpf, gänzlich abhängig von ihm.

Ja, Gott hat wirklich gesprochen und uns einen Blick werfen lassen in sein innerstes Wesen. Er ist der Schöpfer des Himmels und der Erde, das absolute Sein. Als in der Neuzeit, im 17./18. Jahrhundert, Menschen nicht mehr so recht glauben wollten, erfanden sie – abweichend von der gesicherten Offenbarung in Bibel und Tradition – einen Schöpfergott, der sich seit der Erschaffung der Welt angeblich nicht mehr um sie kümmere und alles dem Menschen selbst überlasse (Deismus). Ein Gott im Ruhestand? Ein Gott, der nichts mehr sagen will und folglich auch nichts zu bieten hat. Ein Gott wohl, dem es gleichgültig ist, wenn sich das fehlerhafte, sterbliche Geschöpf an seine Stelle setzt. Das Ergebnis ist uns durch einen geschichtlichen Rückblick bekannt.

Warum können heute so wenige Menschen an Gott glauben? Um an Gott glauben zu können, bedarf es hauptsächlich einer Voraussetzung: der geschöpflichen Demut. Daran mag es bei so manchem fehlen. Mit dieser Feststellung werden sich jedoch „aufgeklärte" Menschen von heute nicht zufrieden geben. Das hängt damit zusammen, dass es so viele falsche Gottesvorstellungen gibt wie Sand am Meer. Und viele rechnen gar nicht mehr mit Gott. Karl Rahner SJ spricht einmal „von demjenigen Atheismus (…), der heute vielleicht der verbreitetste und bedrohlichste ist, von dem Atheismus, der meint, Gott schon gar nicht mehr bekämpfen zu müssen, weil Gott von vornherein wegen seiner Funktionslosigkeit in unserer Welt technischer Rationalität gar nicht mehr vorkommt".
Die Gottesfrage hängt mit der Menschenfrage zusammen. Immer mehr steht der Mensch, Gottes Geschöpf, in Gefahr, seelenlos zu werden. Das „Von guten Mächten wunderbar geborgen" (Dietrich Bonhoeffer) droht abzusinken in roboterhaftes, fremdbestimmtes, im Niveaubruch zu primitiven Bedürfnissen ausgesetztes Menschsein. Erst Freiheit und Verantwortung machen den Menschen zu einem würdevollen Subjekt, das dann auch Zugang findet zum außerweltlichen, persönlichen und doch so nahen Gott. Die Jenseitigkeit Gottes verbannt ihn aber nicht aus der Welt; er kümmert sich sehr wohl um sie. Er ist aber auch nicht gleichzusetzen mit der Welt. Erich Przywara SJ, der berühmte Religionsphilosoph, prägte einst für das

Verhältnis Gottes zur Welt die etwas merkwürdige Formel „in/über". Doch: „Was kann diese Formel besagen? Sie teilt mit, dass Gott nicht in der Welt ist und dass er auch nicht über ihr ist, sondern dass er nur in/über ihr gefunden werden kann" (Georg Muschalek). Sich von Gott zu emanzipieren, wäre die größte Dummheit, welche der homo sapiens begehen kann. Einen ähnlichen Gedanken spricht Joseph Kardinal Ratzinger aus: „Wir können an Gott glauben, weil Gott uns anrührt, weil er *in uns* ist und weil er auch *von außen* auf uns zugeht" (kursiv vom Autor).

Wenn aber Karl Rahner von der Funktionslosigkeit Gottes in dieser unserer Welt spricht, dann „geht er nicht in die Reihen der Ursachen dieser Welt ein, auch nicht als erste … In der Dimension des Produzierens oder der Technik ist Gott nicht brauchbar; er kommt als Faktor, den man in Rechnung stellen könnte, nicht vor" (Albert Keller SJ, der auf diese weit verbreitete Ansicht – oder nur vordergründige Erfahrung – näher eingeht). Doch bleibt der unsichtbare Gott die „causa prima" (Erstursache) des Geschaffenen, der sich – als Garant der sittlichen Ordnung – der zwischenmenschlichen Beziehungen und der natürlichen Kräfte (causae secundae, Zweitursachen) bedient.
So viel Freiheit hat der Mensch! Recht verstanden, bleibt der einfache Gläubige immer im Recht, wenn er zum Beispiel dankend bekennt: „Gott hat uns wieder eine gute Ernte geschenkt." Gott tritt zu Tage in der Geschichte; er ist gar nicht so fern. „Wo immer sich Gott zeigte, im brennenden Dornbusch, auf dem Sinai bei der Offenbarung der Zehn Gebote oder auf dem langen Weg Israels, erfuhr Mose und mit ihm das ganze Volk, dass ihr Gott für sie da ist und mit ihnen zieht. Bei ihm waren sie sicher, geborgen und frei" (Eugen Kleindienst).

Gott erleichterte uns die Erkenntnis seiner selbst: „Es kam die Fülle der Zeit, und Gott sandte seinen Sohn" (Gal 4,4). In der Menschwerdung Christi, des wesensgleichen Sohnes Gottes, erfahren wir mehr über Gott, so viel, dass es für ein glückliches Leben auf Erden und einmal für die Seligkeit ausreichen kann. „Keiner hat Gott je gesehen, der Eingeborene aber, der selber Gott ist, hat uns Kunde gebracht" (Joh 1,18).
Der Erlöser der Welt hat Fleisch angenommen durch den Heiligen Geist und ist geboren aus Maria, der Jungfrau, wie wir im Credo bekennen. Jesus, der Christus (der Gesalbte = Lehrer, Priester, König) ist das „Ebenbild des unsichtbaren Gottes" (Kol 1,15) und das uns zugewandte Antlitz des Va-

ters. Darum sagt Jesus: „Keiner kommt zum Vater, außer durch mich ...
Wer mich sieht, sieht den Vater" (vgl. Joh 14,6.9). Wir müssen also Christus anhangen in seiner Kirche, dann sehen wir den Vater. Und jetzt kommt
das Ungeheuerliche: Jesus schenkt uns seinen himmlischen Vater auch als
unseren eigenen Vater: „Vater unser, der du bist im Himmel, geheiligt werde dein Name. Zu uns komme dein Reich ..." (vgl. Mt 6,9f). Romano
Guardini überschrieb sein aus tiefen Einsichten gewonnenes Buch über das
„Vater Unser" mit: „Gebet und Wahrheit". Das ist die Wahrheit von Gott:
Ohne Ihn verkümmert der Mensch, mag er auch noch so edel sein, hilfreich
und gut.

Bereits 1950 erregte ein deutscher Buchtitel Aufsehen: Henri de Lubac (der
spätere Kardinal) schrieb „Die Tragödie des Humanismus ohne Gott". Es
ist tragisch, dass gerade in gebildeten Kreisen die „Gottlosigkeit" verbreitet
ist und dass dann so mancher Student zu der „Einsicht" kommt: „Ich bin
überzeugter Atheist." Dabei vermag kein Atheist zu beweisen, dass es Gott
nicht gibt. Von Gott aber sagt der Römerbrief des heiligen Paulus, dass er
aus seinen Werken „certe", das heißt, mit Sicherheit, zu erkennen ist (natürliche Gotteserkenntnis). Alles Geschaffene sind „vestigia Dei", Fußspuren Gottes. Man sieht ihn nicht, aber wie Spuren im Schnee auf ein bestimmtes Lebewesen schließen lassen, so kann man durch die Schöpfungswerke die Existenz des Schöpfergottes erkennen. Albertus Magnus, Bischof, Kirchenlehrer, Naturforscher, sagt einmal: „Die größte Kraft im
Menschen ist die Vernunft. Das höchste Ziel der Vernunft ist die Erkenntnis Gottes".
Und Alberts fulminanter Schüler, der heilige Thomas von Aquin (1224/25-
1274), weiß als Philosoph (hier nicht als Theologe) zu argumentieren: „In
der Erkenntnis der göttlichen Dinge findet der Geist des Menschen, wiewohl er nur ein Geringes davon zu fassen vermag, dennoch mehr sein Sehnen, seine Liebe und seine Lust als in der vollkommenen Erkenntnis, die er
von den niederen Dingen haben mag" (nieder bedeutet hier nicht schlecht,
sondern geringeren Ranges). Wer mich sieht, sieht also den Vater, sagt
Jesus. Ohne Jesus Christus „läuft" nichts, wenn einer Christ sein will.
„Weil er Sohn ist, sieht er immerfort den Vater. Weil er Mensch ist, können
wir mit ihm mitschauen" (Joseph Kardinal Ratzinger). Wir können den
wahren Gott aber auch sehen, wenn wir die Augen schließen („Mystik" von
griechisch my-ein, „die Augen schließen"), gleichsam vor der Außenwelt
erblinden und ihm im eigenen Herzen begegnen.

Irgendwo las ich kürzlich so en passant und sinngemäß: „Nach zweitausend Jahren Christentum müsste doch allmählich der Gottesglaube gefestigt sein. Doch der herumschweifende Zweifel verstärkt sich immer mehr." Was lässt sich darauf antworten? Ich möchte auf meine Ausführungen zur Demut verweisen, auf den Turmbau zu Babel im Alten Bund oder auf die (vermeintliche) Abschaffung des kreatürlichen Leids durch pausenlose wissenschaftliche Versuche unter Missachtung des Lebens von Embryonen. Der Mensch als Gott. Doch so steht es wiederum beim Völkerapostel: „Abseits von Christus. Fern der Gemeinde Israel. Fremd den Verfügungen voll Verheißung. Ohne Hoffnung. Und ohne Gott in dieser Welt" (Eph 2,12).

Doch kehren wir zurück zu Gott als dem liebenden Vater. Nach den Erschütterungen des 20. Jahrhunderts können viele einen strengen Gott nicht (mehr) ertragen. Liturgie und Seelsorge bemühen sich fleißig, den Menschen einen liebenden Gott vor Augen zu stellen. Papst Johannes Paul II. erhob im Heiligen Jahr 2000 den ohnehin als Osteroktav so ranghohen Weißen Sonntag zugleich zum „Barmherzigkeitssonntag" aufgrund der Schauungen der heiligen Ordensschwester Faustyna Kowalska: „Die Barmherzigkeit Gottes will ich besingen auf ewig" (vgl. Ps 89,2). Gott ist gerecht, er vergilt jedem nach seinen Taten (vgl. Mt 16,27), doch größer noch ist seine Barmherzigkeit. Jesu Gleichnis vom Verlorenen Sohn (manche nennen es lieber „vom Barmherzigen Vater") regte zu allen Zeiten Künstler aller Gattungen an, um die unendliche Liebe des Vatergottes auf ihre Weise zu künden.

Ein Quäntchen Überraschung liefern Aussagen solcher Heiligen, die gemeinhin als ernste Personen angesehen werden, die aber überzeugend Gottes Barmherzigkeit herausstellen. So weiß der mit der Gabe der Herzensschau begnadete Pfarrer von Ars, der heilige Johannes B. Vianney: „Es ist leichter, gerettet zu werden als verloren zu gehen, so groß ist Gottes Barmherzigkeit." Ähnliche Gedanken schrieb die heilige Edith Stein nieder.

Der Jesuitenpater Willi Lambert spricht von der „Heilsgeschichte der Umarmung". Der vielzitierten Ellenbogengesellschaft unserer Tage stellt er die Sehnsucht nach Umarmung entgegen. Gott ist Person, außerweltlich, allmächtig und nicht ohne gerechte Strenge (über die oft leichtfertig hinweggegangen wird). Doch bei Lambert wird Umarmung als direkter leiblicher Ausdruck von Gegenwärtigkeit verstanden. Auf Gott angewandt heißt das:

sein Nahesein ist spürbar. Durch die göttliche Umarmung des Menschen wird in diesem die Liebe erweckt. „Eine Wohnung ist der Gott der Urzeit, von unten tragen die Arme des Ewigen" (Dtn 33,27). Und Jesus, Gottes Sohn, „nahm die Kinder in seine Arme" (Mk 10,16). Die am Kreuz ausgebreiteten Arme des Erlösers, wie auch das beim heiligen Bernhard anschaulich gewordene Herabneigen des Gekreuzigten und Umarmtwerden des unter dem Kreuz Stehenden, künden ebenfalls Nähe, Segen und Liebe des „Vaters unseres Herrn Jesus Christus". Quasi umgekehrt lässt Josef Pieper in seinem Traktat „Über die Hoffnung" den ans Ziel gelangten Pilger Gott umfangen in wahrer Glückseligkeit im Stande der Vollendung (status com prehensoris).

Doch wird nicht der Kirche heute der Vorwurf gemacht und fast laufend artikuliert, ihre Verkündigung sei keine Frohbotschaft, sondern eine Drohbotschaft (man lese jedoch bei den Propheten nach!)? Dieses inzwischen fast schon ausgeleierte Diktum zielt wahrscheinlich mehr auf die Zehn Gebote, insbesondere auf die Sexualmoral ab. Dazu kämen Schilderungen eines „strafenden Gottes" von der „Kanzel" herab. Gewiss, man sprach früher oft ernst, vielleicht bisweilen Furcht einflößend. Häufig auch über den Tod und das darauf folgende Gericht. Bei uns zuhause war es so, dass mein Vater an zwei Tagen im Jahr einen gewissen Anlauf vor dem Kirchgang brauchte, nämlich am Nachmittag von Allerheiligen und beim Jahresschluss. „Da predigt man vom Tod", und dies glaubte er, fürchten zu müssen. Und welchen „Stellenwert" nahm erst die Sünde ein, Sünden aller Art! Manche behaupten, sozusagen alles sei als Sünde bezeichnet worden, was aber nicht stimmt. Es gab auch viel frohmachende Verkündigung über die Liebe Gottes, klug fundierte Erbauung, viel Ermutigung („Heute hat er aber wieder schön gepredigt …"). Jetzt dagegen lassen Priester in der Liturgie das „Allmächtiger, ewiger Gott" aus und setzen dafür „Guter Vater" ein. Beides ist richtig, doch möge man sich bitte an die Gebetsnorm halten. Es ist auch Betrug, wenn bei einem Kirchenlied jene Strophe ausgelassen wird, in der von Sünde die Rede ist. Ähnliches gilt vom zweiten Teil des „Ave Maria".

Spricht man heute von Gott, dann leider in den meisten Fällen von „Ersatzgöttern". Ich möchte mich mit dem Beispiel vom Mai 2001 begnügen: Der Fußball-Bayernsieg machte die Leute ganz verrückt, und sie plapperten vom „Fußball-Gott". Der bekannte Fußballer des Jahres 2000 und 2001, Oliver Kahn, 2002 gewählt zum „besten Spieler der 17. Fußball-Weltmeisterschaft", rückte dieses schiefe Bild zurecht: „Es gibt keinen Fußball-Gott. Es gibt nur *einen* Gott". Danke, Oliver, für dieses Bekenntnis!

Gott ist die Liebe. Hat das noch nie einer erfahren? Gott ist Liebe in Person. Er ist selbst Person, ein Er, nicht ein Es. Außerweltlich, nicht ein Gefühlsgott im Herzen und in der Natur. Alles ist Ausfluss seiner Liebe, gewiss, aber Er selbst ist kein vom Menschen erfundener Gott, sondern der, den wir einmal „schauen werden, so, wie er ist" (1 Joh 3,2). Gipfel dieser beseligenden Gottesschau (visio beatifica) wird das „Verstehen" des Hochgeheimnisses Heiligste Dreifaltigkeit sein, so, wie schon Jesus im Taufbefehl die göttliche Dreiheit in dem einen Wesen ausgesprochen hat (vgl. Mt 28,19). Lasset uns frohgemut gestärkt sein mit dem Wort des Thomas von Kempen: „Edler als die Liebe ist im Himmel und auf Erden nichts, denn sie ist aus Gott geboren und kann eben deswegen, über alle Geschöpfe sich schwingend, nur in Gott ruhen" (aus der „Nachfolge Christi"). Und der Philosoph Robert Spaemann bringt es mit folgenden Worten auf den Punkt: „Von Gott sollte nur gesprochen werden, wenn in ihm die Synthesis (= Verknüpfung) zweier Prädikate gedacht wird, dass Gott mächtig und gut ist." Ferner: „Es gibt an sich nur einen spezifischen Akt, in dem der Mensch sein Verhältnis zu Gott ausdrücklich macht, das ist das Gebet."

Mensch, denkst du Gott zu schau'n,
dort oder hier auf Erden,
so muss zuvor dein Herz
ein reiner Spiegel werden.

(Angelus Silesius)

Getrennt von Gott

Wir alle haben einmal
und nicht bloß einmal
Gott den Abschied gegeben,
so wie wir in grünen Jahren uns trennten
von Vater und Mutter, jauchzend
in Vorlust auf die Umarmung der Welt:
Stolz auf der Lippe, und Weh in der Brust.

Aber was blieb,
als der Unwind kam und Kriegsnot,
und nicht mehr Masken uns bargen,
nicht mehr Gehäng von Gold tröstete,
Roben, Perser und edles Gerät
oder der stöhnende Kuss im Dunkeln?

Als das Teuerste heiliger Form sich entlud,
ausgeglaubt, ausgeliebt,
Spott seiner selbst und Anderer?

Wir alle haben einmal
und nicht bloß einmal
Gott den Abschied gegeben.

Und Er kehrte zurück
durch die rostigen Pforten,
zeichnete den Gescheiterten
Wohnstatt und Mahl.

(Hulda Eggart)

*Der Autor des Buches bei der Predigt anlässlich der
Subdiakonatsweihe im traditionellen lateinischen Ritus
für die Bruderschaft St. Petrus in Wigratzbad im Jahre 2002*

Gelobt seist Du, Herr Jesu Christ, ein König aller Ehren;
dein Reich ohn alle Grenzen ist, ohn Ende muss es währen.
Christkönig, Halleluja, Halleluja.

JESUS CHRISTUS –
DER KÖNIG DER HERRLICHKEIT

Wir lehnten alles ab, was vom Katholizismus kam,
mit einer einzigen Ausnahme, und das war
die – menschliche – Person Jesu Christi.
Für ihn hegten die Älteren in der Partei
eine gewisse, bescheidene Sympathie,
die ihren Ursprung in der Moral hatte
und im Poetischen mündete.
(André Frossard)

Die Gestalt und Person Jesu Christi, die göttliche Person, die die Menschennatur angenommen hat, der menschgewordene Gottessohn und Erlöser, ist unauslotbar. Sie begegnet in dieser Veröffentlichung immer wieder dem aufmerksamen Leser. Jesus, der Christus, ist und bleibt der Mittelpunkt der Weltgeschichte; unsere Zeitrechnung richtet sich nach seinem Eintritt in die sichtbare Welt. Jesus war nicht; er ist. Andere berühmte Persönlichkeiten sind im Lexikon begraben und leben höchstens dann und wann kurzfristig auf, eigentlich nur bei irgendeinem Anlass, zum Beispiel im Film. Beim Sohn des Vaters *von Ewigkeit her*, Sohn der Jungfrau *in der Zeit*, ist das anders und einmalig.

Unter den herrlich ausgebreiteten Aspekten des Christuslebens sei an dieser Stelle wenigstens einer kurz vor das gläubige Auge gestellt: *Christus als König*. Was hat es damit auf sich?
Auf dem Obelisk am Petersplatz in Rom sind Aussagen über Christus eingemeißelt, die in deutscher Übersetzung heißen: Christus ist Sieger, Christus ist König, Christus ist der Herrscher. Daraus wurden hymnische Gesänge, wie auch, vor allem am Christkönigssonntag, das Kirchenlied gesungen wird: „Gelobt seist du, Herr Jesu Christ, ein König aller Ehren." Bereits „der neugeborene König der Juden" (Mt 2,2) erhielt diesen Titel, und für sein Zeugnis „Ja, ich bin ein König" (Joh 18,37) nimmt Jesus den

Opfertod auf sich. Gottvater, der durch den Logos die Welt erschuf, hat dem menschgewordenen Logos das Königtum verliehen. Der verklärte Gottmensch, der zur Rechten des Vaters thront, übt als geistiger König seine milde Herrschaft aus als Erlöser. Er erlässt Gesetze, und das Gericht ist ihm übertragen (vgl. Apg 10,42). „Dieses Königtum Christi erstreckt sich über alle Dimensionen der menschlichen Existenz, über den leiblichen und geistigen, den religiösen und weltlichen, den privaten und öffentlichen Bereich" (Peter Morant OFMCap).

Seht Er steigt herab auf Wolken

Seht, Er steigt herab auf Wolken
Der für uns den Tod litt schon.
Tausend, tausend Heilige folgen
Im Triumph dem Gottessohn: Halleluja!
Christ besteigt der Erde Thron!

Jedes Aug soll ihn nun sehen
In der Herrschaft Prunk und Stolz.
Ihr, die Ihn einst tatet schmähen
Die ihn nageltet ans Holz …Weheklagend
Den Messias sehn: Ihr sollts!

Jene Male Seiner Leiden
Trägt sein Leib im Glanze noch.
Endlos halten ihn in Freuden
Die erlösten Gläubigen hoch.
Wie beglücken uns des Herren Narben doch!

„Ja und Amen!" stimmt ihr Chöre
Vor dem ewigen Throne ein!
Heiland, nimm die Macht und Ehre
Nimm die Herrlichkeit, die Dein: Halleluja!
Du regierst, und Du allein!

(Charles Wesley, aus dem Engl. v. Erich Fried)

Der in einer pluralistischen Welt oft schroff abgelehnte Anspruch des Christentums als Hort der Wahrheit, rechtfertigt sich allein von Christus her. Petrus, Erster der Apostel, verkündet: „In keinem anderen ist das Heil zu finden" (Apg 4,12). Alle möglichen Theorien und Trennungen (zum Beispiel zwischen dem „Wort" und Jesus Christus) vermögen nicht die Wahrheit zu schmälern oder zu verdrängen. Gott will „alle Völker in Christus zu sich rufen und ihnen die Fülle seiner Offenbarung und Liebe mitteilen" (Erklärung „Dominus Iesus" vom 6. August 2000, Nr. 8).

Katholischer Christ, die Zustimmung zur Predigt Jesu reicht nicht aus; es geht um die Bindung an seine Person: „Nachfolge Christi"! Bedenke, dass deine Vorfahren noch freudig mit der „Heilsgabe Jesus Christus" gelebt haben! Belasse der Kirche ihre Aufgabe, die Wahrheit *Christi* zu lehren, das Gesetz *Christi* zu verkünden und die Gnade *Christi* zu vermitteln!

Warum Gott Mensch geworden ist, hat schon viele Gelehrte beschäftigt, zum Beispiel den heiligen Anselm von Canterbury, den „Vater der Scholastik" (Schrift: „Cur Deus homo?"). Es muss uns doch zutiefst berühren, wenn der ewiggroße Gott unsere armselige Knechtsgestalt annimmt. Natürlich ist es ein unendlich hoher „Stellenwert" voll Wahrheit, zu sagen, *aus Liebe zu uns* ist Jesus, der wesensgleiche Sohn des Vaters, Mensch geworden wie wir, hat „aber nicht gesündigt" (Hebr 4,15). Ein anderes kommt noch hinzu: Der Mensch Jesus Christus war, an unserer Statt, allein würdig, „Gott einen vollkommenen Ehrenerweis darzubringen. Das ist die Größe des Menschwerdungsgeheimnisses, dass es einen Stand unendlicher Würde innerhalb der Schöpfung begründet" (Pierre de Bérulle).

Nur einem sündelosen Menschen konnte es gelingen, im Opfergehorsam die gefallene Schöpfung wieder mit Gott zu versöhnen. Noch mehr, diesem „Jesus von Nazareth", den viele zu einem bloßen sozialen Revolutionär verkürzen wollen (dagegen spricht schon die Bergpredigt!), ist es durch seine Hingabe am Kreuz und durch die Auferstehung gelungen, den verschlossenen Himmel aufzureißen und uns zum Vater heimzuführen. Er, der „Erste unter vielen Brüdern", bereitet für uns die himmlischen Wohnungen (vgl. Joh 14,2) und schenkt uns Teilhabe an der ewigen Gottesherrschaft selbst. Sollte sich jemand schwer tun, dies zu glauben, möge er ohne Ausflüchte die Kürze (und Gefährlichkeit) unseres Erdenlebens betrachten und zugleich die Sehnsucht nach ewiger Jugend in sich wachrufen.

Die Kirche wird Christus niemals verleugnen und von ihm lassen. Ohne ihn wäre sie tot. Sie hätte kein Daseinsrecht. Wurde in früheren Jahrzehnten Jesus inniger geliebt, ihm tapferer gehuldigt, ihm Treue bekundet bis in den Tod? Wir lasen oben über den Christkönigsgedanken. Kein Geringerer als Erich Przywara, Jesuit und einer der fruchtbarsten und angesehensten Theologen in unserem Sprachraum, dichtete das bald überall gesungene Festlied: „O du mein Heiland, hoch und hehr … Christus, mein König, dir allein schwör ich die Liebe lilienrein: bis in den Tod die Treue!"

Schon bald nach dem Krieg galt dieser kirchliche Volksgesang als eher schwülstig. Haltungen wie das Schwören und blumige Ausdrücke wie „lilienrein" erschienen nicht mehr als zeitgemäß. Doch der selige „Gottesstreiter" Michael Pro, ebenfalls Jesuit, am 23. November 1927 während der mexikanischen Kirchenverfolgung erschossen, starb mit dem Ruf auf den Lippen: „Es lebe Christus, der König!" Auch in Deutschland galt dieser junge Märtyrer als leuchtendes Beispiel der Christusliebe. Als Proprium für sein „Kirchengebet" wählte Generalpräses Ludwig Wolker die Texte des Christkönigsfestes, das zum zweiten Bekenntnistag der Jugend aufstieg. „Christusbanner" nannte man die Fahnen. Vielfach im Land wurden nach dem zum Abschluss des Heiligen Jahres 1925 eingeführten Christkönigsfest neue Kirchen mit dem Titel „Christkönig" wie auch gleichlautende Glocken konsekriert. Viele Soldaten erklärten in Unheilszeiten, manche sogar offen, Christus zu ihrem Führer. Sie litten unter sinnlosem Kriegsgeschehen.

Die Verkürzung oder gar Verzerrung des „Meisters" in das fast ausschließlich Soziale, Gesellschaftspolitische, Revolutionäre war der katholischen Jugend von damals so gut wie unbekannt und fremd. Heute ist dies anders: „Dieser Jesus gilt für die einen als der Offenbarer wahrer Tugend, für andere als religiöses Genie (wie es auch musikalische Genies gibt), für dritte als Vorbild für echte Liebe, als Helfer im Befreiungskampf im politischen oder sozialen Sinn, als Verkünder wahren Menschseins" (Anton Ziegenaus). Aber auch Jesus als „Superstar" ist weniger als der geoffenbarte Erlöser.

Christus

In der Kraft
Glänzt Er auf,
Sonne ist
Sein Gewand.

In die Nacht
Tritt sein Schritt,
Die Er rief
Licht erhellt.

Stern erbleicht
Vor dem Herrn,
Strahl scheint auf,
Alles singt.

(Reinhard Johannes Sorge)

Veni, Creator Spiritus, mentes tuorum visita:
imple superna gratia, quæ tu creasti pectora.
(Hrabanus Maurus, 9. Jh.)

HEILIGER GEIST:
PNEUMA – PARAKLET –
LEBENSSPENDER

Komm herab, o Heil'ger Geist,
Der die finst're Nacht zerreißt.
Strahle Licht in diese Welt!

Von den drei göttlichen Personen erhielt der Heilige Geist oft die herrlichsten Gesänge gewidmet; und die Maler, zum Beispiel jene des 17. Jahrhunderts, gaben in kühnen Darstellungen samt leuchtenden Farben das Pfingstgeschehen wieder, wie es die Apostelgeschichte berichtet: „Als der Pfingsttag gekommen war …, geschah plötzlich vom Himmel her ein gewaltiges Brausen und erfüllte das ganze Haus, in dem sie saßen … Und es erschienen ihnen Feuerzungen … und sie wurden voll des Heiligen Geistes" (Apg 2,1-4).

Der Heilige Geist ist göttliche Person wie der Vater und des Vaters einziger Sohn, Jesus Christus. Der Heilige Geist ist die Liebe in Gott, ausgehend vom Vater und vom Sohn; zurückfließend in das unerschaffene Meer des göttlichen Wesens, zum Heil der ganzen Welt und all dessen, was auf ihr lebt. Jesus selbst nennt die drei göttlichen Personen in einem Atemzug und in einem Zusammenhang: „… und taufet sie im Namen des Vaters und des Sohnes und des Heiligen Geistes" (Mt 28,19). Der Heilige Geist ist die Seele der Kirche, des geheimnisvollen Leibes Christi (Corpus Christi mysticum). Jesus selbst hat ihn verheißen: „Ihr (die Apostel) werdet die Kraft des Heiligen Geistes empfangen, der über euch kommen wird, und ihr werdet mir Zeugen sein …" (vgl. Apg 1,8). Und dieser Geist lehrt uns und erinnert uns an alle Worte Jesu. Er ist der Garant der Wahrheit.
Den dreitausendjährigen Psalmen werden jeweils am Schluss das „Ehre sei dem Vater und dem Sohn und dem Heiligen Geist …" angefügt. Man sagt,

so werden – analog zur Kindertaufe – auch die Psalmen aus dem Alten Testament „getauft". Das „Gloria Patri" ist wohl das einzige „Amtsgebet" der Kirche, in welchem weder ein „Ich" noch ein „Wir" vorkommt, nichts vom Menschen also – nur noch reiner Lobpreis des dreifaltigen Gottes. Papst Johannes Paul II. hat zur Vorbereitung auf das große Millenium, das Jubeljahr 2000, für die drei vorausgehenden Jahre 1997 bis 1999 je einen Jahreslauf zu Ehren des Vaters, des Sohnes, des Heiligen Geistes ausgeschrieben, alle drei im Jahr 2000 einmündend in das zentrale Geheimnis der Offenbarung, der Heiligsten Dreifaltigkeit.

An dieser Stelle nun einiges von früher. Die Pfingstnovene vom Freitag nach Christi Himmelfahrt bis zur Pfingstvigil (heiliges Amt und Taufwasserweihe, vormittags am Samstag) sah Antiphon, Versikel und Oration am Schluss der täglichen heiligen Messe vor. Es gab kein sonntägliches Hochamt ohne „Predigtlied" (Volksgesang oder Kirchenchor), während der Priester die Kanzel (!) bestieg. Noch Jahre nach dem Konzil erinnerte sich mir gegenüber ein Mütterchen aus einfachsten Verhältnissen (mit fehlerfreiem Latein): „Wie schön war das doch, wenn der Chor sang ‚Veni, veni, sancte Spiritus' ".

So jubelt und fleht der österreichische Priesterdichter Heinrich Suso Waldeck in seinem hymnischen Gedicht „Psalm zu Gott Geist":

> *Doch du, o Heiliger Geist:*
> *Unruhe bist du über den Gipfeln der Welt,*
> *den Menschenhäuptern,*
> *Du der Fliegende von Nest zu Nest,*
> *von Stirn zu Stirn,*
> *Aufbrütend immer das Neue.*
> *Ewiger Antrieb! Nie wird dein Sabbat sein!*
> *...*
> *Wer anders schreitet die Stufen der Töne hinan und hinab,*
> *Erschafft Melodie und die edlen Geschlechter der Rhythmen?*
> *Und in lebendiger Eintracht der Klänge*
> *Bekennst Du Dich, Dritter, zum Frieden der göttlichen Drei.*
> *...*

In der Liturgie aber tönen hinauf die gewaltigen Gesänge des vielfach übersetzten Hymnus „Veni, Creator Spiritus" – „Komm, Schöpfer Geist" sowie
die ebenfalls Jahrhunderte alte Pfingstsequenz „Veni, Sancte Spiritus" –
„Komm, o Geist der Heiligkeit". Religiöse Sprache in kosmischer Wucht
erschüttert heute noch heilsam das „Haus, in dem wir sitzen" (vgl. oben,
Apg 2,1-4). Mehr von innen her sieht der heilige Augustinus das stille und
doch eindrucksvolle Wirken des Gottesgeistes in seinem schönen Gebet:
„Atme in mir, du Heiliger Geist ..." Das sanfte Wehen, die Eingebungen,
die leisen Töne erschüttern ebenso. Der liebende, kühne Gottesgeist, dritte
Person der heiligsten Trinität, ist jederzeit „greifbar". Vertrauend müssten
wir ihn anrufen. Wenn wir einen Rat brauchen oder Ratgeber sein sollen –
der Heilige Geist verhindert Einbahnstraßen, Sackgassen, nebliges Gelände
(nach Bischof Egon Kapellari). Er zeigt uns den richtigen Weg.

Wie einst beim Propheten in seiner Schau von der Erweckung der Totenge-
beine, auch seiner Schriftstelle vom Ausreißen des Herzens von Stein und
dem Einpflanzen eines neuen Herzens aus Fleisch (vgl. Ez 36,26), gilt es,
den „neuen Geist" auf Christus und die Kirche hin ins Innere zu bergen.
Wie er der Geist des Vaters und des Sohnes ist, ist er in analoger Weise
auch der Geist des getauften und gefirmten Christen und der Geist der Heiligung. Blutrotes Farbspiel in Glasfenstern gotischer Kathedralen an Son-
nenabenden wäre ein Symbol für Licht und Feuer des Gottesgeistes.

Im Bibliothekssaal des ehemaligen Klosters Füssen sind an der Decke in
sprühenden Farben die Symbole der Sieben Gaben des Heiligen Geistes
(die jeder Firmling kennen sollte) angebracht, des Geistes, der selber *die*
Gabe Gottes schlechthin ist. So stärkt (Kraft von oben) und erleuchtet der
Heilige Geist, denn „unser Wissen und Verstand ist mit Finsternis umhül-
let"; so tröstet er (Freund der Kranken; Heilig-Geist-Spitäler) und zeigt die
Richtung an (Finger Gottes). Er hilft uns, das Böse zu durchschauen und
dem Ungeist zu wehren. Schwachen hilft er auf und verschafft ihnen Mut
zum Bekennen: „Du öffnest uns den stummen Mund, und tust der Welt die
Wahrheit kund". Der Heilige Geist hält uns zusammen (Band der Einheit
und der Liebe) und lässt uns Maria nicht vergessen, denn sie ist der geist-
erfüllte Mensch. Gott Heiliger Geist ist das weithin leuchtende Zeichen für
das Wachsen von Glaube, Hoffnung und Liebe. Und er ist der verlässliche
Beistand der Kirche.

In jüngerer Zeit wurde von Kreisen der „feministischen Theologie" (wieviele Theologien gibt es eigentlich?) die weibliche Form „Heilige Geistin" ins Spiel gebracht. Der Heilige Geist (die Liebe!) sei die weibliche Person in der Dreifaltigkeit. Die Sache aber ist alt. Der frühere Erzbischof von Bamberg, Karl Braun, verfasste im Jahre 2000 ein feinsinniges, bebildertes Büchlein über „Die Heilig-Geist-Verehrung der seligen Crescentia Höß" (bekannter unter der Bezeichnung Crescentia von Kaufbeuren; ihre Heiligsprechung in Rom erfolgte am 25. November 2001). Der ehemalige Bamberger Metropolit erläutert unter anderem die der Publikation beigegebenen Illustrationen aus dem 18. Jahrhundert. Interessante, jugendliche Darstellungen des Heiligen Geistes, etwa mit sieben feurigen Zungen um sein Haupt (Symbol der Gnadengaben). Nicht Mann oder Frau, urteilt die Ikonographie. Erzbischof Braun fügt hinzu: „Bisher (ist) nirgendwo der Heilige Geist als ‚Frau' oder als ‚Mädchen' einwandfrei erkennbar abgebildet". Das gilt auch für das vielzitierte Gemälde in Urschalling im Chiemgau.

Im Februar 2001 starb hochbetagt der Augsburger Diözesanpriester und frühere Dorfpfarrer M.K. Mit Hingabe forschte er, unabhängig vom Feminismus, nach einem weiblichen Charakter Sancti Spiritus. Aber gerade das ruft die Stimme des kirchlichen Lehramtes auf den Plan, die sich stützt auf Schrift und Tradition – unter der Leitung eben dieses Heiligen Geistes. Nach der von Papst Johannes Paul II. approbierten römischen Verordnung „Liturgiam authenticam" vom 28. März 2001 wird eine Abänderung der grammatikalischen Geschlechter bei der Übersetzung von Vater, Sohn und Heiligem Geist ausdrücklich abgelehnt.

Wie schreibt doch die heilige Crescentia, diese betende, höchste Kreise beratende und den Kleinen helfende Ordensfrau, im Offensein für seine Gegenwart: „Heiliger Geist, du mein göttlicher Lehrmeister, dir übergebe ich meinen Verstand, mein Gedächtnis und meinen Willen. Verfahre damit nach deinem Wohlgefallen …"

Jugendlichen von heute rät man salopp, sie sollten dem Heiligen Geist einen „Landeplatz in ihren Herzen schaffen". Erzbischof Georg Eder von Salzburg erklärt: „Der Heilige Geist dringt *so* tief ein, wie wir ihn lassen." Und der Kirchenlehrer Augustinus sagt: „Er ist mir innerlicher als mein Innerstes".

Hundert Jahre vor Crescentia schrieb ein schlesischer Konvertit, Angelus Silesius, vom wundersamen Weinstockgleichnis des Heilands ausgehend, beglückt über die mystische Innewohnung des Heiligen Geistes:

Die göttliche Weinrebe

Ich bin die Reb' im Sohn,
der Vater pflanzt und speist.
Die Frucht, die aus mir wächst,
ist Gott der Heilige Geist.

(Angelus Silesius)

Wir brauchen Gott

Wenn er uns nicht mehr anredet, sind wir nicht einmal ein Ich;
wenn er uns nicht mehr trägt, können wir nicht einmal stehen;
wenn er uns nicht ansieht, sind wir unansehnlich und dunkel;
wenn er uns nicht mehr liebt, sind wir nicht bloß ungeliebt,
*   sondern unliebenswürdig;*
wenn er uns nicht mehr ruft, können wir nichts mehr hören;
wenn er uns nicht mehr sendet, kommen wir nirgends mehr
*   hin.*

(Peter Lippert)

Hic est enim Calix Sanguinis mei, novi et æterni testamenti:
mysterium fidei:
qui pro vobis et pro multis effundetur in remissionem peccatorum. –
Das ist der Kelch Meines Blutes, des neuen und ewigen Bundes
– Geheimnis des Glaubens –,
das für euch und für viele vergossen wird zur Vergebung der Sünden.

DAS HEILIGE MESSOPFER –
DAS TOR ZUR FREUDE

Des Neuen und Ewigen Bundes Glaubensmysterium:
Wenn der Glaube einmal in die Schau übergeht,
dann hört auch das Mysterium auf, das heißt die kultische
Gegenwärtigsetzung der Heilstat Christi.
Dann brauchen wir keine Symbole mehr.
Aber bis zur Parusie ist uns das Mysterium Weg zu Gott.
(Odo Casel OSB)

Es war nach dem Zweiten Weltkrieg. Ich hatte das unverdiente Glück, studieren zu können, und bereitete mich im Priesterseminar auf den geistlichen Stand vor. Als ich mich wieder einmal in den Semesterferien befand, flatterte eine Postkarte ins Haus, beschrieben von einem ehemaligen Mitschüler. Er stand im 5. Semester Volkswirtschaft und fragte bei mir an, ob er mich sprechen könne. Ich dachte mir gleich, dass er vielleicht umsatteln und Theologie studieren wolle. Er war ein frischer junger Mann und gewiss gläubig, aber der Priesterberuf war ihm wohl nicht von vornherein in die Wiege gefallen. Als wir uns bald danach trafen, bekannte er tatsächlich sein Interesse am Priestertum und erbat von mir einige Auskünfte. Auf meine gezielte Frage, weshalb er nunmehr den Priesterberuf im Auge habe, nannte er zwei Gründe. Erstens die wertvolle Bekanntschaft eines Jesuitenpaters und zweitens die Lektüre des „Bestsellers" aus dem 17. (!) Jahrhundert: P. Martin von Cochem OFMCap., „Erklärung des heiligen Messopfers". Dieses Standardwerk der Erbauungsliteratur aus der Zeit nach dem Dreißigjährigen Krieg faszinierte den Freund ungemein und lenkte seine Schritte hin bis zum Weihealtar. Als treuer Priester und höchst angesehener Seelsorger (Militär- und dann Berufsschulpfarrer) ist er vor mehreren Jahren verstorben.

Was hat es also mit der katholischen Messe auf sich? Denn P. Martins berühmtes Buch ist längst nicht die einzige ausgezeichnete Sicht auf jenes

Mysterium, das wir schlicht Messe, präziser Messopfer, auch Opfer des Neuen Bundes nennen. Jesus Christus ist gekommen, um durch seine Menschwerdung die Menschheit von der Sünde zu erlösen, um an ihrer Statt Sühne zu leisten. Die Vergegenwärtigung des Kreuzesopfers Christi geschieht im heiligen Messopfer. Wenn wir es uns aneignen, sind wir ein neues Sein in Christus und ein Glied am geheimnisvollen Leibe Christi. Die größte Versuchung heute ist, das Religiöse zu profanieren, gleichzusetzen mit den Dingen der Welt. In Christus haben wir, vermittelt durch die Kirche, zutiefst innerst ein neues Sein, eine neue Existenz. Diese erhebt unser Kleinsein, unsere Sorgen, Leiden und Freuden ins unvergängliche Licht. Das Wesen des Christentums liegt im Sieg über das irdische Leben, insofern es ein vorläufiges ist; es antwortet als ein „lebendiges Echo" auf die Geheimnisse unseres Glaubens.

Nach katholischer Lehre opfert sich in der Feier der heiligen Messe Christus unter den Gestalten von Brot und Wein durch die Hände des Priesters dem himmlischen Vater auf. Sie ist weder bloße Erinnerung an Christi Heilstod am Kreuz noch Ergänzung des Kreuzesopfers, sondern die unblutige Erneuerung des Opfers von Kalvaria. Sowohl beim Kreuzes- als auch beim Messopfer handelt es sich um den *einen* eigentlichen Opferpriester und um *dieselbe* Opfergabe, Christus. Verschieden ist jedoch die Art der Darbringung: am Karfreitag blutig, bei der heiligen Messe unblutig. Das wahre Opfer also, „um die ewige Erlösung zu wirken" (Hebr 9,12)! Früher war es selbstverständlich, die heilige Messe als *Vergegenwärtigung des Kreuzesopfers* zu bezeichnen und den Gedanken des Opfers in den Mittelpunkt zu rücken (Robert Kramer).

Papst Paul VI. sah sich veranlasst, noch während des Konzils in der Enzyklika „Mysterium fidei" (1965) die Lehre über die heiligste Eucharistie in Erinnerung zu rufen: „Opfer und Sakrament gehören zum gleichen Mysterium, und das eine kann vom andern nicht getrennt werden. Der Herr opfert sich unblutig im Messopfer, in dem er das Kreuzesopfer vergegenwärtigt und seine heilbringende Kraft zuwendet, wenn er kraft der Wandlungsworte beginnt, sakramental gegenwärtig zu werden als geistliche Speise der Gläubigen unter den Gestalten von Brot und Wein". Der Papst erinnerte auch daran, auf welche Weise Jesus Christus in der Eucharistie gegenwärtig wird: Er wird „nicht anders gegenwärtig als durch die Verwandlung der ganzen Substanz des Brotes in seinen Leib und der ganzen Substanz des Weines in sein Blut, eine ganz wunderbare und einzigartige Verwandlung, die die katholische Kirche passend im engen Sinn Transsubstantiation (Wesensverwandlung) nennt." Der Papst warnte in diesem Zusammenhang vor Auffassungen, Brot und Wein hätten lediglich einen neuen Symbolwert oder eine neue Bestimmung bekommen, ohne sich wesentlich verwandelt zu haben. Auch wies der Papst darauf hin, dass die Kirche „dieses große Sakrament zu allen Zeiten mit dem latreutischen Kult, der nur Gott gebührt, verehrt hat" und die eucharistische Anbetung daher „hier auf Erden das Beglückendste und das Wirksamste auf dem Wege zur Heiligkeit ist".

Unter der Überschrift „Das Sakrament der Eucharistie" fügt der Katechismus der Katholischen Kirche mehrere nähere Bezeichnungen ein. So heißt die Eucharistie „*Heiliges Opfer*, denn es vergegenwärtigt das einzigartige Opfer des Erlösers und schließt die Selbstdarbringung der Kirche mit ein." Oder: Es heißt „*Heilige Messe*, denn die Liturgie, in der das Heilsmysterium vollzogen wird, schließt mit der Aussendung der Gläubigen (missio), damit diese in ihrem Alltagsleben den Willen Gottes erfüllen" (KKK 1330; 1332). Als Werk Christi und des hierarchisch gegliederten Volkes Gottes ist die Feier der heiligen Messe Mitte des ganzen christlichen Lebens.

Obwohl doch in früheren Zeiten die Marien- und Heiligenverehrung, der christliche Totenkult oder bestimmte Andachtsformen und -gegenstände sehr hohe Bedeutung hatten, behielt doch das heilige Messopfer seinen Stellenwert als Gipfel aller Gottesdienstformen, als Höchstes, was die Kirche zu schenken und die Gläubigen zu feiern hatten. Die alten Messandachten oder Singmessen werden heute belächelt und als naive, wenn nicht fehlgeleitete Gebetsweisen abgetan, als Frömmigkeits"übungen", die angeblich keiner mehr will. Aber sehen wir uns ein Lied „Nach der Wandlung" näher an:

Sieh, Vater, von dem höchsten Throne,
Sieh gnädig her auf den Altar!
Wir bringen Dir in Deinem Sohne
Ein wohlgefällig Opfer dar.
Wir fleh'n durch ihn, wir Deine Kinder,
Und stellen Dir sein Leiden vor.
Er starb aus Liebe für uns Sünder
Und tat uns auf des Himmels Tor.

Gewiss spricht auch heute der Zelebrant „Schau gütig auf die Gabe deiner Kirche", doch war in vorkonziliarer Zeit in den Volksversen alles Wichtige, und zwar theologisch stimmig, enthalten. Das Messopfer richtet sich an Gott Vater, aber wie bereits dargelegt, durch Christus als Opferpriester und zugleich als Opfergabe. Und wir, die Sünder, sind vollberechtigt hineingenommen in dieses Erlösungsgeschehen. Keiner, der sonst zu Gott fleht, weiß, ob sein Gebet heilbringend angenommen wird. Wer jedoch dem himmlischen Vater das Leiden Christi anbetend, dankend, bittend und sühnend *vor Augen stellt* (siehe obigen Liedtext), weiß sein schwaches, eben menschlich-geschöpfliches Beten ganz gewiss entgegengenommen vom huldvoll-liebenden Vater. Gott schließt seinen menschgewordenen Sohn – wie könnte es anders sein – gleichsam in seine Arme. So wird die brüchige, gottwidrige Welt mit Gott versöhnt und das seit dem Sündenfall verschlossene Tor der himmlischen Seligkeit weit aufgetan.

Das Kreuzesopfer war das Opfer Christi allein; das Messopfer ist das Opfer Christi *und* der Kirche. Es ist das immerwährende, unblutige Opfer des Neuen Bundes, in dem das Kreuzesopfer vergegenwärtigt wird. Beim Letzten Abendmahl wurde es unblutig vorausgenommen. Wenn heute oft nur vom „heiligen Mahl" die Rede ist, darf nicht übersehen werden, dass auf den *Gründonnerstag* der *Karfreitag* (Tod Jesu) und *Ostern* (Auferstehung des verklärten Herrn) folgen. „Abendmahl" ist nicht der durch alle Jahrhunderte hindurch liturgisch verwendete Begriff der Kirche für die Messe und wird ausschließlich für die Messliturgie am Gründonnerstag (Messe vom Letzten Abendmahl) verwendet.

Das Wort „Eucharistie" (zu deutsch: Danksagung) wird von Gottesgelehrten gerne als die gehaltvollste Bezeichnung für die zentrale Feier katholischer Frömmigkeit betrachtet. Doch ist die heilige Messe viel mehr als „Danksagung" (an Gott): Sie ist die Zentralsonne des kirchlichen Lebens in ihrer dreifachen Eigenschaft als Opfer, Speise und Tabernakelgut, der Schatz und Trost der streitenden Kirche, eine segenüberquellende Dreiheit „in umbris et imaginibus" (= in Schatten, Zeichen und Bildern) … Diese freudige, innige, bewegliche Verbundenheit der katholischen Kirche mit dem Vermächtnis unseres Herrn hat vielen Nichtkatholiken zu denken gegeben und sie in die Mutterkirche zurückgeführt (Anton Anwander, 1961/62). Die heilige Messe ist nach der bleibenden Lehre des Konzils von Trient (1562) ein vierfaches Opfer: Lobopfer, Dankopfer, Sühnopfer und

Bittopfer. Wer die Messe auf Danksagung reduziert, hat das Wesen der heiligen Messe nicht voll erfasst.

Papst Paul VI. ermahnte in seiner Enzyklika „Mysterium fidei" die Priester „väterlich und ernstlich ...", dass sie eingedenk sind der Gewalt, die sie durch den weihenden Bischof empfingen, nämlich das Opfer Gott darzubringen und Messen zu zelebrieren, sowohl für die Lebenden als auch für die Verstorbenen, im Namen des Herrn ..., dass sie täglich würdig und andächtig die Messe feiern, damit sie selbst und die übrigen Christgläubigen die Zuwendung der Früchte genießen, die aus dem Kreuzesopfer überreich hervorfließen. So werden sie auch am meisten zum Heil des Menschengeschlechtes beitragen." Diese Hochschätzung der Feier des Messopfers lässt sich nicht mit einem „LIFT" (sogenannter „liturgiefreier Tag" in der Woche) vereinbaren. Noch ein Wort zu den „Früchten" des heiligen Messopfers: Diese kommen allen Gläubigen der Kirche zu, den Lebenden und den Verstorbenen, besonders jenen Erdenpilgern, welche die heilige Messe bewusst („andächtig", sagte man früher!) mitfeiern. Man kann die heilige Messe auch für sich oder Verstorbene „lesen" lassen, ebenso in allgemeinen Anliegen. Aber selbst wenn in Australien oder auf einem fernen Archipel das heilige Opfer gefeiert wird, kommt es geistlich, als unsichtbar-wirklicher Gnadenstrom, *allen* Gliedern der Kirche zugute. Welch ein unermesslicher Segen! Wer noch ein Gespür für Religion besitzt, wird staunen: diese Gottesnähe! Die Kirche stellt die direkte Beziehung zu Gott bereit. Sie vermag es aber nur in Christus und im Heiligen Geist.

Die heilige Messe wird leider nicht mehr so geschätzt wie früher. Die Zahl der Sonntagsmessen verringert sich. Der Grund dafür ist vor allem der Priestermangel, aber nicht nur. Denn eine bestimmte „Gemeindetheologie", sprich Ideologie, behauptet, jede Orts- oder sonstige Gemeinde dürfte sich nicht in mehrere Messzeiten aufspalten, sondern solle zu gleicher Zeit an einem Ort zugegen sein. „Ideologen" erwarten, dass alle Gläubigen eines Ortes am Sonntag zu ihrer Kirche kommen, auch wenn nur eine priesterlose „Wort-Gottes-Feier" angeboten wird. Doch andere fahren berechtigterweise lieber zum nächstgelegenen Gotteshaus, um am heiligen Messopfer teilzunehmen, so wie es der Sonntagspflicht entspricht. Wer die Sonntagspflicht unentschuldigt und absichtlich versäumt, „begeht eine schwere Sünde" (KKK 2181).

Lieblos wird von Vertretern der „Liebeskirche", aus den Reihen des „Amtspriestertums" oder des „Laienpriestertums", auf unsere Eltern, Großeltern und Vorfahren heruntergeschaut, die vom unendlich großen Segen bei der Teilnahme an diesem wichtigsten Gottesdienst wussten: Sie hätten „Messen gehamstert", damit sie den Zugang zum Himmel einmal wirklich erreichten. Was wissen *wir* schon davon? Diese frommen Seelen fühlten sich geistlich wohl bei der Messfeier und wussten sich *angenommen* vom Herrn.

Ein weiterer Aspekt soll noch zur Sprache kommen: die Mitfeier der heiligen Messe am frühen Werktagmorgen galt vielen als „Tagesweihe". Manche gingen zumindest an Geburts- oder Namenstagen, vor Examina oder bei besonderen Anlässen am Werktag in der Frühe zur Kirche. Als lobenswert galt der Besuch der Schülermessen, meist am Dienstag und Freitag. Ein kluger Priester fragte klagend in den 70-er Jahren, als mehr und mehr Eucharistiefeiern auf die Abende verlegt wurden (also nicht nur einmal pro Woche), ob das „noch katholisch" sei – stellte er wohl einen drastischen Schwund der Gottesdienstbesucher unter der Woche fest. Ganz ausgestorben ist der Messbesuch an den Wochentagen Gott sei Dank nicht. Beliebt sind nach wie vor die drei Bitt-Tage vor Christi Himmelfahrt und neuerdings wieder das „Rorate" im Advent. Dazu kommen auch Lichtmess (mit Blasiussegen), Aschermittwoch und Allerseelen. Aber so wie früher ist es nicht mehr, und der angeführten Daten mit großer Frequenz sind weniger … Die Jugend weiß oft nichts mehr vom Segen des häufigen Messbesuchs. Fassen wir zusammen: „Wer mit konzentriertem Bewusstsein in der Kirche, dem mystischen Christusleib, lebt, ist Tag und Nacht umrauscht vom stillen Jubel der Psalmen, der Hymnen, der sakramentalen Zeichen und Handlungen, die den hoffenden Glauben der Jahrhunderte nähren" (Karl Pfleger).

Frühlingsschrei eines Knechtes aus der Tiefe

(Auszüge)

Herr, erbarme du dich meiner,
Dass mein Herz neu blühend werde,
Mein erbarmte sich noch keiner
Von den Frühlingen der Erde.

Immer stürzen mir die Wände,
Jede Schicht hat mich belogen,
Und die arbeitblut'gen Hände
Brennen in den bittern Wogen.

Herr, ich mahne dich, verschone,
Herr! Ich hört' in jungen Tagen,
Wunderbare Rettung wohne
Ach, in deinem Blute, sagen.

Und so muss ich zu dir schreien,
Schreien aus der bittern Tiefe,
Könntest du auch nicht verzeihen,
Dass dein Knecht so kühnlich riefe!

Dass des Lichtes Quelle wieder
Rein und heilig in mir flute,
Träufle einen Tropfen nieder,
Jesus, mir, von deinem Blute!

(Clemens Brentano)

*Wir bitten Dich, o Herr, sei zugegen unserem demütigen Dienste, und weil
Du Dich herabließest, Deinen Jüngern die Füße zu waschen, so verschmähe
nicht das Tun Deiner Hände, das beizubehalten Du uns geboten hast;
wie hier an uns und durch uns die äußeren Befleckungen abgewaschen
werden, so mögen durch Dich bei uns allen die inneren Makeln der Sünden
abgewaschen werden. Das verleihe uns in Gnaden,
der Du lebst und herrschest, Gott von Ewigkeit zu Ewigkeit. Amen.*

HOHER DONNERSTAG – GRÜNDONNERSTAG

Wenn du Gnade willst, mehre die Liebe!
Gieße aus über den Leib Jesu
den Glauben an die Auferstehung,
den Wohlgeruch der Kirche, das Salböl der Liebe!
(Ambrosius)

Um für „Insider" und vielleicht auch „Neulinge" aufzuzeigen, was eigentlich das Katholische ausmacht, werden im Nachfolgenden drei *„Hohe Donnerstage"* näher beschrieben, das sind drei Festtage, die immer auf einen Donnerstag fallen.

Natürlich sind Weihnachten, Ostern und Pfingsten noch wichtigere festliche Ereignisse, in Deutschland (und teils anderswo auch) sogar „Doppelfeiertage", die zwei Tage hintereinander begangen werden.

Die Erklärungen dieser drei Donnerstage sollen aber stellvertretend für anderes aus dem Bereich von Glaube und Kirche stehen und damit vielleicht Verschüttetes aufdecken oder bislang bereits Mitgefeiertes nachhaltiger erschließen.

Interessiert? Machen Sie die Probe aufs Exempel, dass Glaubenssachen gar nicht fade sind!

Der Gründonnerstag steht für den Beginn des „Triduum paschale" = „Die Drei Österlichen Tage vom Leiden, vom Tod und von der Auferstehung des Herrn". Wahrscheinlich ist er nirgendwo ein Feiertag, jedoch zählt er zum Beispiel nach dem Bayerischen Feiertagsgesetz zu den sogenannten „Stillen Tagen", an denen nicht-ernste Veranstaltungen verboten sind.

Mit Recht bildet die Abendmahlsmesse den Schwerpunkt des fünften Tages in der Heiligen Woche (Karwoche). Nach ältester Überlieferung der Kirche sind an diesem Tag alle Messen ohne Gemeinde untersagt. Schon seit meiner Kindheit weiß ich von der Mutter: „Heute darf in jeder Kirche (= Pfarrei) nur eine einzige heilige Messe stattfinden." Der Stadtpfarrer zelebrierte, die damals vier weitere Priester in der Pfarrgemeinde wohnten bei und empfingen den Leib Christi. Und nach so langer Zeit „Violett", seit dem Vorfastensonntag „Septuagesima", leuchtete nun das strahlende Weiß am Messgewand auf.

Allerdings fand das Hochamt bereits am Vormittag statt, und der Kirchenchor sang. Meiner Erinnerung nach war es für einen Werktag gut besucht. Grundsätzlich lag damals über diesem Donnerstag atmosphärisch mehr das Gedenken an das Todesleiden Christi am Ölberg. Es war ein ernster Tag, und bei zunehmendem Alter las ich zu Hause gern – die Ferien ließen auch solche Einkehr zu – die Leidensgeschichte unseres Herrn.

In jenen äußersten Stunden,
Nachts, in des Ölbergs Grunde
Schwitz' ich, von Ängsten umwunden,
Blutige Ströme für dich.
Weh, und wer weiß,
ob wohl je
Du auch nur denkest an mich?

(Clemens Brentano)

„Als einst im Angstgebete, Herr, deine Seele rang …" (Kirchenlied): Das vom Dichter reklamierte „Denken an den Herrn" war wochenlang vorbereitet worden in den beliebten Ölbergandachten an den Donnerstagabenden der Fastenzeit.

An eine ganz besondere Ölbergandacht erinnere ich mich: Der 2. März 1939, ein sonniger, wärmender Vorfrühlingstag, versammelte abends viele Gläubige zu Gebet und Lied in der Kirche. Gegen Schluss der frommen Feier erhob der „diensthabende" Stadtkaplan im Wortsinn seine Stimme und verkündete, dass Eugenio Kardinal Pacelli heute zum Papst (Pius XII.) gewählt worden sei. Ein Te Deum wurde angestimmt; manche konnten gar nicht laut genug singen vor Freude.

Um 18 Uhr am Gründonnerstag kamen nur wenige Gläubige zur Trauermette, welche die Geistlichen lateinisch beteten und sangen. In der Mitte des Hochchors fanden auf dem „Triangel" (Dreiecksgestell) fünfzehn Kerzen Platz, vierzehn rote an den beiden Seiten und, oben an der Spitze, eine

44

weiße. Jedes Mal, wenn einer der Psalmen beendet war (neun zur Matutin, fünf zu den Laudes) und die Priester den „tonus rectus" um einen Ganzton senkten, löschte ein Ministrant eine Kerze aus. Brennen blieb lediglich die weiße. Der Mesner nahm diese ab und ging mit ihr hinter den Hochaltar. Er bediente dort die große „Rätsche" mit ihrem markerschütternden Getöse. Hierauf kam er zurück und steckte die immer noch brennende Kerze wieder auf. Barocke Anschaulichkeit der tobenden Finsternis beim Tod Jesu; Auferstehung im Osterlicht! Als ich das erste Mal dies „ohne Vorwarnung" erlebte – es dürfte 1929 in meinem sechsten Lebensjahr gewesen sein – soll ich leichenblass nach Hause gekommen sein.

Was aber die Trauermette besonders auszeichnete – am Karfreitag fand sie bei größerem Zuspruch seitens der Gemeinde nochmals statt –, waren wohl die Klagelieder des Propheten Jeremias. Diese von einem der Kapläne vorgetragenen dreitausend Jahre alten Gesänge, nach altjüdischer Psalmodie also, erschütterte die Zuhörer geradezu. Den Höhepunkt bildete der verhalten am Harmonium begleitete Appell zur Umkehr: „Jerusalem, Jerusalem, convertere ad Dominum Deum tuum" – „Jerusalem, Jerusalem, bekehre dich zu deinem Herrn und Gott!"

Zur düsteren Stimmung trug wesentlich die Verhüllung der Fenster mit schwarzen Tüchern bei. Kam man von draußen nach herrschendem Frühlingslicht in den dunklen geweihten Kirchenraum, umfing einen gleich echte Trauer. Der Hinweis auf die Mitschuld am „bitteren Leiden und Sterben des Herrn", Schuld der Damaligen und Jetzigen, durfte an den Kartagen nicht fehlen, aber auch nicht das Wissen um die Früchte des Leidens Christi in der Seele des Betrachtenden.

Noch Papst Pius XII. ordnete die Karwoche neu. Der Gründonnerstag, offiziell „Gedächtnis des Herrenmahles", erhielt nach biblischem Vorbild die abendliche Feier. Nach dem Geläut während des Gloria verstummten die Glocken bis zur Osternacht. Die Fußwaschung an zwölf Männern, einst dem Bischof vorbehalten, erlaubte man auch für Pfarrkirchen. Das Allerheiligste wurde unter dem Gesang des „Pange lingua" zum Tabernakel an einem Seitenaltar gebracht (liturgisches „Heiliges Grab"). Betstunden bis Mitternacht oder länger folgten. Dieser Brauch war in meiner Heimatpfarrei bereits in der NS-Zeit eingeführt worden. Der Stadtpfarrer rief zum Gebet „in Jesu heiliger Leidensnacht" auf.

Während meiner ersten Pfarrerzeit 1957 bis 1965 in einer Gemeinde mit hohen Kinderzahlen entdeckte ich in einem Kirchenanzeiger der Nachbardiözese eine Einladung an die „vorigjährigen Erstkommunikanten" zur Mitfeier der Abendmahlsmesse. Sogleich verinnerlichte ich dies als Anregung auch für die Kinder und Eltern zu Hause. Etwa sieben Wochen vor dem darauffolgenden Gründonnerstag schrieb ich alle Eltern mit der entsprechenden Einladung an. Dabei sollten, wenn möglich, die Buben und Mädchen ihr bei der Erstkommunion getragenes Festgewand hervorholen, rechtzeitig beichten und sich am Gründonnerstag um 19 Uhr, ohne Kerze, im Gotteshaus einfinden. Rund 75 bis 80 Prozent folgten diesem Ruf. Am Tag darauf, Karfreitag, entfiel ja der Schultermin, was sicher auch zu diesem Erfolg beitrug. Wichtig war mir, dieses vom „gewöhnlichen" Sonntagsgottesdienst stark abweichende Geschehen kennenzulernen und Kinder mit ihren Eltern für die Mitfeier in künftigen Jahren zu gewinnen. Das wichtigste Motiv bestand natürlich darin, die heilige Versammlung um den Tisch des Herrn zu erleben, die heiligste Eucharistie mitzufeiern, das Liebesbeispiel Jesu bei der Fußwaschung zu betrachten, die Einsetzung des Priestertums zu feiern (jährlich richtet der Heilige Vater eine Botschaft zum Gründonnerstag an alle Priester), die Heilsbedeutung des Leidens des Gottessohnes schlechthin zu erkennen.

Zur tiefen Erfassung des „Abendmahlstags" gehört aber noch etwas Einmaliges, nämlich die Ölweihemesse (Chrisammesse) des Bischofs mit seinem Presbyterium in der Kathedrale. Dabei werden das Krankenöl, das Katechumenenöl und das heilige Chrisam für die ganze Diözese und die zwölf Monate bis zum nächsten Gründonnerstag (oder dem Mittwoch zuvor) geweiht. Nach Schluss dieses eindrucksvollen Gottesdienstes (mit dem Gesang des „O Redemptor, sume carmen ..." – „Erlöser, nimm das Lied entgegen ...") holen die „Kapitelsboten" die heiligen Öle in die Dekanate zur weiteren Verteilung an die Pfarreien ab.

Die Mysterien der Ölweihe gelten nicht nur der Heilkraft dieses Lebensgutes, sondern vor allem der Durchdringung des Christseins mit dem Heiligen Geist als leuchtende und starkmachende Gottesgabe. Gesänge von der Königs-, Priester- und Prophetenwürde klingen auf, die an den Ausspruch Leos des Großen erinnern: „Christ, erkenne deine Würde!"

Doch zurück zur großen Abendmahlsfeier der Gemeinde Christi: Sie sollte überall besser besucht sein. Unter beiderlei Gestalten kann die heilige Kommunion heute empfangen werden. In der (meist) stillen nächtlichen Anbetung mag dann auch die Verbundenheit mit Jesus am Ölberg die Herzen beseelen.

Trauergesang von der Not Christi am Ölberg in dem Garten
(Auszug)

Bei stiller Nacht zur ersten Wacht
ein Stimm sich gunnt zu klagen.
Ich nahm in acht, was die dann sagt,
tat hin die Augen schlagen.

Es war der liebe Gottessohn;
sein Haupt er hatt' in Armen,
viel weiß und bleicher als der Mon;
ein'n Stein es möcht erbarmen.

„Ach, Vater, liebster Vater mein,
und muss den Kelch ich trinken?

Und mag's dann ja nit anders sein,
mein Seel nit lass versinken!

Ade, ade zu guter Nacht,
Maria, Mutter milde!
Ist niemand, der dann mit mir wacht
in dieser Wüsten wilde?"

Kein Vogelsang noch Freudenklang
man höret in den Lüften;
die wilden Tier auch traur'n mit mir
in Steinen und in Klüften.

(Text von Friedrich Spee von Langenfeld SJ)

Dieses einfühlsame „Klagelied" wurde nicht in den Stammteil des „Gotteslob" aufgenommen. „Die Hauptverantwortlichen für den katholischen Kirchengesang in deutscher Sprache (konnten sich) nicht dazu verstehen, es zu jenen Liedern zu zählen, die auf jeden Fall weiter gesungen werden sollten" (Alex Stock). Johannes Brahms setzte (nur) die romantisch-wehmütigen Naturstrophen in jedoch wundersame Töne.

Viri Galilæi … –
Ihr Männer von Galiläa,
was schaut ihr staunend auf zum Himmel? Alleluja.
Wie ihr Ihn sahet auffahren zum Himmel, so wird Er wiederkommen,
alleluja, alleluja. Ihr Völker alle, klatschet in die Hände,
jubelt zu Gott mit lautem Jauchzen.

CHRISTI HIMMELFAHRT

Über die Unendlichkeit von Zeit und Raum hinweg
kommt die unendlich viel unendlichere Liebe Gottes,
uns zu ergreifen. Sie kommt zu ihrer Stunde.
(Simone Weil)

Christi Himmelfahrt ist leider zu einem Tag geworden, mit dem viele offensichtlich nichts mehr anzufangen wissen; dies ist auch in der Kirche zu spüren. Aber da ist schließlich noch das mit dem Vatertag. Hat man einen Muttertag erfunden (zweiter Mai-Sonntag), dann mag es auch einen Vatertag geben (bei uns seit 1939). Welch profane Deutung des 40. Tages nach dem Osterfest! Nur, der Kirchenbesuch an Christi Himmelfahrt ist vielerorts extrem schlecht. Vielleicht hat sich auch bei der Arbeitsfülle eine gewisse Müdigkeit eingeschlichen: Karwoche, Ostern, Erstkommunionen und Firmungen, Maiandachten etc., wie auch die beginnende Saison der Stadt- und Dorffeste zuhauf – und dann geht es bereits auf Pfingsten und Fronleichnam zu … Manche Pfarrer „unterlaufen" so den großartigen Sinn des Festes, wenn sie nun auf diesen Feiertag die Erstkommunion oder Firmung festlegen.

Andererseits weisen drei „Vorbereitungstage", nämlich die Bitt-Tage, auf das sehr alte Fest hin. Ebenso finden am Festtag selbst oder um diese Zeit herum in ländlichen Gegenden die „Öschprozessionen" statt. Wie reichhaltig sind doch die „Frühlingsfeste" unserer Kirche! Natur und Gnade, Irdisches und Himmlisches, Bitten und Loben scheinen ineinander verwoben, ohne unzulässige Vermischung!
Das Hochfest Christi Himmelfahrt ist der *einzige* „gesamtdeutsche" Christenheits-Feiertag, das heißt, er ist per Landesgesetz in allen 16 Bundesländern verankert, sieht man von den drei Doppelfeiertagen und Karfreitag ab. Wie lange noch wird staatlicherseits dieser besondere Tag gewährleistet? Und dann wohl doch vor allem wegen des „Vatertags" (Wenn man von dem erhöhten Herrn Jesus Christus nicht mehr viel wissen will, kann die Sache mit den öffentlichen Feiertagen Kapriolen schlagen).

Christi Himmelfahrt ist so recht ein himmlisches, ein strahlendes Fest. Eine Siegesfeier, eine Art Verleihung höchster Auszeichnung und Belohnung: die Inthronisation des am Kreuz gehorsamen Sohnes als verklärter Mensch, als Gottes eigener Sohn. Aber, wer glaubt heute noch an den Himmel? Gibt es ihn wirklich? Kann nicht eine leidfreie Erde doch noch selber zum Himmel werden?

Christi Himmelfahrt ist für den Glauben heute deshalb so wichtig, weil mit dem Aufstieg des verklärten Herrn dessen fünf ihm von Menschen beigefügten Wunden nun als Zeichen des Triumphes über den Tod leuchten. Die Zeit des Schauens, des sichtbaren Umgangs der Jünger mit dem Auferstandenen, ist nun übergegangen in die andere Gegenwart des Herrn: „Was droben ist, suchet, wo Christus sitzt zur Rechten Gottes" (Kol 3,1). „Denn als Glaubende gehen wir unseren Weg, nicht als Schauende" (2 Kor 5,7). Doch je älter wir werden an Lebensjahren, desto jünger werden wir im Glauben, der einmal übergeht in das endgültige Schauen im Himmel. Das ist Christenglaube. Er gründet sich auf die Verheißungen des Herrn, der sich beglaubigt hat durch Wunder und mächtige Taten vor allem Volk.

Der Abschied nach den so tiefes Glück und neuen Mut hinterlassenden Erscheinungen des Auferstandenen war etwas ganz Einmaliges, nicht geprägt vom Abschiedsschmerz. „Voll Freude", so heißt es, gingen die Auserwählten nach Jerusalem zurück. Jetzt ist die am Kreuz geborene, und in Kürze, an Pfingsten, vor aller Welt offenbar werdende Kirche da. Jetzt, an Himmelfahrt ist Kirche! Und wir Heutigen befinden uns in der „kleinen Weile" (Joh 14,19) zwischen der Himmelfahrt und Wiederkunft Christi. „So, wie ihr ihn habt auffahren sehen zum Himmel, so wird er wieder kommen in Herrlichkeit" (vgl. Apg 1,11). Unter der Wolke leben müssen, glauben (müssen) – ist da nicht das Wachsein für die Wiederkunft des Heilands das eine Notwendige?

Wie kaum ein anderes Fest zeigt Christi Himmelfahrt, zu welcher Berufung der Christ ausersehen ist, wie er Anteil erhält am Ostersieg des vom Vater Auferweckten und Erhobenen. Christliche Botschaft ist weitaus mehr, als zu sagen, sie gäbe Sinn und Orientierung für ein Glück gewährendes Leben hier auf Erden. Vielmehr gehen wir auf ein Mitherrschen mit Christus zu, dem „Erstgeborenen der Entschlafenen", dessen Namen wir tragen, dessen eigenes Bild in uns durch Taufe, Firmung und Eucharistie eingeprägt ist und bleibt.

Ich weiß, es ist schwer, dem vergleichgültigten Menschen von heute diese frohmachende Botschaft nahe zu bringen, ihm, der „keine Zeit" hat für das Wesentliche, der vielleicht bestes Irdisches schafft, aber Herz und Ohren verschließt vor dem, was doch für ihn bereitgehalten werden will. Diesen Wächterdienst erfüllt Tag für Tag die heilige Kirche. In ihr wirken mit Vollmacht die Nachfolger der Apostel, die Bischöfe, wie auch die Priester und Diakone, als demütige Diener des ganzen königlichen Gottesvolkes. So ist die Kirche nicht nur „unsichtbar", weil Christus hinter dem Schleier des Glaubens „verborgen" ist und in den Herzen Wohnung nimmt. Christus tritt zugleich heraus und hervor in seiner von ihm gewollten und auf die zwölf Apostel gefügten Kirche. Sichtbare Kirche, erklärte Mitgliedschaft!

Am 30. Juli 1941 wurde der Stadtpfarrer von Meßkirch (Baden), Otto Meckler, abends von der Gestapo abgeholt, in Schutzhaft genommen und ins Gefängnis nach Überlingen gebracht. 21 Tage blieb er dort inhaftiert. Er hatte an Christi Himmelfahrt ein Amt gehalten, allerdings ohne Glockengeläut und Predigt. Die NS-Verordnung über die Feiertage war ihm erst tags zuvor zugegangen; er konnte nichts mehr absagen. Darum hat er für den Erhalt dieses Feiertags sein Leben riskiert.

Deshalb noch eines: Christi Himmelfahrt besiegt das Leid, obwohl es den Erdenschmerz nicht aufhebt, aber dafür aufbewahrt als Unterpfand für die ewige Beseligung. Dieses Fest gibt Antwort auf die Frage nach der Existenz Gottes angesichts des Leides in der Welt: „Für Gottes Blick sind die dichtesten Schleier durchsichtig. Er allein kennt uns und führt durch die dunkelste Nacht barmherzig ans Ziel" (Edith Stein). Die Christi-Himmelfahrts-Gesänge künden so oft, so viel vom Trost … Es ist nur eine lichte Wolke, unter der wir leben, bis wir Ihn schauen, wie er ist (vgl. 1 Joh 3,2)! Unsere Situation zwischen Himmelfahrt (Ostern) und Wiederkunft heißt also „unter der Wolke leben":

„Die Schöne Wolke"

(Auszug)

Denn nie in unserer Brust
ruhet die Frage:
Was ist mit uns gemeint?
Nicht ein Nichtiges!
Und du, Licht aufhäufende, bist du,
unsere Trauer zu nähren
um das Endliche?

Nein, lehr uns, Umarmende,
uns zu bauen
Tag um Tag, Licht um Licht
einem Vollenden hin,
welches mild uns einhole
in das, was uns übersteigt.

(Max Mell)

Die „Misere" der gegenwärtigen Kirche – Kirche wird meist nur vom Irdischen her gesehen, sie steht ferner dem Verlangen nach Unverbindlichem im Wege und sie wird drittens glaubensmäßig von vielen nicht mehr benötigt – muss aufgebrochen werden durch die Verkündigung von ihrer Tiefe und Hoheit. Ist die katholische Kirche nicht die *überlebende* Kirche der Apostel, die *Fortsetzung* des Wandels Jesu bei uns, als er über die Erde schritt? Die Kirche in Hoheit und Erhabenheit – verstehen wir Heutigen noch solche Rede? Wenn schon die Schrift Jesus Christus als *den* bezeichnet, „der auf dem Throne sitzt" (Offb 4,9), ist sie dann nicht die sichtbare Erscheinung dieses Thronenden? Wir Katholiken müssen wohl wieder eine Vorstellung von und ein Verständnis für „heilige Hoheit" gewinnen. Sind wir nicht davon abgekommen? Werden wir wieder fähiger zu einer wahren Gottesbegegnung (capax Dei, Empfänglichkeit für Gott)! Aus den eigenen Reihen wird die Kirche angegriffen; wird denn nicht bedacht, dass diese geistliche Mutter ja auch der vorauseilenden Liebe und des Zutrauens ihrer Kinder bedarf, um ihre Erscheinung wirkungsvoller pflegen zu können? Ihre Rechts- und Gnadenordnung will nur das Beste für unseren Planeten und seine Bewohner. Und „Christus ist alles und in allen" (Kol 3,11).

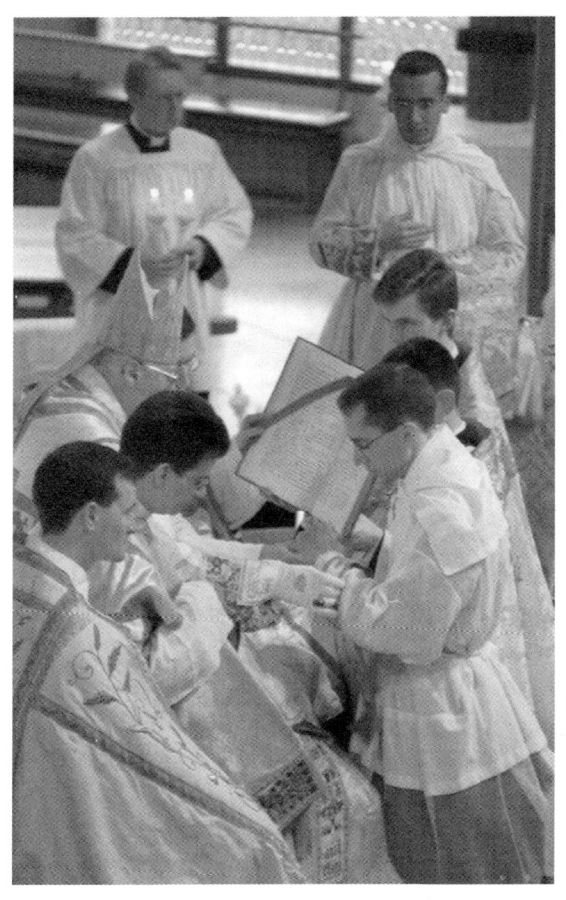

Accipe manipulum ... –
Empfange den Manipel, durch den
die Früchte der guten Werke angedeutet werden.

Caro cibus, sanguis potus:
Manet tamen Christus totus
Sub utraque specie. –
Blut als Trank und Fleisch als Speise:
Christus ist auf beide Weise
Bei uns ungeteilt und ganz.

HOCHFEST DES LEIBES UND BLUTES CHRISTI

Lauda, Sion, Salvatorem,
Lauda ducem et pastorem
In hymnis et canticis.
Dies enim solemnis agitur,
In qua mensae prima recolitur
Huius institutio.
(Festsequenz)

„Bei den Katholiken ist Fronleichnam der höchste Feiertag" – diese falsche Einschätzung konnte man früher öfters hören. Das Hauptfest ist natürlich Ostern. Und doch befanden sich jene Leute nicht ganz im Unrecht, denn kein anderer Tag des Kirchenjahres verdeutlichte nach innen und außen so sehr, was „katholisch" und „Fest" bedeutet und wieviel Glanz ein Festtag verströmen kann. Innerstes, Verborgenes, der Herr in Brotsgestalt zugegen, betritt „den Markt", die Versammlung der Menschen.

Der Jubel des Fronleichnamstages wurde nach dem Zweiten Vatikanischen Konzil mancher- oder vielerorts geradezu systematisch abgebaut. Die Gegner des Festes witterten triumphalistisches Gepränge, verbunden mit einem kräftigen Schuss Folklore (See- und Flussprozessionen, „Gottestracht"), die nicht mehr in unsere Zeit passe. Und man hielt eine unbezweifelbare Rechtfertigung parat: denn nach dem Bischofsdekret des Konzils sollten „die Pfarrer dafür sorgen, dass die Feier des eucharistischen Opfers Mitte und Höhepunkt des ganzen Lebens der christlichen Gemeinde ist" (Christus Dominus 30). Es gelang den Verantwortlichen, die Messfeier an Fronleichnam (jetzt mit Homilie) fast zu *verabsolutieren* und die Prozession zu *reduzieren*, obwohl sie atmosphärisch und missionarisch zweifellos das Wichtigere ist. Nun feierten Pfarrgemeinden die heilige Messe auf einem öffentlichen Platz, woran sich dann ein oft kurzer Umgang mit dem Allerheiligsten und dem sakramentalen Segen anschloss. Inzwischen ist diese katholikentagsähnliche Feier (im Kleinformat) vielerorts „mangels Masse" aufgegeben worden; das Fest hat seinen spezifischen Charakter verloren.

Dort, wo diese religiösen Umgänge verblieben oder (auch das gibt es!) wieder aufgeblüht sind, setzten sich leider vorgeschobene Anschauungen durch: keine offizielle Einladung an die Honoratioren, kein Ehrenschutz von seiten der Polizei, keine „Gaffer" am Straßenrand (wie lieblos und ungerecht konnte man doch urteilen!) und so weiter. Natürlich wurden auch festliche Elemente zurückgedrängt oder weggelassen, ausgenommen (vereinzelt, weil im Brauchtum fest verankert) herrliche Blumenteppiche vor den Altären. Vier Stationen sollten es sein „nach uraltem Brauch". Man kann darin eine Anlehnung an die vier Himmelsrichtungen erkennen (auch als Hinweis auf jene wunderbare Stelle in der frühchristlichen „Zwölfapostellehre" von den „vier Winden …"). Ferner die im Ritus von 1960 festgelegten vier großen Anliegen: Gebet für die Kirche; für Volk und Staat; für die Früchte des Feldes und die menschliche Arbeit; für den Ort selbst und alle Bewohner. Früher sollte in einer größeren Kommune, falls möglich und angebracht, nur eine einzige, gemeinsame Stadtprozession stattfinden. In Deutschland vereinigt diese Gestaltung auch lebhafte Anklänge an die Flurprozessionen. Es ist ein Segenszug mit dem Heiland der Welt durch den öffentlichen Raum, auch um seine Herrschaftsrechte geltend zu machen (Christkönigsgedanke).

Beim heutigen „Hohen Umgang" möge das Latein nicht ganz verschwinden (Pange lingua …, Versikel und Oration). Die erlesenen liturgischen Texte stammen von keinem Geringeren als vom heiligen Thomas von Aquin. Inzwischen werden auch Fürbitten in den genannten Anliegen vorgetragen.

Natürlich förderte Fronleichnam auch die sogenannte „Schaufrömmigkeit" – warum auch nicht? Die katholische Religion ist sinnenfroh! Das Fest hatte folgenden Ablauf: Hochamt in der Pfarrkirche, Aussetzung und Beginn der Prozession mit dem Allerheiligsten. Es folgten Sakraments-Hymnen und passende Lieder. An den Altären Begrüßung durch eine eucharistische Antiphon, Evangelium und Segen mit der Monstranz. Nach Rückkehr in das Gotteshaus mit allen Teilnehmern Te Deum und nochmaliger sakramentaler Segen.

56

Am historischen Anfang des Festes (1248) stand übrigens eine Frau, die heilige Visionärin Juliana von Lüttich. Und bereits 1270 führte auch die selige Gertrud, Vorsteherin des reichsunmittelbaren Prämonstratenserinnenstiftes Altenberg bei Wetzlar und Tochter der heiligen Elisabeth, diese 1264 vom Papst abgesegnete Solemnitas ein. Oder: die Laienchristin Katharina Ilsung stiftete im Jahre 1305 ihr Vermögen der Augsburger Domkirche, um den Bestand des Fronleichnams-Festbrauches zu sichern. Und auch Kaiser gaben dem Umgang ihr Geleit, Maximilian I. im Jahre 1500; Karl V. 1530, jeweils in Augsburg. Wie diese, im Gegensatz zum Gründonnerstag nun in freudenvollem Rahmen sich vollziehende Sakramentsfeier „angekommen" ist, zeigen auch die Fronleichnamsspiele, die ab dem 14. Jahrhundert, zuerst in England, abgehalten wurden. Mittel- und Ausgangspunkt für das Alte Deutschland war das Kloster Neustift bei Brixen; die bedeutendsten Aufführungen werden aus Künzelsauer Annalen berichtet. Eine besondere Ausprägung erfuhr das Auto sacramental oder Auto del Corpus Christi in Spanien.

Man sollte alles versuchen, Fronleichnam wieder zu einem großartigen Fest zu erwecken. Am Abend sollten die Glocken noch zur Sakramentsandacht rufen (und/oder am Vorabend). Auch die geschmückten Straßen und Häuser gehören dazu. Ich erinnere mich, wie vor rund 20 Jahren bei einer Konferenz in Bonn die für ein Referat gewonnene Elisabeth Noelle-Neumann vom Allensbacher Institut für Demoskopie sinngemäß mahnte: die Katholiken bedürfen vor Ort *dringend* eines gemeinsamen öffentlichen Zeugnisses, auch, um den Mutlosen und oft Angegriffenen ein neues Gefühl der Zusammengehörigkeit zu vermitteln. Man sieht, es gibt auch andere Aspekte, die für die Wiederbelebung dieses Hochfestes sprechen, als nur den liturgischen!

In einer Verordnung vom 15. Mai 1941 wurde vom NS-Staat der Himmelfahrts- und Fronleichnamstag „mit Rücksicht auf die Erfordernisse der Kriegswirtschaft" auf den je nächstfolgenden Sonntag verlegt. „Sie", so hieß es, „genießen an diesen Tagen den bisherigen reichs- und landesherrlichen Schutz". Allerdings waren kirchliche Veranstaltungen an den eigentlichen Fest-Donnerstagen einzuschränken. Nach dem Monatsbericht der Regierung von Schwaben vom 8. Juli 1941 (über den Vormonat) „mussten" sechs Geistliche des Bistums Augsburg wegen Übertretung der vorgenannten Verordnung angezeigt werden; in ganz Bayern waren es 59. Andernorts und später nahmen Priester harte Strafen auf sich, wenn sie an den Donnerstagen selbst Festgottesdienste abhielten, diese nicht selten auf Bitten der Gläubigen (!). Ein Martyrer der Fronleichnamsprozession ist der Paderborner Diözesanpriester Otto Günnewich (1902-1942). Den Weg des Umgangs von 1940 benützte er auch 1941, doch sollte er nun 150 Meter kürzer sein. Wahrscheinlich wusste Günnewich nichts davon und wurde in eine Falle gelockt. Nach seiner Verhaftung kam er schließlich in das KZ Dachau und von dort zur Vergasung in die Anstalt Hartheim bei Linz. 1967 errichtete seine Pfarrgemeinde Salwey auf dem Kirchplatz eine Gedenkstätte in der Form eines Fronleichnamsaltars. Auch in seiner ersten Wirkungsstätte, Gommern bei Magdeburg, wurde ein Bronzerelief angebracht. Nach meinen Aufzeichnungen von 1943 (!) ging am *27. Juni 1943 (nach Stalingrad!*; spätestmöglicher Ostertermin, in genanntem Jahr daher erst am 24. Juni Fronleichnam) in Landsberg am Lech die Fronleichnamsprozession *durch die Altstadt*. 1944 dagegen war ich vom Pfarrer eines Dorfes bei Kaufbeuren eingeladen; auch hier fand die Prozession, wenige Tage nach der Invasion der Alliierten, im Freien statt. Nachträglich erscheint mir das fast wie ein Wunder, denn – die Belege hierfür sind Legion – braune Fanatiker kübelten ihren Spott und Hohn mit Vorliebe in das Fronleichnamsereignis. Wenige Wochen nach Kriegsende 1945 zogen wieder die ersten „freien" Prozessionen durch die Städte und Dörfer, wobei bisweilen die amerikanischen Besatzer verwundert und geschäftig photographierten oder filmten …

Möge doch jener ansonsten liebenswürdige Manager ein wenig nachdenken, der mich vor ein paar Jahren anherrschte, warum diese Donnerstage so unpraktisch immer noch Feiertage seien. Schier unübersehbar jedoch sind Kindheitserinnerungen an diesem Glücksgefühle gewährenden Frühsommertag: „Aber das größte Fest war Fronleichnam; ich habe es nie mehr und nirgends so jubelnd und glücklich erlebt wie in der Kinderzeit" (Leonhard Reinisch).

Und noch ein Allerletztes: Fronleichnam ohne Glauben an die Realpräsenz (wirkliche Gegenwart Christi in der heiligen Hostie) und an die Transsubstantiation (tatsächliche Verwandlung des Brotes in den Leib Christi) wird nicht gut möglich sein, daher auch kaum eine „ökumenische Prozession." Heißt es deshalb im neuen Lexikon für Theologie und Kirche (LThK), dass die „statisch-dingliche Realpräsenz" eine „Engführung" sei?

Fronleichnam

(Auszug)

Ja, und wir essen die heilige Speise,
aber im Schauen wirst Du auf leise
köstliche Weise uns neu beschert –
gabst doch und stillst uns das tiefe Verlangen,
auch mit den Augen im Kuss zu umfangen,
was sich den sehnenden Händen verwehrt!
Um Dich kreisen der Welten Gewichte,
flammen und branden Geschick und Geschichte –
lebendes Schweigen, verhülltes Gesicht;
Rosen, Päonien, grünbirkene Wände,
still wie zur Wandlung erhobene Hände
duften und atmen und fürchten sich nicht.

Schauende, Blinde, im Glauben uns wagend,
unsre Herzen auf Händen tragend,
knieen wir angeleuchtet vor Ihm:
über den Kerzen, mit Flügeln schlagend,
ragen Gewalten, wie Sonnen tragend
jauchzen die Seraphim.

(Ida Friederike Görres)

Gott, im Herzen Deines Sohnes, das unsre Sünden verwundeten,
schenkst Du uns voll erbarmender Huld
die unendlichen Schätze der Liebe; wir bitten Dich nun:
lass uns durch die Huldigung unserer liebenden Hingabe an Ihn
zugleich ein Werk würdiger Sühne entrichten.

HERZ-JESU-FRÖMMIGKEIT

Man muss wissen, was Herz meint
und von welch unendlicher Schwere
das Wort Herz schon in sich ist,
wenn man vom Herzen des Gottmenschen sprechen
und seine Gnade anbetend bekennen will.
(Karl Rahner SJ)

26. November 2000. In München wird die neue Herz-Jesu-Pfarrkirche unter großem Zulauf von Friedrich Kardinal Wetter konsekriert. Die alte war,
auf den Tag genau, sechs Jahre zuvor abgebrannt. Aber was für eine unge-
wöhnliche Architektur für ein katholisches Gotteshaus (ähnlich in Völklin-
gen)! So sehr, dass es im deutschen Blätterwald rauschte ob des Mutes der
Verantwortlichen für Neues. Im Inneren aber erstrahlen von Künstlerhand
„Die fünf Wunden rot", ein festliches Herz-Jesu-Symbol.

Die Herz-Jesu-Verehrung entstand, nach Ansätzen in der Heiligen Schrift
und bei den Kirchenvätern, im hohen Mittelalter als liebenswerte wie auch
eindringliche Frucht der (deutschen) Mystik. Im Spätmittelalter und am
Anfang der Neuzeit trugen die (Kölner) Kartäuser und die Jesuiten mit ihren Abhandlungen zur Verbreitung dieser Frömmigkeit bei. Bildliche Darstellungen verschiedener Art folgten, ebenso wissenschaftliche Werke. Er-
freulich, dass gerade nach dem Konzil sehr gediegene Bücher und Schriften
zum Thema erschienen und Symposien durch Institute abgehalten wurden.
Stellvertretend sei Sr. Isa Vermehren rscj genannt.
Eine gegenwärtig sehr aktive Vereinigung zur Förderung der Herz-Jesu-
Verehrung ist die „Unio Cor Iesu" mit Sitz in Wien.

Aber erst in der zweiten Hälfte des 17. Jahrhunderts fragte man nach der
Aufnahme dieses Kults in die *Liturgie*, ihren Formen und ihrem Reichtum.
Es waren vor allem die Heiligen Johannes Eudes und Maria Margarete Alacoque, die diesbezügliche Erfolge beim damaligen Papst hatten. Leo XIII.
und spätere Päpste verfassten dann Herz-Jesu-Enzykliken. Die Herz-Jesu-

Verehrung nahm einen mächtigen Auftrieb. In Paray-le-Monial (Burgund), wo Maria Margarete Alacoque ihre Visionen niederschrieb, finden auch heute noch zahlreiche Pilger das Zentrum der Herz-Jesu-Verehrung in Frankreich vor.

Eine ganz eigene Äußerung von Frömmigkeit, so heißt es, sei diese Verehrung des heiligsten Herzens Jesu. „Produkt" des 19. Jahrhunderts, oder, anders ausgedrückt, jener hundert Jahre zwischen 1850 und 1950, als die katholische Kirche zwar erstarkte, sich aber angeblich im Ghetto befand und losgelöst war vom modernen Leben. In der Tat ist die in der Gemeinschaft der Kirche bekundete Liebe zum Herzen des Erlösers in der späteren Neuzeit deutlich aufgeblüht.

Um die vorletzte Jahrhundertwende, gegen 1900, wurde bei Kirchenbauten, die vor allem in den wachsenden Großstädten notwendig geworden waren, mit Vorliebe der Titel „Herz Jesu" verliehen. Die katholische „Herz-Jesu-Universität" in Mailand konnte weltweites Ansehen gewinnen. Ein neuartiger (Mönchtum und Mission verbindender) Benediktinerkonvent, der um eben diese Zeit aufhorchen ließ, St. Ottilien im Bistum Augsburg, wählte als Patrozinium seiner Abteikirche „Herz Jesu". Das Herz-Jesu-Fest im Frühsommer wird dort stets zu einem religiösen Ereignis für die ganze Umgebung. Weltbekannt ist die Basilika Sacré-Coeur auf dem Martyrerhügel (Montmartre) in Paris (Baubeginn 1874).

Das „heilige Land Tirol" ist dem Herzen Jesu geweiht; im Juni lodern auf den Bergen die Herz-Jesu-Feuer. In Deutschland grüßen von pittoresken Höhen Herz-Jesu-Heiligtümer oder Anbetungszentren, so bei Velburg in der Oberpfalz oder in Arnstein hoch über der Lahn. Aus dem Elan der katholischen Jugendbewegung dichtete Franz Johannes Weinrich sein Lied „Herz Jesu, Gottes Opferbrand". Männliche und weibliche Ordensgemeinschaften sowie Bruderschaften übergaben sich geistlich dem Erlöserherzen. Wie sehr in der Zwischenkriegszeit die Christusfrömmigkeit außer im 1925 eingeführten Christkönigsfest im Herz-Jesu-Kult gipfelte, zeigt ein Beispiel aus der Diözese Mainz: Nachdem Bischof Ludwig Maria Hugo 1924 die Zeremonie der „Herz-Jesu-Thronerhebung" approbiert hatte, wünschte er, den Rhein und seine Anwohner dem Heiligsten Herzen Jesu zu weihen. Auf dem Jakobsberg bei Ockenheim nahe Bingen sollte, „gleichsam als katholisches Gegenbekenntnis zur preußischen ‚Germania' auf der anderen

Seite, eine kolossale Herz-Jesu-Statue errichtet werden" (Friedhelm Jürgensmeier). Doch der Plan blieb im Anfangsstadium stecken. Cor Jesu sacratissimum – Heiligstes Herz Jesu: „Ausdruck des Christen, sich in die Liebe Gottes hineinnehmen zu lassen, aber auch der Bereitschaft, Sühne zu leisten für die Frevel, die Gott angetan werden" (ders.).

Zum Herz-Jesu-Fest 1990 – eingeführt wurde dieses Hochfest am zweiten Freitag nach dem Dreifaltigkeitssonntag vom seligen Papst Pius IX. – gab die Liturgiekommission der Deutschen Bischofskonferenz eine Handreichung heraus mit dem Titel: „Unter dem Zeichen des Herzens". 75 Jahre waren vergangen seit der Weihe Deutschlands an das Heiligste Herz Jesu am 10. Januar 1915, bald nach Beginn des Ersten Weltkriegs. Papst Pius XI. bezeichnete in seiner Enzyklika im schwierigen Jahr 1932 die Verehrung des Göttlichen Herzens als ein „außerordentliches Heilmittel in den Nöten der Zeit". Die erwähnte Handreichung bildete einen Versuch zur Wiederbelebung der Herz-Jesu-Verehrung heute. Ob er gelungen ist? Es gab zum Beispiel eigene Exerzitienangebote für „Herz-Jesu-Verehrerinnen". Viele Frauen, auch solche, die wegen der Blutopfer an den Kriegsfronten nicht zur Ehe gekommen waren, fanden dabei Trost, Geborgenheit und neue Lebenskraft. Niemand möge darüber die Nase rümpfen und von einer zu gefühlsbetonten „süßlichen" Frömmigkeit sprechen! Ich erinnere mich, wie in der NS-Zeit ein Kaufmann mit drei Geschäften in der Heimatstadt regelmäßig die zwölf Herz-Jesu-Freitage des Jahres durch Beichte, Messbesuch und Kommunion mitbeging. Bei einem der letzten Bombenangriffe kam er in seinem Anwesen ums Leben. An diesen Freitagen (mit viel Krankenkommunionen) hat man zudem zum Opfergang für das „Herz-Jesu-Liebeswerk" aufgerufen, wobei auch Naturalien gespendet wurden.

In meiner Pfarrerzeit wollte ich das jährlich stattfindende Herz-Jesu-Fest dadurch hervorheben, dass bei der abendlichen Andacht die Herz-Jesu-Litanei – eine von nur sechs päpstlich approbierten Litaneien – von der gläubigen Gemeinde *gesungen* wurde. An diesem damals siebthöchsten – allerdings nicht gebotenen – Kirchenfest wurde auch ein besonderes Sühnegebet Vorschrift. Bei den „Stillmessen" verrichteten alle abschließend die „Leonischen Gebete" (Leo XIII.) mit dem dreimaligen Wechselruf: „Heiligstes Herz Jesu – erbarme dich unser". Die Herz-Jesu-Verehrung gilt, neben der Dankbarkeit gegen Gott für die überströmende Liebe aus dem Herzen seines Sohnes, als Appell zur christlichen Liebe. „Cor ad cor loquitur" – „Das Herz spricht zum Herzen" (Wahlspruch von John Henry Kardinal Newman).

Der Kult blieb nie ganz unangefochten. Doch schon im Jahre 1899 war durch Papst Leo XIII. die Weihe des gesamten Menschengeschlechtes an das heiligste Herz Jesu erfolgt. Die auch dem Weltfrieden, der Verinnerlichung der Religion und der Heiligung des Alltags dienende Weihe war wesentlich von einer deutschen Frau, der seligen Maria vom Göttlichen Herzen Droste zu Vischering, angeregt worden. Die Herz-Jesu-Verehrung ist eine biblische, nach Selbstlosigkeit strebende, gemeinschaftsbezogene, die Einheit in Christus fördernde Übung und damit mehr als eine „Andacht": „Siehe dieses Herz" (Karl Rahner). Und während die Menschen wie benommen nach Reichtum streben, muss bedacht werden, wie gotterfüllte Herzen zustande kommen: „Die Schätze der Weisheit und Erkenntnis im Herzen Jesu sind die ‚Schätze im Himmel' (vgl. Mt 6,20). Je besser wir uns in seinem Herzen auskennen und dort zu Hause sind, desto deutlicher enthüllen sie ihre ganze Kostbarkeit, ihre Eigenart und Vielfalt" (Barbara Albrecht). Eine nichtkirchliche Enzyklopädie (Brockhaus, 1989) weiß unter dem Stichwort „Herz-Jesu-Verehrung" unter anderem mitzuteilen: „besonderer Typ der katholischen Jesusmystik und -verehrung, die das Herz Jesu als Symbol des ganzen Menschen Jesus, vor allem seiner aufopfernden Liebe, versteht".

Wir sprechen übrigens gerne vom „gottmenschlichen" Herzen Jesu. Ein zentrales Bibelwort lautet: „Sie werden auf den schauen, den sie durchbohrt haben" (Sach 12,10; Joh 19,37), Erzbischof Karl Braun wählte es zu seinem Wappenspruch. Diese Andacht ist so recht „Osterfrömmigkeit", denn sie verkündet den Sieg des Durchbohrten in seiner Auferstehung!

Tiefschürfende Betrachtungen über das „Herz Jesu" hat uns der mit hohem Intellekt ausgestattete Jesuitenpater Alfred Delp, Märtyrer des NS-Unrechts, † an Lichtmess, 2. Februar 1945, hinterlassen. Wenn er auch auf die „Verniedlichung und Verharmlosung" dieses Kults zu sprechen kommt, findet er doch in dieser Andacht die Sprache der Liebe und weist ebenso die andere Fehlhaltung zurecht: „Mancher gute Theologe, der aber menschlich Rationalist oder was ähnliches blieb, scheut sich, das Wort Herz überhaupt ernsthaft in den Mund zu nehmen." Vor allem haben es P. Delp die unauslotbaren Anrufungen der Herz-Jesu-Litanei angetan. Diese stammt zum Großteil von seinem Ordensbruder P. Jean Croiset (1696-1738). Es sind also bei der Entstehung des neuzeitlichen Herz-Jesu-Kults nicht nur fromme Klosterfrauen beteiligt. Der weitsichtige Widerstandskämpfer, dessen Arbeiten etwa der Christlichen Gesellschaftslehre und Soziologie galten, ging zur Erklärung einzelner Anrufungen der Litanei über. Etwa: „Herz Jesu, von unendlicher Majestät": maiestas infinita! „Dieses liebende Herz verfügt über eine grenzenlose Liebesmächtigkeit, weil seine Wirklichkeit maiestas ist: erhaben, allem Vergleichbaren überlegen". Leider brechen diese Aufzeichnungen des nur 37 Jahre alt gewordenen Alfred Delp ab. Warum wohl?

Litanei zum Fest des allerheiligsten Herzens
(Auszüge)

…

Du Feuerherz mitten im Dunkel der eisigen Weltnis:
Sei geliebt, Liebe!
Du Flammenschatten über allem falschen Leuchten der Weltnis:
Sei geliebt, Liebe!
Du brennendes Mal in aller falschen Ruhe der Weltnis,
Du einsames Herz, du loderndes Herz,
du unauslöschliches Herz:
Sei geliebt, ewige Liebe!

…

Du Königsherz im fließenden Mantel deines Blutes:
Sei geliebt, Liebe!
Du Bruderherz im wilden Hohn der Dornenkrone:
Sei geliebt, Liebe!
Du brechendes Herz im starren Schmuck deiner Todeswunden,
Du vom Thron gestoßenes Herz, du verratenes Herz,
du grausam gemartertes Herz:
Sei geliebt, Liebe, ewige Liebe, sei ewiglich geliebt!

…

Du Herz, das uns alle an sein Herz nimmt,
Du Herz, das uns alle mitten ins Herz trifft,
Du Herz, das uns allen das stolze Herz bricht:
Wir bitten dich um deine Liebe!

...
Du Herz, an dem die Einsamkeit zum großen Volk wird:
Wir bitten dich um deine Liebe!
Du Herz, an dem die Zerrissenheit zu einem Volk wird:
Wir bitten dich um deine Liebe!
Du Herz, an dem die ganze Welt zu deinem Volk wird:
Wir weihen uns deiner Liebe!
Du überströmendes Herz, du überflammendes Herz, du überbrausendes
Herz:
Sei geliebt, Liebe, ewige Liebe, sei ewiglich geliebt!
...
Du Herz, von dem die Himmel ihre Glorie nehmen,
Du Herz, von dem alle Sonnen und Sterne Anfang und Ende nehmen,
Du Herz, von dem die seligen Geister ihr Seligtum nehmen,
Du weltgebietendes Herz, du weltüberwindendes Herz, du alleiniges Herz:
Amen. Amen. Es brenne herein der Tag deiner ewigen Liebe.

(Gertrud von le Fort, Hymnen an die Kirche)

Das Wandlungsbild aus einer Prachthandschrift des Klosters Metten zeigt die Erscheinung des Auferstandenen. Aus seinen Fußwunden fließt Blut in den Kelch auf dem Altar – vor diesem der Priester, der die konsekrierte Hostie emporhebt. Engel halten Spruchbänder mit Versen des Fronleichnamsoffiziums. Ein aufgeschlagenes Buch am rechten Bildrand enthält den Anfang der Sequenz „Lauda Sion".

KAPITEL II

KIRCHE – Haus der Gnaden

So will er die Kirche herrlich vor sich erscheinen lassen, ohne Flecken, Falten oder andere Fehler; heilig soll sie sein und makellos (Eph 5,27)

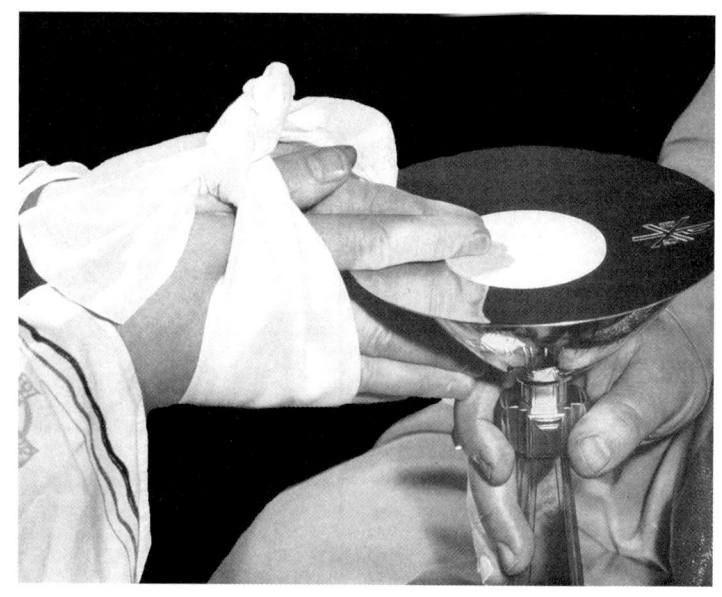

*Accipe potestatem offere sacrificium Deo … –
Empfange die Gewalt, das Opfer Gott darzubringen und
Messen zu lesen, sowohl für die Lebenden als für die Abgestorbenen;
im Namen des Herrn. Amen.*

NAME

VORNAME

BERUF

WOHNORT (POSTLEITZAHL)

STRASSE

DIESE KARTE ENTNAHM ICH DEM BUCH

DATUM

KAROLINGER VERLAG

ORTLIEBGASSE 2/22
A-1170 WIEN

WIR FREUEN UNS ÜBER IHR INTERESSE AN UNSERER VERLAGSARBEIT UND BITTEN SIE, DIESE KARTE AUSGEFÜLLT AN UNS EINZUSENDEN. WIR WERDEN IHNEN LAUFEND PROSPEKTE ZUGEHEN LASSEN.

IHR

KAROLINGER VERLAG

DAS PRIESTERTUM

Es gibt keinen glücklicheren Menschen
als den katholischen Geistlichen,
wenn er wahrhaft von Gottes- und Nächstenliebe
durchdrungen ist.
Sein Leben ist das edelste Künstlerleben,
der Stoff, worin er arbeitet, sind unsterbliche Seelen,
das Ideal, das er darin ausprägt, ist Jesus Christus.
Seine Kunstwerke sollen einmal aufgestellt werden
im Dom des Himmels vor Gottes Thron,
ihm zum ewigen Ruhm.
(Alban Stolz)

Wer einen derartigen Lobes-Text auf den Priester zu Papier gebracht hat, muss wohl auf einem anderen Stern gelebt haben – so denken vielleicht manche oder gar viele. Zwar mahnt der Verfasser (auch) die Nächstenliebe an, aber dass der im Text so Gepriesene seine von ihm „betreuten" Schäflein einmal als Himmelsdenkmäler aufstellen dürfte, das sei heute nicht mehr nachvollziehbar, zumindest von der Sprache her.

Alban Stolz, von dem dieser Text stammt, zählte im 19. Jahrhundert zu den gescheitesten Geistlichen Badens und wurde als Publizist, bedeutendster Volksschriftsteller und Kalendermacher („Kalender für Zeit und Ewigkeit") weit über seine Heimat hinaus bekannt. Geboren wurde er in dem in der Vorbergzone des Schwarzwaldes idyllisch gelegenen Städtchen Bühl, das geradezu in einem Gottesgarten liegt („Bühler Zwetschgen").

Kommen wir zum Heute. Nur ungefähr 35 Kilometer in Luftlinie von Bühl entfernt, konnten im Frühsommer 2001 in der politischen Gemeinde Waldbronn zwei Primizen gefeiert werden, je eine in den Teilorten Busenbach und Etzenrot. Der eine Neupriester, ein Spätberufener (36 Jahre, zuerst Betriebswirt) sagte, es sei ihm eine Freude gewesen, sich wieder in Bücher zu vertiefen und sich mit Fragen des Seins zu beschäftigen. Und die Presse wusste zu berichten: „Später faszinierte ihn die katholische Kirche immer mehr, weil diese jene Größe sei, die durch ihre Kontinuität und Prägekraft durch die Geschichte hindurch das Evangelium vom auferstandenen Chris-

71

tus an die nachfolgenden Generationen weitergab. Große Vorbilder für M. sind der heilige Augustinus, dessen Schrift ‚Bekenntnisse' er geradezu verschlang, und Papst Gregor der Große." Der andere Neupriester (30) habe zwar früh schon mit dem Priesterberuf geliebäugelt. Inspiriert von einer Informationsbroschüre „suchte er den Kontakt zu kompetenten Leuten und ließ sich beraten", so die Badischen Neuesten Nachrichten.

Ist Alban Stolz wieder auferstanden in einer Zeit, in der, wie zu vernehmen ist, keiner mehr katholischer Geistlicher werden will? Aber es verhält sich so: Ist der Christ der aus Christus geborene neue Mensch, dann ist der Priester der geweihte Christ.

Es muss doch etwas Besonderes, ja Einmaliges um den Priester der Kirche sein! Aber, je weniger er dieses „Einmalige" vor den Menschen herträgt, desto überzeugender wird sein Dienst an ihnen ausfallen. Der Priester muss sein Ich ein wenig zurücknehmen; er soll zurückhaltend sein, damit um so deutlicher Christus selbst aus ihm hervortritt. Er ist nur Werkzeug, und Christus, der Hohepriester des Neuen Bundes, soll aus dem geweihten Amtsträger hindurchscheinen und von den Gläubigen (im besten Wortsinn) *gesehen* werden. „Legatione Christi fungimur" – „An Christi Statt handeln wir", heißt es seit alters. Das Priestertum ist kein neues und eigenständiges Amt neben dem Priesteramt Jesu Christi, sondern diesem eingeordnet. Verkündigung, Feier der heiligen Messe, Spendung der Sakramente und Sakramentalien, Leitungsvollmacht umreißen seinen Dienst. Dabei wird der Priester einfach Mensch bleiben, entgegen der Meinung der „Welt", die allein von der Tatsache her, dass es den Priester gibt, Defizite anmeldet. Sie bemüht Psychologen und Therapeuten, dass sie „nach dem Rechten schauen" und der katholische Geistliche nicht menschlich verkürzt oder gar verkorkst wird. Das sind Sorgen! Aber es stimmt: Im Grunde bleibt der Priester auch denen, die ihm wohlwollen, in gewissem Sinne fremd. Der Priester ist eingetaucht in den Urquell des Lebensstromes Christi und lädt nun andere ein, zur Gnadenquelle zu kommen. Das ihm auferlegte Stundengebet ist ein Gott verherrlichendes, Segen an alle austeilendes, stellvertretendes Beten des Priesters.

Die „Welt" von heute, auch die katholische, verlangt mehr denn je nach dem „weltoffenen" Priester (was immer man darunter verstehen mag), nach dem „menschlichen Menschen" Priester. Die geweihte Person, die es versteht, bei den Menschen zu sein, die ihnen unterschiedslos im Alltag begegnet –, diese darf eher Schwächen zeigen als ein ernster, in sich gekehrter „Typ" von Priester. Letzterem wird oft allzu rasch „Abgehobensein" angelastet. Der „Priester der Zukunft" soll die Menschen verstehen (als ob das frühere Priester nicht auch und oft großartig gemeistert hätten). Entscheidend ist, dass der Priester sein Amt rechtschaffen ausübt, weil er der „Verwalter von Geheimnissen Gottes" (1 Kor 4,1) ist, wenn er der berufene „andere Christus" ist. Immer mehr treten bei Katholiken geistliche Entzugserscheinungen auf; den Priester wollen sie schon, die (beliebte) Person, den netten Menschen, aber nicht mehr so wie einst das Amt, das er innehat, und das auch dann vollgültig ist, wenn er einen schwierigeren Zugang zu den Pfarrangehörigen hat.

Die katholische Kirche erhielt vom Herrn den Auftrag, sich zwischen das Verhältnis von Mensch und Gott zu stellen – um des Heiles des konkreten Menschen willen. Es entstehen innerkirchliche Störungen, wenn beim Geistlichen nur noch seine Person und kaum noch sein Amt in Geltung stehen. In einem ausgedehnten katholischen Landstrich Deutschlands sollen früher die Leute (am Stammtisch?), wenn sie meinten, Grund zu haben, auf den Pfarrer zu schimpfen, hinzugefügt haben: „Ausgenommen seine hohe Weihung". Selbst beim unschönsten Wort über ihn, das ihnen entfahren ist, respektierten sie noch die besondere Würde des Amtes von „Hochwürden". Schließlich darf die Gnade Gottes nicht übersehen werden, die „Amtsgnade" (und das Gebet der Gemeinden für ihre geweihten Söhne), mit der der Priester begnadet ist und die ihm Kraft, Trost, freudige Begeisterung und selbst in Anfechtungen lautere Herzlichkeit schenkt. „Der Herr verheißt denen, die mit ihm leben wollen, anstelle seiner äußeren Gegenwart das innere Leben, den Trost und das Feuer des Heiligen Geistes" (Bernhard Welte). Das gilt zwar für alle in und mit der Kirche Verbundenen, besonders aber für den Priester. Er hat einen Ausnahmeberuf inne, besser: eine besondere Berufung. Die Gemeinde soll ihn mittragen, wie auch er jeden einzelnen der ihm Anvertrauten zu schätzen und zu lieben hat. Nach einem Wort von Papst Pius XII. (1950) ist die Kirche „Teilhaberin" des einzigen und ewigen Priestertums Jesu Christi. Die priesterliche Gewalt wird durch das Weihesakrament übertragen und ist unverlierbar. Gertrud von le Fort spricht darum wie folgt die Kirche an: „Deine Weihen sind wie große Zeichen von Feuer auf den Stirnen. Niemand kann sie auslöschen."

Das Zusammenwirken von Priestern und Laien ist heute manchmal einer Belastungsprobe ausgesetzt; der Priestermangel trägt viel dazu bei. Dieser ist aber „hausgemacht", weil die katholischen Familien, von erfreulichen Ausnahmen abgesehen, ihre Söhne nicht mehr „der Kirche schenken" wollen. Ein Pfarrer erzählte mir (ohne Namensnennung) von einer tief kirchenverbundenen Frau in seiner Gemeinde, die aber, trotz guter Anzeichen beim Einzigen, keinen Priestersohn haben möchte, da sie auf Enkel nicht verzichten wolle. Zudem werden junge Männer nicht zum Priestertum ermutigt, wenn daheim nicht gut darüber gesprochen wird. Natürlich kommen auch andere Gründe hinzu, etwa die geringere Kinderzahl pro Familie.

„Es geht auch ohne Priester", solche oder ähnliche Überschriften in den Zeitungen sind keine Seltenheit mehr. Mit Hinweis auf den Priestermangel machen Laien untereinander aus, wie sie die Pfarrei am Leben erhalten wollen, wobei der sonntägliche Wortgottesdienst („Wort-Gottes-Feier") als besonders wichtig erscheint (Ist Kommunionspendung dabei, werden sich die Kirchenbesucher sehr schnell an diese Art „Messe" gewöhnen und um den wahren Wert der heiligen Messe betrogen). Für den heiligen Johannes Chrysostomus „ist die Unterscheidung zwischen Hirten und Gläubigen, zwischen Priestern und Laien, ebenso klar wie wesenhaft, und nichts erlaubt, beides unter einen weitergespannten Oberbegriff einzuordnen". Bischöfliche Richtlinien wollen nun in den Diözesen priesterlose Gottesdienste in eine Ordnung bringen.

Da möchte zum Beispiel ein diözesaner Jugendverband alternativ zur priesterlichen Stelle des Diözesanseelsorgers die Stelle der Geistlichen Diözesanleiterin anbieten; dies wird als „frauenpolitisches Signal" bewertet. Niemals wären früher den katholischen Frauen und Mädchen derartige „Unterlaufungen" eingefallen, dass sie sich nicht (mehr) von einem Priester, weil er ein Mann ist, geistlich führen und unterweisen lassen wollen. Der Feminismus lässt grüßen; er kann zum Virus werden im Körper der Kirche!

Noch ein Wort über die oft zitierte Vorstellung, der Laien-Diplomtheologe sei dem Priester gleichwertig und könne unter Umständen besser predigen als er (zu behaupten, er verstünde mehr vom „wirklichen" Leben als der zölibatäre Priester, gehört auch zu den innerkirchlichen Angriffen). Es wird übersehen, dass der Priester, der ja auch Diplomtheologe ist, im Seminar und in den Praktika (hoffentlich!) eine spezielle asketisch-pastorale Einübung in die geistlichen Dimensionen und Tiefen seiner Berufung und seines Amtes erfährt. Und im alltäglichen Leben wird der Geistliche die „Kinder der Welt" ohnehin in manchen Fragwürdigkeiten unter sich sein lassen (müssen). Ein Priester kann nie wirklich durch einen Laien ersetzt werden! Im Mai 2001 wurde an der Katholisch-Theologischen Fakultät der Universität Augsburg der neue, noch nicht fünfzigjährige Ordinarius für Altes Testament eingeführt. Der Priester kommt aus einer Bauernfamilie mit 14 Kindern. Sage nun einer, dass er vom Leben nichts verstünde!

Wie wünscht man sich den Priester der Zukunft? Für diesen „Ausnahmeberuf" gilt *Berufung durch Gott*, feststellbar – nach menschlichem Ermessen – an der inneren Stimme, dem Leben mit Christus, an guten Gaben des Geistes und des Herzens, an der Fähigkeit zum Starkmut, zur Nächstenliebe, zum Menschsein unter Menschen. Über die Zulassung entscheidet der Bischof oder der jeweilige Ordensobere. Wenn allerdings die Weltzugewandtheit so deutlich erkennbar sein muss und das „Ja" zur „modernen" Kirche das wichtigste Kriterium ist, so dass alle „Rückwärtsgänge" (etwa Mundkommunion oder Knien als „Symbol der Unterdrückung") verpönt sind, – nun, dann wird die Kirche bald nur jene geweihten Söhne haben, die sie sich scheinbar wünscht.

Es war wahrscheinlich nie leicht, zur Masse der Getauften über das „Mysterium" zu sprechen. Nicht jeder hat dazu leichten Zugang. Auch das Wesen des Priesters ist geprägt von seiner geheimnisvollen Zeichenhaftigkeit, die uns ein Hinweis auf das Geheimnis „Gott" ist. „Mysterium bedeutet nicht etwa, wir wüssten es nicht so recht; Mysterium bedeutet vielmehr, dass das Christliche nicht nur in der Nachahmung Christi besteht, sondern dass die christliche Heilswirklichkeit Zusammenhänge mit Christus erhält, die von uns nicht verwirklicht werden können, die nur Christus verwirklichen kann, indem er sich in seiner Übermacht heilshaft mit uns verbindet" (Hermann Kardinal Volk). Christus in uns! Wir in Christus! Es geht um die Hinkehr des Irdischen zum Himmlischen: „Also kennen wir von jetzt an niemand mehr nur auf irdische Weise; auch wenn wir Christus auf irdische Weise gekannt haben, jetzt kennen wir ihn nicht mehr so" (2 Kor 5,16; vgl. auch Joh 3,12).

Ein Dogmatikprofessor sagte kürzlich, der Priester sei nicht mehr als Mittler zu Gott zu verstehen; jeder Christ habe unmittelbaren Zugang zu Gott. Natürlich kann jeder Christ unmittelbar zu Gott beten, aber die Sakramente, die von Christus eingesetzten, gnadenwirksamen Zeichen des Heils, kann er nur vom Priester empfangen. Kein Mensch kann sich selbst taufen, kein Christ sich selbst im Bußsakrament die Sünden vergeben, kein Laie sich selbst Brot und Wein in den Leib und das Blut Christi verwandeln, keiner sich selbst das Sakrament der Krankensalbung spenden. Zu all dem bedürfen wir des Priesters. Warum? Weil er in persona Christi, an Christi statt und in seinem Namen für uns einen Mittlerdienst des Heiles leistet.

Im Priestertum geht es nicht nur um Nachahmung, sondern um eine besondere Vollmacht. Die Einsetzungsworte etwa spricht der Priester ganz als Christus: „Das ist mein Leib, der für euch hingegeben wird." Der Priester handelt in zweifacher Repräsentation: in persona Christi capitis (in der Person Christi, des Hauptes der Kirche), also als „zweiter Christus". Er repräsentiert aber auch die Kirche. Der Priester ist es, der sich in Anlehnung an Joh 3,29 in tiefster Demut als den „Freund des Bräutigams (= Christus)" bezeichnen darf.

Und der priesterliche Alltag? Lassen wir den Dichter antworten, der ganz schlicht den Radius priesterlichen Seins und Tuns aussteckt und die eigentlichen Aufgaben anreiht zum Heil der Menschen und der Welt – wie eh und je:

Priester

Wir Mittler zwischen Mensch und Gott,
verdienen wir der Zweifler Spott?
Ach, gegen dieser Welt Begehr
zu wappnen euch mit Tat und Lehr,
verkünden wir im Lebensstreit
des Glaubens Heil und Tröstlichkeit.
Wir stehn an eurer Wiege Schoß,
wir sprechen euch von Sünden los,
wir spenden euch den Leib des Herrn
und segnen euch, Gott Geist zu Ehrn.

Der Liebenden vereinte Hand
umfahn wir mit geweihtem Band
und salben in der Sterbestund
dem Kämpfer Hand, Fuß, Aug, Ohr, Mund.

So binden wir dies Leben ganz
an Gottes Milde, Macht und Glanz,
denn alles Unsrige ist sein.
Erlass er uns die Seelenpein
und schütze seine Christenheit
von nun an bis in Ewigkeit!

(Josef Weinheber)

Orate fratres … –
Priester: Betet, Brüder, dass mein und euer Opfer
wohlgefällig werde bei Gott dem allmächtigen Vater.
Ministranten: Der Herr nehme das Opfer an aus deiner Hand /
zum Lob und Ruhme seines Namens / zum Segen für uns /
und Seine ganze heilige Kirche. Amen.

LITURGIE – DIE HEILIGSTE AUFGABE DER KIRCHE

Per singulos dies benedicimus te;
et laudamus nomen tuum in saeculum,
et in sæculum sæculi.
An jedem Tag benedeien wir dich
und loben in Ewigkeit deinen Namen,
ja in der ewigen Ewigkeit.
(Aus: Te Deum)

Juli 1936. Mein Bruder und ich unternahmen eine Radtour zum Allgäuer Markt K. Eine Tante leitete dort – als Barmherzige Schwester vom Mutterhaus Untermarchtal – den Kindergarten. Wir besuchten sie im gastlichen Kloster. Bei einem Glas Saft kam zunächst der soeben ausgebrochene Spanische Bürgerkrieg ins Gespräch. Bald aber leiteten offene Gedanken zur religiösen Situation der Jugend im herrschenden Nationalsozialismus über zu dem Stichwort „Liturgie". Die Tante meinte, mit der neu aufgekommenen Begeisterung für die Liturgie und deren Verständnis, einschließlich der die Jugend ansprechenden Gottesdienste, sei Hoffnung aufgekommen. Hatte die Tante recht? Und was ist Liturgie überhaupt?
Noch kurz vor dem Zweiten Vatikanischen Konzil ließ ich in der 8. Volksschulklasse nach entsprechender Katechese in die Hefte schreiben und lernen: *Unter Liturgie verstehen wir den gesamten öffentlichen Kult der Kirche in ihrem Haupt und ihren Gliedern, der zur Ehre Gottes und zum Heil der Gläubigen gefeiert wird und nach festen Regeln geordnet ist.* Der Satz dürfte alles Wesentliche enthalten. Das erwähnte Konzil bestätigte feierlich den sakramentalen Charakter der Liturgie.

Das Verkennen des Zeichen- und Symbolcharakters der liturgischen Gegenstände, letztlich aller Gegenstände in der „nachkonziliaren Ära", sah der Philosoph Josef Pieper mit einem uneinholbaren Realitätsverlust verbun-

79

den. Er spricht von einer in eine liturgische Verständnislosigkeit gefallenen Kirche. War das gewollt?

Es gab eindeutig einen Wildwuchs liturgischer Texte nach Einführung der neuen Messe, des „Novus Ordo Missae". Natürlich wollte die Kirche dies nicht, bei allem Verständnis für den Wunsch nach Lebendigkeit und Kreativität. In der fast gigantischen Ära der „Schaffung" neuer „liturgischer" Texte kamen zum Beispiel „24 Eucharistische Hochgebete" heraus, „die eine Atmosphäre des Hasses und des Klassenkampfes atmen, aber missbräuchlich befreiende Praxis genannt werden" (Wilhelm Weber).

Überhaupt: Warum bedürfen Gottesdienste eines eigenen Themas – ist dieses nicht stets die Erlösung durch Jesus Christus?
Unsere Gottesdienste werden immer mehr zu einer „Veranstaltung", zu einer Vorstellung samt Vorführungen. Wird diese Entwicklung wahrgenommen, wird sie gutgeheißen? Ist die Sorge von nicht wenigen Leuten über die Säkularisierung der Liturgie unbegründet? Wird der Tempel Gottes zum Gemeindesaal? Mit der Forderung nach einer armen Kirche (die dann allerdings auch in ihrem sozialen Engagement eingeschränkt wäre) geht auch oft Primitivität einher. So äußerte 1990 eine Jugendliche anlässlich eines Domfestes: „Am liebsten wäre mir die Eucharistiefeier in einem Schuppen."

Zur Theologie gehört auch das Studium der kirchenamtlichen liturgischen Anweisungen. In zahlreichen Dokumenten der Kongregation für die Glaubenslehre sowie der Kongregation für den Gottesdienst und die Sakramentenordnung bis hin zu den Enzykliken und Apostolischen Schreiben des Papstes wird die Ordnung der Liturgie verbindlich geregelt. Darüber darf man sich nicht hinwegsetzen.

Die Kirche ist es, welche Geist und Ablauf allen liturgischen Geschehens festsetzt und erläutert. Gesetzgeber in liturgischen Angelegenheiten ist allein die rechtmäßige kirchliche Autorität: „Deshalb darf durchaus niemand sonst, auch wenn er Priester wäre, nach eigenem Gutdünken in der Liturgie etwas hinzufügen, wegnehmen oder ändern" (Zweites Vatikanisches Konzil, Sacrosanctum Concilium 22 § 3). Die für den Gottesdienst bestimmten liturgischen Bücher in ihrer Vielgestalt gehören in den *sakrosankten Bereich des Heiligen und Unveräußerlichen*. Die „Fünfte Instruktion zur richtigen Anwendung der Konstitution über die Heilige Liturgie des Zweiten Vatikanischen Konzils, *„Liturgiam authenticam"*, datiert vom 28. März 2001, ist als verbindlich zu beachten. Auch die „Institutio Generalis Missalis Romani" aus dem Jahre 2000, die die bisherige „Allgemeine Einführung in das Messbuch" von 1975/1983 ablöst und noch einer authentischen Übersetzung ins Deutsche harrt, muss in die Praxis umgesetzt werden. Liturgischer Wildwuchs müsste daher der Vergangenheit angehören.

Manche Messfeier ist nicht mehr von einer gewöhnlichen „Veranstaltung" zu unterscheiden: Begrüßung, Erläuterungen zum Ablauf, Platzwechsel für Auftritte (zum Beispiel Kinder auf der „Bühne"), Applaus, Austausch von Höflichkeiten, Übergabe von Blumen, Dankabstattung und anderes mehr. Gebastelte Materialien werden präsentiert, vielleicht sogar Dias vorgeführt, auf Plakatständern werden Poster gezeigt. Oder anderswo: die selbstformulierten Fürbitten werden mit der Gabenbereitung verwoben. Zwei Frauen lesen die Bitten an der Stelle des Priesters aus dem vor ihnen liegenden Buch; der Zelebrant selbst tritt zur Seite. Bei der Doxologie am Ende des Kanons lässt er die Worte „allmächtiger Vater" weg – vielsagend!

Solches habe ich selbst erlebt. Will man damit einen „menschennahen" Gottesdienst bieten? Darf das alles sein? Heißt es doch bisweilen, wir müssten auf die Straße, zu den Menschen; stattdessen holen wir die Alltagssprache und das Alltägliche in die göttliche Feier! Man lässt den vorgeschrieben Ritus beiseite und tut so, als ob wir bei einer zwischenmenschlichen Begegnung wären. Etwa so: Der Liturge begrüßt die Gläubigen mit einem fröhlichen „Guten Morgen" und beendet die Feier mit guten Wünschen für die Anwesenden. Artig erwidert die Gemeinde „Danke, gleichfalls". Der Priester meint, die einzelnen Texte und Handlungen erläutern zu müssen. Die wenigen Kinder werden nach dem Evangelium von drei Damen durch die Sakristei hinausgeführt. Erst während des Sanktusliedes erscheinen sie wieder, bald den Altar umstehend; händereichend (Zelebrant, Ministranten, Kinder) beim Gesang des Vater unser, selbstverständlich ohne Fortführung der letzten Bitte. Die „Regie" des Friedensgrußes sah einen Händedruck des Pfarrers reihum bei jedem Umstehenden vor. Inzwischen waren aber viele durch die Kirche gelaufen, um dem einen oder dem anderen die Hand zu schütteln. In vielen Fällen sind heute Sänger und Instrumentalisten im Chorraum platziert; anstelle zum Altar oder zum Allerheiligsten zu blicken, schauen die Leute während der Messfeier nun den Sängerinnen und Sängern bei Ihrem Auftritt zu. Nach der Rückkehr des liturgischen Dienstes in die Sakristei geben Chor oder Instrumente eine „Zugabe" und ernten begeisterten Beifall.

All dies ist noch vergleichbar harmlos gegenüber Auswüchsen, die in Büchern und Zeitschriften berichtet werden. Man denke nur an den Missbrauch der „Faschingsmessen", bei denen die Kinder in Kostümen zur Messe kommen – als Cowboys, Prinzessinnen und Clowns der Vergegenwärtigung des Kreuzesopfers Christi beiwohnen und bisweilen sogar der Priester in Verkleidung auftritt und eine „Büttenrede" hält.

Nun frage ich: Sind solche Abweichungen von der liturgischen Ordnung nicht vielerorts schon zur „Norm" geworden? Welches Verständnis von „Messfeier" und „Liturgie" steht dahinter? Will man im Gottesdienst wirklich noch Gott begegnen oder geht es um eine Menschenversammlung? Ist das Erleben von „Gemeinschaft" wirklich alles? Muss der Pfarrer unbedingt in Paramenten die Kirchgänger am Portal verabschieden? Sind diese Veränderungen im Liturgieverständnis nicht fast zwangsläufig eine Folge der Zelebration zur Gemeinde hin („versus populum")? Wenn man sich während der Messe ständig gegenseitig in die Augen schaut und Dialoge führt, besteht die Gefahr, denjenigen aus dem Blick zu verlieren, dem der göttliche Kult dargebracht wird. Wäre es nicht passender und angemessener, sich gemeinsam – Priester und Gläubige – auszurichten auf Jesus Christus, gemeinsam den Weg zu Gott zu gehen mit Blickrichtung „ad orientem" (gen Osten), von woher Christus wiederkommen wird? Wäre diese gemeinsame Ausrichtung auf den Herrn nicht eine überzeugendere Verwirklichung von „communio"?

Auch dies ereignete sich tatsächlich: Frei gesprochene Orationen mit langem Wortschwall und ohne die Schlussformel „Durch unseren Herrn …". Weiß der Zelebrant nicht, dass es sich bei den priesterlichen Amtsgebeten nicht um persönliches Gebet handelt, sondern in diesen Worten die Kirche spricht und Jesus Christus das Gebet der Kirche zum Vater trägt? Vor der heiligen Kommunion wird angesagt, wo „das Brot" (das mittlerweile noch nicht einmal mehr das Adjektiv „heilig" erhält) ausgeteilt wird. Man reicht es mit der Spendeformel: „Brot des Lebens". *Alle* Anwesenden werden unterschiedslos zum „Mahl" geladen. Ein klarer Verstoß gegen die Heiligkeit des Sakramentes und die kirchliche Ordnung! Und vor dem Schlusssegen hören wir wieder zahlreiche soziologisch eingefärbte Sätze, Hinweise zum zwischenmenschlichen Miteinander. Wissen die Gläubigen noch, dass die Zeit nach dem Kommunionempfang der stillen Zwiesprache mit unserem Herrn und Gott vorbehalten ist?

An dieser Stelle sei hier einmal all jenen Dank bezeugt, die würdig und recht (richtig) Eucharistie feiern. In der Liturgie wird ein „Kult vollzogen", wie das Konzil sagt (Sacrosanctum Concilium 7). Und die Ostkirche bezeichnet die Messfeier mit dem Begriff „göttlicher Kult".

Wie sehr höfliche Umgangsweisen, die im zwischenmenschlichen Verhalten notwendig sind, vielerorts den vorgeschriebenen liturgischen Ritus im Gottesdienst ersetzt haben, zeigt auch die heutige Art, Taufe zu feiern. Erlebnismäßig dürfte die Feier der Begrüßung eines neuen Erdenbürgers für viele Vorrang vor dem Verständnis des Taufgeschehens haben. Als ich ein Jahr vor der Priesterweihe Diakon geworden war, lud mich ein Dorfpfarrer ein, die Spendung der heiligen Taufe praktisch kennenzulernen. So hielt ich in dem Rokoko-Gotteshaus meine erste Taufe. Anwesend waren nur (wohl eine Ausnahme) die Patin mit dem Kind, die Mutter und wir zwei Geistliche, wobei der volksverbundene Pfarrherr meine liturgisch-sakramentale Tätigkeit wohlwollend „überwachte". Damals kannte niemand ein vorbereitendes Taufgespräch, auch noch kaum eine musikalische Ausgestaltung, aber die Leute wussten und glaubten: Dieses erste und notwendige Sakrament wäscht den Täufling im „Bad der Wiedergeburt" rein vom Makel der Erbschuld, macht ihn zum Kind Gottes und zum Erben des Himmels. Das alles aber geschieht in und mit der Kirche, dem mystischen Leib Christi, deren Glied das Neugeborene nunmehr sein darf! Die Gläubigen wussten um die Bedeutung der Gotteskindschaft und die Notwendigkeit der heiligen Taufe bald nach der Geburt (Wiedergeburt aus dem Wasser und dem Heiligen Geist, vgl. Joh 3,5). Heute spricht man mitunter nur noch von der „Eingliederung in die Pfarrgemeinde" – welch primitive Verkürzung dieses grundlegenden Sakramentes!

Ein weiterer Punkt: Die Verkündigung der Heilsbotschaft in der Liturgie zählt zu den wichtigsten Diensten in der Kirche. Das Konzil wollte den „Tisch des Wortes" reichlicher decken. Also entstanden drei Lesejahre, die einen umfangreicheren „Vorrat" an den heiligen Texten der Bibel schufen. So hören wir nun viele lange Lesungen aus dem Alten Testament, manchmal peinliche Abschnitte angesichts meist älterer Leute bei der Werktagsmesse. Früher kam jährlich an den betreffenden Sonntagen immer dieselbe Epistel und das gleiche Evangelium vor. Das war zwar wenig, angesichts des Reichtums der Heiligen Schrift. Es hatte aber den Vorteil, dass die Gläubigen sich einen festen Bestand aus den Evangelien und den Apostelbriefen aneignen konnten. Heute kennt kaum noch jemand eine Schriftstelle auswendig.

Auch die Übertragungen der Schrifttexte waren früher nach meinem Empfinden „sakraler". Die Einheitsübersetzung gebraucht gerne das Hilfszeitwort „haben". Gehobene Sprache wird oft bewusst vermieden. Die sprachlich so eleganten Genitive fielen weg: „Und seines Reiches wird kein Ende sein" (bisher) – „Sein Reich wird kein Ende haben" (jetzt). Bei der starken Betonung von Jesus als Mensch zu Lasten der Darstellung seiner Gottheit bekommt er im Evangelium plötzlich einen „Kopf" statt ein „Haupt". Ziel ist es, durch Vermeidung feierlicher oder poetischer sowie nicht im Alltagsgespräch vorkommender Worte alles „verständlicher" zu machen. Ist der moderne Mensch wirklich so unverständig? Oder besitzt die Kirche nicht auch einen Auftrag als Bildungsinstanz? Liturgische Sprache darf ein Niveau haben. Alltagssprache genügt nicht für das Sakrale! Warum sollte man nicht vom „Antlitz" sprechen statt vom „Gesicht"? Eine sakrale Sprache im Heiligtum, die sich von der Alltagssprache abhebt, ist dem Heiligen angemessen!

Es ist übrigens polemisch, wenn die traditionelle sakrale (stets österliche!) Feier mit dem Attribut „Pomp" versehen wird. Das Defizitäre der heutigen Feier wird nicht mehr erkannt. Die Gefahr in der heutigen Messliturgie besteht meines Erachtens darin, dass ihr äußerer Ablauf oft uniform geworden ist. Nach dem Konzil sollen Pfarrer von der Kanzel herab verkündet haben: „Wir brauchen keinen Kirchenchor mehr." Jedenfalls ist der regelmäßige (das heißt Sonntag für Sonntag) vierstimmige Gesang fast überall zum Erliegen gekommen. In seinem 1995 erschienenen Buch „Und haben fast die Sprache verloren – Fragen zwischen Kirche und Kunst", geht Bischof Egon Kapellari, inzwischen Oberhirte der Diözese Graz-Seckau, dem liturgischen „Für und Wider" nach (früher-heute). Er hebt *jeweils* das Gute und das weniger Gute hervor. Was aber meinen Vorwurf von der „Einförmigkeit" heutiger Messgestaltung betrifft, so heißt es in der genannten Publikation: „Als ehemaliger Studentenpfarrer erlebte ich immer häufiger, dass Akademiker, die sich als Studierende dem sogenannten progressiven Flügel der Kirche zugehörig fühlten und sich im allgemeinen auch heute dort angesiedelt wissen, ein massives Unbehagen am landläufigen Status der katholischen Liturgie zum Ausdruck bringen. Sie tun dies in der Regel nach einem wiederholten Erleben ostkirchlicher Liturgie."

Der einst zahlreichere Gottesdienstbesuch war vermutlich auch durch die größere Auswahl an Messfeiern unterschiedlicher Feierlichkeit mitbedingt: Stillmesse, Betsingmesse, Amt, (levitiertes) Hochamt.

Schließen wir dieses Kapitel mit einem Hinweis auf Romano Guardini. Nach seiner programmatischen Schrift „Vom Geist der Liturgie" (1919) veröffentlichte er 1922 eine zweite: „Vom Sinn der Kirche". Sie begann mit einem Satz, der eine beträchtliche Berühmtheit, fast wie ein Fanal, erlangte:

> *„Ein religiöser Vorgang*
> *von unübersehbarer Tragweite*
> *hat eingesetzt:*
> *Die Kirche erwacht in den Seelen. "*

Der Spruchsammler Freidank (um 1230)
in „Bescheidenheit" (= Gabe der Unterscheidung):

> *„So was die Priester auch begehn,*
> *Die Messe wird doch rein bestehn:*
> *Sie kann (d.h. darf) verschlechtern keiner,*
> *Noch auch verbessern einer.*
> *Die Messe und der Sonne Schein*
> *Die müssen immer bleiben rein. "*

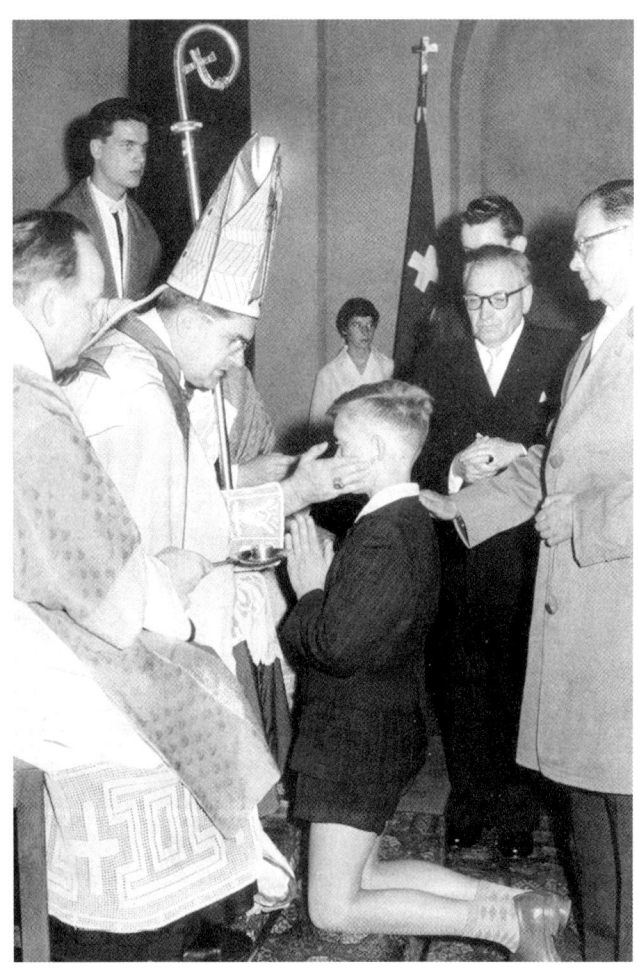

Bischof Julius Döpfner: N., signo te signo Crucis † et confirmo te Chrismate salutis. In nomine Patris † et Filii † et Spiritus † Sancti. Amen.
Danach schlägt der Bischof den Firmling leicht auf die Wange. Diese Alapa bedeutet: Erinnerung an die Firmung; Zeichen dafür, dass der Gefirmte jetzt im Glauben gestärkt ist und nicht erröten soll, wenn er den Namen Christi bekennt; Handauflegung als apostolisches Zeichen der Firmung; der Gefirmte soll sich nicht mehr vor dem Bösen fürchten, der ist vertrieben.

DIE SAKRAMENTENSPENDUNG
AM BEISPIEL DER FIRMUNG

Das Wort Firmung stammt aus dem Lateinischen
und bedeutet Stärkung.
Die Stärke, um welche es bei der Firmung geht,
ist nicht die Kraft des Athleten,
nicht die Kraft der Muskeln, sondern Herzkraft.
Gemeint ist damit das Herz nicht als Organ des Körpers;
sondern als Mitte und Tiefe der menschlichen Person.
(Egon Kapellari)

Firmung heißt Stärkung durch den Heiligen Geist. In der klassischen Reihung der sieben Sakramente steht die „Besiegelung durch den Heiligen Geist" an zweiter Stelle. Durch Gebet, Handauflegung und Salbung mit Chrisam empfangen die Firmlinge ihre Sendung in Kirche und Welt. Die mündigen Christen heute werden nicht müde zu betonen, dass Taufe und Firmung ihnen Anteil schenke am allgemeinen Priestertum Jesu Christi.

Früher waren die Begriffe „Gefirmte" und „Gläubige" austauschbar. Aber wird in zehn bis zwanzig Jahren die Bezeichnung „Gefirmte", „Gefirmter" für Laienchristen noch berechtigt sein? Denn viele Jugendliche lassen sich nicht mehr firmen.
Zur Feier der heiligen Erstkommunion kommen (in der Regel) noch alle: Irgendeinen Höhepunkt im (kurzen) Zeitraum der Kindheit braucht schließlich jeder Junge, jedes Mädchen. Die Erstkommunion ist ein *Familienfest*, oder sie geht unter. Wichtig ist aber, dass der Schwerpunkt auf dem Feld des Religiösen liegt, in der persönlichen Begegnung der Heranwachsenden mit dem unter der Brotsgestalt verborgenen Herrn und Erlöser Jesus Christus. Somit ist die Feier der Erstkommunion in erster Linie ein *Kirchenfest*.
Dass zum Katholischsein auch die heilige Firmung gehört, steht einerseits noch bei vielen in unangefochtenem Bewusstsein. Als zweites religiöses Fest, oft an einem Werktag, ohne große Einladungen und ein wenig (oder

mehr) auf die Patin, den Paten „abgeschoben", steht die Ausgießung des Heiligen Geistes eher im Schatten, verglichen mit der Erstkommunion.

Blicken wir, was das Thema „Sakramentenspendung" anbelangt, ein wenig zurück und betrachten jene Firmungen, die ich als Sekretär des Augsburger Bischofs Joseph Freundorfer († 1963) in den vier Sommern 1953 bis 1956 miterleben durfte: Die Vorbereitung erfolgte im Religionsunterricht; praktische Übungen fanden in der Kirche statt. Der ganze Zuschnitt der Vorbereitung war auf das Religiöse ausgerichtet. Die Sieben Gaben des Heiligen Geistes wurden erklärt und auswendig gelernt, der Firmritus erläutert. Gefirmt wurden alle; das gehörte sich einfach für einen Katholiken. Es gab also kein „Angebot" an die Kinder, keine „Anmeldung" ihrerseits wie heute. Bei entsprechendem (Schul-)Alter standen sie einfach zur Firmung an. Verantwortlich für eine gute Vorbereitung und Hinführung zum Geschehen waren stets die Pfarrer selbst. Diese Pflicht wurde auch ernst genommen.

Da der Bischof der reguläre Spender ist (woraus auch die Bedeutung der „confirmatio" abzulesen ist) und der Oberhirte den Wunsch äußerte, jeder (junge) Diözesane möge ihn wenigstens einmal im Leben kennen lernen, nahm Bischof Freundorfer fast alle Firmtermine selbst wahr, nur wenige der Weihbischof. Zahlenmäßig sehr große Firmungen waren nicht zu vermeiden, manche Ärgerlichkeiten (Emporenplätze) jedoch mit der Zeit zu verbessern. Geräumige Gotteshäuser wurden ausgesucht; die Städte und Märkte luden die Nachbargemeinden in ihre „Firmkirchen" ein. Der Firmplan aber wurde im Bischöflichen Palais erstellt.
Bischof Freundorfer traf am Vorabend um 17 Uhr unter Glockengeläute am Firmort ein und zog mit der Geistlichkeit in das Gotteshaus, in welchem die „Kandidaten" versammelt waren. Das „Ecce, sacerdos" erklang, mit den von Pfarrer und Gemeinde vorgetragenen Wechselgebeten, die dem Bischof galten. Dann erklangen Lieder, vor allem solche zum Heiligen Geist; es folgten eine kurze Ansprache, der bischöflicher Segen … Am Festtag selbst betrat der Bischof vom Pfarrhaus aus, unter dem Traghimmel und in seiner rotvioletten Chorkleidung, das Haus Gottes. Erst am Thronus legte er die Chorkleidung (Mozzetta, Rochett) ab und nahm die für die Pontifikalmesse bereitliegenden Paramente. Zur heiligen Kommunion (und zur vorausgehenden Beichte) waren die Kinder einen Tag zuvor schon gegangen. Der fromme und gelehrte Bischof formulierte täglich neu seine Predigtgedanken und beschrieb dabei immer ein DIN-A-5-Blatt. Die Ansprache hielt

er auswendig; er vergaß dabei auch nicht die Eltern und Paten. Die anschließende Firmung spendete er auf der Predella sitzend; die Kinder knieten einzeln vor ihm nieder.

Eine Firmhandlung ohne den (Werktags-)Kirchenchor ist mir nicht in Erinnerung. Zum Einzug sangen die Damen und Herren nochmals das „Ecce, sacerdos magnus – Seht, ein Hohepriester", das für katholische Tonsetzer oft eine „Pflichtaufgabe" war. Anschließend durften die „Akteure" zur Arbeit oder nach Hause. Als die letzten 20 bis 30 Schülerinnen und Schüler bereitstanden, ertönte vom Kirchturm die große Glocke – Zeichen für den Chor, wieder zu erscheinen. Jetzt traf das „Confirma hoc – Festige, (o Herr)".

Als ich später selbst Pfarrer an einer Firmkirche war und nach der Feier der Zug zurück zum Pfarrhaus bog, wandte sich der Bischof zu mir mit den Worten: „Sagen Sie Ihrem Chorregenten meinen Dank für das ,Confirma hoc' ". Diese Aufmerksamkeit freute mich. Ich hatte meinem (übrigens nebenamtlichen) Chorleiter keinerlei Vorschriften bezüglich der Auswahl des Tonsetzers gemacht. Es stellte sich Gregor Aichinger als Komponist heraus, † 1628 in Augsburg. In diesem Werk perlen die Töne wie von Himmelshöhen herab – eine musikalische Illustration des Pfingstgeschehens. Ich schreibe dies nur, um eine winzige Andeutung über das jetzt kirchenmusikalisch Brachliegende zu machen. (Und etwas derartig Erhebendes nicht in der Liturgie, sondern nur im Kirchenkonzert aufzuführen, wäre wie eine Messe ohne Wandlung). Die Pfarrer, die natürlich nicht Konzelebranten waren, sondern in Chorkleidung bei den jeweiligen Bänken blieben und ihre Firmlinge dann dem Bischof vorstellten, betraten nun ebenfalls das Pfarrgebäude. Unmittelbar darauf hielt der Bischof eine Exhortatio (freundliche Ermahnung) vor und mit seinen Priestern.

Die heutige Firmung vollzieht sich „ganz anders". Selbstverständlich ist das Sakrament dasselbe geblieben. Doch abgesehen von der jetzigen Firmliturgie erhielt die Verantwortung für die Vorbereitung der Mädchen und Jungen vor allem die Pfarrei. Ob der Schulterschluss zwischen dem Religionslehrer und dem Pfarrer (mit seinem Pastoralteam) immer gut zustandekommt, bleibe einmal dahingestellt. Die Kandidaten werden, soweit ich das beobachten konnte, zeitlich ziemlich in Anspruch genommen; „vierzehn Mal in meinem Fall", beantwortete ein Pastoralassistent meine diesbezügliche Frage. Die Jugendlichen müssen ein ausgeklügeltes Programm durchlaufen. Es entsteht dabei der Eindruck, dass viel Soziologie, das heißt Einüben von Gemeinde und Fähigkeit zur Gemeinschaft, im Spiele ist. Bleibt da noch genügend Zeit für die Vermittlung der theologischen Inhalte? Und die Feier selbst? „Das ‚Talk and Sound‘ der katholischen Landjugend greift ein ins heiligste Geschehen einer tausendjährigen Liturgie. So etwas geht nicht ohne Erzürnung" (Georg Lohmeier).

Die Gewichte haben sich verschoben. „Man kann niemanden zwingen", argumentieren die Verantwortlichen. Meine Vermutung, dass (in der ländlichen Gegend!) etwa die Hälfte der Eltern nicht recht „mitzieht", wenn eine Firmung ansteht, wurde bestätigt. In den Städten ist es noch schwieriger, aber uneinheitlich. Die Seelsorger geben sich große Mühe, und die Firmung stellt sich insgesamt immer noch als ein Stück Volkskirche dar. „Die Firmung ist zwar einmalig, aber nicht vorübergehend, sondern bleibend. Damit ist nicht nur eine Qualifikation, eine neue Eigenschaft dem Christen gegeben. Der Christ ist sozusagen in die Höhe gebaut worden … Taufe und Firmung muss mindestens jeder Christ empfangen haben, und die heilige Kommunion, die mit hinzugehört zum Christsein" (Hermann Kardinal Volk).

Einen anderen Punkt bildet die religiöse Grundausrichtung. Die Klagen der Geistlichen, dass viele Gefirmte anschließend nicht mehr oder nur sporadisch zum Gottesdienst kommen, wollen nicht verstummen. Man sollte aber alles vermeiden, was – durch Leichtermachen oder Lockerungen – eine Relativierung des Glaubenslebens bewirken könnte. Um dem vorzubeugen, müsste auch der Firmgottesdienst nach dem vorgegebenen Ritus gefeiert und nicht noch alles Mögliche (oder Unmögliche) in ihn „hineingepackt" werden. Es wird auf die „Lebenswirklichkeit" der Jungkatholiken in der „Spaßgesellschaft" verwiesen, und deshalb müssen offensichtlich Fußball oder Grillrost und die unvermeidlichen gebastelten „Symbole" herhalten. Doch wäre nicht besser auf eine vorausgehende Ausdeutung der Worte und Handlungen der Liturgie der Firmung Wert zu legen? Früher richtete sich beim Gottesdienst alles nach dem Firmspender, heute wird demselben ein Blatt zur Information zugeschickt, auf dem zu lesen ist, was beim Gottesdienst alles dargeboten werden soll.

Da ich für die heilige Firmung in der vierten Klasse eintrete, aus praktischen wie aus kirchlich-religiösen Gründen, bin ich auch der Auffassung, dass diese Kinder bei entsprechender Begleitung sehr wohl schon in der Lage sind, sich religiös zu entscheiden. Darf man die Gefahr ignorieren, dass bei späterer Firmung immer mehr Heranwachsende von vornherein wegbleiben und niemals mehr zu einer Nachfirmung gelangen? Nach dem heiligen Thomas von Aquin ist „Mündigkeit" nicht zuerst eine Sache des leiblichen Alters. Und, ebenfalls nach Thomas, verleiht die Firmung einmal eine höhere Himmelsherrlichkeit. Der Kommunikationspsychologe Roland Mangold legt dar: „Kinder im Alter von sechs oder sieben Jahren können sehr gut zwischen Gut und Böse unterscheiden." Dann müssten Zehnjährige aber auch die Firmreife mitbringen können!

Grundsätzlich empfehle ich keinen „Jugendgottesdienst", da selbst ältere Kinder bzw. Jugendliche diese Messgestaltung nur ab und zu mitmachen können und zur „normalen" Sonntagsmesse keinen Zugang finden würden. Ein festlicher Gottesdienst, wäre das nicht das Ideal? Ich kann verstehen, wenn die Firmlinge vieles „mitgestalten" sollen – steht doch die Sorge im Hintergrund, dass, wenn der Nachwuchs nicht mindestens dreimal (Kyrie, Fürbitten, Gabenbereitung, dazu auch Lesung und Dankeswort) im Altarraum mitmacht, sich Langeweile ausbreiten könnte. Doch schließlich sind auch Erwachsene zugegen, Paten, Eltern, Gemeinde, und diese haben das Recht auf einen unaufgeregten und stimmlich verstehbaren Vollzug.

Das Gleiche gilt für die Melodien: Manche „Songs" werden endlos lang vorgetragen, teilweise mit viel Weltverbesserungspulver in den Texten. Die Tonkunst lässt häufig zu wünschen übrig. Meine Bitte lautet, man möge doch die Maßgabe des Konzils, den Bruch mit der Welt zu vermeiden, so verstehen, dass nicht alles „von Welt" in die gottesdienstliche Feier hineingenommen werden darf. Ähnliches gilt von eher harmlosen Liedern, die so klingen, als befände man sich auf einem Ausflugsdampfer. Man darf die Pfarrkirche nicht mit dem Pfarrsaal verwechseln! Der eventuelle Vorwurf der Kleinlichkeit berührt mich nicht, denn leider bleiben bei vielen Firmungen die gewaltigen Heilig-Geist-Strophen, die Christusgesänge und die herrlichen, oft jahrhundertealten Weisen der Christenheit außen vor; und dabei sagt das „Komm, Schöpfer Geist" wahrlich mehr aus als ein flaches „Ins Wasser fällt ein Stein"!

Vergessen wird heute allzu leicht: Die heilige Firmung hat zu bewirken, dass die in der Kraft des Heiligen Geistes geschehene Auferstehung Jesu Christi im Glauben *erkannt* und dass der Herr als Sohn Gottes und Erlöser *anerkannt* wird. Auch die Kirche muss als das vom Herrn gegründete

Heilsinstrument begriffen werden, auf die zu hören ist, weil sie vom Heiligen Geist gestärkt ist (nach Abt Thomas Niggl OSB).

Firmgedicht

Die Erde stand in Frühlingsfreude ganz;
Des lust'gen Pfingstfests Feier zu begeh'n,
Schmückt man die Kinder mit dem Blumenkranz.
Zur Kirche sah man tausend Kinder gehen;
Es teilt die Fimung dort der Bischof aus,
Daß sie bestätigt in dem Glauben stehen.
Am Chore kniend in der langen Reihe
Hab ich vom Bischof da das Öl empfangen
Auf meine Stirne, Gott mir Kraft verleihe!
Den Backenstreich empfingen meine Wangen,
Daß ich gedenke an den ernsten Tag,
An dem zur Kirch' ich neu bin eingegangen.

(Aus: Clemens Brentano, Romanzen vom Rosenkranz)

Ein Jubellied

Ein Jubellied lasst uns anstimmen,
dem Herrn, dem Herrn sei Dank und Preis.
Und unser Lob soll aufwärts klimmen,
zum Himmel hoch, ein blühend Reis.
Die wir mit Sünd und Dunkel rangen,
uns ward ein jugendliches Prangen,
ein freudig Nach-dem-Himmel-Langen,
dem Herrn, dem Herrn sei Dank und Preis.

(Aus der katholischen Jugendbewegung, 1940/1950)

Erstkommunionfeier am Weißen Sonntag in Memmingen
Pfarrkirche Mariä Himmelfahrt, um 1958

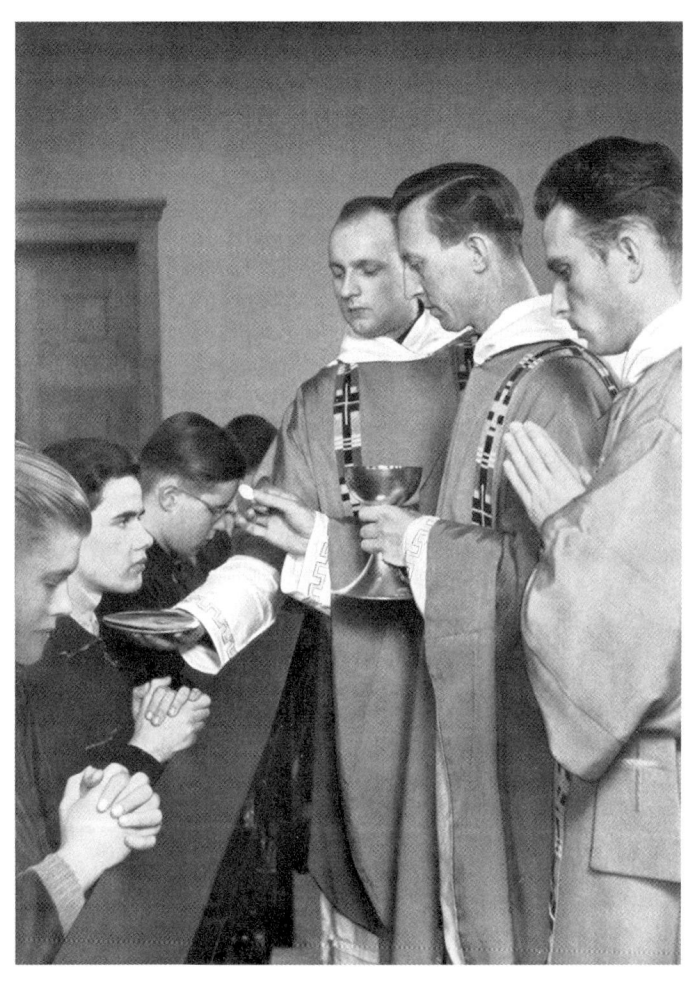

Corpus Domini nostri Jesu Christi
custodiat animam tuam in vitam æternam. Amen. –
Der Leib unseres Herrn Jesus Christus
bewahre deine Seele zum ewigen Leben. Amen.

DIE HEILIGE KOMMUNION

Die Teilnahme am Leibe und Blute Christi
will nichts anderes,
als dass wir uns in das umwandeln,
was wir empfangen.
(Papst Leo der Große)

Der heiligen Kommunion begegnete der katholische Christ in der Regel
sehr ehrfürchtig. Sorgfältig bereitete er sich auf den Empfang vor. Viele
gingen nach dem Kirchengebot von 1215 einmal jährlich, zu Ostern, zum
Tisch des Herrn. Durch Kanzelvermeldung und die an den Kirchentüren
(Schaukästen) angeschlagenen Bußordnungen erfuhren die Kirchenmitglie-
der die Dauer der „Österlichen Zeit", meist vom 1. Fastensonntag bis zum
3. Sonntag nach Ostern, später ausgeweitet bis Pfingsten.

In einer Volkskirche ließ es sich nicht vermeiden, dass nicht wenige Gläubige den Empfang der Ostersakramente als Pflicht ansahen, die man bald
wieder hinter sich bringen wollte. Ich habe aber auch viele „Österlinge" (so
nannte man diese Personen mit verständnisvollem, leichten Tadel) kennen-
gelernt, die demnach nur einmal „gingen", aber mit großem Ernst und in
der Art einer Generalbeichte ihre Sünden und Unterlassungen dem Priester
bekannten. Die Liebe zu Gott und zum Nächsten gedachten sie neu zu festi-
gen.

Das Konzil von Trient (1545-1563) wünschte die öftere Kommunion. Seit
der heilige Papst Pius X. (1903-1914) die häufige und die frühzeitige Kommunion der Kinder einführte, kommunizierten immer mehr Katholiken
auch außerhalb der Osterzeit. Größten Andrang an den Beichtstühlen und
hohe Kommunionfrequenz verzeichnete man außer zum Osterfest fast überall an Allerheiligen/Allerseelen, allmählich auch an Weihnachten. Örtlich
bedeuteten ferner das Patrozinium sehr viel („das Fest"), ebenso besondere
Anlässe, zum Beispiel Wallfahrten und Volksmissionen. Überhaupt wurden
in regelmäßigen Abständen die Schüler, Männer, Frauen vor allem bei Ein-

kehrtagen zur Kommunion geladen. Beliebt waren auch die Monatskommunionen der gesamten Stände sowie der katholischen Vereine.

Grundsätzlich galt: Wenn jemand zur heiligen Kommunion ging, dann mit innerer Bewegung und angemessener äußerer Haltung; die heilige Hostie an der Kommunionbank, kniend, im Mund empfangend und oft nur noch bis zu drei-, viermal im Jahr wiederholend. Wer werktags die Messe mitfeiern konnte, trat auch da zum Herrenmahl vor.

Leider war Fronleichnam als Kommuniontag wie ausgeblendet. Durch die große Prozession, unter Berücksichtigung des Nüchternheitsgebotes (von Mitternacht an bis zum Kommunionempfang durfte man nichts essen oder trinken; diese Verpflichtung wurde später gelockert) waren die äußeren Umstände nicht zum „Kommunizieren" angetan.

Bis 1911 bestand der Pfarrzwang, das heißt, die Ostersakramente mussten in der eigenen Pfarrkirche empfangen werden. Es gab die „Beichtzettel" (später künstlerisch gestaltete Bildchen oder Spruchkärtchen). Auf dem Dorf war der „Seelenbeschrieb" üblich; er war mehr als „Kontrolle" über das Beichten, denn für den Pfarrer galt dies auch als statistische Erhebung: Seit der Einführung der diözesanen Statistiken, aber auch bei Wallfahrten in früheren Jahrhunderten, wurden die Kommunionen gezählt.

Es gab Kommunionandachten mit schönen Gebeten; man konnte auch außerhalb der heiligen Messe den Leib des Herrn in sich aufnehmen, doch nicht ohne vorheriges „Confiteor" (Schuldbekenntnis). Eines Tages spendeten die Seelsorger das „hochwürdige Gut" endlich auch während der heiligen Messen und nicht erst anschließend. Wer sich nicht (mehr) würdig genug fühlte und nicht beichten wollte oder konnte, benützte die private Andachtsform der sogenannten *Geistigen Kommunion*", eine wertvolle Übung (die heute jenen empfohlen wird, die aus irgendeinem Grund zur heiligen Kommunion nicht zugelassen sind). Kommunionlieder berücksichtigten beide Weisen der Vereinigung („Kommunion") mit Jesus.

Über die Feier der Erstkommunion möchte ich hier nichts Näheres sagen; sie war und blieb der Höhepunkt in der Kindheit. War es ganz falsch, wenn man Kinder da und dort so im Frommsein erzog, dass sie am Erstkommuniontag sterben wollten vor Glück und Himmelssehnsucht? Jedenfalls hatten ältere Leute, die ich in meiner Jugend kennenlernte, daran nicht Schaden genommen. Sie lebten redlich und blieben kirchenverbunden. An den Sonntagen, auf die die Schülerkommunion traf, hatte unsere Mutter beim Abendgebet noch einen speziellen Zusatz parat: „Heute, am Abend eines Tages, der für mich ein Tag des unschätzbaren Glückes war, denn ich durfte Jesus in der heiligen Kommunion empfangen …"

Die heilige Kommunion und ihr andächtiger Empfang setzen den vollständigen katholischen Glauben voraus (und nicht nur ausgewählte Wahrheiten), wie Bischof Josef Stimpfle einmal betonte. So wie die Kirche dieses Geschehen versteht, ist es weit mehr als ein bloßes „Mahlhalten" und schon gar nicht eine wenig verbindliche „Feier". Denn der Genuss des Leibes Christi verlangt Konsequenzen bis in das tägliche Leben hinein. Bei der menschlichen Neigung zur Sünde sind deshalb regelmäßige Beichte (auch die „Andachtsbeichte" bei lässlichen Sünden besitzt ihren geistlichen Wert) und häufige Kommunion angebracht. Das schafft Tiefe und fördert die seelische Ausgeglichenheit. Selbst der Nächste wird in einem anderen, besseren Licht gesehen.

Die Schott-Messbücher enthielten im Anhang zahlreiche Kommuniongedanken und -gebete. Bei der Kommunion innerhalb der Messfeier ist inzwischen nach deren Spendung ein „Danklied" vorgesehen. Solche Gesänge sind textlich oft recht allgemein gehalten. Leider entfallen damit fast überall die schönen Jesuslieder, in denen Dank, Liebe, Anhänglichkeit gegenüber Christus zum Ausdruck kommen.

Kommunion heißt „innigste Vereinigung mit Christus". Also muss der Erlöser wahrhaft, wirklich und wesentlich in den verwandelten äußeren Gestalten von Brot und Wein zugegen sein (Realpräsenz). Glaube und Liebe sind gleichermaßen gefordert. Romano Guardini schreibt: „Hier hilft nichts, als sich zu sagen: es ist die äußerste Zuspitzung des Glaubens; der Engpass, durch den der Glaube muss, wenn er in die Freiheit seines vollen Wesens gelangen will. Und die Erfahrung sagt, dass alle, welche die Wirklichkeit hier auflösen, es auch auf der ganzen Linie tun. Sie lösen die Kirche auf, die Menschwerdung, die wirkliche Gottessohnschaft Christi, die Wahrheit des dreieinigen Gottes."

Die heilige Speise! „Das Brot der Engel aß der Mensch." Kommunion reicht in den Himmel hinein, sie ist die „Arznei der Unsterblichkeit" (Ignatius von Antiochien), Pfand, Angeld für den Himmel. Nach Joh 6,53 ist es unerlässlich, die heilige Kommunion zu empfangen, damit wir „das Leben" in uns haben. Wir wissen uns dann aufs tiefste mit Jesus Christus verbunden und im Glanz der heiligmachenden (heiligenden) Gnade. Der Empfang des Leibes (und Blutes) Christi stärkt im Kampf gegen die Sünde; er schenkt innere Freude.

Die Wirkung und Kraft aller Sakramente wurde von den katholischen Gottesgelehrten ganz allgemein dem Heiligen Geist zuerkannt, so auch bei der heiligen Kommunion. Nach Yves Congar schreibt der heilige Thomas von Aquin dem Heiligen Geist bei der Kommunion die Spendung des Glaubens und der Liebe zu, „wodurch der Gläubige mit Christus und der Kirche vereint wird. Das Wirken des Geistes erfolgt also über den Gläubigen und in ihm."
Wenn nun die heilige Kommunion ein so geradezu unbegreifliches Geschehen voller Gnade ist, wenn der Empfänger mit Paulus ausrufen kann, von innerem Glück erfüllt: „Nicht mehr ich lebe, sondern Christus lebt in mir" (Gal 2,20), warum wird das heilige Mahl allem kaum trügenden Anschein nach oft so „gleichgültig" entgegengenommen? Warum gehen fast alle zum Tisch des Herrn, ohne im Einzelfall disponiert zu sein? Warum lädt da und dort der Zelebrant zum Beispiel bei einer Totenmesse alle Anwesenden zum Kommunionempfang ein?

Der bekannte Stuttgarter Pfarrer Ernst Hofmann verfasste 1989 eine gehaltvolle, seinem Bischof [heute Kardinal] Walter Kasper „freudig zugeeignet(e)" Schrift mit dem bezeichnenden Titel „Andächtig kommunizieren – Jesus selbst lehrt es uns". Er verweist darin auf die richtigen Spendeworte: „Der Leib Christi – das Blut Christi." Der erfahrene Seelsorger ergänzt: „Einzig diese Bezeichnung ist eindeutig und völlig korrekt." Es gilt, zum tieferen Verständnis vorzudringen, was wir im Messopfer feiern. Das Wahren des Mysteriums Christi darf nicht schwinden. Es führt zum Herzen der Kirche, die des Herrn lebendiger Leib selber ist.

Durch die so rasch erfolgte Einführung der Handkommunion, wenn auch unter bleibender Möglichkeit der Mundkommunion, ist ein Stück Unfriede in die Kirche gekommen. Wer die Mundkommunion empfängt, wird als

„vorkonziliar" eingestuft, zumindest indirekt hat er im heutigen Kirchenleben die „schlechteren Karten". Diesen unguten Zustand sieht mit Bedauern kein Geringerer als der Philosoph Robert Spaemann. Es erhebt sich zudem die Frage nach dem Knien beim Kommunionempfang und nach der Kommunionbank. Den Erstkommunikanten sollte meiner Meinung nach grundsätzlich die Mundkommunion gereicht werden, wobei sie ebenfalls knien.

Bleibt noch die heilige Kommunion unter beiden Gestalten zu erwähnen. Kirchliche Lehre ist, dass schon unter *einer* Gestalt der Empfang genügt, weil der Kommunizierende unter einer Gestalt Christus ganz empfängt. Die heilige Kommunion wird seit dem Zweiten Vatikanischen Konzil bei besonderen Anlässen unter beiden Gestalten ausgeteilt, zum Beispiel bei der Brautmesse, in Gruppengottesdiensten, am Gründonnerstag. Bis dahin kommunizierten die Gläubigen kraft kirchlicher Anordnung (und Begründung!) – endgültig seit 1628 – nur unter der Gestalt des Brotes. Die Gefahr der eucharistischen Verunehrung durch Verschütten des Kelches oder das Tropfen der eingetauchten Hostie auf den Boden ist nicht unerheblich. Auch hygienische Gründe (Tröpfcheninfektion) spielen eine Rolle. Der Laienkelch war kein Thema, zumal bei der großen Zahl der Kommunizierenden die ausgedehnte zeitliche Dauer bemüht wurde. Die Frage nach ihm tauchte in Gesprächen und in der Literatur bisweilen auf. Die Kelchkommunion gab es bereits im Urchristentum. Im 15. Jahrhundert brach diese durch lange Zeit übliche Praxis nach einigen Jahrhunderten des Vergessens wieder auf, im Zusammenhang mit Jan Hus und den gemäßigten oder radikalen Richtungen der Hussiten. In der nordböhmischen Bischofsstadt Leitmeritz (Litoměřice) ist im katholisch-barocken Stadtbild das „Kelchhaus" zu sehen. Sein Knopfturm weist, gut sichtbar, die Form eines Kelches auf. Dieses architektonische Unikat gilt als Zeichen dafür, dass Leitmeritz einst zu den Hussiten stand.

Wer kann da Korn anschaun

Wer kann da Korn anschaun
Und nicht gedenken,
Welch edle Speis es ist,
Und's nicht gedenken!

Wer kann da Wein anschaun
Und nicht gedenken,
Welch edler Trank es ist,
Und's nicht gedenken!

Wer kann da Christe sein
Und nicht gedenken,
Wes Fleisch und Blut er ess und trink,
Und's nicht gedenken!

(Guido Gezelle, Übertragung von Rudolf Alexander Schröder)

Die Jugend erneuert sich

Die Seelen verändern und vervollkommnen sich
wunderbar in der heiligen Kommunion,
da der Herr ihnen alle Schwächen wegnimmt,
alle Flecken wegscheuert,
die schlechten Gewohnheiten ausrottet,
die Leidenschaften mit der Wurzel auszieht
und das Feuer der Begierlichkeit auslöscht,
im Maße, als sie sich vorbereiten,
wenn sie zum Tische des Herrn schreiten.
In der Teilnahme an diesem göttlichen Geheimnis lässt sich sagen,
dass unsere Jugend sich erneuert wie die des Adlers.

(P. Louis Lallemant S.J.)

Das Heilige den Heiligen! –
Amen, Amen, Amen. Ich glaube, ich glaube und bekenne bis zum
letzten Atemzug, dass dies ist der lebenspendende Leib
deines einzigen Sohnes, unseres Herrn, unseres Gottes und Erlösers
Jesus Christus, den er von unserer lieben Frau und Königin,
der heiligen Muttergottes Maria, angenommen hat …

Krönung Papst Pauls VI. am 30. Juni 1963, Rom.
Der Papst wird auf der Sedia gestatoria,
dem Tragthron des Papstes – antiker und barocker Ausdruck der
herrscherlichen Würde –, über den Petersplatz getragen.

DIE GOTTESSTADT
UND IHRE BÜRGER

Die Kirche, die mystische Stadt Gottes,
hat nach allen Seiten offene Tore, um anzuzeigen,
dass sie unterschiedslos alle Völker zu sich ruft ...
Lehren und Unterrichten,
das ist ihr ureigenes heiliges Amt.
Ein Imperium und Sacerdotium,
das über die ganze Welt sich erstreckt,
ist das Herrschaftsgebiet dieser heiligen Stadt.
(Donoso Cortés)

Drei Forderungen kamen vor allem nach dem Konzil immer wieder an die Öffentlichkeit:

♦ die Kirche müsse jeden Triumphalismus ablegen, dürfe andere Religionen nicht herabsetzen und solle ihr starres Veto gegen den Kommunismus überprüfen. Die Option (= Bemühen) für die Armen in der (Dritten) Welt tangiert ihre Glaubwürdigkeit;

♦ die Kirche habe sich, zweitens, der modernen Kultur und dem heutigen Lebensgefühl verständnisvoll zu öffnen und dürfe nicht weiter in Igelstellung moderne Einflüsse von vornherein verteufeln;

♦ drittens solle sich die katholische Kirche von der seit Kaiser Konstantin bestehenden, die Verfolgungszeit ablösenden „unheilvollen" Allianz von Thron und Altar („Konstantinische Wende") lösen und auf vom Staat verliehene Privilegien verzichten.

Nur zur dritten Folgerung bezüglich des „Sündenfalls" wegen der Einbindung in den Staat samt dessen Politik: der renommierte Historiker Friedrich Prinz stellt eine „welthistorische Gegenrechnung" auf. Es kamen seit dem 5. Jahrhundert immer wieder Zeiten, „wo die von Konstantin dem Großen mit staatlicher Macht und Herrschaftsrechten ausgestattete Kirche die einzig handlungsfähige Kraft blieb … Wer sonst hätte die neue Völkerflut durch ein umfassendes organisatorisch gesichertes Bekehrungswerk zivilisatorisch bändigen und zu einer neuen, bleibenden Form zusammenfassen und prägen sollen? Aus diesem schicksalsträchtigen Werdegang ist aber Konstantin nicht wegzudenken".

Die weltweite Katholische Kirche ist jene von Jesus Christus gestiftete Glaubensgemeinschaft, die sich in ihrer Lehre und in den ihr eigenen gewaltigen Tröstungen nicht mit Vorletztem begnügt. So begründet sie ihre herausragende Stellung im Weltgefüge und arbeitet an der Heimholung der Erdenpilger in das endgültige Reich Gottes. Einen Angelpunkt ihres Bemühens stellt das Verhältnis zu eben dieser Welt dar. „In der Welt, aber nicht von der Welt", so versteht die Kirche seit alters ihre Sendung. Die Welt, die nur sich kennt, wird die Kirche in ihrem innersten Wesen und Auftrag niemals ganz verstehen (wollen). Dennoch besteht keine Feindschaft zwischen Kirche und Welt, haben beide doch den gleichen Adressaten, nämlich den Menschen.
Immer wieder versuchte die Kirche, ihr Verhältnis zur Welt und deren Dingen zu bestimmen, zuletzt in besonderer Weise im letzten Konzil. „Gaudium et spes" (Freude und Hoffnung) lautet die Pastorale Konstitution über die Kirche in der Welt von heute. Das aus einem Vorwort, einer Einführung und zwei Hauptteilen bestehende Konzilsdokument wurde mit 2309 Ja- gegen 75 Nein-Stimmen von den Vätern gebilligt und am 7. Dezember 1965 feierlich verkündet. Abgelehnt wurde es unter anderem auch vom Berliner Bischof, späterem Erzbischof und Kardinal Alfred Bengsch (1921-1979), weil es für die besondere Seelsorgssituation in der damaligen „Deutschen Demokratischen Republik" nicht gut anwendbar sei.
Bei allem vielgestaltigen Weltdienst und dem Angehen notwendiger Veränderungen soll die große klare Linie kirchlicher Selbstbehauptung bestehen bleiben.

Das „Eine-andere-Kirche-Wollen" steckt aber inzwischen in vielen Köpfen, einzelnen wie ganzen Gruppen (Verbände und andere), in (entsprechend „motivierten") Pfarrgemeinden, im öffentlichen Raum. Hauptgegenstand der Kritik, wenn auch oft unterschwellig, dürfte das sogenannte Sündenbewusstsein sein, das die Kirche in die Seelen eingepflanzt und sie dadurch verängstigt habe (Stichwort „Hölle"). Außerdem habe sie sich von der Welt zu sehr abgewandt und sich politisch – im Sinne einer besseren Welt in Gerechtigkeit und Frieden – nicht oder zu zaghaft eingemischt. Viel Hinterfragen, Ablehnung und Abbruch wurde nach dem Konzil weiter vorangetrieben, wobei Priester, nicht zuletzt Theologieprofessoren, an vorderster Front gegen die bisherige kirchliche Praxis kämpften. Ein immer wieder auftauchendes Stichwort hieß dabei „Magie" (z.B. wird von einem „magischen Sakramentenverständnis" gesprochen). Das verstörte Kirchenvolk bäumte sich da und dort auf: „Ja, war denn bisher alles falsch in der Kirche?" Nicht nur die bei ihm so beliebten und begehrten Sakramentalien, sondern auch die Sakramente rückten in die Schusslinie: „Fehlverständnis und Magie sei das meiste, was wir glaubten … Engel und Teufel sind mit Gelächter abgeschafft, Heiligenverehrung so sehr tabu, dass man den frommen reformierten Pfarrer Walter Nigg aus Zürich nach Deutschland holen muss …, als hätte bei uns kein Priester mehr das Wissen oder den Mut zu solchem Thema" (Ida Friederike Görres).

Überzeugung schafft Freude. Seitdem Dauerkritik in die eigene Kirche hineingetragen wurde, blieb manche Möglichkeit frischen und aufbauenden Schwunges verpasst. Manchmal erscheint die „vorkonziliare" Kirche hierzulande rückblickend als gelassener, fröhlicher und heiterer. Das war's auch, was unsere Kirche für Konvertiten oft so anziehend machte:

Wo immer leuchtet katholischer Sonne Schein,
herrschen Lachen und roter, roter Wein.
Ich wenigstens fand es überall so:
Benedicamus Domino.

So setzte Hilaire Belloc (1870-1953), englischer Dichter und Freund von Gilbert Keith Chesterton, seine Erfahrungen in redliche Worte. Bereits 1946 brachte der katholische Laie Hans Rost ein Buch mit dem Titel heraus: „Die Fröhlichkeit in der katholischen Kirche." Derselbe Autor war um 1932 mutiger Verfasser der Kleinschrift: „Christus – nicht Hitler!" Sie gelangte in abertausende katholische Haushalte.

Besteht möglicherweise ein Zusammenhang zwischen heutiger Weltverbesserungseuphorie und eher freudlosem Kirchenfrust? Eine politisierte, in eine bestimmte Richtung hineinstrapazierte kirchliche Gemeinschaft mag zwar Beifall bekommen, zu Tage tretendes Misstrauen und Feindschaft gegen Besonnene lässt die nachhaltig artikulierte „Geschwisterlichkeit" jedoch nicht immer glaubwürdig erscheinen. Früher barg das Haus der Gnaden alle, die Gott suchten und fanden; es gab nicht diese katholisch-esoterischen Nischen wie bisweilen heute.

Und welchen Befund erfährt der Durchschnittskatholik oder/und Staatsbürger (in Deutschland) zu Beginn des neuen Jahrtausends? Die Kirche stünde in einer „tief greifenden Umbruchssituation", so der Fundamentaltheologe Siegfried Wiedenhofer aus Frankfurt (14. Juli 2001, Katholische Akademie in Bayern). Die Grundbegriffe der Theologie, die – hört! hört! – vorwiegend aus der mittelalterlich-neuzeitlichen Epoche stammten (wurden Bibel und Kirchenväter nicht viel früher geschrieben?), und mit bestimmten politischen sowie sozialen Bedingungen verbunden gewesen seien, passten nicht mehr in die Gegenwart. Auf diese Weise breche eine ganze Welt zusammen, „in der wir gewohnt waren zu denken, zu handeln, zu leben und zu sterben".

Jetzt kann man so etwas von sich geben, wo inzwischen die meisten der „Alten" das Zeitliche gesegnet haben, denen ihre Mutter Kirche (nicht selten!) das Ein und Alles war, Priestern wie Laien. Recht mag der Referent haben, wenn er (wohl als Therapie) von der Gesprächsfähigkeit (bitteschön nicht zu ausufernd!), dem Miteinander im Gottesdienst und von geistlichen Zentren (offenen spirituellen Kristallisationspunkten) spricht – die gab es früher auch schon – und von Schwerpunktpfarreien mit besonders attraktivem Sozial- und Bildungsangebot. Doch wäre meines Erachtens davor zu warnen, die territoriale Struktur der (Pfarrei-)Seelsorge zu verabschieden. Dann kämen, simpel geargwöhnt, einige wenige in den Genuss voller seelsorgerlicher Berücksichtigung. Andere dagegen würden vergessen und übersehen, nur deshalb, weil sie vielleicht an der Pfarreigrenze wohnen (moderne Verfassungen verlangen gleiche Lebensbedingungen in *allen* Landesteilen).

Wie dem auch sei, Religion wird immer mehr zur Privatsache, auch wenn sie sich im „privaten" katholischen Freundeskreis (statt in der Pfarrgemeinde als solcher) äußert. Es lebe die Unverbindlichkeit! Voll ins Schwarze traf bei besagter Akademietagung der renommierte Heidelberger Professor Klaus Berger, wenn er Naivitäten in Theologie und Liturgie anprangerte, Besinnung auf „erzkatholische Elemente" forderte und sich dagegen aussprach, die Bibelkritik zum Instrument der Kirchenkritik zu machen.

Kommt man mit sogenannten konservativen Katholiken ins Gespräch, wird oft während des Jammerns über kirchliche Zustände der Redefluss unterbrochen: „Aber, es gibt auch viel Gutes in der Kirche von heute." Wie wahr! Dem Tonfall nach ist zu entnehmen, dass es sich bei diesem Einwand um eine Art Hoffnungssignal handeln könnte. Etwa in dem Sinne: Schlimmer wie jetzt kann es nicht (mehr) werden; es muss wieder aufwärts gehen. Schließlich ist doch der Heilige Geist am Werk.

Kann es tatsächlich nicht mehr schlimmer werden? Ist der Tiefpunkt erreicht? Es scheint so: Der regelmäßige Kirchenbesuch sank auf einen fühlbar niedrigen Pegel. Die Jugend fehlt. Familiengottesdienste nur einmal im Monat, möglichst mit Vorführungscharakter, prägen kaum. Das Bußsakrament, Erfahrung der Barmherzigkeit Gottes, ist binnen weniger Jahrzehnte fast ganz verloren gegangen. Vor allem nähert sich der Priester- und Ordensnachwuchs fast einem Nullpunkt. Statt dem Glaubensschwund entgegenzusteuern, um wieder Priesterberufe keimen zu lassen, wird für neue (andere) Zulassungsbedingungen geworben.

Wo ist dann „das viele Gute"? Es ist zweifellos vorhanden, und man braucht es nicht einmal ähnlich der berühmten „Stecknadel im Heuhaufen" zu suchen. Es kommt jedoch nicht an und nicht durch. Zu mächtig ist der (heimliche oder offene) Aufbau einer „neuen Kirche". Wer dies abstreitet, tut dies wohl gegen besseres Wissen.

Zunächst wird aber noch am eigenen Ast gesägt. So lese ich die Ankündigung eines Vortrags: „Kirche im Koma? Sind die Fundamente Petrus und Paulus brüchig?" Die Veranstaltung ist gut gemeint – aber damit mehr Leute kommen, wird die Zusammenkunft negativ betitelt. Doch solche Zeitungsworte bleiben haften. Bereits einen Tag später findet der Leser im gleichen Presseorgan (über eine andere, bereits stattgefundene Veranstaltung) dick aufgemacht: „Lohnt es sich überhaupt noch, in der Kirche zu arbeiten?" Wen wundert's, wird doch in einem diözesanen Pastoralrat über das Schreiben der Bischöfe „Zeit zur Aussaat – Missionarisch Kirche sein" diskutiert – durchaus ernsthaft und nach verschiedenen Seiten hin ausleuchtend. Doch folgt der Clou sofort: „Mission bedeute aber nicht, den Menschen eine Überzeugung aufzuzwingen, sondern ihnen den liebenden und gastfreundlichen Gott zu zeigen." Nun, das tut man schon über vier Jahrzehnte, ohne spürbaren Erfolg. Mit einer derartigen Halbherzigkeit ist die „Schlacht" bereits verloren. Man tritt ja bei der (Neu-)Evangelisation nicht mit dem Holzhammer auf. Aber nur Überzeugte können überzeugen!

Schließlich ist ein Drittel der Deutschen ungetauft. „Noch andere Schafe habe ich, die nicht aus dieser Hürde sind; auch diese muss ich führen", sagt Jesus (Joh 10,16). Verbietet Toleranz wirklich die Missionierung? „Auch den anderen Städten muss ich die frohe Botschaft vom Reiche Gottes verkünden, denn dazu bin ich gesandt" (Lk 4,43), sagt Jesus Christus. Letztendlich geht es doch um die Wahrheitsfrage! Bin ich von ihr, angeleitet durch die heilige Kirche, überzeugt, möchte ich sie auch anderen nahebringen.

Niederstapeln wie „Gott führt keine Statistik", ist eine Ausflucht. Was würde der heilige Franz Xaver dazu sagen? „Da mihi animas!", flehte er zu Gott: „Gib mir Seelen!" Ich fürchte, das verstehen die Heutigen nicht mehr oder wollen es nicht verstehen. Der Hinweis auf den Missionsbefehl Christi (Mt 28,19) und die Missionsgeschichte der Kirche (die, im Ganzen betrachtet, doch etwas sehr Heldenmütiges war) wird wohl nicht viel fruchten. Fehlt es am übernatürlichen Sinn? Es scheint so: Allzusehr wird meines Erachtens in der Kirche nach weltlichen Vorgaben gearbeitet.

Eine große Freude an der Kirche empfand der Heranwachsende und junge Priester in jener Zeit damals. Das kann man nicht mit nostalgischer Verklärung abtun, es war einfach so. Kritik gab es auch früher. Aber zwei Negativa fehlten ihr damals weithin: das Ätzende, und das Verändernde, nicht nur im Außenbereich, sondern in die Substanz hinein.

Im Jahre 2002 wird der 40. Jahrestag des Konzilsbeginns begangen. Wird ein Fazit der vier Jahrzehnte im Blick auf Glaube und Kirche gezogen, kann es mit einem Wort umschrieben werden: Traditionsbruch. „Warum so negativ?" Brüche in Welt und Kirche gab es allenthalben, doch dürfte dieser Schnitt im Kirchendasein Einzigkeit beanspruchen. Besonders deutlich wird dies im Bereich der Liturgie. Dabei wurde über das Konzil hinausgegangen und mittels eines unklaren „Geistes des Konzils" vieles „immer Gültige" (wie Katholiken meinten) verändert.

Tat es der Kirche gut? Für vieles kann sie nichts dafür, denn sie ist den Zeitströmungen ausgesetzt. Renate Köcher vom Allensbacher Institut für Demoskopie spricht von einer „Phase katastrophaler Schwächung" der Kirche, deren Beginn sich sogar an einer Jahreszahl festmachen ließe: 1968. „Der plötzliche Verfall begann 1968; dieses Jahr markiert den Beginn, 1973 praktisch schon den Endpunkt dieser Entwicklung. In dieser unglaublich kurzen Spanne, in nur fünf Jahren, brach ein großer Teil der aktiv

Praktizierenden einfach weg." Die Autorin machte auch verschiedene Details aus: Verringertes Vertrauen in die Kirche, Distanz gegenüber Religion, Kluft zwischen den Generationen, Bindungsschwäche, Wertevakuum, Geringschätzung von Symbolen und Ritualen. Die häufig apostrophierte Gegenüberstellung von Kirche und Religiosität bleibt ernüchternd: „Die Untersuchungen liefern wenig Anhaltspunkte für eine intensive Religiosität völlig losgelöst von der Kirche" im Sinne von „Religion ja, Kirche nein". Die mangelnde Rückbindung des freien Menschen an den Willen Gottes verkürzte die Wertevermittlung oft zur Erziehung von „anständigen Menschen". Das „Lebensglück" nahm in einem Ausmaß überhand (Gesundheitswelle, Wellness allgemein, Spaßgesellschaft), dass Religion als hierfür hinderlich erscheinen musste. Dazu ist an die Autoritätsproblematik zu erinnern („Krise der Vermittlungsinstanzen"). Die natürlich-christliche Lebenskultur erlitt einen schweren Schlag.

Hat sich die Kirche inzwischen wieder erholt? Denkbar; denn sie lebt von der Verheißung ihrer Unzerstörbarkeit. Schwarzsehen ist verpönt. In gar manchem hat sich die Kirche wieder erneuert; das berühmte Glas ist zumindest halb voll, nicht halb leer. Fehlt aber das Feuer, von dem Jesus spricht (vgl. Lk 12,49)? Wer immer in der Kirche so argwöhnt, kann des Beifalls aus den eigenen Reihen gewiss sein. Denkt der Christ aber daran, dass es eine redliche Kirche immer auch „schwer" hat, spricht sie doch von den Bedingungen für den Eintritt in das ewige Leben – und das liegt für die Menschen in noch weiter Ferne.
Nach dem Konzil baute die Kirche immer mehr einen breiten Apparat auf; viele wollen Experten sein nach weltlichem Vorbild, bemühen ihre Wissenschaftlichkeit, „engagieren" sich auf vielen Feldern. Begeisterung wird herbeigeredet, ist aber in Wirklichkeit kaum da. Wird sie von Kritik überlagert? Ida Friederike Görres, bestimmt keine „Altmodische", sprach bereits 1970 von einer „Revolution": „Das Charakteristische dieser Revolution scheint mir, dass in ihr die Ungläubigen und die Unwissenden die Führung in der ‚Reform' der Kirche ergreifen – weithin schon mit Erfolg." Ein Urteil voll beißender Schärfe, gewiss, und wohl nicht ganz gerecht. Und doch: man bleibt so schrecklich im Soziologischen stecken, dass dadurch die Glaubens- und Frömmigkeitslinie, wie sie nun einmal der Papst vorzugeben hat, an der Basis „verrutscht" wird. So wird von einer innerkirchlichen Versammlung berichtet: „Deutlich wurde, dass sich die Laien vor Ort nicht so sehr Sorgen um die Außenwirkung vatikanischer Kirchenpolitik ma-

chen, sondern sich vielmehr das eigene Wirken, die Begeisterung junger Menschen für Kirche am Ort zum Ziel gesetzt haben." Diese verflixte Begeisterung, die im Grunde keine ist! Man kocht sein eigenes Süppchen und bedarf nicht mehr des „Vatikans". Diese Sucht zur Abkoppelung von der Petruskirche (Petrus als der von Christus Bevollmächtigte!) lässt sich nun im begonnenen dritten Jahrtausend vielfach registrieren. Doch es gilt das Wort: „Ubi Petrus – ibi ecclesia" – „Wo Petrus ist, da ist die Kirche". Hermann Schell, der es wahrlich nicht leicht hatte mit der Kirche (Modernismusstreit, anfangs des 20. Jahrhunderts) – und diese nicht mit ihm – reimte dennoch:

Du bist das Herz der Christenheit, o Rom!
Drum vor der Schwelle von St. Peters Dom
Erhebe sich der gold'ne Meilenstein,
Zu dem der Völker Straßen lenken ein!

Und immer noch und immer wieder gilt: Wo Kirche ist, da ist Wahrheit und Leben. „Ihr seid auf das Fundament der Apostel und Propheten gebaut; der Schlussstein ist Jesus Christus selbst" (Eph 2,20). Oder: Der für mittelalterliches Bauen im Norden typische Stützenwechsel in den Gotteshäusern hat symbolische Bedeutung. In der Stiftskirche zu Quedlinburg versinnbilden die zwölf Pfeiler die Apostel und die vier Säulen die Evangelisten … Bedenkenswert auch der selbstgewählte Grabspruch von Romano Guardini: „Im Glauben an Jesus Christus und seine Kirche". Der Christ müsste wieder etwas mehr kämpfen (mit den Waffen des Lichts, Röm 13,12)! Nach dem Terroranschlag vom 11. September 2001 in den USA verstärkte sich die antichristliche Propaganda wie auch die Ablehnung Gottes und der Kirche. Dass „Religion" (und nur sie) Kriege hervorbrächte, wird von der Historikerzunft nicht mitgetragen. Dennoch: die Feindschaft gegen die Kirche wächst, deshalb weg von der bloßen Nabelschau! „Wir müssen Schulter an Schulter für den Glauben an das Evangelium kämpfen und dürfen uns in keiner Weise von den Widersachern einschüchtern lassen" (Phil 1,27) und: „Der Herr ist eine Kraft denen, die vor dem Tore dem Angriff wehren" (Jes 28,6).

*Jesus Christus hat „den heiligen Petrus an die Spitze der übrigen
Apostel gestellt … Diese Lehre über Einrichtung, Dauer, Gewalt und
Sinn des dem Bischof von Rom zukommenden heiligen Primates
sowie über dessen unfehlbares Lehramt legt die Heilige Synode
abermals allen Gläubigen fest zu glauben vor"
(Zweites Vatikanisches Konzil, Lumen gentium 18).*

Die Verklärung des heiligen Kirchenlehrers Thomas von Aquin.
Martin Luther: „Sola scriptura" – „Allein die Schrift".
Katholische Kirche: „Non per solam Sacram Scripturam":
„So ergibt sich, dass die Kirche ihre Gewissheit über alles
Geoffenbarte nicht aus der Heiligen Schrift allein schöpft."
(Zweites Vatikanisches Konzil, Dei verbum 9)

DIE HEILIGE ÜBERLIEFERUNG

Ich glaube, Gott, mit Zuversicht,
Was Deine Kirche lehret.
Es sei geschrieben oder nicht,
Denn Du hast ihr's erkläret.
Du, der Du selbst die Wahrheit bist,
Kannst ihr nur Wahrheit geben.
In diesem Glauben stirbt der Christ,
In diesem will ich leben.

Obenstehender Text stammt aus einem Credolied in einem früheren Gesangbuch, dem „Laudate". Es weist auf die beiden Glaubensquellen der
katholischen Kirche hin, auf Schrift und Überlieferung. „Es sei geschrieben", das bedeutet die Bibel, die Heilige Schrift des Alten und des Neuen
Testaments. Die Bibel ist das niedergeschriebene Wort Gottes. „... oder
nicht"; hier ist die mündliche Überlieferung, die gesprochene Weitergabe
der göttlichen Offenbarung gemeint.

Zahlreiche katholische Kirchen verdeutlichen in ihrem Bildprogramm diese
beiden Glaubensquellen. Exemplarisch sei die berühmte „Wieskirche" genannt: Überlebensgroß im Langhaus die Figuren der vier großen abendländischen Kirchenväter, während die vier Evangelisten den Altar umsäumen.
Eine andere Lösung/Anordnung ist in der Bamberger Michaelskirche be-
achtenswert: die Kanzel ist unten mit den Evangelisten und oben mit den
Kirchenvätern ausgeschmückt. Auf dem verzierten Buchdeckel eines Evan-
geliars in der Quedlinburger Domschatzkammer sind die Abbildungen der
vier Evangelistsymbole *und* der Portraits der Kirchenväter angebracht:
Schrift also *und* Glaubenstradition.

Unter Berufung auf die Dogmatische Konstitution „Dei Verbum" des Zweiten Vatikanischen Konzils über die Göttliche Offenbarung führt Papst Johannes Paul II. aus: „Die Heilige Schrift ist daher nicht der einzige An-
haltspunkt für die Kirche. Denn die ,höchste Richtschnur ihres Glaubens'
kommt ihr aus der Einheit zwischen der Heiligen Überlieferung, der Heili-

gen Schrift und dem Lehramt der Kirche zu, die der Heilige Geist so ge-
knüpft hat, dass keine der drei ohne die anderen bestehen kann" (Enzyklika
„Fides et Ratio" vom 14. September 1998, Nr. 55).

Die Reformatoren ließen nur noch die Bibel als Quelle des Glaubens gelten. „Sola scriptura" – „Allein die Schrift", hieß Martin Luthers Losung.
Friedrich Schiller kommt in seiner „Maria Stuart" in folgendem Zusammenhang darauf zu sprechen, dass er das Sichtbar-Sinnenfreudige des Katholizismus dem (bloßen) „Wort" der neuen Kirche gegenüber stellt:

Der Sinne Reiz, kein Abbild duldet sie
Allein das Körperlose Wort verehrend.
(1. Aufzug, 1. Auftritt)

Überlieferung ist bei jeder geschichtlichen Religion etwas Selbstverständliches. Ist doch „Religion" auf (Fort-)Dauer angelegt. Jede hat eine Art
Grundwissen und verlangt den Glauben an dieses. Auch in den „Kirchen
der Reformation" haben sich nach fast 500 Jahren mittlerweile Traditionen
herausgebildet, die aber nicht mit der *Bibel gleichwertig* sind. Im Christentum treten schon früh Worte wie „empfangen", „überliefern", „bezeugen" auf. Beim heiligen Paulus heißt es: „Haltet euch an die Überlieferun-
gen, die ihr *mündlich* oder *schriftlich* von uns empfangen habt" (2 Thess
2,15). Auch die Glaubensüberlieferungen wurden später niedergeschrieben:
Apostelpredigt, Kirchenväter, Märtyrerakten, Hymnendichtung, Konzilien,
Rundschreiben der Päpste und Bischöfe, Liturgie, von der Kirche anerkannte Visionen der Heiligen, große Theologen und Mystiker, sind wichtige Beispiele dafür. Das Zweite Vatikanische Konzil empfiehlt den künftigen Priestern insbesondere den heiligen Kirchenlehrer Thomas von Aquin
„als Meister, [um] die Heilsgeheimnisse in ihrer Ganzheit spekulativ tiefer
zu durchdringen und ihren Zusammenhang zu verstehen, um sie, soweit
möglich, zu erhellen" (Optatam totius 16). Die Kirche als Wille und Werk
Jesu Christi trägt die Verheißung des Heiligen Geistes in sich, und sie ist
nichts anderes als *in der Zeit* der Übergang in das eigentliche Reich Gottes;
sie lebt von den Verheißungen des Herrn und von ihrer steten Überlieferung. Strömend lässt sie sich nicht in Fesseln legen; Neuerungssucht hingegen stört die lebendige Entwicklung (es ist auffällig, dass oft sehr modern
eingestellte Familien ansonsten auf ihre eingeübten Traditionen pochen).

Es muss nicht alles in der Bibel stehen, was geoffenbarte Wahrheit ist, doch darf keine Überlieferung der Schrift widersprechen; auch soll alle heilige Lehre wenigstens im Kern in der Bibel enthalten sein. Dennoch gilt, was Johannes Eck sagt: „Ecclesia est antiquior scriptura – Die Kirche ist älter als die Schrift".

Die Überlieferung war noch vor der Heiligen Schrift des Neuen Bundes, ja, *sie* setzte lehramtlich fest, was zur Heiligen Schrift gehört und was nicht. Das katholische Traditionsprinzip ist so wichtig, dass katholische Christen ihre Glaubensreden, wie heute leider vielfach üblich, nicht einseitig auf die Bibel und nur auf sie ausrichten dürfen. Eine „Versteifung" auf sie („Biblizismus") war früher vergleichsweise selten. Und wird argumentiert, irgend etwas sei „unbiblisch" (nicht in ihr enthalten oder nicht bibelgemäß), muss es deshalb noch lange nicht falsch sein, beispielsweise die Säuglingstaufe. Das Johannesevangelium schließt mit den Worten: „Es gibt noch vieles andere, was Jesus getan hat, und wollte man es im einzelnen niederschreiben, so würde wohl die Welt die beschriebenen Blätter nicht fassen" (21,25. Übersetzung von Otto Karrer).

Die gefestigte religiöse Überlieferung ist etwas Heilsames und Schönes. Für das Verständnis und die Erklärung ist das Lehramt der Kirche zuständig. Das Erste Vatikanische Konzil (1869/70) spricht vom „geschriebenen oder überlieferten Gotteswort"; ebenso das Zweite Vatikanische Konzil (1962/65): „Die Heilige Überlieferung und die Heilige Schrift bilden den einen der Kirche überlassenen heiligen Schatz des Wortes Gottes" (Dei verbum 10). Die Heilige Schrift und die Überlieferung sind die beiden Quellen des Glaubens für die Kirche, von je gleicher Autorität. Manche sprechen von „zwei Weisen" der Weitergabe, indem sie die Offenbarung (trinitarische Selbstmitteilung Gottes in der Geschichte) ganzheitlich verstehen. Die Kirche ist „Verkünderin der Offenbarung durch Hl. Schrift, Tradition, Lehramt, Glaubenssinn der Gläubigen und Theologie" (Wolfgang Beinert). Zum Glaubenssinn wäre zu erläutern: Dieser ist bei aller Wertigkeit kein „Selbstläufer", sondern eingebunden in die apostolischen Ursprünge. Die Tradition – als theologische Größe, nicht im Sinne von Herkommen oder Brauchtum! – ist dem *Ursprung* nach älter, dem *Umfang* nach weiter als die Heilige Schrift. Doch die Heilige Schrift und die Heilige Überlieferung sollen „beide mit gleicher Liebe und Achtung angenommen und verehrt werden", sagt das Zweite Vatikanische Konzil (Dei verbum 9).

Der Heilige Geist ist es, Gottes wunderbare und herrliche Gabe, die in der Überlieferung wirkt. Er bildet und veranschaulicht das Prinzip ihrer Identität im Wandel der Zeit. Der Heilige Geist wirkt ferner im Lehramt der Kirche als Beistand. Das kirchliche Lehramt ist entscheidender Bezugspunkt, um den Willen Gottes zu erfahren: nur das Lehramt (Papst und Bischöfe) sind die authentischen Ausleger des Wortes Gottes. Aufgrund der Inspiration („Einhauchung" – Gott ist der eigentliche Verfasser) ist der ganzen Heiligen Schrift die Irrtumslosigkeit eigen. Sie ist von Menschen geschrieben und dennoch Gottes Wort. Christus selbst hinterließ nichts Schriftliches und erteilte in seinem irdischen Leben auch keine diesbezüglichen Anweisungen. Durch die von ihm bestellten Boten, die „Zeugen", sollte sein Heil kraftvoll bis an die Grenzen der Erde verkündigt werden. Mit dem Wachstum der jungen Kirche ergab sich nun die Notwendigkeit einer authentischen, dokumentarischen Niederschrift durch die „Diener des Wortes" (Lk 1,2). Bei diesem Vorgang der „Schriftwerdung" des Wortes darf nicht übersehen werden, dass die christliche Predigt „Zeugnis vom Zeugnis" ist (wenn auch nicht inspiriert wie die Bibel selbst). Leo Kardinal Scheffczyk erkennt den eigentlichen Zusammenhang, wenn er feststellt: „Die Heilige Schrift – Wort Gottes und der Kirche". Der gelehrte Kardinal erläutert näher: „Die Kirche [besitzt] vermittels ihrer Geistbegabung die Fähigkeit, in der Verkündigung dem Gehorsam der Schrift wirklich ihre Stimme zu leihen und es ohne Einbuße seines Wesens im eigenen menschlichen Wort zu veröffentlichen."

So schließt sich der Kreis: „Die Aufgabe aber, das geschriebene oder überlieferte Wort Gottes verbindlich zu erklären, ist nur dem lebendigen Lehramt der Kirche anvertraut, dessen Vollmacht im Namen Jesu Christi ausgeübt wird" (Zweites Vatikanisches Konzil, Dei verbum 10). Nehmen wir die Auferstehung Christi: „Die christliche Urgemeinde *glaubt und lebt sie* als zentrale Wahrheit, die Überlieferung *gibt sie als grundlegend weiter*, die Dokumente des Neuen Testaments *weisen sie nach*."

Gepriesen sei Jesus Christus, der seine Kirche
mit den Gaben des geschriebenen
oder weitergereichten Wortes
befruchtet und nährt. Zu ihm lasst uns beten:
Herr, schaffe alles neu!

Du hast vom Vater her deinen Jüngern
den Heiligen Geist gesandt;
erfülle auch uns mit dem Heiligen Geist.
Herr, schaffe alles neu!

Du hast Ströme lebendigen Wassers verheißen
einem jeden, der glaubt; erneuere unseren Glauben.
Herr, schaffe alles neu!

Du hast uns den Geist der Wahrheit gegeben,
der von dir Zeugnis gibt; mache uns zu treuen Zeugen.
Herr, schaffe alles neu!

„Tu es Petrus, et super hanc petram ædificabo ecclesiam meam ... –
Du bist Petrus, und auf diesen Felsen will ich meine Kirche bauen,
und die Pforten der Hölle werden sie nicht überwältigen."(Mt 16,18)
Mit diesem Vers begrüßen die Sänger den Nachfolger des heiligen
Petrus, hier Papst Pius XII., beim Einzug auf dem Tragthron.
Der Papst trägt die Tiara, die dreifache Krone.

DIE KIRCHE – VOR DEM KONZIL

Leben wir auf einem lecken,
zollweise versinkenden Schiff,
von dem nicht nur die Ratten,
sondern einfach die Vernünftigen,
Nüchternen rechtzeitig abspringen?
Wer gibt uns Antwort in solchen Stunden?
Wen dürfen wir noch fragen?
Nur die Kirche selbst.
Nur die Große, die Ganze, die Langlebige,
auf Erden Unsterbliche.
(Ida Friederike Görres)

Alles dreht sich um die Kirche. So scheint es wenigstens. Recht und Pflicht der Presse ist es, die Kirchen als gesellschaftliche Gruppe wahrzunehmen und auch über sie zu berichten. Die Massenmedien nehmen sich „rührend" um sie an, sachlich, auch mal kritisch (das gehört zum Geschäft), manchmal bar jeder näheren Kenntnis, fehlerhaft, einseitig, ja sogar gehässig und ablehnend. Wie sollen sie auch die Kirche näher und besser kennen oder sich unvoreingenommen mit ihrem Selbstverständnis beschäftigen, wenn bei der Bevölkerung schlicht die Antenne für das Göttliche zu kurz geraten ist oder gar fehlt? Es wird immer Schwierigkeiten geben, „wenn man die Kirche nicht tief und allseitig kennt. Hat die Kirche den Beruf, die Menschen zur Seligkeit zu führen, dann hat sie ihn allein" (Anton Anwander). Die Kirche *muss* einer säkularen Welt im Wege stehen – wird sie nicht gerade deshalb gebraucht? Aber warum kommen die Menschen so wenig und selten darauf, wie heilsam die Kirche ist, wie vorteilhaft, ja notwendig es ist, ihr anzugehören oder die „papierene" Angehörigkeit neu zu beleben (vgl. die Vision von den Totengebeinen beim Propheten Ezechiel 37,1-14)? Diesem bleibenden Auftrag und pastoralen Vorhaben der Kirche stehen jedoch innerkirchliche Schwierigkeiten entgegen. Das „Große Jubiläum", das Heilige Jahr 2000, erwies sich gewiss als geistlicher Erfolg, und man kann – Gott sei Dank – neben den äußeren Zahlen die innere Anhäufung von Gnade (wenn auch nicht mathematisch) registrieren. Aber Irritationen im Kirchenvolk sind geblieben, wenn sie sich nicht sogar verstärkt haben. Deshalb ein Versuch, die Charakteristika der „alten" Kirche (vor dem Konzil) in Stichwort-Sätzen hier einzubringen.

Bei all ihrer Tiefe, ihrer Bedeutung und ihrem Ansehen war sie „einfach", „zusammen", existenzberechtigt, zuständig für das über den Alltag Erhobene. Man brauchte Religion, und die fand der Mensch in der Kirche. Man lebte mit der Kirche in ihren Zeiten und Festen. Auf das Papsttum ließ man kaum etwas kommen. Der Vers Matthäus 16,18 „Du bist Petrus ..." wurde oft zitiert. Es gab ein verbreitetes Wissen um das ewige Heil in Christus mit besonderer Hochschätzung von Beichte und Messopfer. Der Glaube war meist unangefochten. Als das schönste Geschenk der Kirche für das individuelle Leben betrachteten viele die innere Gnadenwirklichkeit und Erneuerung im Gerechtfertigten („heiligmachende, heiligende Gnade"). Auch damals zeigten sich die Lebensbereiche als „weltlich" – keiner lebte ja im Wolkenkuckucksheim, und viele mussten sich abrackern, aber das Religiöse war (manchen vielleicht unbewusst) die gestaltende Macht. Die Gebote wurden ernster genommen; Kreuz und Leid reihten sich ein ins Bemühen um die „Nachfolge Christi". Als unentbehrlich verfügte die Kirche über ein Reservoir an Trost und Zuversicht, vor allem in Grenzsituationen des Lebens. Zuflucht zu christentumsfremden Anschauungen bis hin zu fragwürdigen Praktiken wurde kaum gesucht. Fast gab es ein Überangebot an Gebetbüchern für die private Frömmigkeit (auch jugendgemäße), die in der Einleitung oft eine „Christliche Lebensordnung" abgedruckt hatten. Höchste, heute unvorstellbare Auflagen erreichten „Im Dienste des Herrn" (für die männliche Jugend) von Heinrich Horstmann SJ und „Jugend vor Gott" von Alfonso Pereira SJ. Gebetbücher voll frommer Poesie verfasste Elisabeth von Schmidt-Pauli. Im „Beichtspiegel" wurde an erster Stelle meist nach Gott und Gebet gefragt. Die Tabernakelfrömmigkeit zog tagsüber die Gläubigen „beim Vorübergehen" oder in teils fester Übung in die Kirchen. Geradezu mit Stolz wurde darauf hingewiesen, dass bei uns die Gotteshäuser und Kirchlein immer offen stehen. Einmal geweckt, vor allem auch durch einen guten, kirchenfrohen und menschenfreundlichen Religionsunterricht, half das religiöse Interesse dabei die täglichen Probleme, Herausforderungen und die Einstellung zur Zukunft zu bewältigen („Gottvertrauen"). Zwar drückten Streit, Feindschaften und Neid – wie seit Anbeginn – gute Vorsätze und Anläufe nieder, aber gerade bei religiösen Veranstaltungen wie Wallfahrten (mit Bußsakrament, Rosenkranz, Andachten,

Ablass und Bußpredigten beim heiligen Opfer), Exerzitien, Vorträgen und Theateraufführungen aus dem Heiligenleben nahm man die heilsamen Ermahnungen ohne viel Murren entgegen. Als ein besonderes Charakteristikum der damaligen Zeit ist die geradezu herzliche Heiligenverehrung hervorzuheben. Und zwar nicht nur brauchtumsmäßig, sondern substantiell. Für Theodor Maas-Ewerd bleibt es beispielsweise ein Phänomen, dass Nikolaus von Myra in aller Welt bekannt und beliebt ist. Ist dieser bischöfliche Vorbote des Christkinds nicht ein Modell dafür, wie traditioneller fester Christusglaube und sozial tätige Nächstenliebe harmonieren? Nicht zu vergessen ist „seine Güte und Menschenfreundlichkeit, in der das Bild Christi, des Guten Hirten, aufleuchtet" (Theodor Maas-Ewerd).

Es gab gestrenge Herren Pfarrer, und „Angst" machten sie den Uneinsichtigen, die sich nicht bekehren wollten. Viel Ausgleichendes stand „zwischen den Fronten." Das Büchlein des Franziskaners P. Athanasius Bierbaum „Keine Angst vor Gott!" erreichte viele Auflagen. Die Abständigen bildeten die stete Sorge der Priester und treuen Laienchristen. Einige Zeit nach dem Krieg arbeitete der Redemptorist P. Josef Spielbauer im Sinne des „Wohnviertelapostolats". Man übte sich auch in der „Pastoral der konzentrischen Kreise" (von der Kerngemeinde bis zu den „Randständigen"). Natürlich zeigte sich ein Gefälle von der (Groß-)Stadt zum Land – manchmal aber auch, eigenartigerweise, umgekehrt. Selbstverständlich hörte man, auch damals, ganz drastisch ausgedrückt, von Mord und Totschlag (dabei so gut wie nichts von Kinderbanden, gar weiblichen, mit einem Neun- oder Elfjährigen als „Chef"). Die Kirche war das Regulativ. Sie konnte nicht alles wieder einrenken, aber sie hatte ein wichtiges Wort zu sagen über das Zusammenleben der Menschen. Und immer wieder lehrte sie, schließlich nicht ohne Erfolg, das Höchste: die Liebe. Viele Verhaltensweisen von heute wären damals undenkbar gewesen; als einziges Beispiel sei die Frage der Säuglingstaufe erwähnt. Dass man, es möge mir die Einschätzung „skurrile Pädagogik" verziehen werden, die Kinder einmal selbst entscheiden lassen wollte, ob sie später getauft werden sollten, gab es nicht. Und weiter: dass man gegenwärtig den Inhalten des Glaubens oft so kritisch gegenübersteht und nur noch „Erfahrungen" gelten lassen will, zeigt das Unverständnis für das Dogma, den „Glaubenssatz".

Einer der zentralen Begriffe des katholischen Glaubens und Lebens heißt „Dogma", zu deutsch Glaubenssatz. Wieso ist eigentlich dieses harmlose (aus dem Griechischen stammende) Wort mit den fünf Buchstaben zu einem Un-Wort herabgesunken, so dass leider auch viele Katholiken es im negativen Sinn gebrauchen? Es hängt mit der Wahrheitsfrage, mit Jesus Christus und dem Heiligen Geist zusammen. Der Herr übereignete das Wort der Wahrheit seiner Kirche und gab ihr den Heiligen Geist als Bürge. In den entscheidenden Glaubenswahrheiten kann die katholische Kirche darum nicht irren. Diese Irrtumslosigkeit verbirgt und öffnet sich zugleich im Dogma.

Das alles ruft die (weltanschaulich) liberale Welt auf den Plan. Sie kann es nicht zulassen, dass irgendeine „Institution" die (volle) Wahrheit besitzt und diese infolgedessen anderen „streitig macht".

Dogma – diesen inhaltsschweren Begriff lernte ich als Schüler in der NS-Zeit einigermaßen kennen und zugleich schätzen. Die Religionslehrer benützten ihn häufig, um uns die Wahrheiten des Glaubens näherzubringen. „Dogma" bedeutete damals so etwas wie Gewissheit und Sicherheit: Dass es sich beim Glauben und Beten nicht um irgendetwas Nebuloses, bloß Vermutetes handelt, sondern – aufgrund der Autorität Jesu Christi, des wahren Gottessohnes – um etwas, was dem Erlangen des ewigen Zieles in höchstem Maße dienlich ist.

Man schrieb das Jahr 1936; ich war knapp 13 Jahre alt. Frühsonntäglich eilte ein Sonderzug vom Allgäu nach Stuttgart, zum Zwecke eines Tagesausflugs. Ich durfte zum ersten Mal mit in diese „schöne Stadt" (Originalton meines Vaters), in der die meisten Verwandten arbeiteten und wohnten. Den Treffpunkt bildete die zentrale katholische Kirche St. Eberhard in der als Haupteinkaufsmeile weitbekannten Königstraße. Inzwischen ist dieses geräumige Gotteshaus zur Konkathedrale (Mitkathedrale) der Diözese Rottenburg-Stuttgart, zur „Domkirche", aufgestiegen. In der Spätmesse predigte in der überfüllten Kirche Rottenburgs Oberhirte Joannes Baptista Sproll, der spätere Bekennerbischof. Wir wussten das vorher nicht. Da wir als Ankömmlinge ziemlich hinten standen, konnte ich nicht alles Gesagte genau mitbekommen. Aber meiner Erinnerung nach gebrauchte der Kanzelredner mindestens ein Dutzend Mal das Wort „Dogma". Er musste die Inhalte des Glaubens gegenüber den menschenverachtenden Neuheiden mit ihrem germanischen Göttergetöse verteidigen, musste verdeutlichen, was Wahrheit und was Lüge ist. Wir verstanden dies, dieses Kämpferische, gut. Es dürften viele Gebildete in den Bänken gewesen sein. Die Nationalsozialisten aber machten das katholische Dogma am laufenden Band schlecht. Und somit legte Bischof Sproll die Fakten vor.

122

Auch heute gibt es die Absage an „das Dogma". Da kann man mehr als einmal lesen: „Katholisch, aber nicht dogmatisch", wenn über irgendeinen Katholiken, Priester oder Laienchristen, etwas Positives berichtet werden soll. „Dogmatisch" steht dann für starr, fundamentalistisch, wenn nicht gar verbiestert. Man braucht sich darüber nicht zu wundern, wo heute im Zeichen der fortschreitenden Individualisierung jeder sein eigener Papst sein möchte. Das Dogma ist eine verbindliche Lehraussage, eine in die Sprache geformte wahrheitsgetreue Deutung der Dinge aus dem Schatz der göttlichen Offenbarung. Diese ist nichts Totes, sondern etwas höchst Lebendiges, geht es doch im Letzten um Leben oder (ewigen) Tod. So ist der katholische Christ gehalten, die Dogmen, das heißt das Glaubensbekenntnis und die anderen definierten Glaubenslehren, anzuerkennen. Romano Guardini (1885-1968) wollte nach dem Ganzen streben, wenn er bekennt: „Deshalb bin ich im tiefsten Herzen katholisch, weil hier allein ‚das Alles' ist; deshalb ward ich Benediktineroblate; deshalb Dogmatiker, weil Dogmatik wirklich die Königin der Wissenschaften ist, die höchste Höhe und alles überschauend." Nach dem Ersten Weltkrieg gab es eine katholische Bewegung: „Die meisten Aufbrüche tendierten zur katholischen Kirche" (Hanna-Barbara Gerl-Falkovitz). Man sprach von einem „geistigen Katholizismus" (Stefan-George-Kreis; Max-Scheler-Kreis). Ohne sogleich katholisch im Sinne der Kirche zu sein, gab es viele Suchende, und auch viele Konversionen und Erwachsenentaufen.

Der Schriftsteller (Lyrik, Aphorismen) Ernst R. Hauschka sagt einmal: „Inmitten der vielen Lügen, die uns täglich verkauft werden, sollten wir glücklich sein, dass wenigstens die Kirche noch ein Stück echter Wahrheit anbietet: im Dogma." Man möge auch nicht gegen die Notwendigkeit, den Glauben in Sätze zu kleiden, zu Felde ziehen. Dogmen sind mehr als (auswechselbare?) „Sprachmuster". Man könne die Wahrheit nicht in Sätze einsperren, so eines der Bedenken. Aber in was sollte man Wahrheit ausdrücken, wenn nicht in Sätzen? Das, was den Menschen zum Menschen macht, ist in besonderer Weise die Sprache. Sie verschafft, richtig verstanden und angewandt, Klarheit. Christoph Kardinal Schönborn äußert sich so: „Fakten [= Tatsachen] lassen sich in Sätzen aussagen; ein Glaube ohne Glaubenssätze hätte keinen Bezug zu Fakten. Und John Henry Kardinal Newman sagt: ‚Christentum ist Glauben: Glauben impliziert [= beinhaltet] Lehre, Lehre impliziert Sätze' ". Dabei glauben wir nicht an Formeln, wenn auch das Unwandelbare dies nahe legen sollte. Nicht blutleere Theorie ist der

Glaube, denn es geht um den lebendigen Gott und um sein Ebenbild, den Menschen.

Kirche *vor* dem Konzil, das betrifft vor allem auch die Aufbauzeit im „Wirtschaftswunderland": Aus einer Fülle von Namen in den Jahren *nach* dem Krieg können nur wenige, als Auswahl, Erwähnung finden. Drei Ordensmänner machten nach 1945 im Kirchenvolk Furore. Da war der italienische Jesuit P. Riccardo Lombardi („Es kommt das Zeitalter Jesu"). Seine „Bewegung für eine bessere Welt" fasste auch in Deutschland Fuß; um 1950 brachte er in 44 deutschen Städten über 600.000 Menschen auf öffentlichen Plätzen zusammen. P. Johannes Leppich, Schlesier von Geblüt und ebenfalls ein Jünger des heiligen Ignatius, feuerte seine Salven aus Glaubens- und Liebeskraft in träge wie tiefgläubige Herzen. So etwas war noch nie da, diese Menschenmassen, die dem „Maschinengewehr Gottes", wie man P. Leppich nannte, freien Lauf ließen! Auch bei ihm folgten den Worten Taten („action 365"). P. Leppich war über die nachkonziliare Entwicklung besorgt. Der dritte im Bunde lebt noch 2002, P. Werenfried van Straaten (* 1913). Auch er baute ein respektables Werk auf, die „Priester in Not/Ostpriesterhilfe" und den Internationalen Bauorden. Bekannt wurde der „Speckpater" durch seine Hilfen für Hungernde in aller Welt und seinen „Millionenhut", mit dem er Spenden sammelte. Der belgische Prämonstratenser übte ebenfalls manche Kritik am kirchlichen Leben nach dem Konzil.

Das Zentralkomitee der deutschen Katholiken (ZdK) wurde in den Jahren 1947 bis 1967 von Karl Fürst zu Löwenstein-Wertheim-Freudenberg als Präsident geführt. Katholisches Laienwirken nach dem Zusammenbruch 1945 stellte sich neuen Herausforderungen.

Ist von den vergangenen Jahrzehnten in der Kirche die Rede, dürfen sie und die Katholiken in Mittel- und Ostdeutschland, überhaupt die „Flüchtlinge", nicht übersehen werden. Die ungerecht aus ihrer Heimat Vertriebenen brachten viel von ihrem religiösen Erbe in die Pfarreien und Klöster der deutschen Länder ein. Oft wurde es allmählich zu einem Geben und Nehmen an katholischer Frömmigkeit. Des „Flüchtlingsbischofs" Maximilian Kaller (1880-1947), ehemals Ermland, sei besonders ehrend gedacht. Was Kaller als Pfarrer von St. Michael in Berlin damals, 1917-1926 (17.000 Katholiken unter 150.000 Nichtkatholiken), aufgebaut hat, kann man nur als phantastisch bezeichnen. Sein Buch von 1926 „Unser Laienapostolat St. Michael Berlin" gilt als pastoralgeschichtliches Zeitdokument von Rang.

Es wurde 1997 von Hans Jürgen Brandt neu herausgegeben mit einem Geleitwort von Georg Kardinal Sterzinsky, Erzbischof von Berlin.

Die katholischen Christen in der ehemaligen „DDR" – seit 1933 ununterbrochen unter mehr als diktatorischen Verhältnissen lebend – gaben ein mutiges Glaubenszeugnis. Beherzte Oberhirten schenkten ihnen ihr geistliches Geleit. Otto Spülbeck (1904-1970), Bischof von Meißen, stand dem Leipziger Oratorium nahe (Josef Gülden, Heinrich Kahlefeld, Klemens Tilmann und Mitbrüder). Durch die vatikanische Kirchenpolitik bestärkt – keine kirchliche Teilung Deutschlands durch neue Bistümer – erkämpften die Glaubensbrüder und -schwestern in einmütiger Haltung mit die deutsche Einheit 1989/90.

„Die Kirche war unser Zuhause" – so bekannten viele heimatvertriebene Katholiken, als sie „im Westen" oder, nun besonders mit der Diaspora und einem kommunistischen System konfrontiert, in der (inzwischen ehemaligen) „DDR" wieder Arbeit und Geborgenheit suchten. Und vielen wurde die „Kirche" wieder zur Heimat, wenn es auch anfangs meist aus der beiderseitigen Not entstandene Spannungen gab. Wer erinnert sich noch an die Lagerpfarrer in Friedland, an jene die Lande auf schlechten Straßen querenden Kapellenwagen mit ihren Patres? Als „im Westen" allmählich wirtschaftswunderliche Verhältnisse eintraten, stellten Jugendliche und vor allem die Frauen der Gemeinden in den Pfarrräumen Lebensmittelpakete für den „Osten" zusammen. Und wenn schon der „Osten" genannt wird, soll über Deutschland hinaus symbolisch wenigstens *ein* Name genannt sein, der des tapferen Joszef Kardinal Mindszenty (1892-1975, zuerst – bis 1991 – in Mariazell beigesetzt).

Eine jüngst (2001) erschienene Studie über die Katholische Kirche in der SBZ/DDR 1945-1951 behandelt die „dank der Geschlossenheit der Katholischen Weltanschauung" ermöglichte Abtrotzung von Zugriffen der atheistischen Machthaber. Die Kirche sei trotz ihrer geringen Zahl zum „interessantesten Gegner der SED" (Wolfgang Tischner) geworden. Das mögen jene bedenken, die „Geschlossenheit" als „Festungsdenken" verunglimpfen und unbesehen Relativismus und Pluralismus in der Kirche hochjubeln. Dabei würde sich ja erfahrungsmäßig die lauteste, wildeste Kraft im pluralen Gewebe durchsetzen, so dass wieder „Gott Mammon" herrscht.

Zwingend steht der Kirche ihr täglich-„weltliches" Tun zu Gebote, vornehmlich der Beitrag des Papsttums für die irdische Wohlfahrt. Was ließ doch Pius XII. ab 1945 Waggon an Waggon ins geächtete und hungernde Deutschland rollen! Oder: „Die Verhinderung des Atomkriegs bei der Kuba-Krise 1963 in buchstäblich letzter Stunde durch die zu wenig bekannte persönliche Vermittlung des Papstes Johannes zwischen Kennedy und Chrustschow" (Ida Friederike Görres). Oder auch „vor Ort" blieb die Kirche auf diesseitigem Teppich. Der Ost-Berliner Caritasprälat Johannes Zinke soll wegen einer Genehmigung 42 Mal zur betroffenen Regierungsstelle gegangen sein. Pragmatische Zusammenarbeit mit der Stasi? Joachim Kardinal Meisner, ehemals Berlin (Ost), äußert sich lapidar: „Das ist Nebenwirkung. Das Hauptziel ist, den Menschen zu helfen. Manchmal kann man das nicht so rein trennen."

Die vorkonziliare Kirche war aber zuerst eine betende, um nicht zu sagen kniende Kirche. Der dreifache Gebetsschatz aus Liturgie, kirchlicher Tradition und freiem Gebet stand noch in der richtigen Balance. Dass wir „im Namen Jesu" beten sollen, war bekannter als heute. Maßstab blieb die hingebende Liebe Jesu. „Dieser Liebe soll auch das neue Beten entsprechen. Es ist nicht nur ein Handeln nach dem Vorbild Jesu, es ist ein Handeln *in seinem Namen*" (Bischof Paul-Werner Scheele).

126

Die Heimkehr

Tritt in den ewigen Bildersaal,
Nimm Sternen-Brot und -Wein.
Du sollst beim großen Abendmahl
In deinem Erbteil sein.

Es zeigen sich und neigen dir
Die alten Zeichen groß.
Das Einhorn legt die Silberzier
Gesenkt in deinen Schoß.

Die Flügel hebt der Pelikan
Weißblitzend zum Empfang.
Die Leier glänzt, dich grüßt der Schwan
Mit süßem Sterbesang.

Der königliche Vogel Greif
Bringt dir zum Gastgeschenk
Den siebenfarbnen Pfauenschweif,
Orion sein Gehenk.

Der Drache wird dein Weggesell,
Die Schlange dein Gespiel.
Du trägst ein goldnes Löwenfell,
Das dunkle Kleid zerfiel.

Durch Welten gingst du, Wanderstern,
Und bist zum alten Herd
Und bist zum Vater und zum Herrn
Geliebter heimgekehrt.

So wachse tönend himmelauf,
Du vorbeseelter Lehm.
Die Mittnachtsrose blüht am Knauf
Von deinem Diadem.

(Werner Bergengruen)

Wahre Ökumene: Die Einheit aller Christen im katholischen
Glauben unter dem Papst als dem sichtbarem Haupt der Kirche.
Zehntausende stehen auf dem Petersplatz,
um den Papst auf der Loggia des Petersdomes zu sehen,
sein Wort zu hören und seinen Segen zu empfangen.

ÖKUMENE –
DIE BLEIBENDE AUFGABE

Wir dürfen die Wunde der Trennung
nicht billig überkleistern,
wir können uns gegenseitig
den Schmerz nicht ersparen.
(Erzbischof Karl Braun)

Es gibt, bei aller Unterschiedlichkeit innerhalb Lehre und Glaubenspraxis des Protestantismus selbst, dennoch eine gemeinsame religiöse Haltung bei ihm: „Sie liegt in der Schätzung der Person und des Evangeliums Jesu, weshalb sie sich ja mit Vorliebe evangelisch nennen" (Anton Anwander). Doch bei der Lehre und im Glaubensleben „hängt es von der Blickrichtung ab, ob man das Trennende oder das Verbindende schärfer sieht" (ders.).
Der große Unterschied zur katholischen Kirche besteht im Kirchenbegriff. Im katholischen Christentum ist und bleibt die Kirche Glaubensautorität. Bei evangelischen Christen ist, im allgemeinen, der Glaube unmittelbar gottgewirkt und nur ihm verantwortlich. Daher kommt wohl die etwas dürftige Redeweise vieler Zeitgenossen: „Ich mache alles selber mit meinem Herrgott aus", die aber auch dem Protestantismus nicht gerecht wird. Die Protestanten nehmen übrigens das Berufsethos sehr ernst, sprechen gerne von Treue und Pflicht, bedauern die Erbsünde, welche die freie Entscheidung zum Guten nicht (bloß) geschwächt (= katholisch), sondern aufgehoben hat. So ist der vom Geist des Herrn erschütterte Christ angewiesen auf die Rechtfertigung allein aus Glauben (sola fide), allein aus der Gnade Gottes (sola gratia).
Der katholische Christ steht in einem ganz anderen Verhältnis zu seiner Kirche. Er schließt sich an die Kirche an, von der er im geoffenbarten und der Kirche anvertrauten Wort, in den Sakramenten (vor allem der Eucharistie) und in der sicheren Leitung („Apostelkirche") das ewige Heil empfängt – und dieses bereits hier auf Erden. Er kann sich frei entscheiden, auch gegen Gott. Doch ist (jederzeit) bei echter Reue und Umkehr (Bußsa-

krament) die Rückkehr zum Leben in der Gnade Gottes möglich, wie Johannes Paul II. in seinem Motu proprio „Misericordia Dei – Über einige Aspekte der Feier des Sakramentes der Buße" (07.04.2002) wieder in Erinnerung gerufen hat. Es gibt keinen Freibrief zum Sündigen, und es herrscht ein oft lebenslanger Kampf zwischen Gut und Böse. Im Gegensatz zum Protestanten sind dem Katholiken Heiligungsmittel nicht überflüssig. Gute Werke sind sinnvoll und verdienstvoll; der „Lohngedanke" darf eine Triebfeder für sie sein. Der Ablass ist ein hohcitlicher Akt der Kirche (die eben eine zutiefst heilschaffende, in Vollmacht handelnde Christusvereinigung ist) und bedeutet, aus dem „Schatz" der Kirche strömend, einen Nachlass von Sündenstrafen, nicht der Sünden selbst (diese müssen bereits vergeben sein). Der Gerechtfertigte, dessen Inneres (das „Sein") in der Gnade heilig, rein, eben christusförmig ist („das Bild Christi"), besitzt zwar eine unbedingte *Glaubens*gewissheit, nicht aber eine unbedingte *Heils*gewissheit (auch dies im Gegensatz zur evangelischen Anschauung). In Demut und Zuversicht wirkt das Mitglied der „Papstkirche" sein Heil. Er gehört einer zutiefst sichtbaren Kirche an, auch in feststellbarer Gliedschaft, so wie Christus auf Erden sichtbar war. Fortsetzung der Menschwerdung Christi auf andere Weise! Das „neue Leben der Gnade" (ungeschuldet von Gott gegeben) verlangt andererseits die Mitwirkung des Gläubigen, die stete „Heranholung der religiös-sittlichen Kräfte des Menschen zum Gnadenwerk" (Karl Adam). Dieses Mittun mag jenes beinhalten, was Außenstehende als „Äußerlichkeiten" wahrnehmen.

Ein Blick in die Vergangenheit, in den Heimatort der dreißiger Jahre, mag nicht unbedingt repräsentativ sein. Er liefert aber Anhaltspunkte über das Zusammenleben von Katholiken und Protestanten, als von Ökumene im heutigen Sinn noch nicht die Rede war.
Von unguten Streitigkeiten zwischen den Konfessionen war nicht viel zu spüren, auch wenn das heute sporadisch behauptet wird. Das mag auf den Dörfern – falls beide Kirchen je in einer Nachbargemeinde etabliert waren – teilweise anders gewesen sein. Wahrscheinlich war es überall verschieden; es kam wohl sehr auf die einzelnen Menschen an. Da und dort wirkte noch die Geschichte mit ihren Glaubenskämpfen nach. Die Angehörigen beider Glaubensrichtungen gingen meistens ihre eigenen Wege. Man blieb unter sich und lebte gut damit. Es entwickelten sich verschiedene Haltungen und Gewohnheiten, an denen die Konfession ablesbar war. Es klingt banal, wenn die Bauern des einen Dorfes gegen 17 Uhr ihren Leberkäse

aßen, jene des Nachbardorfes mit anderem Bekenntnis ihre Würste ver-
zehrten. Man lebte getrennt und doch wirtschaftlich, das heißt im Alltagsleben verbunden. Befürchtungen hüben wie drüben blieben, vereinzelt auf
kuriose Weise, bestehen. Manchmal erscheint mir das damalige Zusammenleben – unterstützt auch durch die Konfessionsschule – als weitaus
friedlicher und unbelasteter im Vergleich zu heute. Am Rande bekam das
Ganze den Anschein des Wettstreits um die bessere Kirchentreue. Nur
einmal gab's im Städtchen eine eher juristische Auseinandersetzung (um
1927), als es um die bis in das Mittelalter zurückreichenden zahlreichen
Stiftungen ging. Andererseits registrierten die Katholiken dankbar die
Glockenspende der evangelischen Bevölkerung für die neue, 1929 geweihte katholische Kirche. Auch die jährliche „Weltgebetsoktav" um Wie-
dervereinigung der getrennten Christenheit mit vom Bischof angeordneten
Gebeten wurde stets beachtet. Ich selbst erinnere mich gern an die Turm-
bläser, die an den höchsten Feiertagen von der Balustrade an St. Martin ihre
feierlichen evangelischen Choräle in die Morgenstunde sandten. Als ein
Bindeglied für ein gewisses Zusammenwachsen taten die Heimatfeste und
die Vereine ihren Dienst. Hier saß man im gleichen Boot. Kriegszeiten
schweißten zusammen.

Doch zurück zum Heute. Die Öffentlichkeit hört und liest fast mehr das
Wort „ökumenisch" als „katholisch". Unzählige Ämter und Kommissionen
auf allen geographischen und religiös-kirchlichen Ebenen sind am Werk,
um dem Willen Christi zu willfahren, „dass sie alle eins sind" (vgl. Joh
17,21). Eine Konferenz jagt die andere. Losungen werden ausgegeben.
„Versöhntes Miteinander" ist eine häufig beanspruchte Formel. Etwas
schwieriger wird es mit „Versöhnter Verschiedenheit". Genau betrachtet
haftet diesen wohl gut gemeinten Worten etwas Schillerndes an. Es kommt
ja schließlich darauf an, ob „Verschiedenheit" Neben- oder Hauptsächli-
ches meint. Außerdem: versöhnen kann man sich nach einem Streit, aber
nicht bei einer weiterbestehenden Ungleichheit.
Viele Menschen, besonders zahlreiche Katholiken, verstehen unter Versöhnung nach 500 Jahren Spaltung und Trennung eine organisatorische Wie-
dervereinigung der christlichen Konfessionen (speziell bei uns in Mitteleu-
ropa), also der katholischen und evangelischen Kirche. In einer Fernsehsendung 2001 erwartete der katholische Pfarrer der Lutherstadt Wittenberg
diese buchstäbliche Einheit „in 20 Jahren (wenn nicht früher)". Doch Ökumeniker wollen wohl gar keine Einheit von Katholiken, Orthodoxen und

131

Protestanten in der einen, heiligen, katholischen und apostolischen Kirche unter dem Papst als dem sichtbaren Haupt der Gesamtkirche. Der Papst mit einem Jurisdiktionsprimat über alle Bischöfe und jeden Gläubigen; der Papst als unfehlbarer Lehrer der Kirche – für einen Ökumeniker undenkbar. Dies will man evangelischen oder orthodoxen Christen nicht zumuten. Daher das verräterische Wort von der „versöhnten Verschiedenheit". Offenbar will man nicht *Menschen* unterschiedlicher Konfessionen miteinander versöhnen, sondern *konfessionelle Unterschiede als gleicherweise gültig* erklären. Dann wäre jemand, der die Unfehlbarkeit und den Primat des Papstes nicht anerkennen würde, genauso Vollglied der Kirche mit allen Rechten wie ein gläubiger Katholik. Die „Basis" hat längst Schritte in diese Richtung gewagt. Jetzt, am Vorabend des Ökumenischen Kirchentages 2003 in Berlin, verwenden manche bereits die Bezeichnung „Vereinigungskirchentag".

Doch eine formelle Vereinigung unter Preisgabe von Wesentlichem ist nicht möglich. Wer einzelne Glaubenslehren nicht annimmt, steht nicht in voller Einheit mit der Kirche. Ein Katholik, der den Primat und die Unfehlbarkeit des Papstes oder andere definierte Glaubenslehren der Kirche (Dogmen) leugnet oder beharrlich bezweifelt, begeht eine Häresie und ist automatisch aus der Kirche ausgeschlossen (Exkommunikation). Ein nichtkatholischer Christ, der nicht bereit ist, alle Glaubenslehren zu bekennen, kann nicht zur vollen Gemeinschaft der Kirche gehören. Eine Einheit der Kirche kann es nur durch eine vollkommene Einheit im Glauben, in den Sakramenten und in der Leitung der Kirche geben. Es reicht nicht aus, den Papst nur als repräsentatives Oberhaupt zu betrachten.

Die ökumenischen Sehnsüchte (hinter denen oft das ehrenwerte Verlangen nach einem Leben in gegenseitiger Liebe und gemeinsamem Christuszeugnis steht) werden auch durch die Realitäten nicht gedeckt. Zur Zeit des Reformationsfestes (31. Oktober) 2001 gingen mehrere Meldungen durch die Medien. Bezüglich des Vorbereitungstreffens auf „Berlin 2003" in Bad Herrenalb hieß es, man solle mehr das *Trennende* als das Gemeinsame hervorheben. Wer darüber nachdenkt, muss bestätigen: erst wer den Partner gut kennt, kann eine gemeinsame Basis aufbauen. Zum andern bekundete die Synode der EKD in Amberg ihren Widerspruch gegen grundlegende katholische Positionen. Mehrere Leute, evangelisch wie katholisch, sagten mir in den letzten Monaten, am besten wäre es, es würde alles so bleiben wie bisher: in gegenseitiger Achtung getrennt (was im praktischen Leben, in Aktionen oder Freundschaften viel Gemeinsames keinesfalls ausschließt). Auch nach Landesbischöfin Margot Käßmann ist es „viel spannender in Unterschieden".

Ein Sich-Kennenlernen auf atmosphärischem Gebiet kann das Verhältnis zwischen den Konfessionen nur fördern. Die beiden Nachbarn in Christus fühlen jeweils anders. „Der *protestantische Gläubige* lebt nicht mehr in einer Welt, die beständig von heiligen Wesen und Mächten durchdrungen ist; seine Wirklichkeit ist polarisiert in eine radikal transzendente Göttlichkeit und eine radikal ‚gefallene Menschheit' ... Zwischen den beiden Polen liegt ein durch und durch ‚natürliches' Universum, zwar Gottes Schöpfung, aber alles Numinosen (Geheimnisvollen) beraubt", so der amerikanische Soziologe österreichischer Herkunft, Peter L. Berger. Er fährt fort: „Der *Katholik* dagegen lebt in einer Welt, in der ihm das Heilige durch viele Kanäle vermittelt wird – durch die Sakramente, die Fürbitte der Heiligen, den Einbruch des ‚Übernatürlichen' als Wunder – eine fließende Grenze zwischen dem Sichtbaren und dem Unsichtbaren."

Wie sehr die „evangelische Freiheit", ohne „Bevormundung" durch eine „sich dazwischenschiebende", heilsvermittelnde Kirche, Maßstab für den mit Bibel und Gemeinde aufgewachsenen Protestanten ist, geht aus einer Sentenz Adolf von Harnacks hervor: „So viele Köpfe, so viele Lehren. So ist es, aber wir wünschen nicht, dass es anders wäre, im Gegenteil, wir wünschen noch mehr Freiheit, noch mehr Individualität in Aussprache und Lehre." Mit diesen Feststellungen kam der auch heute noch hochgeschätzte Theologe († 1930) auf die von Kirchengliedern selbst oft bedauerte Uneinigkeit bei den Lutheranern zu sprechen. In der Fernsehsendung „Expeditionsbericht aus Ökumenistan" (2001) äußerte sich Margot Käßmann, Landesbischöfin von Hannover (mit drei Millionen Protestanten) ähnlich. Auf Befragen eines Reporters erklärte sie, dass ihr „Kirchenverständnis" anders sei als jenes von Joseph Kardinal Ratzinger. Sie betont ausdrücklich die (evangelische) Freiheit, nur die Bibel als Autorität und den „direkten Zugang zu Gott", ohne Priester also, zu haben. Glaubt ein Katholik, dann stehe die Kirche „dazwischen". Falls ich recht gehört habe, argumentiert Frau Käßmann mit diesem besagten Wort. Nach diesem Verständnis ist der Evangelische der Freie, der Katholik der Gebundene (und dennoch ein Freier).

Es gibt im Luthertum (und in den anderen Denominationen) kein verbindliches Lehramt, kein Priestertum, nur zwei (statt sieben) Sakramente. Nach katholischem Verständnis fehlt den Protestanten die sogenannte apostolische Sukzession, das heißt die seit den Anfängen fortdauernde Nachfolge rechtmäßiger Bischöfe. In der katholischen Glaubenswelt gibt es noch vieles andere mehr, wie etwa das Gebet für die Verstorbenen, das Fegefeuer, die (nach wie vor bestehende) Sonntagspflicht, ganz zu schweigen vom heiligen Messopfer als unblutiger Vergegenwärtigung des Kreuzestodes Christi, als Gedächtnis (memoria) seiner Hingabe zum Heil der Welt. Zu den Verschiedenheiten zählen ferner der Festkalender, das Fastengebot, die Sakramentalien, Segnungen und Weihen, die bei uns einen anderen Charakter ausmachen als bei den getrennten Christen.

Ökumene ist also keine religiöse „Gemischtwarenhandlung", in der *aus demselben Regal* verschiedene Schubladen herausgezogen werden, deren Inhalte aber allesamt identisch sind.

Die Zunahme ökumenischer Gottesdienste am Sonntag selbst bei geringfügigen Anlässen (Vereinsfeste, kommunale Feste und dergleichen) bedeutet für die Katholiken den faktischen Verzicht auf die heilige Messe. Ein ökumenischer Gottesdienst entspricht zwar in etwa einem protestantischen Gottesdienst – dem Katholiken fehlt jedoch der eucharistische Teil der Messe: die Vergegenwärtigung des Kreuzesopfers Christi und der Empfang der Kommunion. Eine nach Konfessionen getrennte Liturgie bei besonderen Anlässen müsste jedoch im menschlichen Bereich nicht als Gegeneinander aufgefasst werden. Ein historisches Beispiel: die im Jahre 1807 verfügte Verschmelzung des Jesuitengymnasiums St. Salvator in Augsburg mit dem evangelischen Gymnasium St. Anna hob König Ludwig I. wieder auf (Gründung von St. Stephan). Beide Kirchen dankten 1828 dem Monarchen: „Im bürgerlichen Leben werde das Ergebnis nicht Streit der Konfessionen, sondern ,die schönste Harmonie' sein." Beide Schulen bestehen heute noch. Als Ergänzung zur Betonung des spezifisch „Katholischen" oder „Protestantischen" könnte der Begriff des „Christlichen" vermehrt verwendet werden.

Vielen erscheint der Protestantismus als das Leichtere. Und noch mehr: Manche katholische Christen wollen, so scheint es jedenfalls, die Ökumene lieber heute als morgen erzwingen. Da bei ihnen die Liebe das Höchste ist, sie vielleicht auch persönliche Akzeptanz und Freundschaft bei andersgläubigen Mitchristen ausbauen wollen, stellen sie die Wahrheitsfrage leider zurück. Selbst schon Kinder und Heranwachsende, kaum das Erstkommunionalter hinter sich lassend, sagen es laut: „Uns ist es egal, ob katholisch oder evangelisch." Es ist aber erforderlich, „auch die Linien auszuziehen, deren Überschreitung ein Verlassen des Katholischen bedeutet. Dies ist nicht Ausdruck einer unökumenischen Haltung" (Walter Brandmüller, früherer Ordinarius für Kirchengeschichte des Mittelalters und der Neuzeit an der Katholisch-Theologischen Fakultät der Universität Augsburg und seit 1998 Präsident des Päpstlichen Komitees für Geschichtswissenschaft in Rom sowie Kanoniker an der Basilika St. Peter in Rom). Hinzu ist nötig die Bekehrung der Herzen, die stete Erneuerung der Kirche und ihrer Glieder, das private und öffentliche Gebet als Seele der ökumenischen Bewegung, ganz im Sinn des Papstes und seiner Mitarbeiter auf diesem Gebiet (vgl. Katechismus der katholischen Kirche, Nr. 821). Man muss sich aber darüber im klaren sein: die evangelische Kirche will die volle Gleichberechtigung (unter Wahrung des ihr Eigenen). Außerdem soll das Abendmahl für alle kompatibel (austauschbar) sein. Die katholische Messe (Eucharistiefeier) ist aber etwas anderes! Nur der gültig geweihte Priester verwandelt Brot und Wein in den Leib und das Blut Christi und vergegenwärtigt dadurch das Kreuzesopfer des Herrn!

Eine gelingende Ökumene lässt *so lange* auf sich warten, als „Entgegenkommen" aus Friedfertigkeits- und Höflichkeitsgründen das Gegenteil der Absicht erreicht. Außerdem duldet der öffentliche Druck seitens der Medien bereits nur noch *eine* Kirche. Die Konfession wird oft gar nicht mehr genannt. Aber nur wer „Konfession" lebt, wird ein verlässlicher Ökumeniker. „Die konfessionelle Prägung ist oft tiefer, als das Bewusstsein zugeben möchte" (Hermann Kurzke).

Gedenke, o Herr, Deiner Kirche: erlöse sie von allem Übel und vollende sie in Deiner Liebe; sie, die geheiligte, führe aus allen vier Winden zusammen zu Deinem Reiche, das Du für sie bereitet hast; denn Dein ist die Macht und die Herrlichkeit in alle Ewigkeit. Kommen möge die Gnade! Vergehen möge diese Welt! Hosanna dem Sohne Davids! Wer heilig ist, trete hinzu; wer nicht, tue Buße! Maran atha! Amen.

(Zwölfapostellehre)

Terribilis est locus iste … –
Voll Schauer ist dieser Ort. Gottes Haus ist hier und die Pforte des
Himmels; sein Name ist: Wohnung Gottes. Wie lieb ist Deine
Wohnung mir, o Herr der Himmelsheere! Verlangend nach dem
Haus des Herrn verzehrt sich meine Seele.

„DURCH EINE WELT VOLL ZWIELICHT UND SCHATTEN"

Im Himmel ist alles Wonne,
in der Hölle alles Jammer;
in der Welt, als dem Mittleren,
das eine und das andere.
(Baltasar Gracián)

Das als Überschrift verwendete Zitat stammt aus dem Tagesgebet der Messe vom 8. Januar. Es erinnert an Kardinal Newmans Grabschrift „Ex umbris et imaginibus in veritatem – Aus Schatten und Bildern zur Wahrheit". Alle Versuche, aus der Kirche, der „festgefügten Gottesstadt", allmählich eine zur Auswahl freigegebene Zivilreligion zu machen, müssen scheitern. Wo bleibt der Dank über die Erlösung durch Christus und die gewährte Beseligung? Wer sich nicht mehr getraut, die Festlichkeit der Osterkirche zu verkünden – als ob er deswegen die Armen vergäße! – muss seine katholische Existenz vor der Welt laufend rechtfertigen. Kehrt zur Freude zurück! Der heilige Thomas von Aquin empfiehlt Lachen und Baden. Der „Bubenkönig" Johannes Don Bosco gefiel mit Seiltanzfreizeiten, rief aber anschließend zur Andacht. Die heilige Kirchenlehrerin Theresia von Avila hielt etwas vom guten Essen zur rechten Zeit.
Die Kirche in unseren Landen sitzt zu viel. Sie möge sich erheben und sich nicht für ihr Dasein entschuldigen, sondern den Menschen *ihr Lächeln* schenken. Gerade deshalb, weil die Welt – bei allem Schönen – kein „Land des Lächelns" ist. Der Ausfall des Glaubenszeugnisses bringt nur Unglaube hervor. Doch „die Frucht der Verkündigung der Frohbotschaft vom Reiche Gottes ist die Fröhlichkeit der Gläubigen" (Christian Hammerschmidt).
Die Gegenwart duldet keine absolute Wahrheit mehr. Was erhob sich für ein Feldgeschrei – drinnen wie draußen – als am 6. August 2000 „Dominus Iesus" erschien, in dem bekannte katholische Wahrheiten über die Einzigkeit des Erlösers und der Kirche in Erinnerung gerufen wurden! Wie aber lautet der Glaubenssatz der öffentlichen Meinung? „Nur das Wissen um die

Relativität aller angeblich absoluten Wahrheiten macht uns tolerant" (Katharina Sperber). Diesen ihren Satz hält sie doch gewiss für durchgreifend, für absolut wahr. Ich aber darf ihn, nach ihrem Verständnis von Wahrheiten, in die Relativität verweisen.

Gäbe es keine volle, zugleich unverkürzt verkündete Wahrheit, – was bliebe dem Menschen in allen Wechselfällen des Lebens? Woran kann er glauben? Wem vertrauen? Wieviel Licht ist noch da? Zweifel wird ausgestreut. Eines ist sicher: In der heiligen Kirche besitze ich den Hort der Wahrheit. Und der Herr der Kirche, ihr Haupt und König der Herzen, verspricht: „Die Wahrheit wird euch frei machen" (Joh 8,32).

Die Kirche ist der geheimnisvolle Leib Christi, und das mit vollem Recht. Christus ist auf Erden mystisch gegenwärtig durch die sichtbare Gemeinschaft der Kirche. „Die Kirche ist also der sichtbare Organismus, durch den Christus in unserer Welt lebt und wirkt" (Yves de Montcheuil). In der Sichtbarkeit sind auch ihre menschlichen Schwächen enthalten. Aber diese von Christus selber geschaffene Beziehung zwischen der sichtbaren Kirche und seinem Fortleben unter uns gibt uns das Recht, die Kirche „Leib Christi" zu nennen. Dem entspricht auch die erwähnte Erklärung der Kongregation für die Glaubenslehre vom 6. August 2000: „Der Herr Jesus, der ewige Erlöser, hat nicht eine bloße Gemeinschaft von Gläubigen gestiftet. Er hat die Kirche als *Heilsmysterium* gegründet. Er selbst ist in der Kirche, und die Kirche ist in ihm [hier folgt eine Reihe von Schriftstellen]; deswegen gehört die Fülle des Heilsmysteriums Christi auch zur Kirche, die untrennbar mit ihrem Herrn verbunden ist" (IV,16).

Bei aller Größe, welche die Kirche als das Werk des Dreifaltigen Gottes erweist, muss zugleich der Unterschied zwischen Christus und der Kirche herausgestellt werden. „Während Christus allein, einmalig und endgültig die Erlösung der gesamten Menschheit durchgeführt hat (objektive Erlösung), besteht die Aufgabe der Kirche darin, den einzelnen Menschen aller Zeiten und Völker die Früchte der Erlösung zuzuwenden (subjektive Erlösung). Christus hat seine Sendung auf die Apostel übertragen" (Hermann Lais). Um sich die Früchte der Erlösung anzueignen, bedarf es der Kirche und des Anschlusses an sie. Unter den Aposteln kann die herausgehobene Bedeutung des heiligen Petrus gar nicht hoch genug eingeschätzt werden. Das gläubige Volk in der Vergangenheit wusste dies; auch die christliche Kunst nahm sich dieses Themas an: sitzende Petrusfigur in der Peterskirche zu Rom, ebenso *(als Papst!)* in der Peterskirche von Schrobenhausen-Sandizell (Egid Quirin Asam!), ferner eine mittelalterliche Arbeit aus Siena, die der Papst im Jahre 1980 Berlin zum 50-jährigen Bistumsjubiläum zum Geschenk machte. Wird gar am mächtigen Hochaltar der ehemaligen Abteikirche St. Peter in Oberalteich das Gemälde „Kreuzigung Petri" für ein theatrum sacrum versenkt, überrascht ein bühnenartig gestaltetes Schnitzwerk um 1730: Wir betrachten die Schlüsselübergabe durch Christus an Petrus, im Beisein aller Apostel. Vom Himmel her schwebt ein Engel, der die kunstvolle, blinkende Tiara überbringt.

Auch von der Bedeutung des Apostelamtes erhält die Kirche eine hohe Sakralität, welche sich besonders in den Weiheämtern ausdrückt. Das Volk versteht (verstand?) zum Beispiel unter einem Seelsorger ausschließlich einen geweihten Amtsträger. Um Seelsorger zu sein, muss einer auch die Vollmacht besitzen, im Namen Christi und der Kirche Sünden zu vergeben (Beichtvater, „Seelenführer"). Das Amtsblatt Nr. 7 vom 30. Mai 1984 für die Diözese Augsburg führt eine Verfügung auf: „Der Titel ‚Seelsorger' ist geschützt." Und weiter: „Diese Bezeichnung ist den Priestern vorbehalten." Ansonsten darf von niemand der Titel „Seelsorger", „Seelsorgerin" in Anspruch genommen werden. In vielen Berufen arbeiten auch heute noch „Helfer", „Helferinnen". Von Freiburg aus gab es um 1930 die ersten Seelsorgs*helferinnen*. Sie erwarben sich Anerkennung und Verdienste.

Per intercessionem sancti Blasii, Episcopi et Martyris,
liberet te Deus a malo gutturis, et a quolibet alio malo.
In nomine Patris, et Filii, † et Spiritus Sancti. Amen. –
Durch die Fürbitte des heiligen Bischofs und Märtyrers Blasius be-
freie dich Gott von Halsleiden und jedem anderen Leiden. Im Namen
des Vaters und des Sohnes † und des Heiligen Geistes. Amen.

ALTES UND NEUES
VOM KIRCHENJAHR

Der Mensch, der religiös ist,
ist es am Morgen, am Mittag und zur Nachtzeit.
Seine Religion ist ein Charakter, eine Form,
die all sein Denken, Reden und Handeln
innerlich durchseelt.
(John Henry Newman)

Der Heiligenkalender wurde nach dem Konzil überarbeitet; Heiligenfeste wurden auf einen anderen Termin verlegt, manche völlig gestrichen. Bei dieser Reform nahm man auf Herkunft und geographisch oft weitgesteckte, volksverbundene Realitäten wenig Rücksicht. Warum alteingeführte Heiligenfeste (und damit Namenstage) bisweilen wegen eines einzigen Tages verlegt wurden, bleibt manchen heute noch ein Rätsel. Natürlich mag es für alles Gründe geben, doch bleiben diese Motive und Gründe allzu oft dunkel und das Verständnis für die „Kalenderreform" fehlt. So hängt die Verlegung der Apostelfeier St. Thomas vom 21. Dezember auf den 3. Juli mit der liturgischen Hervorhebung der letzten Adventwoche vom 17. bis 23. Dezember (mit den täglichen O-Antiphonen) zusammen. Auffällig ist, dass auch in der säkularisierten Öffentlichkeit, etwa in den Medien, der alte Kalender teilweise nach wie vor „Gültigkeit" besitzt. Zum Beispiel ist immer noch um Weihnachten von den „Thomasnächten" die Rede. Ein Glücksfall, dass der heilige Nikolaus nicht auf den Sommer ausweichen musste!

Neben den Heiligenfesten hat sich, das Kirchenjahr betreffend, noch vieles andere verändert: Nach längeren Jahren der Entbehrung kam Heimweh nach dem alten „Rorate" (Votivmesse zur Gottesmutter im Advent) auf, da die Kerzen in den Händen der Gläubigen vorweihnachtliche Freude ausstrahlen. Auf die Aussetzung des Allerheiligsten und den sakramentalen Segen am Schluss der Messe wird leider meist verzichtet. Im übrigen ist das „Rorate coeli"– „Tauet, Himmel" nicht die Adventmesse in violett, sondern die weiße Marienmesse im Advent mit dem Eröffnungsruf „Rorate" und den Lesungen aus Jesaja und Lukas (Verkündigung an Maria). Ab dem 17. Dezember darf dieses besondere Mariengedenken im Ja der Jungfrau zum kommenden Erlöser nicht mehr gewählt werden. Aber, wenn schon Rorate: das beliebte Lied „Tauet, Himmel", liturgisch eigentlich fast zwingend, wird vielerorts nicht mehr angestimmt – etwa weil es altmodisch ist?

Veränderungen im Kirchenjahr hat es immer gegeben. Neue Heilige kommen ständig hinzu, andere müssen weichen. Wurde bei der Reform zu sehr ausgesondert, weil man mehr das *Herrenjahr* als ein *Heiligenjahr* wünschte? (War dies auch ein Entgegenkommen gegenüber den Protestanten?). Heute gibt es viel weniger Mariengedenktage. Die Marienliebe und –verehrung erwies sich aber gerade für das weibliche Geschlecht als hilfreich. Ich möchte nur auf ein Beispiel näher eingehen: auf den Schmerzhaften Freitag vor dem Palmsonntag. Sind doch unzählige Wallfahrtsstätten gerade diesem marianischen Aspekt gewidmet! Man denke auch an die weltberühmte Pietà Michelangelos. Hier, beim Anblick des toten Heilands auf dem Schoß der „Schmerzensmutter", oder beim Aufblick vor einem Gnadenbild der mit sieben Schwertern durchbohrten Gottesmutter, entdeckten viele (unterdrückte?, bestimmt aber leidende oder trostbedürftige) Frauen sich selbst. Warum nach dem Konzil der Schmerzhafte Freitag abgeschafft wurde, bleibt daher rätselhaft. Wohl wegen der Fastenmesse; zudem stand er in Konkurrenz zum 15. September, dem Gedächtnis der Schmerzen Mariens. Dieses liturgische Datum blieb bis heute aber eher blass gegenüber dem alten Fest in der Passionswoche. Aber man ritt ja, Don Quichotte ähnlich, den Kampf gegen „Verdoppelungen" im Kirchenjahr. Für die Beliebtheit der „Mutter der Schmerzen" mag der Hinweis auf die heilige Theresia vom Kinde Jesu genügen, die über Maria meinte, sie sei „mehr Mutter als Königin". Und Josef Weinheber trug an die „von den sieben Schmerzen der Mütter herzdurchbohrte" heilige Maria den gleichen Gedanken vor:

Sieh, wie ich klein und ohne
viel Worte vor dir steh.
Gewähre und verschone!
Du trägst ja groß die Krone
misericordiae.

Manchmal lockt das Kirchenjahr nach weiterer Regelung (andere Klassifizierung der Feste und Tage, Wegfall mehrerer Oktaven und anderes mehr) zu gar manchem, was die „Basis" betrifft. Muss zum Beispiel an Weihnachten das Oster-Ite missa est (Gehet hin ...) mit den zwei Halleluja gesungen werden? Früher bebten geradezu viele liturgisch gebildete, aber auch einfache Gläubige diesem Charakteristikum der Osteroktav in Vorfreude entgegen. Es ist eine Verwässerung besonders geprägter Zeiten eingetreten: Wird Schönes auf alles ausgedehnt, verliert es an Einmaligkeit!

Daneben gab es vielleicht auch sinnvolle Änderungen. Man denke etwa an die Verlegung der Osternachtfeier vom Karsamstagmorgen auf die angemessene Zeit, oder an das neue Messformular (und Stundengebet), das Papst Pius XII. anlässlich der Dogmatisierung der Aufnahme Mariens mit Leib und Seele in den Himmel (1. November 1950) autorisierte.

Das Verstehen des katholischen Kirchenjahres und die daraus abgeleitete Praxis ist von eminenter Bedeutung. In den kirchlichen Kindergärten sollten die Kleinen darum nicht nur Advent und Weihnachten, Ostern, Erntedank sowie St. Martin und St. Nikolaus erleben, sondern ebenfalls die Österliche Bußzeit (Fastenzeit), die Österliche Hoch-Zeit („Jubeloktav", sieben mal sieben Tage = österliche Zeit bis Pfingsten), Fronleichnam, Kirchweih und bereits das Totengedenken an Allerseelen verstehen lernen. Auch die Marienfeste dürfen nicht vergessen werden. Der Namenstag sollte nicht wegen der Geburtstagsfeiern ausfallen! Die Heiligen und Patrone sind unsere Vorbilder *und* Helfer!

Das Kirchenjahr ist ein gewaltiger Schatz. Es eignet sich als Einstieg in eine neue und bleibende Kirchenfreude inmitten einer religiös gleichgültigen Welt. Die Dichtung nahm sich dieses Themas samt seiner Einzelheiten oft liebevoll an. Von Annette von Droste-Hülshoff, Deutschlands größter Dichterin (das „Geistliche Jahr" zählt zu ihren Hauptwerken), finden wir in ihrem Zyklus „Des alten Pfarrers Woche" das Poem „Sonntag". Der Sonntag wiederholt sich über 50 mal im Jahr, und jeder dieser Herrentage ist ein *Wochen*ostern, hinweisend auf das *Jahres*ostern der Auferstehung Christi. Mit feinem Humor schildert die Dichterin den friedlichen Abschluss des Sonntags beim Priester mit folgenden Worten:

Nun sinkt er in die Kissen fest,
Wirft ab die Kleider ganz durchnässt,
Und schlürft der Traube Segen.
Ach Gott! Nur wer jahraus, jahrein
In And'rer Dienste lebt allein,
Weiß was es heißt, bei'm Sonntagswein
Sich auch ein wenig pflegen.

Hier kommt der Seeleneifer des (betagten!) Pfarrers zum Ausdruck, seine Ehelosigkeit, um andern zu dienen, wie auch seine Ausgeglichenheit, die ihn mit Genugtuung den Rebensaft genießen lässt. Auch Dichter unserer Tage wie Georg Thurmair brachten ein „Geistliches Jahr" in wohlgesetzte Verse.

Leider ist vieles aus dem Bewusstsein der Gläubigen verschwunden. An einem 2. Februar fragte ich einmal die Zweitklässler, was morgen in der Kirche sei. Prompt antwortete ein Bub treuherzig: „Da werde ich gebläsert". Ich konnte, verborgen hinter meinem Lob, nur schmunzeln. Das Kirchenjahr, eine herrliche Überhöhung des Naturjahres und es mitgestaltend, war damals stark gegenwärtig. Und jetzt? Kardinal Ratzinger hoffte im Jahre 2000 in Berlin auf einer Tagung, dass „wenigstens" Weihnachten, Ostern, Pfingsten – wohlgemerkt als öffentliche Feiertage – (langfristig?) erhalten werden können.

Oder: Die Quatember – übrigens altchristliche Weihetage – existieren der liturgischen Ordnung zufolge immer noch. Doch wer kennt und begeht sie? Im Direktorium für das Bistum Augsburg 2002 (Liturgischer Kalender) sind sie unter Hinweis auf die kirchenamtliche „GOK = Grundordnung des Kirchenjahres und des neuen Römischen Generalkalenders" ausdrücklich vermerkt. Im Religionsunterricht griff man früher nach folgenden Gedächtnisstützen: „Fasten, Pfingsten, Kreuz, Luzei, viermal im Jahr Quatember sei." (Kreuz = Kreuzerhöhung, 14. September; Luzei = heilige Luzia, 13. Dezember. Es handelt sich bei diesem Spruch um ungefähre Zeitangaben). Die Pfingstquatember wurden nicht „violett" (Bußgedanke), sondern „rot" begangen, und zwar in der Pfingstoktav. Diese bot die ganze Woche hindurch eindrucksvolle Messtexte (vgl. Schott, Römisches Messbuch 1962, Nachdruck 1995, S. 577-593). Dass die Pfingstoktav abgeschafft wurde, bedauerte lebhaft auch Hermann Breucha. Die gefeierte Juboktav „Ostern", wie oben erwähnt, sei eben mit dem Pfingstsonntag zu Ende. Nachdem ein „durchsichtigeres" Kirchenjahr ausgedacht und angeordnet wurde, sollte nun dieses „Jahr des Herrn – Anno Domini" (zugleich aber doch auch ein „Jahr der Heiligen"!) vor allem der Jugend nachhaltiger vermittelt werden.

Als Tribut an die „menschenfreundliche" Kirche findet der christliche Zeitgenosse bisweilen die tiefe Symbolik des Kirchenjahres erheblich gestört. Nur ein Exempel sei mir gestattet: In einer großen Stadtpfarrgemeinde mit der Hauptkirche der betreffenden Stadt wird seit Jahren die Christmette bereits um 17 Uhr gefeiert. Danach ist Schluss bis zum nächsten Vormittag. In derselben Pfarrei verschob man erstmals 2001 den Neujahrsgottesdienst (Marienhochfest, kirchlich gebotener Feiertag!) auf nachmittags 14 Uhr. Zuvor fand gar nichts statt, obwohl am Vormittag wenigstens *eine* heilige Messe für die älteren Menschen hätte angesetzt werden können. Dies ganz auf der Linie der „menschenfreundlichen" Kirche! Ziehen sich ordnende Hände zurück? Katholiken argwöhnen, ob denn jeder (Pfarrer) tun und lassen könne, was er wolle. Doch dieses fragende Häuflein weiß sich gewöhnlich als „schweigende Mehrheit". Andere werden immer mehr zum fast bestimmenden Element.
Wie sehr das Kirchenjahr Kraftquelle sein kann, selbst wenn man es nicht mitbegehen kann und sich in entsetzlicher existentieller Not befindet, das ist beklemmend nachzulesen in Hans Hümmelers „Michael Kitzelmann, Mensch – Soldat – Christ". Der wegen „Wehrkraftzersetzung" (unter anderem findet sich hier Kritik am Entfernen der Schulkreuze) am Karfreitag 1942 zum Tode verurteilte Leutnant und angehende Lehrer kam in Notizen und Briefen immer wieder auf das katholisch-heimatliche Kirchenjahr zu sprechen. So fügt er den jeweiligen Daten nicht nur Ostern und die Pfingstfeiertage bei, Christi Himmelfahrt und „Vorabend von Fronleichnam", sondern noch an seinem Sterbetag, 11. Juni 1942, ausdrücklich „Kleiner Fronleichnamstag" (= volkstümliche Bezeichnung für den Oktavdonnerstag) hinzu. Und dies alles in einer Trostlosigkeit und kreatürlichen Todesangst, wenn er auch vom Pfarrer den „Reimmichlkalender" bekam! Kitzelmann erinnert sich ausdrücklich „an die beglückenden Festzeiten der Kirche" – alles Erste bleibt!

„Gott ist Einer, Christus ist Einer,
die Kirche ist Eine und Einen Lehrstuhl gibt es,
durch das Wort des Herrn auf Petrus gegründet …
Außerhalb der Kirche gibt es kein Heil.“
(Cyprian, Briefe 43,5; 73,21)

CHRISTUS UND SEINE KIRCHE

Die Kirche zerstört nicht,
sie baut den Menschen auch nicht gewalttätig um
durch Drogen oder Zauberei, sie übt keine Gehirnwäsche,
sondern sie baut auf dem natürlich-geschichtlichen Wesen
des einzelnen und der Völker auf ...
Gerade deshalb bleibt die Kirche
der Schutz und die Heimat des Menschen.
(Friedrich Heer)

Die Kirche ist eine klare, eindeutige Liebesgemeinschaft, weil sie von der Heiligsten Dreifaltigkeit kommt. „Diese Liebe entspringt nicht auf menschlicher Ebene ... In der sichtbaren Organisation der Kirche ist die einende Liebe, aus der die Dreifaltigkeit lebt, durch die reiche geistige Wirksamkeit der Sakramente auf unsere Erde verpflanzt" (Yves de Montcheuil SJ). Christus hat einer sichtbaren, hierarchisch gegliederten Gemeinschaft, der katholischen Kirche, sein Heil und seine Sakramente anvertraut. Wir müssen die Kirche von Christus her sehen. „Es lag allein an Christus selbst, festzusetzen, auf welche Weise der erlöste Mensch mit ihm eins werden soll" (ders.). Man darf Christus und die Kirche darum nicht voneinander trennen. Der *unsichtbare Organismus* des Leibes Christi und die *sichtbare kirchliche Organisation* bilden eine Einheit, auch wenn sie nicht gänzlich identisch sind. Bereits die Taufe bindet den Menschen an Christus, der in Seiner Kirche redet und handelt. Es gilt die berühmte Sentenz des heiligen Papstes Leo: „Was an Christus sichtbar war, ist in die Sakramente übergegangen" (Sakrament = Einsetzung durch Christus + äußeres Zeichen + innere Gnade).

Wesen, Auftrag, Sinn und Leben der Kirche sind längst festgelegt. Dennoch führen nachkonziliare Gedankengänge die Ekklesiologie sozusagen zu neuen Ufern. Von der Kirche als communio, Gemeinschaft, ist die Rede. Wir kennen vom Credo her den Glaubensbegriff „communio sanctorum – Gemeinschaft der Heiligen". Da das innertrinitarische (in der Dreifaltigkeit seiende) Leben *Gemeinschaft* ist, sind auch wir zur Gemeinschaft mit Gott und untereinander berufen. Jesus Christus ermöglicht und vollendet diese Gemeinschaft, diese endgültige also, aber in seiner Kirche ist sie bereits anfanghaft verwirklicht. Die Theologen – in der Folge des Konzils und der außerordentlichen Bischofssynode von 1985 – gingen dem neutestamentlichen und patristischen (von den Kirchenvätern stammenden) Selbstverständnis der Kirche nach und arbeiteten die „communio" als Leitbegriff der katholischen Kirchenlehre heraus. Neben (oder mit) der „communio ecclesiae", Kirche als Gemeinschaft, ist auch die „communio ecclesiarum", das heißt die Gemeinschaft aller Ortskirchen mit ihren Bischöfen, stark in den Vordergrund gerückt. Die Universalkirche ist aber nicht die bloße Summe der Ortskirchen (Diözesen). Diese sind mehr als eine Verwaltungseinheit, die Weltkirche mehr als eine Dachorganisation. Es wurde nachgeforscht, wie es in späterer Zeit im Gottesvolk war. Dahinter stand die Frage: Was ist mit dem Papst und seinem Primat über die Gesamtkirche? Steht dessen Jurisdiktion (Leitungsgewalt) über der universalen Kirche? So erscheint die *juristische* Einheitsekklesiologie im Gegensatz zur *sakramentalen* Communioekklesiologie. Starke gegenwärtige Strömungen wollen offensichtlich den Papst herabstufen zum bloßen Bischof von Rom, der er zwar (ebenso) ist, aber eben nur einer unter den übrigen Hirten (wenn auch in besonders ehrwürdiger Tradition stehend). Das Bischofskollegium wird herausgestellt, die Kollegialität der Ortsbischöfe in aller Welt. Eigenständige Kirchen sollen ihre sakramentale Einheit finden. Der Geist und seine Gnadengaben (Charismen, vgl. 1 Kor 12,27-30 sowie die Kapitel 13 und 14) würden die Kirche mehr am Leben erhalten als Amtsstrukturen, so derzeitige Vorstellungen. Eifrig wird nach einer Lösung gesucht. „Lösung?" Wo war denn der Heilige Geist, der verheißene Beistand, als das von Anfang an bestehende Petrusamt im Papsttum (zu Rom) zur weiteren Ausübung kam?

Eindeutig erklärt „Lumen gentium", die Kirchenkonstitution des Konzils, ausdrücklich den Rechtscharakter des Begriffs „communio". Göttliches und Menschliches bilden in der Kirche eine Einheit. „In diesem Sinne gehört Recht zum sakramentalen Wesen der Kirche" (Winfried Aymans). Die Rechtsgewalt der Kirche folgt nicht nur aus ihrem Gemeinschaftscharakter, sondern geht auf Christus zurück. Und noch eines: die Kirche ist sichtbar, auch in Ämtern und Personen, nicht nur innerlich gnadenhaft, obwohl das ihren Segensreichtum mit erklärt und erhält. Die Kirche nur zu einer rein innerseelischen Angelegenheit ohne sichtbare äußere (Leitungs-)Struktur machen zu wollen, wäre nicht mehr katholisch.

Die Kirche ist schließlich auf eine Bildersprache angewiesen, weil sich das mysterium magnum, das Große Geheimnis (Eph 5,32), das zwischen Christus und der Kirche pulst und waltet, sich anders kaum erahnen lässt. „Das ‚Große Geheimnis' zwischen Christus und der Kirche ist in seinen Tiefen ein trinitarisches Geheimnis, das alle Mysterien der göttlichen Offenbarung mütterlich in sich birgt" (Hugo Rahner SJ, 1964, am Vorabend des Konzils).

„Ein Gott ist der *Vater*, der über alles und durch alles und in allem ist. Über allem nämlich ist der Vater, und er selbst ist das Haupt Christi. Durch alles ist das *Wort*, und dieses Wort ist das Haupt der Kirche. In uns allen aber ist der *Geist*, und dieser ist jenes lebendige Wasser, das der Herr allen spendet, die recht an ihn glauben und ihn lieben" (Irenäus von Lyon).

Unter den zahlreichen Symbolen der Kirche wie Arche Noah, Schiff, Schifflein Petri, Mastbaum (neu: Antenne) im Blick auf das christliche Kreuz, ragt jenes von der „Strahlenden Kirche" heraus. Die Kirche hat nur ein Ziel: „das Hineilen zum ‚Aufgang des vollkommenen Lichtes an jenem großen Tag', wie Methodius sagte, das endzeitliche permanere / cum Sole, das für Augustinus der Inbegriff christlicher Sehnsucht war" (Hugo Rahner SJ, vgl. Mond- und Sonnensymbolik der Kirchenväter in „Symbole der Kirche"). Der Sonne, dem endgültigen Ostern entgegen! Danach bedarf es keiner Kirche mehr, aber jetzt muss sie die Menschheit zur Sonne Christus führen (von daher sollte der Priester in unseren geosteten Kirchen zum Aufgang hin zelebrieren und nicht gen Westen). Pflanzung Gottes ist die Kirche ebenfalls, Gottes erlesener, geliebter Weinberg.

Der gewaltige Gedanke der communio, der Einheit der Kirche von Christus her und in ihm, beseelte viele Gottesgelehrte besonders in der ersten Hälfte des 20. Jahrhunderts. Im geschichtlichen, konkreten Werden wollten sie statisches, begriffliches („ungeschichtliches") Denken aufbrechen und einen „ver sacrum catholicum" („katholischen Frühling") einleiten. Auch in der Kirche gäbe es eine Evolution: Glaube, Dogma, Kultus, die Kirche selbst – alles würde sich entwickeln. 1943 erschien auf deutsch „Katholizismus als Gemeinschaft" des französischen Jesuitentheologen Henri de Lubac (als 87-jähriger wurde er schließlich noch zum Kardinal erhoben; auch der Autor des Geleitworts von 1943, Hans Urs von Balthasar, wurde als Betagter ebenfalls Kardinal, starb aber vor dem betreffenden Konsistorium). Anklänge bestehen zu Newman, den der Pfarrer und Religionsphilosoph Matthias Laros zum guten Teil für uns erschlossen hat. Und doch: Das „Geschichtliche" darf nicht in eine katholische Denkwelt führen, die das Veränderliche (bis hinein in das Dogma) zum Prinzip erhebt. Wahr bleibt wahr. Müssen sich wirklich die Heilsaussagen Christi und der Kirche den sich wandelnden Bedingungen (Zeit, anderes Denkgefüge der Menschen, Umwelt) *verändernd* anpassen? Kirche, das Christentum kommt aus einem geschichtlichen Ereignis, doch: „Stat Crux dum volvitur orbis – [fest] *steht* das Kreuz, während der Erdkreis rotiert" (Rom, Lateranbasilika).

Heim in den Anbeginn

Färben die Wolken sich zarter?
Wo gewahrst du noch Nacht?
Schließe die Augen, Bejahrter,
und so ist es vollbracht.

Fühle: Die Ströme vergleiten
rückwärts zum goldenen Quell.
Die verwitterten Zeiten
baden sich jung und hell.

Trauernde Weidenruten
heben sich grün ins Licht
netzen mit Tropfenfluten,
blinkenden, dein Gesicht.

Uralte Göttersagen
wehen über dich hin.
Und so wirst du getragen
heim in den Anbeginn.

(Werner Bergengruen)

Im Jahre 1945 lagen viele Kirchen äußerlich in Trümmern ...

*„So geziemte es sich ja für den ersten der Apostel, den festen Fels,
‚auf welchem die Kirche Gottes erbaut ist, und gegen den die Pforten
der Hölle nichts vermögen'. Unter den Pforten der Hölle sind aber
die Häresien und die Häresiarchen zu verstehen."*
(Epiphanius von Salamis, Ancoratus 9)

BLEIBT SIE, WIE SIE IST, DIE KIRCHE?

*Eines der auffälligsten Merkmale der katholischen Kirche
ist die Gleichgültigkeit, mit der sie es hinnimmt,
wenn man ihr mit dem Tode droht.
Solche Drohungen erhält sie seit ihrer Geburt,
und alles um sie hat sich geändert,
nur sie hat sich nicht geändert.
(Ernest Hello)*

Die katholische Kirche, speziell in Deutschland, befindet sich in einer Krise. Diese Krise besteht gerade darin, dass man sie nicht wahrhaben will. Dingfest kann man sie machen an der Frage nach dem Gehorsam, so, wie bisher „Gehorsam" verstanden wurde. Was ist Autorität? Und wie zeigt sie sich? Wie verträgt sich die Struktur der Kirche mit Wesen, Gedankenwelt und Praxis der Demokratie? Ist nicht alles geschichtlich und damit stetem Wandel unterworfen, auch die Kirche? Sie sei darum in die Geschichte eingebrochen, sagt man.

Natürlich bleibt die katholische Kirche sie selbst, ist sie doch die Stiftung Christi. Daran hält sie fest. Die Bestätigung Jesu ist eindeutig: „Du bist Petrus, und auf diesen Felsen will ich meine Kirche bauen" (Mt 16,18). Leider sehen viele in der Kirche nur eine Institution wie andere auch. Doch braucht die Welt die Institutionen. Der Soziologe Arnold Gehlen sieht die Bedeutung der Institutionen in deren Gerichtetheit gegen die Verfallsbereitschaft des Menschen. Das Wesen der Kirche reicht noch tiefer.

Grundsätzlich ist es unerheblich, ob Jesus das Wort „katholisch" in den Mund genommen hat oder nicht. Wenn er ausdrücklich bekundet und verspricht: „Ich bin bei euch alle Tage bis zum Ende der Welt" (Mt 28,20), dann ist in diesen Worten seine bleibende Gegenwart bei denen eingeschlossen, die ihm in Gemeinschaft nachfolgen und seine Jünger und Jün-

153

gerinnen im Zeitenlauf werden. Außerdem bildet das Geschenk des Heiligen Geistes eine der sichersten Verheißungen des Herrn. „Der Heilige Geist wird euch alles lehren und euch an alles erinnern, was ich euch gesagt habe" (Joh 14,26). So ist die Kirche „memoria", Erinnerung an das Heilswirken Jesu auf Erden, der nun alleiniger Herr der Kirche ist. Sie ist sein geheimnisvoller Leib, dessen Haupt er selber ist. Und alle, die im Taufbad untergehen und zugleich auferstehen, werden Glieder an seinem Leib (vgl. Röm 6,4). Er ist der Weinstock, die Gläubigen sind die Reben. „Wer in mir bleibt …, der bringt viele Frucht" (Joh 15,5).

Das Christusheil bis zur Wiederkunft des glorreich Erhöhten muss für die Menschen aller Generationen auffindbar, seine richtige Bezeugung nachprüfbar sein. Dies geschieht in der *sichtbaren* Gemeinschaft der Kirche, in welcher der Petrusnachfolger, der Papst, für alle erkennbar und hörbar die Stelle Christi einnimmt. Zusammen mit den Apostelnachfolgern, den Bischöfen, leitet er das heilige Gottesvolk, immer in Verantwortung vor Gott. Die Kirche ist unzerstörbar, das hat die Geschichte in zweitausend stürmischen Jahren bereits unter Beweis gestellt.

Viele indes, sogar solche, die sich im Schoß der Kirche befinden, wünschen sich für die Zukunft eine „andere" Kirche. Natürlich muss es in der Glaubensgemeinschaft neben Unwandelbarem, Gleichbleibendem auch Wandelbares geben. Wo aber verläuft die Trennungslinie, und wer bestimmt diese? Zum Beispiel wollen einige Bischöfe mehr Freiheit vom Papst (Prinzip der Kollegialität), manche Pfarrer mehr Selbstbestimmung gegenüber ihrem Bischof. Die Kirche sei überdies „kleruszentriert"; der Unterschied zwischen Priestern und Laien sei zu sehr betont und bedürfe des Abbaus. Die Aufgabe der Kirche bestünde in der Herbeiführung ganzheitlichen Glücks für die Menschen, sogar vornehmlich in Bezug auf die irdische Wohlfahrt. Und so weiter.

Eines will ich nicht bestreiten: Wandelbares muss es geben, denn die Zeiten ändern sich. Doch bleiben Fragen: Sind Teile des Glaubensgutes veränderbar? Wenn ja: Wie kann man sie verändern? Und ferner: Ist es überhaupt angemessen und angebracht, einen Wandel, der (zunächst) die Substanz nicht angreift, durchzuführen und den Gliedern der Kirche zuzumuten? Schließlich vertragen nicht alle „auf die Schnelle" Änderungen. Was aber muss unter allen Umständen unveränderlich bleiben, soll die Kirche Christus nicht verraten? Wer redet da mit? Können manche Zeiterscheinungen, gar der Zeitgeist (der „permissiv" ist, das heißt fast alles erlaubend) Maßstab für Änderungen im Wesen der Kirche sein? Die katholische Kirche gilt als „konservativ" (von lat. conservare, bewahren). Für viele heißt das so viel wie „unbeweglich", „starr", „altmodisch". Darum besäße sie keine Zukunft und sei ein „Auslaufmodell". Aber sie muss die Papst- und Bischofs- und Volk-Gottes-Kirche bleiben! Auflösungstendenzen ist entgegenzutreten, das „Interesse" mancher Medien an ihrer Schwächung zu durchschauen.

Nun gibt es aber viele Leute, die gar nicht „konservativ" sind und dennoch am Alten hängen, selbst in weniger wichtigen Dingen. Das könnte ein wenig zu denken geben. Franz Werfel etwa hinterließ ein Gedicht „Das Bleibende". Er schildert darin in knappen Zügen, wie da und dort die Bewohner am Bisherigen festhalten und die Verrichtungen oder Bräuche bewusst so bewahren wie eh und je. Der Dichter rühmt:

> *„Ihr Völker der Erde, mich rührt*
> *Das Bleibende, das ihr vollführt".*

Die Kirche ist unzerstörbar, jung und alt zugleich. Eine Schönheit im Innersten, aber auch, recht besehen, nach außen hin. Stets gab sie allem Festlichen breiten Raum, nicht als Pomp und Prunk (das wäre „weltlich" gedacht), sondern als Teilhabe an der Verklärung, der Osterfreude des Herrn. Zugleich ist sie armselig, die Kirche, mitten in der Versuchbarkeit der Welt. Ihrer Wesensheiligkeit tut dies keinen Abbruch, bei allem Schmerz über die Sünder.
Aber, wir sprechen ja vom Früheren in diesem Buch, von der Tradition, die nach Gilbert Keith Chestertons einfallsreichem Wort die „Demokratie für die Toten" ist (das heißt, diese mahnen und erzählen uns davon). In meiner Kindheit und Schülerzeit erlebte ich – es war im „Dritten Reich" – meine Kirche ganz klar als die „Säule und Grundfeste der Wahrheit" (1 Tim 3,15). Die nicht wenigen Priester, denen ich begegnen durfte, empfand ich als gut brüderlich gesinnt, nüchtern und herzlich zugleich. Die Laien achteten die Geistlichen und standen zu ihnen. Diese wiederum schenkten den Gläubigen dankbares Vertrauen und boten ihnen geistliche und soziale Hilfe. Unvollkommenheiten auf beiden Seiten schlossen ehrliches Streben

nach der Christusförmigkeit nicht aus. Der Begriff „heilig" war weitaus mehr als eine leere Phrase.

Die weise Doppelgewichtung Goethes, „Ältestes bewahrt in Treue, freundlich aufgefasstes Neue", wird mittlerweile zugunsten des Neuen vereinseitigt. Ordnung und Gehorsam sind Fremdwörter geworden. Die einst weltweit und auch von vielen Nichtkatholiken bewunderte Disziplin in der Kirche war – trotz Kirchenrecht und diözesanen Anordnungen – bald nicht mehr gefragt. Anders war die Zeit geworden! Mit der „Strenge" von früher – Überstrenge schadete im Nachhinein oft, doch muss man sie auch aus der Zeit verstehen – war kaum mehr ein Staat zu machen. Man wollte niemanden verlieren und besonders der jungen Generation mit ihren Anschauungen und dem demokratischen „Biss" entgegenkommen. Gewonnen hat man dabei so gut wie nichts. So manches hohe, wertvolle religiöse Gut wurde als nicht mehr zeitgemäß grob verändert oder ganz fallengelassen.

Auch der Index der verbotenen Bücher oder ebenso das Erfordernis einer kirchlichen Druckerlaubnis für religiöse Bücher waren gerade zum Schutz der Gläubigen vorteilhaft. Ein Beispiel: So manche Katholiken in Ausbildung oder in besonderen Berufen konnten im „Dritten Reich" Alfred Rosenbergs „Der Mythus des 20. Jahrhunderts" als Pflichtlektüre abwehren, indem sie auf den Index verwiesen, der ihnen das Lesen dieses Buches verbiete. Und zum „Imprimatur" fällt mir der Versuch einiger Quickborner ein, in der Pfarrei eine „Deutsche Messe" von Felix Messerschmid für bestimmte Anlässe einzuführen. Ich war (als Schüler) mit eingeladen, aus diesem Anlass zum Stadtpfarrer zu gehen; die „modernen" Akteure vermuteten eine Absage. Doch der Herr Stadtpfarrer, noch im 19. Jahrhundert zum Priester geweiht, schaute in das ihm vorgelegte Heft und forschte nach der (vorhandenen) Kirchlichen Druckerlaubnis – und schon war dem Ansinnen Genüge getan.

Gewiss, heute werden interessante Rechtfertigungen für Lockerheiten ausgedacht. Eigeninitiative, Kreativität (als ob das von vornherein immer besser wäre statt „nach Vorschrift") gebärdeten sich als Schlagworte, und schon machte, etwas überspitzt ausgedrückt, jeder, was er wollte. Ein hierfür immer wieder ge- oder missbrauchtes Zitat aus der Heiligen Schrift war und ist: „Der Geist (richtiger: Wind) weht, *wo er will*" (Joh 3,8).

Obwohl jeder Priester bei seiner Weihe vom Bischof gefragt wird: „Versprichst du mir und meinen Nachfolgern Ehrfurcht und Gehorsam?" und ihm in die Hände hinein mit „Ich verspreche es" antwortet, begegnet der Gutgewillte im Laufe der Tage so manchem Verdreher, der unter „Gehorsam" etwas ganz anderes verstehen will. Die *Freiheit* wird in die Waagschale geworfen und das Gewissen. Kritiker der Neuerungen beklagen es aber und argumentieren: Wenn ein Bischof nicht dem Papst gehorcht, wie sollen dann seine Pfarrer ihm gehorchen, und wie erlebt der Pfarrer wiederum einen Laienchristen, der sich seinem (die Einheit in der Gemeinde festigenden) Spruch nicht fügen will? Eine echte Kettenreaktion!

Die Kirche ist anders geworden. Weil man von Sünde, Bekehrung, Buße und Beichten, Gehorsam, Unterwerfung unter den Willen Gottes, verpflichtender Lebensnorm sowie Anerkennung der kirchlichen Autorität nicht mehr viel wissen will, ist so mancher Bruch vorprogrammiert. Wenn dann noch von der Weite der Kirche gesprochen wird – es gibt sie in der Tat –, dann muss sie auch richtig verstanden und gedeutet werden! Die übermäßige Strenge der Gläubigen von Port-Royal (man lese in der Kirchengeschichte des 16./17. Jahrhunderts nach) wurde von Rom verworfen. Bei einem theologischen Streit unter zwei rechtmäßigen Ordensgemeinschaften wurde der Papst um Entscheidung gebeten, das heißt um Exkommunikation der betreffenden. Die salomonische Lösung: Jede wird in den Kirchenbann gebracht, die die andere der Irrlehre bezichtigt. „Das Geniale an dieser Entscheidung war, dass mit dem Mittel der Verurteilung die Verurteilung verboten wurde" (Manfred Lütz).

„So will er die Kirche herrlich vor sich erscheinen lassen,
ohne Flecken, Falten oder andere Fehler;
heilig soll sie sein und makellos."
(Eph 5,27)

UNSERE MUTTER, DIE KIRCHE

Eine kirchliche Gemeinschaft bezeigt ...
durch Liebe, Gebet, Beispiel und Buße
eine echte Mütterlichkeit,
um Menschen zu Christus zu führen.
(Zweites Vatikanisches Konzil,
Presbyterorum Ordinis 6)

Es besteht kein Zweifel darüber, dass Christus die Kirche gestiftet hat. Manche wollen soziologisch eine formelle Gründungsurkunde sehen oder sonstige „Beweise".
Die Lehre von der Kirche (Ekklesiologie) stellt dar, wie Christus außerdem seine Kirche eingerichtet und welchen Auftrag er ihr gegeben hat. Eindeutig steht fest, dass der Herr sein Erlösungswerk bis zum Ende der Zeiten fortgesetzt und gesichert haben wollte. Durch Wunder hat der Herr seine Gottheit und Sendung beglaubigt; sie wurde auch bestätigt durch die Erscheinungen nach seiner Auferstehung. In der Kirche fasste er sein Wirken zusammen und gab es den Aposteln „frei" für ihr Apostolat in der Welt. „Was wir gehört haben, was wir geschaut haben mit unseren (eigenen) Augen, was wir mit unseren Händen betastet haben ..., was wir gehört und gesehen haben, das verkündigen wir euch" (1 Joh 1,1.3). Auffallend ist das kirchliche Bewusstsein der Urchristen; ausschlaggebend für die Existenz der Kirche sind ferner die Ämter, das innere Leben in den Gemeinden, die Verbindung der Gemeinden untereinander, die Kirche als Gesellschaft und ihr Verhältnis zum Einzelmenschen, zu anderen Gesellschaften, schließlich zum Staat. In einer sehr frühen christlichen, jedoch nichtbiblischen Schrift, der „Didaché" oder „Zwölfapostellehre", wird an Gott die Bitte gerichtet, er möge seine Kirche „von den vier Winden her (den vier Himmelsrichtungen) zusammenfügen zu seinem Reich".

Vor dem Konzil wurde weniger als heute daran Anstoß genommen, dass die Kirche auch eine Rechtsgestalt hat. Diese kam in manchen vergangenen Jahrhunderten der Kirchengeschichte überdeutlich zum Tragen, doch dieses

159

Beharren auf „law and order" (Recht und Ordnung) war (über-)lebenswichtig. Und doch verhält es sich anders als im Weltlichen: Recht gilt hier als geistlicher Dienst! Christus wollte eine festgefügte Kirche. Das Kirchenrecht (kodifiziert im Codex Iuris Canonici) ist primär eine *theologische* Größe. Für die Unterweisung und Forschung ist es in den (Katholisch-)Theologischen Fakultäten beheimatet. Obwohl formal die Rechtstitel (Canones) im Vordergrund stehen, weist es inhaltlich auf das tiefste und eigentliche Wesen der Kirche hin.

Bereits während des Konzils vermehrten sich in manchen Kreisen Absichten, die „Rechtskirche" gegen die „Liebeskirche" auszuspielen. Als ob nicht beides *in einem* möglich wäre und dem Willen Christi entspräche! Vieles, was den Alltag der lehrenden, feiernden, verkündigenden Kirche betraf, wurde inzwischen aufgelockert, um nicht als „juridisch" zu gelten. Wird aber bedacht, dass selbst kleinlich erscheinende Vorschriften oder bewährte Traditionen der Liebe untereinander dienen können? Ich erinnere mich an die 1200-Jahr-Feier des Todes des heiligen Bonifatius 1954 in Fulda. Alle damaligen Diözesanbischöfe der Bundesrepublik beteiligten sich bei der Reliquienprozession durch die Stadt, angetan mit Pluviale (Chormantel), Stab und Mitra und begleitet von jeweils zwei Priestern. Die Aufstellung und Reihenfolge der Oberhirten erfolgte mühelos nach dem *Dienstalter*. Ein lieber Mitbruder monierte einmal eine ähnlich „militärisch" geordnete Aufreihung als nicht flexibel und „*wenig brüderlich*" an. Die Gleichheit vor Gott und die Liebe untereinander könne doch eine mehr zufällige Prozessionsgliederung verkraften. Aber die Kirche denkt in ihrer Weisheit auch an menschliche Schwächen. Gegen Klarheit kann niemand etwas einwenden; Regeln sind immer gut.

Eine bestimmte Variante von Menschlichkeit in der Kirche zeigt sich gerade darin, dass es in ihr „menschelt" bis hin zu unbrüderlichen Verhaltensweisen und unschönen Vorkommnissen (auch, sehr selten, zu justitiablen Dingen). Das wird dann groß „aufgemacht" und ist für viele ein „gefundenes Fressen". Wer denkt da schon an Christi Mahnung „Richtet nicht, damit ihr nicht gerichtet werdet" (Mt 7,1)? Der Umgang der Geistlichen unter sich muss sich nach jener Liebe richten, die „das Band der Vollkommenheit" ist. Schwierig wurde und wird es, wenn ein Jungpriester seinem Prinzipal geistig (und vielleicht auch menschlich) überlegen ist. Viele bemühten sich dann redlich um die Demut. Die Mutter eines Primizianten von

1927 mahnte ihren Sohn: „Bua, tu folgen!" Der geistig vitale Neugeweihte richtete sich danach, und es lief in der langjährigen Kaplanszeit sehr gut mit seinem aus anderem Holz geschnitzten Pfarrer. Einen subjektiven Einblick in frühere Spannungen gibt Joseph Bernhart in seiner 1919 erstmals erschienenen Publikation „Der Kaplan". Über das Zusammenleben und -wirken von Priestern hinaus spielte dabei auch die viele Gutgesinnte und Gebildete aufstachelnde Zeitfrage eine Rolle, nämlich die der Versöhnung von Kirche und Kultur. Die „Enge" des Kirchlichen sollte aufgebrochen werden durch den Zugang zu den Künsten und Wissenschaften in all ihrer Vielfalt und ihren Fragestellungen. Im Jahre 1903 erschien erstmals die Zeitschrift „Hochland" („Hohen Geistes Land"), und die wachen Jungkatholiken, ob Priester oder Laie, jubelten über diesen Aufbruch – kurz vor dem Modernismusstreit. Meine Mutter, im genannten Jahr gerade 17 Jahre alt, erzählte mir, wie ihre Eltern als Hausdiener einer „geschlossenen", protestantisch betonten „höheren" Gesellschaft sogleich auch das „Hochland" im Lesesaal mitbetreuen durften.

Auch nach dem Ersten Weltkrieg blühte die Kirche nicht nur auf, sondern fand sich von manchen besten Leuten alleingelassen; sie wandten sich ab. Andere, wie der erwähnte Joseph Bernhart, blieben trotz ihrer Probleme glaubenstreu und verteidigten sogar die Kirche als zum Philosophen oder Schriftsteller Berufene. Ganz zu schweigen von den erfolgreichen Aufbrüchen im katholischen „Lager" und die überraschend zahlreichen Konversionen von Künstlern und Intellektuellen! Ein häufig zitierter Buchtitel der dreißiger Jahre lautete: „Menschen, die zur Kirche kamen", herausgegeben von Severin Lamping (1937 im 10.-12. Tausend). Selbst in England soll es bis zum Konzil jährlich an die 13.000 Konvertiten gegeben haben. Und die Kinder verschlangen die „Nonni"-Romane des isländischen Neu-Katholiken Jón Svensson SJ. Andere begeisterten sich für den „Fliegenden Pater" Paul Schulte O.M.I., der sein Flugzeug in den Dienst der Mission stellte (Gründung der MIVA = Missions-Verkehrs-Arbeitsgemeinschaft, 1927).

Es geht nicht um eine Glorifizierung früherer Zeiten der Kirche, wiewohl das Menschlich-Allzumenschliche immer in Abzug gebracht werden muss, um die Kirche in ihren wahren Eigenschaften – einig, heilig, katholisch, apostolisch – erstrahlen zu lassen. In einer Großkirche und in einem Land, in dem man in der Regel entweder katholisch oder protestantisch war und auch die Kirche ab der Geburt sich der Menschen annahm, konnte ein Mitläufertum nicht ausbleiben. Aber die Guten trugen die Lauen mit. Theodor Haecker ärgerte sich öfters über „die deutsche Herrgottreligion" (als letztem gemeinsamen Nenner von Christlichkeit). Oder manche Erwachsene wussten gegenüber dem zur Firmung anstehenden Sprössling nichts anderes zu bedeuten als „Da kriegst du eine Watschn." Trotzdem: Ein derart innerkirchlicher Hass, eine solche fast archaische Ablehnung und Gegenrede wie heute waren schwer vorstellbar. Eine Einteilung wie „Kirche von oben" – „Kirche von unten" oder Versuche, manchem das kirchliche Amt streitig zu machen, das gab es ebenfalls nicht. Viele führen das auf den – auf Leben oder Tod – nötigen Zusammenhalt in der NS-Diktatur zurück. Das war, so gesehen, förderlich für die Einstellung zur Kirche. Dazu kam das weit verbreitete Überzeugtsein von der Richtigkeit des katholischen Glaubens. Als 1927-1929 meine Heimatstadt eine neue, stattliche Kirche erhielt, prangte (und dies heute noch) auf der oberen Querleiste des Baldachinaltars (in Latein!): EGO SVM VERITAS VITA – „Ich bin die Wahrheit (und) das Leben …"

Als P. Mario von Galli SJ – viele hingen an seinen originellen Berichten aus dem Konzil – auf dem Stuttgarter Katholikentag 1964 wünschte, ausrufen zu können „*Mutter Kirche*, wie bist du schön", brandete nicht endenwollender Beifall auf. Zu diesem Zeitpunkt waren bereits achtzehn Jahre vergangen, dass sich der suspendierte und exkommunizierte Priester Joseph Wittig (1879-1949) mit der „Mutterkirche" versöhnt hatte. Gar manche schlesischen Landsleute des Professors und Volksschriftstellers atmeten damals auf.

Ist aber „Mutter Kirche" inzwischen nicht alt und runzelig geworden? Eigentlich müsste etwas, das die Zeiten überdauert hat, gerade wegen dieses Phänomens Bewunderung und Hochschätzung verdienen. Doch ist die Versuchung groß, die Hinfälligkeit des Alterns und die Gebrechlichkeit auf alles Betagte, auch bei Institutionen, zu übertragen nach dem Motto: Es lebe der Jugendkult!

Aber sollte es nicht umgekehrt sein? Vorstehend geschilderter Alterungsprozess betrifft die Kirche nicht. Als Bischof Viktor Josef Dammertz von Augsburg zum Jahresempfang der Diözese am 28. September 2000 eingeladen hatte, begann der ehemalige Verfassungsrichter Paul Kirchhof sein Referat mit einer Hommage an die katholische Kirche. Er wies auf die in zweitausend Jahren ununterbrochene Geschichte der Ecclesia hin, was außer ihr kein Staat fertiggebracht habe. Und er ließ seiner Verehrung für die

Kirche freien Lauf. Tatsächlich brauchte man nur an zwei mit Macht und Waffenarsenalen geballte Staatswesen des 20. Jahrhunderts zu denken, die trotz arrogantester Sprüche und, zum Teil durchgeführter, Welteroberungspläne nur zwölf beziehungsweise 72 Jahre zustandebrachten (Drittes Reich und kommunistische Sowjetunion). Aber die katholische Kirche ist nicht nur die Meisterin des Überdauerns im Strom der Zeiten, sie ist zugleich jung und gebiert in der Taufe stets neue Kinder!

Unrecht und Gewalt machen die Kirche sensibel für Notsituationen in aller Welt. Papst Johannes Paul II. erhebt seine Stimme und tritt den Übeln entgegen, wo immer es möglich und Hilfe angezeigt ist. Aber auch hier ist der Einsatz von Diplomatie keine Leisetreterei, sondern ein gewissenhaftes Überlegen dessen, was geht und was nur neues Leid hervorbringt.

„Kommandokirche" – dieses hässliche (und ungerechte) Wort aus dem Mund eines engagierten Laien in Deutschland – wer hätte früher so etwas ausgesprochen? Wenn der Vorwurf stimmt, hätte auch schon der Apostel Petrus eine „Kommandokirche" geführt (zum Beispiel Apg 10,48 bei der Taufe der ersten Heiden: „Und er [Petrus] *ordnete an ...*").
Auch der Vorwurf, das Bild von der Schlachtreihe, vom Marschieren in Reih und Glied, sei „nicht mehr zeitgemäß", überzeugt nicht. Im Bischöflichen Priesterseminar (es war zu „vorkonziliarer Zeit") wurde uns dieser Gedanke positiv dargelegt: Kirche = acies bene in amore ordinata = ein ohne Falsch in Liebe zusammengefügtes (geordnetes, geistliches) Heer. Ich frage: Was soll heute daran unpassend sein? Aus dem Militärischen entliehene oder übertragene Begriffe gibt es allenthalben. Arme, zerfahrene, weiche, höchst individualisierte Kirche!

Auf den Felsen will ich meine Kirche bauen

Sag mir, Kirche, wo soll ich dich erbauen?
Soll es auf der Sonne sein?
Nein, nein, nein! Denn es steht geschrieben:
Die Strahlen der Sonne werden sich verfinstern!

Sag mir, Kirche, wo soll ich dich erbauen?
Soll es auf dem Monde sein?
Nein, nein, nein! Denn es steht geschrieben:
Der Mond wird keinen Schein mehr geben!

Sag mir Kirche, wo soll ich dich erbauen?
Soll es auf den Bergen sein?
Nein, nein, nein! Denn es steht geschrieben:
Die Berge werden zerschmelzen wie Wachs!

Sag mir, Kirche, wo soll ich dich erbauen?
Soll es auf dem Felsen sein?
Ja, ja, ja! Denn es steht geschrieben:
Auf den Felsen will ich meine Kirche bauen.

(Altes Volkslied aus dem chaldäischen Orient)

„So baut man heute nicht mehr", wusste ein Heimatpfleger (2002).
Diese „Gottesburg", Abteikirche in Münsterschwarzach
und 1938 geweiht, steht in später Nachfolge der im 19. Jahrhundert
abgebrochenen Barockkirche des Balthasar Neumann
(mit Deutschlands höchstem sakralen Innenraum).

*Sie ist der Himmelsheere, der Engel Königin, der Heilgen Lust und
Ehre, der Menschen Trösterin, die Zuflucht aller Sünder,
die Hilfe ihrer Kinder, die beste Mittlerin.
Drum fallen wir zu Füßen der Jungfrau, gnadenreich, und sie mit
Andacht grüßen aus Herz und Mund zugleich; ihr Leib und Seel und
Leben wir gänzlich übergeben zur Hut ins Himmelreich.*

„SAGT AN, WER IST DOCH DIESE" – DIE SELIGE JUNGFRAU UND GOTTESMUTTER MARIA

Mutter, die uns in makellosem Gebären
freudig den großen Sohn, den Heiland schenkte:
hier uns nahe im Zeichen,
auf hoher Säule, stehst du, ein Bild.
Bleibe du stets in deines Volkes Mitte,
das auf dem Markt sich tummelt in Scharen.
Güldenes Leuchten, reiner Gewandung Hülle, festlicher Tag!
(Jakob Balde SJ zur Jungfrau-Mutter [1637] auf
dem Marienplatz in München)

Als Heranwachsender und junger Geistlicher bestärkte mich das Wissen, dass jeder Priester gerne über Maria spricht und predigt sowie den marianischen Feiern alle Aufmerksamkeit und Liebe zukommen lässt. Heute scheint das anders zu sein. Eine gewisse „marianische Eiszeit" nach dem Konzil brachte – nicht immer erleuchtete – Gegenreaktionen hervor. Darüber braucht man sich nicht zu wundern. Weil Maria allen Liebreiz verströmt und jegliche Nöte sich mütterlich zu eigen macht, ist bisweilen durchaus Überschwang angesagt. Zudem werden seit dem Konzil die Charismen wieder höher geschätzt. Sie sind im Neuen Testament verbürgt. Und es gibt „Seher und Propheten", warum nicht auch dann, wenn es um die Mutter Christi geht? Es bedarf hier der kirchlichen Autorität, die richtige Gewichtung zu finden und über die Echtheit von „Erscheinungen" zu befinden.

Maria findet in vielen Bereichen des kirchlichen Lebens ihren Platz. Neben der kirchlich-wissenschaftlichen *Mariologie* lieben wir den volkstümlichen *Marienkult*. Auch anmutige *Marienlegenden* finden wir vor. Und wenn heute so viel von Frauen die Rede ist, darf die „Frau aller Frauen", Maria, nicht übergangen werden.

„Durch Maria zu Jesus" – dieser Weg gilt seit alters als sicherster, um das Heil zu erlangen. Dass Jesus nicht nur Gott, sondern auch zugleich Mensch ist, wird oft betont. Wo bleibt aber der Hinweis, dass gerade Maria die Garantie der vollen Menschheit Jesu ist (nach Ignatius von Antiochien, um 110)?

Viele denken lieber an irgendeine Mutter-Gottheit. Aber es „führt in die Irre, wenn man religionsgeschichtliche Tatsachen des Komplexes Jungfrau-Mutter ohne weiteres auf Maria anwendet" (Anton Anwander). Wir müssen die wirklichen Zusammenhänge erkennen und bejahen: Maria ist die unberührte Jungfrau, weil sie die Gottesmutter ist. Das ist die einhellige Stimme der Väter. „Es ist allen selbstverständlich, dass der Logos durch eine ‚verschlossene Türe' in die Menschheit eintrat" (ders.). Das legt uns auch der Bilderschatz der Heiligen Schrift nahe, wohl auch Dichtung, Kunstgeschichte und vieles andere mehr. „Eine andere Maria denken ist so wenig wie einen anderen Gott als den Vater unseres Herrn Jesus Christus" (ders.). Maria ist einzigartig, und die Mariendogmen sind Folgerungen aus dem Christusdogma. Sie ist mehr als eine gewöhnliche Frau, mehr als „die Frau aus dem Volke". Ihre Einmaligkeit geht aus dem Dreiklang hervor: Jungfrau – Mutter – Königin.

Es gibt also kein Christentum ohne Maria, so wenig, wie es Jesus Christus, das menschgewordene Wort des Vaters, ohne seine Gebärerin (Theotokos), Maria, gibt. Sie, gerne auch „Unsere Liebe Frau" genannt (worin wunderschön eine gegenseitige Zärtlichkeit zum Ausdruck kommt), gehört *allen* Christen, und ist von allen Christgläubigen zu ehren. Im Grunde tun das auch alle, steht doch über Maria, den *Buchstaben* nach ausreichend, dem *Gehalt* nach Großartiges in der Bibel. „Herrliches soll von dir gesagt werden" (Ps 87,3); dieser Ausspruch wird im Sinne einer Weissagung seit alters her auf die Gottesmutter bezogen.

Gewiss, es bestehen bezüglich der Marienverehrung Unterschiede in der Christenheit. Während die orthodoxen Kirchen Maria in ihrer bräutlichen Reinheit und mütterlichen Schönheit sowie als Wegweiserin zum Christusheil (Hodegetria) geradezu überschwenglich preisen – der Hymnus Akathistos mit seinen sich tief einprägenden Anrufungen und Klängen bildet ein Glanzstück daraus – lehnt der Protestantismus in seinen verschiedenartigen

Ausprägungen die Marienverehrung als solche ab. Schon bei der „Jungfrau" runzeln Zweifler ihre Stirn (man schlage die ökumenische Fassung beim Lied Nummer 132 im katholischen „Gotteslob" nach). Auch beim Krönungsgeheimnis Mariens als „Königin" wird ein Dissens offenbar. Da unser einziger Mittler Christus sei (solus Christus), könne Maria nicht als Fürsprecherin gelten. Hier hilft auch nicht der Hinweis auf Martin Luthers Zuneigung in seiner Auslegung des „Magnifikat" weiter. Die Heiligen vermögen eben nach reformatischer Lehre den Menschen nicht zu helfen. Allenfalls Vorbilder könnten sie sein, aber auch nur bedingt, da man keinem ins Herz schauen könne und deshalb Heiliggesprochene auch nicht anders zu beurteilen seien. Gewiss gibt es Annäherungen bezüglich des Mariengeheimnisses (ein berühmtes Beispiel stellt das Gedicht „Ich sehe dich in tausend Bildern" von Novalis dar), doch sind das nach wie vor Ausnahmen.

In der katholischen Kirche – die Ecclesia ist ihrem Wesen nach ja selbst marianisch – begegnet uns die gesunde Mitte der Marienliebe. Geschichtlich war sie manchem Wandel unterworfen, aber immer vorhanden, schon in der Apostelgeschichte. Die frühen Glaubensbekenntnisse (Symbola) erwähnen das „Geboren aus Maria, der Jungfrau"; die großen Konzilien von Ephesus 431 und Chalcedon 451 erklären mit der Hervorhebung Jesu Christi und seiner gottmenschlichen Wesenheit und Heilstat auch die Stellung Mariens im Heilsgeschehen.
Das Zweite Vatikanische Konzil bremste eine vermeintlich ausgewucherte Marienverehrung im katholischen Volk; man wollte auch hier den Protestanten entgegen kommen. Ein eigenes Marienschema (Konstitution, Dekret) konnte sich leider nicht durchsetzen. So erhielt Maria quasi einen „Anhang": Ihre Sendung als „Mutter der Kirche" wie auch ihr Dienst für die Kirche sind überaus bedeutsam: Maria ist „Zeichen der sicheren Hoffnung und des Trostes für das wandernde Gottesvolk ... Die Gottesmutter ist, wie schon der heilige Ambrosius lehrte, der Typus der Kirche unter der Rücksicht des Glaubens, der Liebe und der vollkommenen Einheit mit Christus" (Lumen gentium 63.68). So ist die Jungfrau-Mutter „überragendes und völlig einzigartiges Glied der Kirche" (ebd. 53). Man denke an den altehrwürdigen Hymnus „Ave, Maris stella" – „Meerstern, ich dich grüße". Überdies wurde (und wird) von den vier marianischen Dogmen (Sie lesen richtig: Dogmen, Glaubenssätze!) kein Abstrich gemacht: Immaculata (ohne Erbsünde empfangen; sündenlos); Assumpta (erste Vollerlöste, mit Leib

und Seele in den Himmel aufgenommen: Assumpta quia Immaculata – ohne Sünde – deshalb erlöst); immerwährende Jungfrau; wahre Gottesgebärerin. Diese beiden letzteren Aussagen sind im Grunde die ersten, wichtigsten Mariendogmen. Ihre Jungfrauschaft besteht in der geistgewirkten Empfängnis Jesu wie auch als immerwährende Jungfrauschaft.

Als einziger aller Heiligen und Seligen gebührt unserer wirklichen Mutter (in der Ordnung der Gnade) „Hochverehrung", sie kommt noch vor den Engeln; sie, selbst „Mutter der Schmerzen", ist jene verstehende Frau, zu der gläubig Vertrauende aufschauen. Alle flehen zu ihr „in der Stunde unseres Todes" (Ave Maria).
Maria bewahrt vor Häresien. Nach John Henry Kardinal Newman verlieren Glaubensrichtungen, die Maria ablehnen, bald auch den Glauben an Christus als den wahren Sohn Gottes. Und darum mag der heilige Bernhard recht behalten: „De Maria nunquam satis" – „Über Maria kann man gar nicht genug (preisend) reden."
Von vielen Theologen älterer und neuerer Zeit ausgesprochen und auch von päpstlichen Lehräußerungen (seit Leo XIII.) bestätigt, ist der marianische Titel „Miterlöserin" im weiteren (für manche im engeren) Sinne von großer Bedeutung. Und wenn auch das Gebet zur „Mittlerin aller Gnaden" kein Dogma berührt, kommen doch ernsthafte Marienstudien immer wieder auf diese Aussage zurück.

Das leicht belächelte „einfache" Glaubensvolk hält an Maria fest. Verweist man auch auf den „Kitsch" da und dort – das ficht es nicht an. „Maria hat geholfen" – es klingt subjektiv, erinnert aber an furchtbare Ängste und Schicksale. Gemälde, Gebete, Hausschmuck und Bildstöcke, Bruderschaften (Maria Trost, Skapulier), Wallfahrten, Feste, Maiandachten, Lieder und nicht zuletzt der Rosenkranz als Christus- und Marienmeditation – wenigstens an einiges soll hier erinnert werden. Die schönsten Marienlieder werden heute in unseren Kirchen leider nicht mehr gesungen!

Die Lauretanische Litanei – jeder echte Dichter würde denjenigen beneiden, der diese Poesie hervorgebracht hat – wird kaum noch gebetet. Kein Geringerer als Newman verfasste ein Maibüchlein „Der Monat Mariens". Es enthält Gebete und Betrachtungen im Anschluss an die Lauretanische Litanei für alle 31 Tage.

Manches marianische Brauchtum wird auch (wieder) gepflegt. Kommt wohl wieder ein marianischer Frühling? Das wäre zu wünschen. Schließlich ist die Marienverehrung kein Glaubenszusatz für Liebhaber, sondern gehört zum Ganzen. In seinem millionenfach verbreiteten „Kirchengebet" brachte der legendäre Jugendseelsorger Ludwig Wolker für die Messgestaltung den Vorschlag ein, am Schluss ein Marienlied zu singen. Doch halt: Die strengen Liturgen wissen heute, dass nach dem Entlassruf überhaupt kein Lied angebracht sei (Wenn sie doch in puncto eigenmächtiger Liturgie auch sonst etwas mehr pingelig wären!).

Von den unzähligen Marienliedern und Preisgesängen soll hier eine Dichtung von Guido Görres (Sohn des großen Joseph von Görres) stellvertretend stehen. Zwar gilt sie nur für den „Wonnemonat" Mai, bringt aber den Glanz und die fürbittende Macht Mariens mit der Schönheit der Natur poetisch in Verbindung (Christian Lahusen schuf 1947 neu Weise und Satz).

Maria Maienkönigin

Maria, Maienkönigin,
dich will der Mai begrüßen;
o segne seinen Anbeginn
und uns zu deinen Füßen:
Maria, dir befehlen wir,
was grünt und blüht auf Erden,
o lass es eine Himmelszier
in Gottes Garten werden!

Behüte uns mit treuem Fleiß,
o Königin der Frauen,
die Herzensblüten lilienweiß
auf grünen Maienauen!
Lass diese Blumen um und um
in allen Herzen sprossen
und mache sie zum Heiligtum,
drin sich der Mai erschlossen.

Die Seelen, kalt und glaubensarm,
die mit Verzweiflung ringen,
o mach sie hell und liebewarm,
damit sie freudig singen;
dass sie mit Lerch und Nachtigall
im Lied empor sich schwingen
und mit der Freude höchstem Schall
dir Maienlieder singen.

(Guido Görres)

Dieses Lied, „kein Werk von erstem Rang" (Alex Stock), „zielt [somit] gegen den allzu langen Winter, als den man die Aufklärung empfand ... Sind, wie konservative Katholiken in der Logik des Liedes vermuten könnten, diejenigen, die solche Marienlieder nicht mehr singen können, jene *Seelen, kalt und glaubensarm, / die mit Verzweiflung ringen,* – Repräsentanten also einer neuen Aufklärungszeit, die es wieder zu überwintern gilt? ... Görres hatte sein Lied für die Andacht des ganzen gläubigen Volkes gedacht" (ders.).

WUNDERSCHÖN PRÄCHTIGE,
hohe und mächtige, liebreich holdselige, himmlische Frau,
der ich mich ewiglich weihe herzinniglich, Leib dir und Seele
zu eigen vertrau! Gut, Blut und Leben will ich dir geben;
alles, was immer ich hab, was ich bin,
geb ich mit Freuden, Maria, dir hin!

"Wir haben Uns deshalb entschlossen, die aktuellen Anordnungen zu
erlassen, die in diesem Dokument enthalten sind, um sicherzustellen,
daß der alte und ununterbrochene Gebrauch des Lateinischen
beibehalten und, wo notwendig, wiederhergestellt werde."
(Sel. Johannes XXIII., »Veterum Sapientia«. Constitutio Apostolica
De Latinitatis Studio Provehendo, vom 22. Februar 1962)

„GEHEN SIE MIR WEG
MIT DEM LATEIN!"

Agnus Dei – Angelus Domini – Biblia pauperum –
Deo gratias – Dominus vobiscum – Ego te absolvo –
Cathedra Petri – Ex voto – Imitatio Christi –
In dulci jubilo – Mater dolorosa – Ora et labora –
Ora pro nobis – Rorate coeli – Stabat mater –
Urbi et orbi – Stella maris.
(Lateinische Kirchenworte)

Mai 2001. Kardinalskonsistorium in der Ewigen Stadt, einer der „Senatoren" des Papstes ergreift das Wort – in lateinischer Sprache. Er unterstreicht dies mit dem Hinweis, dass Latein doch die (eigentliche) Sprache der Kirche sei. Die Techniker der Synchronisierung sind verdutzt, gibt es doch kein Latein in ihren Schubladen. Der gutmeinende Kardinal bemerkt die Irritation und schaltet auf Italienisch um. Heiterkeit erschallt in heiligen Hallen.

Der beliebte Schriftsteller und Drehbuchautor („Königlich Bayrisches Amtsgericht") *Georg Lohmeier* (*1926) schreibt in seinem bemerkenswerten Buch „Der Zorn eines Christenmenschen": „Dieser Zorn ist kein Fluch. Wenngleich ich mich in der heutigen Kirche nicht mehr heimisch fühle. Es geht mir das Lateinische ab, die ehrwürdige Kultsprache. Auch wenn wir sie nicht verstanden haben, spürten wir doch ihre Erhabenheit über alle anderen Sprachen. Ihre prägnante Kürze tat einem wohl. Wie enttäuschend die deutsche Langsamkeit! Noch dazu des zu den Gläubigen deutlich sprechenden Zelebranten am Volksaltar. Je andächtiger und frömmer sie die Messe zelebrieren, desto langatmiger wird es. Heilige Zeremonien aber wollen mit bescheidener Raschheit vorgenommen werden." Die faktische Abschaffung des Lateins in der Kirche, vor allem beim Gottesdienst, hätte nicht passieren dürfen! Ich erinnere mich an den Leserbrief eines Vaters im „Münchner Merkur", nun bereits vor Jahrzehnten, in welchem er für den

Religionsunterricht in den 8. Volksschulklassen eine ausreichende Unterweisung in Kirchenlatein forderte. So etwas erfolgte übrigens im alten Österreich des Kaisers Franz Joseph. Mein Bruder besaß vor dem Krieg ein Büchlein mit dem Titel „Die Muttersprache unserer heiligen Kirche" mit den wichtigsten Grundzügen des Lateins. Er und Freunde aus der katholischen Jugend (ohne höhere Schulbildung) gebrauchten in den Feldpostbriefen (!) immer wieder einmal lateinische Wendungen. Sie freuten sich am Latein und waren stolz darauf. Sie verspürten darin Weltkirche und Festlichkeit, die sie dem geistigen Sumpf und dem „Dreck" ihrer verzweifelten Lage ein bisschen enthoben.

Franz Liszt komponierte in seiner Zeit religiöse Klavierstücke, natürlich mit lateinischen Überschriften, zum Beispiel „Sursum corda".

Im Gottesdienst konnten die Gläubigen im „Schott" oder „Bomm" mitlesen. Das Wichtigste wurde verstanden. Vor allem die Responsorien (Antwortgesänge) und viele Versikel waren ihnen vertraut.

Aber, was hat es denn auf sich, dieses Latein, da es nicht (mehr) als notwendig erscheint? Bei unseren vielen liturgisch verstörten Gottesdiensten könnte es Weihe, Ablenkung von der Welt und feierliche Ruhe in Gott ausstrahlen und Menschenherzen ergriffen machen. Doch vielleicht will man das ja gerade nicht mehr … Und für Messfeiern im Zeitalter des Welttourismus wäre die Kultsprache Latein wie geschaffen. Im übrigen bedauert Joachim Kardinal Meisner lakonisch, dass sich „auch der Episkopat leider von der klassischen lateinischen Sprache entfernt" habe. Als im Mai 2001 eine vom ZDF übertragene Eucharistiefeier in Osnabrück auch von einer lateinischen Choralschola mitgestaltet wurde, „rechtfertigte" sich später die betreffende Pfarrei: „Ganz unterschiedliche Reaktionen hat der Einsatz der lateinischen Sprache im Gottesdienst hervorgerufen. Neben großer Zustimmung gab es die kritische Anfrage: Kann man das heute noch verstehen?" Man kann! Wenn die Television Aufzeichnungen aus kultursättigten Gegenden ausstrahlt und dabei Kirchenräume oder sonstiges Sakrales zeigt, bleiben fast nie untermalende lateinische Choralgesänge aus. Sie gelten offensichtlich als tönendes Logo für alles Katholische. Beim Psalmengesang in der Gregorianik ist das Latein bereits vom Metrum und von der Sprachgestalt her viel angemessener. Wurde nach dem Konzil zunächst noch der lateinische Kanon (Hochgebet) vorgeschrieben, dürfte in den meisten Pfarrgemeinden in Bezug auf Latein inzwischen tabula rasa sein. Vielleicht ist der Ruf „Lumen Christi" in der Osternacht noch eine

Ausnahme – diese Klarheit: diese *eine* Sprache, weltweit, theologisch prä-
zise, festlich, dem Mysterium angemessen und verständlich! Sobald die
Volkssprache gewählt wird, ist es vorbei mit der Einheitlichkeit: „Licht
Christi" – „Licht von Christus" – „Das Christuslicht". Zu behaupten, das
Latein würde kein Mensch verstehen, erscheint mir als bloßer Vorwand:
die Menschen werden auch sonst mit Latein konfrontiert, bis hin zum
Sport. Und außerdem: „Was heißt schon verstehen? Die heilige Liturgie
will nicht nur verstanden werden. Sie will in Ehrfurcht erlebt werden" (Ge-
org Lohmeier). Seltsam: Als einst nur acht Prozent der Deutschen (und,
leider, wohl noch weniger Prozent bei den Katholiken) ihr Abitur in der
Tasche hatten, „verstanden" irgendwie alle (guten Willens) das Latein im
Gotteshaus. Heute, bei ungleich mehr Gebildeten, gilt dies als unzumutbar.
Manche weisen auf die teils noch üblichen „lateinischen Messen" an
Hochfesten hin, die dadurch Alibifunktion erhalten. Doch ist ein lateinischer Gottesdienst erst dann gegeben, wenn nicht nur das Ordinarium (die
komponierten „Messen" oder die Choralmessen) in der ehrwürdigen Kir-
chensprache gefeiert wird, sondern wenn ebenso alle Priestergebete lateinisch gebetet oder gesungen werden. An manchen Orten singt der Zelebrant „Oremus" und fährt auf deutsch weiter. Wenigstens die vorhin erwähnten Responsorien und das Pater noster sollten alle Mitfeiernden kennen und gebrauchen! Offiziell ist übrigens die volle lateinische Messe gar
nicht abgeschafft (zumal Lesungen, Verkündigung und Fürbitten ohnehin
in der Muttersprache erfolgen). Das Konzil schreibt sogar vor: „Es soll …
Vorsorge getroffen werden, dass die Christgläubigen die ihnen zukommenden Teile des Mess-Ordinariums auch lateinisch miteinander sprechen oder
singen können" (Sacrosanctum Concilium 54). Allerdings mag es gemäß
bischöflicher Weisungen von Diözese zu Diözese verschieden sein. Eine
Schlüsselfunktion üben hier neben dem Pfarrer auch die Kirchenchöre und
ihre Leiter aus.

Nicht wenige bedeutende Persönlichkeiten, zum Beispiel der Dichter Julien
Green, beklagen den Verlust des Lateinischen beim Gottesdienst. Das wird
aber nicht ernstgenommen und als Ästhetizismus (Schöngeisterei) abgetan.
Außerdem etablierten sich andere Bildungsideale eher als die alten Sprachen. Zunehmend wird bedauert, dass die Deutschen Latein „nicht mehr
mögen". Wirklich? Inschriften, Urkunden, Dokumente, Grabdenkmäler,
markante Worte aus der Heiligen Schrift, die Anrufungen der Litaneien, auf
Portalen, in Nischen und Medaillons verteilt auf heilige Räume – Men-

schen, die davorstehen, ahnen vielleicht das in zeitloser Sprache Ausgesagte und bedauern, dass sie Latein nicht erlernen durften.

Aber sehen wir uns lieber bei einem unverdächtigen Zeugen um, beim Stuttgarter Stadtpfarrer Hermann Breucha (1902-1972). Als Pionier der Liturgischen Bewegung und der Religiösen Bildungsarbeit, als weit über seinen seelsorglichen Wirkungskreis hinaus bekannter Prediger und Förderer der Bildenden Kunst empfand er, der die großen, die Muttersprache ersehnenden Gestalten des 19. Jahrhunderts (Sailer, Drey, Hirscher und andere) schätzte, die „Verschüttung" des Lateins unverhohlen als Katastrophe. „Mit dem ihm eigenen kultischen und kulturellen Feingefühl sah er klar, dass die lateinische Sprache die Grundlage der Messtexte gerade bei diesen Feiern (Osternacht und Fronleichnam) ist. Das Latein und der Choral als die tragende Grundlage des Gottesdienstes der abendländischen Kirche war und blieb Breucha eine indiskutable Selbstverständlichkeit". Schmerzlich habe der unermüdliche Pfarrer diese Zurückdrängung, „die ja vom Konzilsdekret nicht gefordert war, beklagt … und praktisch um so mehr bekämpft. Eine Grundsorge Breuchas wurde bald, dass das kostbare Erbe der Tradition und Kultur der Kirche zerstört und verschüttet würde" (Zitate: Franziska Werfer).

Vieles könnte die Rückblende noch offenlegen. Das Kirchenjahr und die Zeiten boten aufgrund des Lateins eine größere Abwechslung. Es gab eigentlich keine fast immer gleichbleibende „Einheitsmesse" im äußeren Ablauf so wie jetzt, Sonntag für Sonntag. Sangen die Kirchenbesucher nicht ihr lebhaftes „Deo gratias" auf das „Ite, missa est" vom Altare her? Und wo ist das „Requiescat in pace" (Er/sie ruhe in Frieden) geblieben? Wer kann noch das R.I.P. auf den Grabsteinen entziffern? Man denke an das heute kaum noch gebräuchliche „Asperges me" (in der Osterzeit: „Vidi aquam"), an das „Confiteor" oder an das „Ego te absolvo" und vieles andere mehr. Wie eine hübsche Episode mag sich jene sonntägliche Predigteinleitung in der Heimatkirche anhören: nach dem Heilig-Geist-Lied sprach der Geistliche auf Latein seinen Predigtspruch, meist einen Vers aus der Bibel – das hörte sich ziemlich feierlich an. Hierauf erklärte er: „Die Worte meines Vorspruchs sind entnommen dem … Evangelium, … Kapitel, … Vers und lauten in unserer Muttersprache …"

Eine Priestermutter bedauerte kürzlich mir gegenüber, dass die künftigen Geistlichen kaum mehr das Humanistische Gymnasium (mit Latein und Griechisch!) durchliefen (die so wichtigen Spätberufe wollte sie damit nicht im geringsten abwerten). Dagegen schildert der frühere Mitherausgeber der Frankfurter Allgemeinen Zeitung, Karl Korn, wie in seiner Kindheit der Wiesbadener Stadtpfarrer beim Vater zum Gratulieren erschien und die Corona mit allen möglichen lateinischen Sprichwörtern amüsierte.

Vielleicht würde auch heute mancher in Latein zelebrieren, müsste er nicht dem Unverständnis der Mitbrüder begegnen. Allerdings erschiene zuvor eine gewisse Einführung der Gemeinde in das Geschehen angebracht.
Ein Augenmerk sollte auch auf den „klassischen" römischen Ritus („Tridentinische Messe") gerichtet werden. Der Heilige Vater bittet die Ordinarien, das Indult nicht kleinlich umzusetzen. Ich selbst glaube nicht, dass dadurch viel „Polarisation" entstünde, ist doch der Großteil der Kirchgänger innerlich bereits weit von der „Missa Pius' V." entfernt. Wer jedoch die „alte Messe" liebt, dem möge sie nicht vorenthalten werden.
Über die frühere Heilige Messe möchte ich mich nicht weiter verbreiten, doch kann ich mir vorstellen, dass sich eines Tages die Kirche ihr wieder zuwenden wird. Und zwar dann, wenn sich die gegenwärtige, gewiss gültige Messfeier, infolge ausufernder Freizügigkeiten „ausgelaufen" haben wird. Als ich vor einiger Zeit in einem überfüllten ICE nur noch einen Stehplatz vorfand, las ich direkt vor mir ein Werbeplakat der Deutschen Bahn: „Wer das Alte ganz wegwirft, wird das Neue nicht lange behalten". Welch weiser Spruch, der auch auf die Liturgie bezogen werden kann!
Manches von heute ist schwer zu verstehen. Da zählt die ACK (Arbeitsgemeinschaft christlicher Kirchen) allein in Augsburg 14 „Mitgliedskirchen" auf und betont ferner: „Wir sind am Angeln, um weitere Gemeinschaften ins Boot zu holen. Die lokale Szene ist breiter besetzt als die landesweite Vereinigung". Feiern aber Katholiken die „alte" Messe, dann werden sie von vielen Geistlichen und Laien deswegen fast wie zu meidende „Aussätzige" angesehen.

KAPITEL III

WELT – Herberge des Pilgers

Wir haben hier keine Stadt, die bestehen bleibt,
sondern wir suchen die künftige (Hebr 13,14)

„Wo der Bischof erscheint, dort soll die Gemeinde sein,
wie da, wo Christus Jesus ist, die katholische Kirche ist."
(Ignatius von Antiochien [um 100 n.Chr.],
Brief an die Smyrnäer 8,2)

„KATHOLISCH BIN UND BLEIBE ICH ..."

Die Zeit nämlich erwartet unseren Widerspruch.
In wesentlichen Fragen ist sie ratlos,
und wenn wir mit ihr gehen, so werden wir es auch.
(Reinhold Schneider)

In jüngster Zeit ist eine verstärkte Scheu vor dem Aussprechen oder Abdrucken des Wortes „katholisch" festzustellen. Dies gilt jedoch nicht für die offizielle Bezeichnung katholischer Einrichtungen. Wird aber beispielsweise in Printmedien eine katholische Persönlichkeit vorgestellt, erhält sie oft nur das Adjektiv „christlich". Man wird im unklaren gelassen, wer welcher christlichen Konfession angehört.

Evangelische Christen bezeichnen sich voller Stolz als „evangelisch" und betrachten dies als Prädikat. Als Nachfolgeorgan des Deutschen Allgemeinen Sonntagsblattes ersann der Protestantismus die Monatsbeilage „chrismon" für drei wichtige Tageszeitungen und das größte Wochenblatt Deutschlands, von den Landeskirchen mit 4,5 Millionen DM subventioniert. Die Verantwortlichen erklärten, sie seien missionarisch und bewusst evangelisch. Das Magazin hat eine Auflage von 1,3 Millionen Exemplaren.

Die Katholiken sind selbst schuld daran, dass der Minderwertigkeitskomplex bezüglich des Wortes „katholisch", einem Übel gleich, wie ansteckend wirkt. Die katholische Kirche wird bekämpft, weil sie anders ist als die „Welt". Sie solle so sein, wie die Welt es haben will, andernfalls müsse sie sich die Folgen (spricht Unverständnis, Verleumdung und anderes mehr) selbst zuschreiben. „Die hinterwäldnerische katholische Kirche lässt nicht einmal die Abtreibung bei verzweifelten oder sehr jungen Müttern zu, vergöttert die Familie, verdammt Scheidung und neue Liebe, verweigert Priestern die Frauen und Frauen das Priesteramt, erlaubt den jungen Leuten keinen Geschlechtsverkehr, hockt auf dem Geld, verteufelt die Moderne und kennt nur sich selbst", das sind einige der gängigen Klischees. Und wenn das die Tonangebenden so formulieren, dann färbt das auch auf andere ab, und es entsteht diese Unlust an der katholischen Kirche. „Öffentliches Ansehen und gesellschaftliche Handlungsfähigkeit der Kirche in Deutschland stehen heute auf einem Tiefpunkt. Nicht einmal da, wo ihre elementaren Belange berührt sind, nimmt man die Kirche ernst … Die Kirche ist nicht schwach, weil sie von Hass verfolgt wird, sondern sie wird so wenig respektiert, weil sie so schwach ist" (Wolfgang Ockenfels O.P.).

Warum ist sie schwach? Ende April 2001 konnte man vom „Landeskomitee der Katholiken in Bayern" hören, eine Million Katholiken in Bayern engagierten sich für die Kirche. Aber wo ist sie, die Million, wenn die Kirche lächerlich gemacht oder kritisiert wird? Die Spötter haben leichtes Spiel. Sie wissen im voraus, dass „die Katholiken" größtenteils schweigen, manche Gläubige ergötzen sich sogar am widerlichen Spiel der Hetzjagd.

Für manche Katholiken, Geistliche wie Laien, zählt die Verteidigung der Kirche (einschließlich des Akzents „Verbreitung ihrer Lehre") nicht gerade zu den Methoden der besseren Gesellschaft. Die Apologetik (Glaubensverteidigung), eigenständiges theologisches Fach und seit den Anfängen der Kirche, besonders auch unter den Kirchenvätern, durchaus seriös, gilt nicht mehr so recht als angemessen. „Demos" etwa gegen das christusbeleidigende Theaterstück „Corpus Christi" überlässt man den katholischen „rechten" Randgruppen, den „Fundamentalisten". Ihre Art des Vorgehens belächelt man als plump, da sie zahlreiche Angriffsflächen liefern. Setzt sich das Gute von selbst durch? Wenn etwa ein Kleinlaster mit der Aufschrift „Ich pisse auf die katholische Kirche, ihren Papst und seinen Segen" durch die Stadt Duisburg fährt, und ein entsetzter Rechtsanwalt (als einziger?) Anzeige erstattet, wird diese wegen Geringfügigkeit abgewiesen: Es habe sich dabei um ein Zitat der Gruppe „Böhse Onkelz" gehandelt, deren CD frei verkäuflich sei. Würde auch nur die geringste Häme gegen Juden oder Moslems unters Volk gestreut – ich möchte nicht die (berechtigten) Reaktionen hören! Aber ich werde meinen Argwohn nicht los, dass sogar und gerade „eigene" Leute, also Katholiken, mehr oder weniger solche Verunglimpfungen eher „begrüßen". Kinder der Kirche – Kinder der Welt! Jawohl, Sachlichkeit in Entgegnung und Richtigstellung ist wichtig, auch das Gebet für die Feinde (eine altchristliche Gepflogenheit), Geduld und Gottvertrauen, denn Christus siegt letzlich. Doch gehört nicht manchmal auf einen groben Klotz ein grober Keil? Die Feinde der Kirche erlauben sich dies ja nur, weil sie mit keinerlei Widerstand rechnen müssen.

Mit Beginn des dritten christlichen Jahrtausends suchten auch verschiedene Anti-Christen eine journalistische Plattform, um den Gläubigen drohendes Unheil vorzumalen. So meinte der Philosoph Herbert Schnädelbach in der „Zeit", das Christentum solle sich am besten selbst auflösen (und würde damit der Menschheit einen Gefallen tun). Ein Mann namens Burkhard Müller benützte die „Berliner Zeitung", um ebenfalls unfreundliche Abschiedsworte im Hinblick auf die (katholische) Kirche von sich zu geben. Neben derartigen „Grundsatzartikeln" strotzen nicht wenige Leserbriefe im deutschen Blätterwald von ähnlicher Gehässigkeit. Oft bleiben leserbriefliche Gegendarstellungen einfach aus.

Auf die Frage, warum gerade die Kirche so angegriffen wird, ist auf das Herrenwort zu verweisen: „Wenn sie mich verfolgt haben, werden sie auch euch verfolgen" (Joh 15,20). Darum muss sich ein denkender Mensch doch sagen: Entweder ist die katholische Kirche nichts, oder sie ist alles. Bereits die alten Apologeten forschten nach dem „Warum" der Ablehnung. Fast schüttelten sie den Kopf mit dem Argument: Wir sind doch genauso gute Staatsbürger und Steuerzahler! Und wenn es heute schwerer ist als früher, jeder soll freudig sagen: „Katholisch bin und bleibe ich, katholisch leb' und sterbe ich."

Katakombe

Dumpfes Dunkel. Zug der Lichter
schwanket durch die rauhen Mauern.
Linien leuchten auf, Gesichter,
strenge, in verzücktem Trauern.

Heilige Zeichen, schwer zu lesen,
Adler Fische Hirsch und Taube,
unverändert, unverwesen
wo der Schein sie trifft: der Glaube.

Runde Nische schimmert rötlich,
da der Mönch sein Wachslicht hebt:
Schwarz, erstarrt im Staunen, tödlich-
sanft blickt Christus her. Er lebt.

(Erika Mitterer)

John Henry Kardinal Newman (geb. 1801, Anglikaner,
1845 Konversion zur katholischen Kirche, 1879 Kardinal) erkannte
in seiner persönlichen Lebensentwicklung: „Tief eindringen in die
Geschichte heißt, aufhören, ein Protestant zu sein".
Und so lehrt die Kirche: „Nur durch die katholische Kirche Christi,
die das allgemeine Hilfsmittel des Heiles ist, kann man
Zutritt zu der ganzen Fülle der Heilsmittel haben."
(Zweites Vatikanisches Konzil, Unitatis redintegratio 3)

KONVERTITENLEBEN
IM 19. JAHRHUNDERT –
KIRCHE: COMMUNIO

Die Kirche muss ebenso für Konvertiten bereitet werden,
wie Konvertiten für die Kirche.
(John Henry Newman)

Wir müssen uns mehr und mehr mit der Kirche beschäftigen, gerade in diesem Buch. Manchmal verstärkt sich der Eindruck, dass auch viele Katholiken nicht mehr so recht wissen, was Kirche, was *ihre* Kirche eigentlich ist. Das soll keine Rüge sein, sind wir doch alle vor dem unsichtbar an die Wände des Alltags geschriebenen Zeitgeist ein Stück erstarrt.

Machen wir darum einen Sprung zurück – in das 19. Jahrhundert. In dessen erster Hälfte wurden einige Laienchristen mit theologischer Bildung berühmt: Joseph von Görres und Franz von Baader. Vergessen und verkannt blieb jedoch der (jüngere) Friedrich Pilgram (1819-1890). Der gebürtige Rheinländer, soziologisch und staatspolitisch hochgebildet und weitblickend, beschäftigte sich vor allem mit der Kirche als Gemeinschaft – einem durchaus modernen Thema also. Sehen wir uns diesen Mann etwas näher an: Eine sehr umfangreiche Publikation, wohl sein Hauptwerk, trägt den ungewohnten Titel „Physiologie der Kirche". In diesem Buch geht es um die Lebensvorgänge der (katholischen) Kirche; es handelt sich also um einen Versuch einer Soziologie der Kirche. Hier eine Kostprobe: „Zwischen Gott und dem Menschen ist (aber) die Gemeinschaft der innigsten und allumfassendsten Art ... Gott ist sein Schöpfer, Erlöser, Vollender und Ziel." Pilgram erklärt, dass nur in der näheren Gemeinschaft mit Jesus Christus das Gemeinschaftsverhältnis mit Gott hergestellt ist. „Weil Christus betete und wir in Gemeinschaft mit Ihm sind, so müssen auch wir natürlich mit Ihm beten ... In der Kirche betet also der Christ von dem einzig wahren Standpunkte aus, *dem Standpunkte*, der dem Zustand der wahren Erlösung entspricht."

Der Konvertit Pilgram (dessen Konversion im Jahre 1846 erfolgte) besitzt auch eine klare Vorstellung von der staatlichen Gemeinschaft: „Grundlage des Staats soll und muss das Christentum sein und immer mehr werden, Grundlage und Ziel in der Worte striktester Bedeutung. Das Christentum ist ja eben Gemeinschaft mit Gott und der Menschheit in sich."

Das scharfe Diktum des heiligen Augustinus „Staaten ohne Gott sind (wie) Räuberbanden" führt geradezu in Versuchung, den Vergleich mit den Verhältnissen des „religiös neutralen" Staates anzustellen. Wenn Religion und Kirche keine öffentlichen Angelegenheiten mehr sind und in Staat und Gesellschaft „außen vor" bleiben, erweist sich damit die weltliche Macht tatsächlich als neutral? Sind dann nicht vielmehr im Austausch mit der Kirche plötzlich deren Feinde privilegiert?
Christus ist *publicae salutis auctor*, das heißt, Urheber des öffentlichen und volksbezogenen Heiles. Die Bindung an das *divinum* (das Göttliche) wird zu dessen Abglanz. Darum macht es misstrauisch, wenn das *humanum* (das Menschliche) immer mehr vom *divinum* gelöst wird. Hier ist der Weltdienst der Laien gefordert!
Der Theologe, Sozialphilosoph und Publizist Pilgram versuchte in diesem Sinne, die Erneuerung der Gemeinschaftskräfte aus dem Geist der Kirche dem sich abzeichnenden Unheil positiv entgegenzusetzen.
Pilgrams erwähntes Hauptwerk wurde 1931 wieder aufgelegt und umfasst – mit einer Einführung von Heinrich Getzeny als Bearbeiter – 518 Seiten. Hat der Verfasser mit seiner intensiven Betonung des Gemeinschaftsgedankens die heutige Communio-Ekklesiologie ein Stück vorweggenommen? Viele Gedanken machte er sich auch über „die zwei großen kirchlichen Stände, das allgemeine und das besondere Priestertum". Zwar betont der theologische Privatgelehrte: „Das besondere Priestertum bildet das Zentrum, das allgemeine die Peripherie", jedoch betrachtet er das besondere Priestertum als „ein stellvertretendes". Die ganze Hierarchie übe „in besonderer Dienstgemeinschaft mit Christo" „nur stellvertretend das Königtum und Priestertum" aus. Stellvertretung und Stellvertreter sind für Pilgram „wirkliche Bindemittel", durch welche sich die Gemeinschaft des Christen mit Gott „realiter" (wirklich) vermittelt.

Er geht bei Pilgram unter anderem um das Verhältnis zwischen dem „klerikalen" (=amtlichen) und dem persönlichen Beten der Laienchristen in der Kirche. Für ihn bilden das klerikal-amtliche Beten (Darbringung des heiligen Opfers, Spendung der Sakramente etc. als Repräsentanten der Kirche) und das persönliche Gebet eine Einheit. „Wenn Christus durch Seine Stellvertreter betet, so ruft dieses Gebet des Hauptes der Gemeinschaft das Gebet der Glieder hervor und setzt sich in denselben ... als ein und dasselbe Gebet auf all den verschiedenen Standpunkten fort. Es gibt also in der Kirche nur *ein* Gebetsganzes, die Tätigkeit des Betens ist eine einige und allgemeine, weil einig und allgemein die Gesellschaft ist, welche das Wesen der Kirche bildet."

Pilgram war ein Mann des großen religiösen Ernstes von seltener geistiger Macht und Kraft. Er tat sich nicht immer leicht. Nur kurze Zeit war er als Hauptschriftleiter der katholischen Tageszeitung „Germania" (Berlin) tätig. Dass er nach den natürlichen Grundlagen der Kirche forschte, bleibt sein Verdienst. Aus seinem Nachlass sei ein programmatischer Satz abschließend zitiert: „Die Offenbarungslehre der Kirche kann nur gewinnen, wenn die Naturlehre der Kirche tief durchdacht und recht erkannt ist." Dieser „vir Dei – Mann Gottes" machte auf seine Weise die verhängnisvolle Doktrin gerade seines 19. Jahrhunderts zuschanden, dass Religion Privatsache sei.

Das Gebet

Das Gebet hat große Kraft,
Das ein Mensch verrichtet
Nach bestem Können.
Es macht ein bitteres Herz süß,
Ein trauriges froh,
Ein armes reich,
Ein törichtes weise,
Ein verzagtes kühn,
Ein schwaches stark,
Ein blindes sehend,
Ein kaltes brennend.
Es zieht den großen Gott
In ein kleines Herz;
Es trägt die hungrige Seele
Empor zu Gott, dem lebendigen Quell,
Und bringt zusammen zwei Liebende:
Gott und die Seele.

(Gertrud die Große)

Die Grabeskirche des heiligen Bonifatius, Apostel der Deutschen:
der Dom zu Fulda, anlässlich des 1200. Todestages
des Heiligen im Jahre 1954

37. Internationaler Eucharistischer Kongress in München
31. Juli – 7. August 1960
Leitwort: Pro mundi vita – Für das Leben der Welt!

KIRCHE UND WELT
IN DER PFLICHT

Die Herrlichkeit des Herrn
leuchtet in der Nacht.
Wer kann sie sehen?
Ein Herz, das Augen hat und wacht.
(Angelus Silesius)

Auffällig an der katholischen Kirche ist heute, zumindest in Deutschland, ihre gewollte Modernität. War doch das große Anliegen des Zweiten Vatikanischen Konzils (1962-1965) die Versöhnung von Kirche und (moderner) Kultur, von Kirche und Welt. Die Katholiken seien, so wurde argumentiert, zuvor im Ghetto gewesen, abgeschottet, misstrauisch, gar feindlich gegenüber den Errungenschaften menschlichen Fortschritts auf allen Gebieten. Die vorkonziliare Kirche wird als „monolitischer Block" gezeichnet.

Unbeschadet ihrer zentralen Aufgabe, den Menschen die Heilsgüter Christi so zu verkünden, dass sie zur Annahme der Lehre bereit werden und ihre Hoffnung auf das eigentliche Ziel, das ewige Leben, setzen, sollte die Kirche auf die Menschen von heute zugehen, ihre Sorgen und Freuden zu verstehen suchen und ihnen gewissermaßen „Partner" sein. Ja, nicht selten konnte man vernehmen, dass die Weltdinge (nicht Einzelheiten, sondern das große Ganze) gottgewollt und damit zu akzeptieren seien. Von vielen wurden die irdischen (und daher vergänglichen) Gegebenheiten derart hochgepriesen, dass es fast wie eine Sakralisierung aussah. Die Folge war eine bisweilen atemberaubende Verweltlichung im Kirchendasein, so dass Papst Johannes Paul II. in seinem Brief an die deutschen Kardinäle (22. Februar 2001) genau diese leicht festzustellende Tatsache als Negativposten der Kirche in Deutschland anmahnen musste.

Viele katholische Christen, wahrscheinlich die Mehrzahl, stehen einer „altmodischen" Kirche skeptisch gegenüber. Die Zeiten seien einfach anders geworden (es genügen die Stichwörter „Computer", „Internet" und „High-Tech"). Die Leute lieben ihre Kirche auf unterschiedliche Weise, aber sie wünschen durchaus, dass die katholische Kirche Zukunft hat. Darum fordern sie deren Modernisierung. Soll aber eine „offene" Kirche ihre Konturen ganz verlieren, sich derart anpassen, dass sie ihren Heilsdienst nicht mehr richtig ausüben kann?

Wie war es denn noch vor wenigen Jahrzehnten? War nicht der Eucharistische Weltkongress im Jahre 1960 in München eine grandiose Veranstaltung der von innen nur wenig angefochtenen Volkskirche? Ein fast letzter Triumph einer österlichen Bekenntnisversammlung, die wenig davon hielt, den Glauben ständig zu „hinterfragen"?
Und wie steht es im Jahre 2002? Tatsächlich ist eine Polarisierung festzustellen, aber sind daran wirklich immer die „ewig Gestrigen" schuld? Befragen wir einen in der Tageszeitung „Die Welt" am 22. März 2001 publizierten Leserbrief. Dort heißt es: „Meine Familie und ich leiden im tiefsten [es folgt der Name einer katholischen Gegend] unter einem 68-er Priester sowie Laien, die die ‚Amtskirche' als Teufelswerk bezeichnen, das wunderbare Sakrament der Versöhnung, die Beichte, als Unterdrückung, die Glaubenskongregation als hinterwäldlerische Schwachköpfe und den Papst als Antihumanisten".

Das Gespräch über das Verhältnis zwischen Kirche und Welt ist, um es salopp auszudrücken, ein „Dauerbrenner". Es gibt eine Weltzugewandtund eine Weltabgewandtheit der Kirche. Es sei nur an verschiedenartige Orden in der einen Kirche erinnert. Beides braucht die Kirche: das Gebet im Verborgenen und den Dienst an der Welt, der stets als Heiligungsdienst begriffen wird. Vor allem die Laien sind zum „Weltdienst" berufen. Doch vor jeder Aktivität ist die richtige Einschätzung der Welt angesagt. Lassen wir im Rückschau auf die „alte" (vorkonziliare) Kirche den Jesuitenpater und Rundfunkprediger Peter Lippert sprechen (1933): „Die Welt des Glaubens ist die höhere Welt; denn sie ist eine Welt des Geistes, der Persönlichkeit, der Liebe, der Gnade, der Gemeinschaft, der Freiheit und der Heiligkeit. Und all das sind die höchsten Dinge, die es gibt. Die andere Welt, die unser naturhaftes Sein umdrängt, enthält zwar auch Geist, aber sie enthält auch Stoff, sie enthält Triebe, Instinkte, Gewalt; sie enthält sogar Schuld und Minderwertigkeit. Darum liegt sie tiefer als die Glaubenswelt". Deutliche Worte, nicht wahr? Sie sind schon alt, aber von zeitloser Gültigkeit. Doch ist dabei keinerlei Weltverachtung herauszulesen, in dem Sinne, als ob jenes Wort der Bibel aufgehoben würde: „Er [Gott] sah alles, was er gemacht hatte, und siehe, es war sehr gut" (Gen 1,31). Keine Flucht also vor der Mitverantwortung für diese Erde, aber eine richtige, objektive Wertung von Welt und Glauben, von Vergänglichem und Ewigem! Daraus ergibt sich eine offen-unkomplizierte Weltfrömmigkeit des Christen, aber gleichzeitig eine Distanz zu ihr aus dem gläubigen Wissen um die Ewigkeit. Das nachfolgende Sonett fordert in diesem Sinne Abkehr vom irrealen Träumen und Zuwendung zu den realen Alltagsnöten:

Hingabe

Dass man am Tage auf den Traum verzichte!
Du feines Herzglas von erlesnem Schliff,
Auf Wein gefasst und schäumende Gesichte:
Gemeines Wasser sei dir Inbegriff.

Leih deiner Sehnsucht Prunk dem Unscheinbaren,
Geh jeden Tag auf eine Kummerstatt,
Gewöhn dich an den Wohlgeschmack des Wahren,
Zu dem dich keine Lust gestachelt hat.

Belausche die Verdrießlichen und Schalen,
Die Armen, Kümmerlichen, Teppichklopfer,
Und lass von ihrem Atem dich bestrahlen.

Du schöne Wolke, schweifendes Gespinst,
O bringe dich als Niederschlag zum Opfer,
Tu einem Kraut den ungerühmten Dienst.

(Hans Egon Holthusen)

195

Der Abstand zur Welt, das Über-den-Dingen-Stehen, mag im Einzelfall nicht leicht sein bzw. es wird heute, vor allem der Jugend, nicht immer leicht gemacht. Deshalb soll der Leitsatz eines Heiligen aus längst verblichenen Tagen zitiert werden:

> *Die Welt verachten*
> *Niemanden verachten*
> *Mich selbst verachten*
> *Verachten, verachtet zu werden*

Natürlich sind diese so „negativen" Worte nur aus dem Glauben heraus zu verstehen. Sie waren der Wahlspruch eines sehr heiteren, menschenfreundlichen, liebenswerten Heiligen: Philipp Neri (1515-1595), des römischen Stadtpatrons und Gründers der Oratorianer (wie auch der musikalische Gattungsbegriff „Oratorium" auf sein Wirken zurückgeht).

Dass die nach dem Willen Papst Johannes' XXIII. mit dem Konzil aufgestoßenen Fenster der Kirche zur „Schwester Welt" nicht von vornherein einen Panoramablick gewähren, beweist folgendes Ereignis: Nach einer Meldung der Frankfurter Allgemeinen Zeitung vom 17. August 2001 sagte Erzbischof Rode von Laibach, Vorsitzender der Slowenischen Bischofskonferenz, am Feiertag 15. August (Mariä Himmelfahrt), im selbständigen Slowenien Katholik zu sein, sei erheblich belastender als im kommunistischen Staat. Früher habe man Kirche und Klerus „wenigstens amtlich nicht beleidigen dürfen, jetzt darf das in unbegrenztem Umfang jeder tun. Heute darf man Anhöriger noch so abweichender gesellschaftlicher Randgruppen sein, nur Katholik darf man nicht sein". Der Erzbischof rief katholische Intellektuelle zu stärkerer Präsenz in der Öffentlichkeit auf.

Nach der gleichen Notiz der FAZ urteilte bereits tags darauf die größte slowenische Tageszeitung „Delo", an der die katholische Kirche beteiligt ist, unglücklicherweise sei „Rode das größte Hindernis für die Verwirklichung seiner unterstützenswerten Forderungen nach Herrschaft des Gesetzes, wahrer Liberalität, weniger Staat, ordentlicher Familienpolitik sowie Selbstbewusstsein, Kühnheit und Courage".

Der Vorgang im katholischen Nachbarland verweist auch – und nur deshalb sei diese ausländische Stimme erwähnt – auf unsere Kirchenverhältnisse in Deutschland. Wenn in Laibach (Ljubljana) die Forderungen des Erzbischofs Franc Rode aufgelistet sind, dann spricht er damit die Freiheit und die Rechte der Kirche an. Nach seiner Predigt aber muss er die Feststellung machen, dass vor lauter Liberalität *der anderen* der Kirche ein heftiger Wind ins Gesicht bläst. In Deutschland ist es nicht anders. Aber das wollte man ja so haben. Wurde nicht in den 60-er Jahren das „aggiornamento", die Öffnung der Kirche zur Welt, das verheißungsvolle Raunen einer sich wandelnden Kirche ohne alte Zöpfe und Weltflucht, ohne „Bunkermentalität" und Abkapselung von der modernen Kultur gefordert? Ein menschenfreundliches „Gotteswesen" sollte und wollte mit allen anderen gesellschaftlichen Gruppen mithelfen am Aufbau einer gerechteren Welt. Gewiss ist der Einwand teilweise berechtigt, die dortigen Verhältnisse ließen sich nicht ganz auf Deutschland übertragen. Aber Slowenien ist (war) ein ganz katholisches Land, wenn auch lange unter Titos Diktatur gedemütigt. Es muss doch auffallen, dass Angriffe, Entstellungen und Hohn immer nur gegen die katholische Kirche gerichtet sind! Sobald die Kirche keinen Grund mehr zu „Beanstandungen" gäbe, würde sich das Verhältnis zwischen der Welt und ihren Organen zur Kirche positiv verändern. Was auf Ablehnung durch die „Welt" stößt, sind unter anderem der Papst („undemokratisch", „Alleinherrscher"), das Priester- und Mönchstum, der Zölibat, die angebliche Unterdrückung der Frau, der „Gewissenszwang" hinsichtlich der Sexualität, das „Nein" zur Empfängnisverhütung und die Ehe als lebenslange Bindung. Mit anderen Worten: Die Kirche ist – als einzige Institution zumindest der westlichen Welt – so ganz anders; sie sei unbeweglich in ihrem Dogmensystem und würde der menschlichen Freiheit, dem Fortschritt und den ihnen innewohnenden schöpferischen Kräften nicht gerecht, so lautet der Vorwurf.

Im Blick auf dieses Urteil, von dem es natürlich Variationen plus/minus gibt, zeichnet sich nur eine Lösung ab: Die Kirche darf keinen Prozess der Verweltlichung ihrer selbst dulden, sich andererseits nicht zur Gegnerin der Welt erheben. Eine gute Distanz zur Welt stärkt ihr Eigenes und befähigt ihre Glieder, in Kirche *und* Welt je angemessen zu leben und zu wirken. „Weltsüchtig" (Kardinal Lehmann) zu sein, wäre jedoch für Christentum und Kirche kontraproduktiv!

Wer die Freude hat, dem schlägt das Herz der Jugend entgegen.

„MIT EUCH BIN ICH CHRIST" – DAS GOTTESVOLK

> *Bedenke: Ein Stück des Weges liegt hinter dir,*
> *ein anderes Stück hast du noch vor dir.*
> *Wenn du verweilst, dann nur,*
> *um dich zu stärken, nicht aber um aufzugeben.*
> *(Augustinus)*

Die Überschrift beinhaltet nur das halbe Zitat des berühmten Kirchenlehrers Augustinus. Die erste Zeile lautet: *„Für euch* bin ich Bischof". Der heilige Augustinus bringt hier auf fast klassische Weise jene beiden „Pole" zum Ausdruck, die Kirche ausmachen: auf der einen Seite das bischöfliche Hirtenamt samt Hirtensorge, die Hierarchie, auf der anderen Seite (nicht als *Gegen*pol zu verstehen) die Laienchristen. Diese haben zwar Taufe und Firmung empfangen, nicht jedoch das Weihesakrament (Ordo) in seinen drei Stufen Diakonat, Priestertum, Bischofsamt (alle drei werden im Messkanon nach der heiligen Wandlung ausdrücklich erwähnt, anschließend die Mitarbeiter in den Laiendiensten). Niemand wird in das Priesterseminar aufgenommen, wenn er nicht das Tauf- und Firmzeugnis vorweisen kann. So waren und sind die geistlichen Amtsträger auch selbst lange Zeit Laien gewesen; sie nahmen diesen laiengeistlichen Fundus mit hinein in die Weihen. Um in das Himmelreich zu gelangen, um sein Pilgerziel zu erreichen, kommt es nicht auf die Zahl der empfangenen Sakramente an.

Wenn ich von der „alten" Kirche spreche, die mir lieber ist, dann werde ich oft nach den Laien gefragt, die damals „doch nichts zu sagen gehabt" hätten. Die Kirche sei damals „kleruszentriert" gewesen, eine Kirche von oben, Autorität(en) hier – die „schweigende Mehrheit" (Schäfchen) dort. Wer so redet, rückt weltlich-demokratisches Denken in den Vordergrund. Kirche ist nun einmal anders. Als Apostelkirche ist sie die Bischofskirche. Soweit ich das bezeugen kann, waren die Laien damals gerne katholisch, und sie waren stolz darauf. Wenn natürlich in einer Art Kulturrevolution alle Harmonie aufgebrochen, ja teilweise Dauerstreit inszeniert wird, lähmt dies Laien wie Geistliche in ihrem Miteinander. Doch im Grunde, im Kern der Sache, hat sich nichts geändert und konnte sich auch nichts ändern. Viele ehrenamtlich in der Kirche tätigen („engagierten") Laien von heute, Frauen, Männer und Jugendliche, können in Glaubensdingen nicht mitbestimmen. Hierfür ist das kirchliche Lehramt zuständig, das wir vom Heiligen Geist geleitet wissen. Andererseits sind Fehler und Irrtümer genug zu registrieren, aber der Glaube als solcher ändert sich nicht. Das Apostolicum (Apostolisches Glaubensbekenntnis) ist dasselbe, gestern, heute und morgen (auch wenn manche geradezu „Wettbewerbe" für modernistische Credos veranstalten). Mit anderen Worten: die Kirche ist keine Demokratie (obwohl es in ihr zahlreiche demokratische Elemente gibt). Ist dieser Umstand vielleicht der Grund, warum auch gläubige oder ihren Glauben inhaltlich auswählende Katholiken eine anders verfasste Kirche wollen? Die (politische) Demokratie wird allgemein als die bestmögliche Staatsform gehandelt, was jedoch nicht einer Vollkommenheit gleichkommt. Menschen von außen urteilen manchmal dermaßen hart über die „nichtdemokratische" Struktur der katholischen Kirche – sei es aus Böswilligkeit oder Unkenntnis – dass sie diese am liebsten öffentlich verboten sehen wollen. Demokratie wird da geradezu als sacrosanct (unantastbar, gottähnlich) betrachtet.

Die Laienchristen sollen laut Konzil den Weltdienst ausüben, kraft ihrer Würde und Sendung in Taufe und Firmung. Die Welt ist ihr riesiges Akkerfeld, um christliche Grundsätze, die oft Allgemeingültigkeit beanspruchen, durchzusetzen und zu sichern. Nicht als Bevormundung der Staaten und Völker, sondern zum Aufbau von Personalität, Solidarität, Subsidiarität, von Gerechtigkeit und Frieden.

Für die Kirche und das, was sie vertritt und verkündet, einzustehen, ist die großartige Verpflichtung, welche Millionen Laienchristen (Laie = Getaufter, der nicht geweiht [ordiniert] ist) tagtäglich erfüllen. Man nennt diese unerlässliche Aufgabe auch „Zeugnis geben" (vgl. Lk 24,48). Von der Zeit des Neuen Bundes an bis heute beseelte wertvoller Laiendienst den Gang der Kirchengeschichte erheblich mit. Viele Frauen und Männer wurden in das Verzeichnis der Heiligen aufgenommen. Aber so manche mussten leider unter der Priesterschaft leiden (und haben es nicht selten demütig ertragen, zum Beispiel die heilige Elisabeth und ihr Beichtvater Konrad von Marburg). Die Kirche wehrte jedoch jegliche Versuche, das Weihepriestertum abzuschaffen, ab und berief sich dabei auf Jesu Worte und Handeln.

Manchmal retteten Laien gleichsam in letzter Stunde die heilige Kirche; alle Glieder der Glaubensgemeinschaft sind ihnen zu größtem Dank verpflichtet. Als Beispiele seien genannt: die stark von Laien inspirierten und (mit-)geführten Erneuerungskreise in der ersten Hälfte des 19. Jahrhunderts: Görres in München, die Fürstin Adelheid Amalia Gallitzin in Münster [„Familia sacra"] und andere mehr. Ich selbst lernte verlässliche Leute aus dem Laienstand kennen, keine bloßen Kopfnicker. Es gab schon früher verantwortungsbewusste Laien in Kirchenverwaltung, Bauausschüssen und anderen Bereichen, in denen die Sachkenntnis der Laien unschätzbar ist (z.B. Diözesansteuerrat), nicht jedoch (abgesehen von den Missionen) Laien im Dienst der Wortverkündigung (Lektoren) und der Sakramentenspendung (Kommunionhelfer). Mitgliederstark waren die katholischen Sozialverbände in ihren örtlichen Vereinen und Gemeinschaften. Die Priester betätigten sich nicht als Vorsitzende, sondern als (meist gewählte) bevollmächtigte Präsides.

Die Kirche ist also die Apostel-, die Petruskirche. Das Papsttum ist Glanz und Gewissheit im österlichen Glauben. Das Wirken des Petrus ist der Dienst an der (Glaubens-)Einheit. Die heutigen Gremien sind, in der Euphorie der unmittelbaren Nachkonzilszeit wohl zu voluminös angelegt, bisweilen auch ein Stück atomisiert in Unterkommissionen und Arbeitskreise. Zweifellos haben sie ihre Verdienste und viel Gutes für die Kirche und ihre Gläubigen bewirkt und werden dies weiterhin tun. Was sollen aber 500 (!) Anträge, die das „Forum" einer deutschen Diözese an den Bischof gerichtet hat? So viele Punkte (TOP's), die offensichtlich Änderungen oder Verbesserungen anstreben? Ist nicht eigentlich schon alles festgelegt in einer Kirche, von der jeder um die letzten Wahrheiten und um den Liebeserweis eines barmherzigen Gottes wissen darf? Fordert der Bezug zur Gegenwart so viel „anderes" heraus? Kann nicht alles in Ruhe reifen und dadurch gewinnen? Ein sehr schönes Gleichnis zu diesem Thema schenkt uns Jesus in jenem von der selbstwachsenden Saat (Mk 4,26-29).

Die Zeiten schreiten voran. Das Verhältnis von Priestern und Laien, von Amt und Charisma, von Hierarchie (Papst, Bischöfe) und Volk Gottes kraft Taufe und Firmung ist derzeit nicht ohne Spannungen. Ergibt sich das aber nicht „wie von selbst", wenn derart viele (Laien-)Gremien mit dem Segen der kirchlichen Autorität entstanden sind – auf sämtlichen regionalen und Seelsorgeebenen von der Pfarrei bis zur Weltkirche? (Eine Institution wie das Zentralkomitee der deutschen Katholiken ist wohl einmalig auf der Welt.) Die überaus vielen Frauen, Männer und Jugendlichen wollen doch, wenn sie schon ehrenamtlich mitmachen, auch etwas zu sagen haben! Aber wann, wie und was? Es ist von der „eigenständigen Verantwortung der Laien" die Rede, von einer synodalen Struktur der Kirche (nach protestantischem Vorbild?), von einem Bewusstseinsprozess, der gleichzeitig mit verschiedenen und widersprüchlichen Kirchenbildern konfrontiert. Auch wird festgestellt, dass eine klerikale und zentralistische „Monokultur" ins gesellschaftliche Abseits führe (Tagung der Katholischen Akademie in Bayern, 16./17. Februar 2001). Natürlich wird auch die Mitbestimmung der Laien bei der Bischofswahl angemahnt, ähnlich bei der Papstwahl durch Delegierte aus aller Welt.

Doch zurück zum Vorwurf der „kleruszentrierten" Kirche vor dem Zweiten Vatikanischen Konzil. Nach meiner Einschätzung besaßen die Laien in der Kirche, vor allem jene in den Verbänden, durchaus ein gesundes Selbstverständnis und machten vieles „in eigener Regie" – unter den (meist) wohlwollenden Augen der „geistlichen Obrigkeit". Die *Mehrzahl* der Katholiken aber wünschte sich die Gnadenvermittlung der Kirche durch ihre Amtsträger und übte innerhalb ihrer Gemeinschaft, in der man Geborgenheit fand, ihre individuelle Frömmigkeit. Diese Leute, die „den Pfarrer Pfarrer sein ließen", sind ausgestorben. Wer noch (regelmäßig) zur Kirche kommt und an ihrem Leben und Wirken interessiert ist, sitzt jetzt in einem Rat oder in einer Arbeitsgruppe, verschenkt seine Freizeit und seine Kompetenz an die „Gemeinschaft", „bringt sich ein".

Früher war es einfacher: die Kirche galt als „Mutter", und entsprechend zeigte sie sich, Gnaden, Wort Gottes, Trost und Zuversicht austeilend, ihren „Kindern". Jetzt aber hört man auf besagter Akademietagung: „Wer den Vorwurf erhebt, es solle eine Laienkirche gegründet werden, kehrt in Wahrheit zu den alten Vorstellungen zurück, nach der die Laien in der Kirche zum gehorsamen Dienen und in der Gesellschaft nur zum relativ eigenverantwortlichen Vollzug kirchlicher Weisungen bestimmt sind". In Wirklichkeit nahmen damals viele Kleriker Vorschläge oder Mahnworte von Laien eher entgegen als von ihren Mitbrüdern. Heute existieren Satzungen für Pfarrgemeinderäte, die in einer Art und Weise den Handlungsspielraum des Pfarrers beschneiden, dass es verwundert, wenn künftig Priester überhaupt noch Pfarrer sein wollen. Fast unbemerkt gehen Räte vom Beraten zum seelsorglichen Mitentscheiden über. Oder eine Gruppierung versucht, eine Art Betriebsrat mit gewähltem Sprecher einzuführen, sobald fünf hauptamtliche Laien in der Gemeinde tätig sind. Wird hier bedacht, wie sehr Zwist und Unstimmigkeiten vorprogrammiert sind bis hin zum Resignieren?

Der Nachdenkliche kann sich manchmal des Eindrucks nicht erwehren, dass manche Laien sich schlicht eine Art „Tick" gegen die Hierarchie anerzogen haben, nicht selten unterstützt durch geistliche Personen selbst. Möge bloß keine „Laienkirche" entstehen! Im Zusammenhang von „Donum vitae" hegte der Apostolische Nuntius in Deutschland, Erzbischof Giovanni Lajolo, diese Befürchtung. Gewiss, die lehrende Kirche muss die hörende auch reden lassen. Aber die „Struktur" der Kirche ist von Christus verfügt. Wer jedoch sagt, die Gläubigen hätten als Herrn allein Christus, übersieht die *sichtbare* Gestalt der Kirche und was daraus fließt.

Alle sind, gerade heute, aufeinander angewiesen, die Priester und die Laien. Diese üben vor allem den „Weltdienst" aus. Das „Laiendekret" des Konzils spricht deshalb vom Licht des Glaubens und der betenden Versenkung in Gottes Wort (4). Durch Beseitigung der Amtsgewalt, Ausschaltung der Hierarchie, Abschaffung der Jurisdiktion des Papstes, Übernahme von Leitungsaufgaben, kurz Einführung der Demokratie, lässt sich die Kirche nicht retten! Vielleicht sind mehr Gebete in diesem wichtigen Anliegen fruchtbringender als dauernde Gespräche.

Als ein unverdächtiger Kritiker der gegenwärtigen Schwierigkeiten zwischen Klerus und Laien darf gewiss Bernhard Hanssler gelten, eine der profiliertesten Persönlichkeiten des (vor allem südwestdeutschen) Katholizismus nach 1945. So sehr er das Aufbrechen des „katholischen Erbübels" (scharfe Trennung zwischen lehrender und hörender Kirche) in der „Kirchenvision" des Zweiten Vatikanischen Konzils begrüßte, so sehr ist er von der jüngsten Entwicklung enttäuscht. Wegen seiner Bedeutung hier einmal Hanssler im Originalton: „Das Konzil hatte zögernd der modernen profanen Kultur einen Autonomieanspruch eingeräumt. Jetzt wurde die Laienschaft als Träger der Autonomie eingeschmuggelt. Der falschen Theorie folgte mit der Gründung von ‚Donum vitae' die falsche Praxis. Mit all dem war die Kirchenvision des Konzils nicht nur vereitelt, sondern plump gefälscht. Wenn die Laien das Volk Gottes sind, gehört der Klerus nicht zur

Kirche, weder der niedere noch der höhere" (Leserbrief in der FAZ vom 16. Dezember 2000). „Wir sind Kirche", „Ich bin Kirche" – das hört sich, aus dem Munde von engagierten, mündigen Laien, sehr selbstbewusst an und stachelt auf gegen die kirchliche Obrigkeit. Als ob nicht auch die geweihten Amtsträger, angefangen beim Papst, Kirche wären.

Im Mittelalter wussten sich alle in einen höheren Ordo eingebunden. Damals war die Welt eine sakrale, sakralisierte, in der das Heilsverlangen der kleinen Leute nicht unberücksichtigt blieb. Heute ist sie eine entsakralisierte, im öffentlichen Raum fast heidnische Welt, in der Psychologie, Soziologie und Politologie höchste Geltung beanspruchen und übermächtig ins Heiligtum eindringen.

„Die Laien haben ein eigenes Denken", so äußerte sich nach dem Konzil der damalige Augsburger Generalvikar Martin Achter, der sich als wahrer Freund und erfahrener Förderer der Laienarbeit in der Kirche erwies. Das Selbstverständnis vieler Laien gründet auf ihrem Gewissen, auf Mündigkeit und Eigenverantwortung. Doch bedeutet dies keine Ablösung vom Ganzen, wie auch die Priester niemals allein verantwortlich sind. Das Gewissen ist zwar letzte Instanz, doch muss es sich nach göttlichen Gesetzen ausgerichtet haben, um auch moralisch richtig zu entscheiden. Gott ist die höchste Instanz.

So brauchen die Laienchristen den ausgleichenden Priester. Er leitet als Hirte die Gemeinde. Natürlich steht der Priester ohne „Volk" auf verlorenem Posten, wer wollte das bestreiten? Leider ist inzwischen die Wertschätzung des Priesters, seine Bedeutung, sein So-Sein zum Aufbau des Reiches Gottes oft weggebrochen. Er ist „aus den Menschen genommen und für die Menschen bestellt in ihren Anliegen bei Gott" (Hebr 5,1). Es werden bisweilen unnötige Grabenkämpfe geführt. Noch wird der Priester für den Heilsdienst in den Pfarrgemeinden gewünscht. Aber es zeichnen sich Tendenzen ab, es auch ohne ihn zu versuchen. Vom „Selbst-in-die-Hand-Nehmen" ist dann die Rede. Das mangelnde Verständnis für die heilige Messe und die heimliche Vorliebe für das protestantische „sola scriptura" („allein die Schrift") spielen bei dieser Entwicklung mit herein. Überdies ist der Priester, speziell der Pfarrer, nicht der Angestellte des Pfarrgemeinderates und dieser kein Kontrollorgan des Pfarrers. Herausgeber der offiziellen Pfarrbriefe soll darum das Pfarramt sein und nicht ein Gremium! Ich las jüngst von kirchlichen Empfängen und Bischofsmessen, in deren Rahmen der Geistliche schon gar nicht mehr Erwähnung fand, dagegen verschiedene Laien aus diversen Räten. Hier ist etwas nicht mehr in Ordnung! In Anerkennung der erwünschten Mitarbeit sollen Laienchristen mit ihrem oft herausragenden Sachverstand beraten und ihr je Eigenes einbringen und beisteuern. (Eine große Zahl von kundigen Damen und Herren ist in den Kommissionen der Deutschen Bischofskonferenz beratend tätig.) Doch sollte, theologisch, praktisch und rechtlich betrachtet, der Pfarrer selbst Vorsitzender des Pfarrgemeinderates sein. „Der Vorsitz der pfarrlichen Räte steht dem Pfarrer zu", lautet es in der Instruktion zu einigen Fragen über die Mitarbeit der Laien am Dienst der Priester (Rom 1997).

Die Kirche „ist kein eindeutiges religionspolitisches Gebilde
…
Sie ist aber auch kein rein spirituelles Gebilde, in dem solche Begriffe wie Politik und Herrschaft überhaupt nicht vorkommen dürften, das sich vielmehr darauf zu beschränken hätte, zu ,dienen' ".

(Erik Peterson)

Vincit enim omnia divina caritas,
et dilatat omnes animae vives.

Die göttliche Liebe überwindet alles,
sie beflügelt alle Kräfte der Seele.

(Nachfolge Christi, III 10.12)

„Ave maris stella, Dei Mater alma,
Atque semper Virgo, Felix cæli porta … –
Sei gegrüßt, Stern des Meeres, holde Gottesmutter,
Dennoch allzeit Jungfrau, Selig Tor des Himmels."
(Hymnus in Festis B. Mariæ Virginis)

MUSICA SACRA –
AUFSTIEG ODER NIEDERGANG?

Hier stocke ich: Bin ich nur auf Würde aus,
verstehe ich die Jugend nicht mehr,
muss die Kirche so äußerlich werden,
um überhaupt junge Zuschauer und Zuhörer zu gewinnen? ...
Wenn die Musik wenigstens modern gewesen wäre,
neue Ausdrucksformen gezeigt hätte –
es war fast alles modischer Anpassungsschnickschnack.
(August Everding)

Ein Edelstein der Liturgie, ja der ganzen Kirche, ist und bleibt die Musica
Sacra, die Kirchenmusik. Nicht umsonst lautet die Übersetzung des lateinischen Titels „heilige Musik"! Wer wollte sie antasten? Das Zweite Vatikanische Konzil war ganz dafür, dass sie so bleibe wie bisher. Doch was geschah dann? Über kaum etwas anderes wurde so nachhaltig gestritten wie
über die Musik in der Kirche, die Welt der Klänge und Töne im Gottesdienst. Die Kirchenmusiker fürchteten um die Existenz und Wertschätzung
ihrer Dienste. Es gab einen Niedergang, der schon allein zahlenmäßig zu
verzeichnen war. Heute verschönern Chöre und Instrumente immer noch
die Liturgie, aber nicht mehr Sonntag für Sonntag wie früher, sondern nach
einem Volksspruch „nur zu den heiligen Zeiten". Es gibt auch Geistliche,
die Kirchenchöre nicht mögen. Manche Chöre satteln um auf mehr weltliches Terrain, legen sich andere Bezeichnungen zu und emanzipieren sich
ein wenig. Dabei verdeutlicht der Begriff „Kirchenchor" wohl am besten,
dass er die *für den Gottesdienst* geschaffene Tondichtung „zur Ehre Gottes
und zur Erbauung der Gläubigen" in edler Gesinnung vorträgt.

In meiner Jugend blieb der „Herr Chorregent" der großen Stadtpfarrei weiterhin Volksschullehrer und somit nur *nebenamtlich* bei der Pfarrgemeinde.
Kirchenchor und Orgeldienst waren aufgrund des Frömmigkeitslebens da-

mals fast pausenlos „im Einsatz" – *und alles klappte!* Die liturgische Verwendbarkeit ermöglichte viel Abwechslung. An meiner ersten Pfarrstelle 1957-1965 besaß der *nebenamtliche* Kirchenmusiker die Stelle eines Pädagogen an der Realschule; es existierte in der Kirche ein reiches gottesdienstliches Leben – *und alles klappte!* Die Kaufbeurer Martinsfinken unter Ludwig Hahn und dem späteren Professor Franz Lehrndorfer als Orgelkoryphäe, zutiefst im Liturgischen verwurzelt, begrüßten wir dreimal als unsere Gäste.

In beiden Zeitabschnitten, vor und nach dem Krieg also, sprach die künstlerische Qualität die Menschen durchaus an. „Mitte" war der Gottesdienst, nicht das Konzert. Der Kirchenmusiker war Exponent eines kirchlichen, erst an zweiter Stelle eines künstlerischen Berufs. Er diente. So ist es bei vielen auch heute noch. Es ist aber zu befürchten, dass manche Musik- und Chornoten verstauben (falls sie irgendwo noch liegen sollten), dass überhaupt viel schöne, erstklassige, manchmal schlicht gefällige „Musik in der Kirche" brach liegt. Das hängt (auch) damit zusammen, dass es gewisse Gottesdienstformen nicht mehr gibt. Die Folge der Verarmung ist, dass die Musica Sacra ihr Repertoire gar nicht mehr ganz ausschöpfen kann. Herrlichste Musik (im Gottesdienst!) wird den Gläubigen vorenthalten, vom (leider so selten gewordenen) Gregorianischen Choral ganz zu schweigen. Bei ihm gehen Text und Melodik eine erstaunliche Einheit ein.

Die Kirchenmusik insgesamt würde mehr als einen eigenen Beitrag in diesem Werk verdienen. Wenigstens als Ansporn seien diese Zeilen gedacht. Dabei soll sowohl Latein als auch Deutsch gepflegt werden. Auch neue, der Liturgie verpflichtende Schöpfungen mögen zur Aufführung gelangen, gemäß dem Wort Jesu vom Hausvater, der „Neues und Altes aus seinem Schatz hervorholt" (Mt 13,52). Der Einwand stimmt nicht, dass die Gemeinde dabei zur Passivität verurteilt sei. Man kann bei ganz anderem passiv und beim Hören durchaus aktiv sein im Glauben, Beten und beim Wachstum in der Liebe … Im übrigen soll sich das gottesdienstliche Geschehen nicht vom Altar auf den Orgelspieltisch verlagern. Organisten (oder andere Instrumentalisten) weisen ihr Können vor; auch wird die „Königin der Instrumente" vorgestellt. Hierfür eigneten sich jedoch eher Orgelkonzerte mit sakraler Tonfolge.

Was das deutsche Kirchenlied anbelangt, kann man folgende Beobachtungen machen: Es gibt so gut wie keine Abwechslung im Liedschatz; Volk-Gottes-Lieder laufen den Weisen, die von Christus künden, den Rang ab; die diözesanen Anhänge erfreuen sich großer Beliebtheit (mancherorts nur ungern in den Stammteil des Gotteslobs eingebracht, manchmal in einem zweiten Anhang gesammelt).

Waren viele Kirchenkomponisten der Zwischenkriegszeit weiterhin dem Cäcilianismus (Erneuerung der a-capella-Tradition) verpflichtet, bevorzugten Tonsetzer vor allem nach 1945 eine sehr liturgisch orientierte Musica Sacra. Sie waren geistig im Gregorianischen Choral beheimatet. Namen wie Karl Kraft, Hermann Schroeder und Max Baumann stehen stellvertretend für zahlreiche andere. Auf evangelischer Seite sei der leider früh verstorbene Hugo Distler (bekannt sein meisterliches „Lobe den Herren") hervorgehoben.

Bedenklich erscheint in diesem Zusammenhang der schrittweise erfolgende Abschied von einem Liedgut, welches die katholischen Glaubenswahrheiten im Volksgesang deutlich zum Ausdruck brachte. Es handelte sich keinesfalls bloß um „süßliche" Lieder, die dem Zeitgeschmack nicht mehr angepasst schienen und im Gotteslob des Jahres 1975, „das Liedern des 19. Jahrhunderts generell die kalte Schulter zu zeigen pflegte" (Hermann Kurzke), verschwanden. Vielmehr waren Lieder betroffen, die dem „ökumenischen Geist", der in der Kirche die katholische Identität verdrängte, entgegenstanden. Nennen wir einige Beispiele:

Nichts gegen die im „Gotteslob" (GL) Nr. 615 abgedruckten Strophen 2 und 3 des Liedes „Alles meinem Gott zu Ehren"; aber welche Strophen fielen dafür weg!? (vgl. „Laudate" [Laud.]. Gebet- und Gesangbuch für das Bistum Augsburg, Nr. 1):

2. Dich Maria, will ich ehren, die du uns das Heil gebracht, und dein Leben soll mich lehren, was mich ewig selig macht. Laß mich dich recht kindlich lieben, nie durch eine Sünd betrüben, [: schütze mich bei Tag und Nacht! :]

Auch die Strophen 3 (heiliger Joseph), 4 (Schutzengel) und 5 (Engel, Heilige) verschwanden.

Dem „ökumenischen Fallbeil" fielen auch solche Lieder zum Opfer, die vom Teufel und von der Gefahr des Heilsverlustes handelten, beispielsweise im Lied „Aus meines Herzens Grunde" (GL 669, Laud. 2):

3. Du wollest auch behüten mich gnädig diesen Tag vor Teufels List und Wüten, vor Sünden und vor Schmach, vor Krankheit, Leid und Not, vor Armut und vor Schanden, vor Ketten und vor Banden, vor bösem, schnellem Tod.

Offensichtlich störten auch solche Strophen, die die katholische Messopferlehre wiedergaben, beispielsweise beim Lied „O Jesu, all mein Leben bist du" (GL 472; Laud. 49):

5. O Vater! Von dem Himmel blickst Du; sieh vereint uns hier! Allgebieter bist Du; opfernd kommen wir. Reich und mächtig bist Du; wir sind schwach und arm. Unsre Gabe willst Du; Vater, Dich erbarm! O Vater!

6. O Vater! Unser Opfer ist er, hier Dein eigner Sohn. Uns zu retten stieg er von des Himmels Thron, An dem Kreuze starb er, sühnend unsre Schuld. Unser Opfer ist er, nimm ihn an voll Huld! O Vater!

Ein anderes Beispiel dafür ist das Lied „Deinem Heiland, deinem Lehrer" (GL Aachen 930; altes „Oremus" Aachen, Nr. 218). Hier wurden bei der Übersetzung des „Lauda Sion" des heiligen Thomas von Aquin sechs von zwölf Strophen gestrichen, unter anderem folgende, die die Realpräsenz und die Transsubstantiation betreffen:

6. Doch wie uns der Glaube lehret, wird das Brot in Fleisch verkehret und in Christi Blut der Wein; was dabei das Aug nicht siehet, dem Verstande selbst entfliehet, sieht der feste Glaube ein ...

8. Wer zu diesem Gastmahl eilet, nimmt ihn ganz und unzerteilet, ungebrochen, unversehrt. Einer kommt, und tausend kommen, keiner hat doch mehr genommen: Christus bleibet unverzehrt ...

„Natürlich" musste jene Strophe entfallen, die jene Perikope über die Gefahr des unwürdigen Kommunionempfangs zum Inhalt hat, die auch in der Leseordnung der Messe des nachkonziliaren Ritus wegfiel (1 Kor 11,27-29):

9. Fromme kommen, Böse kommen; alle haben hingenommen, die zum Leben, die zum Tod. Bösen wird er Straf und Hölle, Frommen ihres Heiles Quelle; so verschieden wirkt dies Brot ...

Fast „selbstverständlich" erscheint es da, dass ganze Lieder im Gotteslob völlig entfielen, darunter „natürlich" vor allem solche, deren Texte dem nachkonziliaren Heilsoptimismus zuwider liefen, beispielsweise das Lied „O süßester der Namen all" (Laud. 108):

2. O Name, der die Hölle schreckt, vor dem die Himmel schweigen, durch den die Toten auferweckt aus ihren Gräbern steigen; der von

dem Himmel ward gebracht und durch den Engel kund gemacht: O Name, sei gepriesen!
In dem 2001 von Hansjakob Becker u.a. herausgegebenen Standardwerk „Geistliches Wunderhorn – Große deutsche Kirchenlieder" (bereits Clemens Brentano soll einen solchen Titel geplant haben), gibt Hermann Kurzke zu bedenken: „Das *Geistliche Wunderhorn* will das Desinteresse an der überlieferten Glaubensgeschichte und die Verwahrlosung des christlichen Bewusstseins bekämpfen und den Stolz auf die eigene Tradition stärken". Doch setzen wir unsere Beispielreihe fort:

Beim beliebten Volksgesang „Ein Haus voll Glorie schauet" (GL 639) wurde eine dritte Strophe eingefügt, die mit ihren Anfangsworten („Die Kirche ist erbaut auf Jesus Christ allein") sowohl in der Christologie („solus Christus") als auch in der Ekklesiologie („papstlose Kirche") der protestantischen Terminologie und Theologie folgt und wohl schwerlich in Übereinstimmung zu bringen ist mit dem Worte Jesu: „Du bist Petrus, und auf diesen Felsen werde ich meine Kirche bauen" (Mt 16,18).

Viel marianisches Liedgut ging verloren, weil die Mariologie und Herz-Mariä-Frömmigkeit wohl nicht die Ökumene stören sollte (Laud. 181):

1. O unbefleckt empfangnes Herz, Herz Mariä! Bliebst makellos in Freud und Schmerz, Herz Mariä! Nimm mein Herz, dein soll es sein, ewig will es dir sich weihn, mit dir teilen Freud und Pein, mildes Herz, treues Herz, bitte für mein armes Herz!

2. Du aller Pilger sichres Licht, Herz Mariä! Der Sünder feste Zuversicht, Herz Mariä! Nimm mein Herz ...

In das ökumenische Zeitalter passten auch nicht mehr jene Liedstrophen des Liedes „Maria, breit den Mantel aus" (GL 595, Laud. 189), die Marias Gnadenmittlerschaft und ihre Hilfe vor dem Teufel thematisierten:

3. Maria, hilf der Christenheit, – zeig deine Hilf uns allezeit! – Mit deiner Gnade bei uns bleib, – bewahre uns an Seel und Leib! Patronin ...

4. Wenn alle Feind zusammenstehn, – wann alle grimmig auf uns gehn, – bleib du bei uns, sei uns Schutz! – So bieten wir dem Feinde Trutz! Patronin ...

Auch solche Lieder fielen weg, die die sittliche Reinheit thematisierten, wie beispielsweise „O Du mein Heiland, hoch und hehr" (Laud. 166) mit dem Refrain:

1.-3. Christus, mein König, Dir allein, schwör ich die Liebe lilienrein, bis in den Tod die Treue.

Nun könnte man freilich hoffen, dass durch das „Gotteslob" zwar viele Lieder wegfielen, dass aber zugleich viele gute neue Lieder in das Liedgut des christlichen Volkes aufgenommen worden seien. Doch das ist nur bedingt der Fall. Wenn hier ernste Gedanken zur Lage angefügt werden, dann sollen die Ausführungen des Augsburger Domkapellmeisters a.d. Rudolf Brauckmann zur Besinnung, ja zu Taten führen: „Sie (die sogenannte Popularmusik) hat mit Hilfe der Massenmedien Eingang in alle Lebensbereiche gefunden. Hinsichtlich ihrer musikalischen Faktur befindet sie sich derzeit in einer nicht mehr zu überbietenden Eskalation an Primitivität … Eines der erschütterndsten Kapitel spielt sich zur Zeit auf dem Sektor der Jugend- und Kinderseelsorge ab. Gottesdienste für Kinder und Jugendliche, Schul- und Gruppenstunden decken ihren musikalischen Bedarf fast ausschließlich aus dem Repertoire der Popularmusik … Nunmehr wird eine ganze Generation unter Verwendung des in sich unlogischen Begriffs ‚Moderne rhythmische Gesänge' einer penetranten Pseudoromantik ausgeliefert … Der primitive oder raffinierte Schund wird schon den Kindern eingetrommelt." Die „Alten" werden dabei gar nicht mehr gefragt. Ja, ihnen gefällt's bisweilen sogar, wenn die Enkel im Gottesdienst aufmarschieren und ihre Songs trällern. Sie wähnen dabei, dass die Kirche also doch eine Zukunft habe (aber welche?). Ich meine aber: Wir brauchen wieder eine fromme Musik in der Kirche, die nicht mit altmodisch gleichzusetzen ist!

Besorgniserregend klingt in diesem Zusammenhang, was der Vorsitzende der Deutschen Bischofskonferenz, Karl Kardinal Lehmann, im Anschluss an die Herbst-Vollversammlung in Fulda vom 24. bis 27. September 2001 der Presse mitteilte: „Die Vollversammlung hat beschlossen, ein neues gemeinsames Gebet- und Gesangbuch für die deutschen Diözesen zu erarbeiten. Wir wollen uns dabei auch mit den Bischofskonferenzen bzw. Bischöfen im deutschen Sprachgebiet abstimmen. Die Erarbeitung des Nachfolgers des ‚Einheitsgesangbuch GOTTESLOB' von 1975 wird voraussichtlich mehrere Jahre dauern. Das, was sich in den Gemeinden bewährt hat, soll dabei erhalten werden." Hierbei besteht die Gefahr weiteren Substanzverlustes: Fallen dann vielleicht auch jene Lieder weg, die den „Liedersturm" von 1975 halbwegs überlebten, wie beispielsweise folgendes (GL 606) Lied, dessen Refrain früher (Laud. 191) noch hieß: „*Hilf uns hie kämpfen, die Feinde dämpfen, Sankt Michael!*

1. Unüberwindlich starker Held, – Sankt Michael! – Komm uns zu Hilf, zieh mit zu Feld! Hilf uns im Streite, zum Sieg uns leite, Sankt Michael!
2. Die Kirch dir anbefohlen ist; – du unser Schutz- und Schirmherr bist. Hilf uns ...
3. Du bist der himmlisch Bannerherr; – Die Engel sind dein Königsheer. Hilf uns ...
4. Den Drachen du ergriffen hast – und unter deinen Fuß gefaßt. Hilf uns ...
5. Beschütz mit deinem Schild und Schwert – die Kirch, den Hirten und die Herd. Hilf uns ...

Kirchenmusik *insgesamt* ist Verkündigungsdienst. Alle daran Beteiligten sind mitverantwortlich. Fernerhin darf es niemandem gleichgültig sein, was (noch) geglaubt wird und was nicht (mehr).

Stimmen, die auf kirchenmusikalisch-liturgischem Gebiet zu Besinnung und Rückkehr rufen, finden kaum Gehör. Im allgemeinen Sog einer subkulturellen Liturgie brechen Voraussetzungen weg für eine gottesdienstliche Feier, die die Menschen freudig erschauern lässt.
Im Heft Nr. 1/2 (1991) von „Musicae sacrae Ministerium" (der Internationalen Vereinigung für Kirchenmusik (C.I.M.S.) mit Unterschrift von Eduard Kardinal Martínez im Vorspann, schreibt José Augusto Algeria, die abnorme Situation, die wir erreicht haben sei
* *antihistorisch* (die Praxis untergräbt und verweigert das Recht, neben der Volkssprache das Latein bescheiden weiter zu verwenden);
* *antikulturell* (hält von den Wurzeln fern, „aus denen die ganze Musik des christlichen Europa erwuchs");
* *antipopulär* (verweigert Kontakt zu den Werten der Gläubigen vergangener Generationen) und
* ist *gegen die Römische Kirche* (wissentlich wurde gegen ausdrückliche Weisungen eine einseitige Praxis durchgesetzt, „deren Merkmal das systematische Verlassen der Sprache der Kirche ist").

Die Musica Sacra soll auf ihre Weise ein richtiges Gottesbild vermitteln. Dieses steht nun einmal im Zusammenhang mit der Kirchlichkeit. „Unsere Musica Sacra ist aus dem Glauben geboren und kann auch nur aus dem Glauben wirken. Geboren aus dem Glauben an den einen Gott und Vater …, aus dem Glauben an den Gottmenschen Jesus Christus …, aus dem Glauben an den Heiligen Schöpfergeist …, aus dem Glauben an die eine, heilige Kirche", so Johannes Overath, der hinzufügt, dass die Musica Sacra den gläubigen Menschen verlange: „Das Feuer des Glaubens ist Voraussetzung unseres kirchenmusikalischen Dienstes".

Ich lobe dich, Liebe, die mich schuf,
ich lobe dich, Erbarmung, die mich erlöste,
ich lobe dich, selige Freude dahin, dahin ich kommen soll.

*„Die Kirche betrachtet den Gregorianischen Choral als den
der römischen Liturgie eigenen Gesang; demgemäß soll er
in ihren liturgischen Handlungen, wenn im übrigen die gleichen
Voraussetzungen gegeben sind, den ersten Platz einnehmen."
(Zweites Vatikanisches Konzil, Sacrosanctum Concilium 116)*

„Musiker und Sänger sollen möglichst
nicht im Altarraum Platz nehmen.
Ehrfurcht gegenüber Altar, Ambo und Priestersitz
muss gewahrt werden. "
(Kongregation für den Gottesdienst,
Erklärung über Konzerte in Kirchen v. 05.11.1987, Nr. 10e)

GOTTESHAUS ODER KONZERTSAAL?

O du Musik!
Die du aus den Muscheln hervorquillst,
die du den Himmel erfüllst.
O du Musik, Harmonie, Musik!
(Karol Wojtyla, 19-jährig)

Selbst der auferstandene, verklärte Herr ist, dem Himmelfahrtsliede „Christ fuhr mit Schallen" zufolge, unter Musikbegleitung (wie es zu einem Fest gehört) zur Thronbesteigung in die Herrlichkeit des Vaters aufgefahren. Das war ein Gottesdienst höchster Würde! Schon im Alten Testament ist von vielfachem Musikgeschehen, meist kultischer Art, die Rede. Ein 1669 in Augsburg herausgebrachtes Kirchenliederbuch trägt den schönen Titel „Harpffen Davids". Ja, „freuen will ich mich Deiner und selig sein, Deinem Namen, o Höchster, singen" (Ps 9,3).

Musik im Gottesdienst – diese Thematik ist heute zu einem „Dauerbrenner" geworden. Sakrale Musik hat nach altem Herkommen eine zweifache, aber zusammengehörende Aufgabe zu erfüllen: Lobpreis Gottes und Erbauung für die Gläubigen (Bereitstellung von Freude, Trost und Entflammung der Liebe).

Das alles wäre ein Kapitel, und kein kleines, für sich. Ich möchte hier jedoch auf etwas anderes und, offen gesagt, weniger Wohlklingendes eingehen: Unsere geweihten, vom Besucher Ehrfurcht abfordernden *Gottes*häuser sind weitgehend, bis hinein in die ländlichen Gebiete, zu Konzertsälen geworden. Es verstärkt sich der Eindruck, dass mit der Zeit mehr Menschen zu Konzertaufführungen unsere Kirchen betreten als zum Messbesuch. In örtlichen Prospekten der Tourismusbranche werden „folgerichtig" bei der Präsentation oder Erwähnung historischer Sakralbauten die Konzertprogramme angeführt. So werden, vor allem wegen der geringeren Unkosten für die Veranstalter, in katholischen Kirchen immer häufiger (trotz entge-

217

gengesetzter kirchlicher Weisungen) Instrumentalmusik und nichtsakrale Chorwerke aufgeführt. Auch aus Gründen der Akustik sind Kirchen für Konzerte sehr gut geeignet. Doch eine römische Erklärung vom 5. November 1987 verbietet den Verkauf von Eintrittskarten zu solchen Veranstaltungen in Kirchen. Kennt man diese Erklärung nicht oder ignoriert man sie bewusst?

Insgesamt betrachtet reiht sich diese Entwicklung in die fortlaufende Profanierung des öffentlichen und kirchlichen Lebens ein. Man denkt nicht mehr daran, dass es heilige Räume gibt, die dem profanen Gebrauch durch die hochfeierliche Konsekration entzogen sind.

Ist die Musik nicht selbst heilig? Der Historiker Thomas Nipperdey nennt die Musik einmal das Lieblingskind der Deutschen (vielleicht wurde sie ja inzwischen vom Sport verdrängt?). Noch im 18. Jahrhundert war Musik der Kirche und den Höfen vorbehalten. Im 19. Jahrhundert wurde dann das Bürgertum aktiv; es entstanden eigene Konzertsäle, deren Ambiente bestimmte Verhaltensnormen hervorbrachten. So hob sich eine Musikaufführung im Saal nicht nur dem musikalischen Programme nach, sondern erst recht vom Gebaren des Publikums her entschieden von der Musica (Sacra) in geweihten, heiligen Hallen ab.

Der bedeutende Volkswirtschaftler Werner Sombart (1863-1941) argumentierte bereits im Jahre 1911, „weil es so viel Geld gebe, gebe es so viel Musik, und das führe zur Nivellierung, zur Unterhaltungsproduktion oder zum konkurrierenden Überbieten durch immer neue Reizmittel – jenseits der eigentlichen Kunst". Nach und nach wuchs auch dem musikalischen Kunstwerk eine quasi sakrale Aura zu, das eigentlich Religiöse übertönend. Doch geht es hier nicht um Qualitätsbemessung; eine gezielte Musikförderung ist nur zu begrüßen und zeigt auch glänzende Erfolge. Musik ist „demokratisch" geworden, indem sie alle Schichten an ihrer Schönheit und Vielfalt teilnehmen lässt. Es darf auch mit einem Seitenblick auf die großartigen Verdienste der Kirche für das Musikwesen insgesamt hingewiesen werden. Sie spielte schließlich eine Vorreiterrolle: Musik kam aus dem Gottesdienst, ausgehend vom Tempel des Alten Bundes.

Durch ihre Existenz, ihr Hinzutreten an das Ohr und gleich wieder Weiterziehen, ist die „holde Kunst" der Musik die geheimnisvollste aller Künste. Sie erscheint bisweilen wie von Gott selbst komponiert. Nicht umsonst sprechen die Texte der göttlichen Offenbarung von der Musik im Himmel. Nur um Verständnis für meine schlussfolgenden Zeilen zu wecken, darf ich mich als Musikausübenden vorstellen, und ich weiß selbst, wie Musik Menschen geradezu selig, ja „verrückt" machen kann. „Golden wehn die Töne nieder" (Clemens Brentano). Faszinierend, wie die Klänge trotz ihres Vorübergangs bleiben, sich festsetzen, und immer wieder neu abgerufen werden können! Über ein von einem Kind beim „Kartoffeljäten" so hinge-sungenes Lied dichtete Rainer Maria Rilke den Vers:

> *Magst du auch sein*
> *Weit über Land gefahren,*
> *Fällt es dir doch nach Jahren*
> *Stets wieder ein.*

Wenn ich recht sehe, gab es in der Kirche nur wenige Stimmen, denen die aufreizende Sinnlichkeit der Musik zuwider und ein Ärgernis war. Wir Alumnen diskutierten im Seminar über den blitzgescheiten, scharfsinnigen, höchst erfolgreichen Dominikanergelehrten Albert Maria Weiß, genauer: über seine Philippika gegen die Musik. Er stammte übrigens ausgerechnet aus dem so musikfrohen Oberbayern.
Trotz aller Hochschätzung gehört weltliche Musik nicht ins katholische Gotteshaus. Das Argument, gerade in Kirchen beim Musikhören zu höhe-ren, religiösen Gedanken zu kommen, reicht nicht aus. Inzwischen lässt sich vielmehr folgendes beobachten: Egal, ob geistliche oder weltliche Musik, im Laufe der Jahre übertrug sich das Musikgebaren des profanen Saales auf das Konzert in der Kirche; das heißt konkret „Besitzergreifung" des Presbyteriums durch die Musiker (In einem Prospekt zu mehreren Kir-chenkonzerten fanden sich Sitzpläne, auf denen der Altarraum als „Bühne" bezeichnet wurde), brandender Beifall, Auftritte, Gehen vom und Kommen zum Podium seitens der Solisten, Überreichung von Blumen, auch mal „standing ovations", ebenso „Kleinigkeiten" wie lautes Reden der Zuhörer vor Konzertbeginn und anderes an den Tag gelegtes Benehmen, das der Würde des geheiligten Raumes nicht angemessen ist. Auffallend, dass sol-che als Religionsersatz erscheinenden Aufführungen oft dort erfolgen, wo am gleichen Ort ein geeigneter Saal zur Verfügung stünde. Ganze Orgel-reihen werden an Sonntagen in Stadtpfarrkirchen geboten, zu einem Zeit-punkt, an dem früher die oft überfüllte Spätmesse gefeiert wurde. An die Stelle der leider verschwundenen eucharistischen Volksandachten, die sich

in einem religiösen Hausbrauchtum fortsetzten, tritt die weltliche Kultur. Ist es ein Wunder, dass die außerliturgische Verwendung der Gotteshäuser ganz entscheidend dazu beiträgt, dass wir heute eine „andere" Kirche haben?

Das alles kann unter dem Stichwort „Verweltlichung" angesiedelt werden, die der Papst in seinem Brief vom 22. Februar 2001 an die deutschen Kardinäle förmlich angeprangert hat.

Ist das Ganze überhaupt noch ein Thema, das diskutiert werden kann? Als vor einigen Jahren katholische Kirchen für die „Musica Sacra International" mit Darbietungen auch hinduistischer und buddhistischer Musik gesucht wurden, zerstreute der damals zuständige Diözesanbischof unbegreiflicherweise die Bedenken. Er sah dies alles positiv als Beitrag der verschiedenen Kulturen zum Lob Gottes. Sollten nicht „alle Menschen guten Willens" zusammenwirken am Aufbau einer besseren Welt? Musik verbinde; Musik als *einigende* Sprache? Und was mache schließlich mehr friedensfähig als Musik … Doch nicht alle wünschen Klänge anderer Religionen *im Gotteshaus*.

Es ist Synkretismus, wenn buddhistische Mönche in katholischen Kirchen Gebetszeremonien abhalten und Räucherstäbchen abbrennen. Die Augsburger Allgemeine berichtete am 22.05.2002 über das diesjährige Festival „Musica Sacra International" in katholischen und evangelischen Kirchen im Allgäu: „Es sind nicht nur Klänge, die im Gedächtnis bleiben. Es sind auch Bilder: Wenn beispielsweise Mönche aus Japan einem Buddha opfern, Klangschalen schlagen und in kehligen Lauten vom Nirvana erzählen – und darüber thront der Gekreuzigte. Da scheinen seine geschlossenen Augen weniger das Ende des Karfreitag-Leids zu bedeuten denn Meditation über das, was an Ungewöhnlichem in (s)einer Kirche stattfindet".

Die Auswüchse hierzulande werden zunehmen – und es geschieht nichts dagegen. Müssen tatsächlich auf „katholischen" Orgeln bei offiziellen Konzerten (mit Vorverkauf) Strauß-Walzer, Polkas, Boleros gespielt werden? Müssen kommunale, profane Kulturpreise unbedingt „vor dem Altar" einer Pfarrkirche bei „tosendem Beifall" verliehen werden, trotz geeigneter Räumlichkeiten im Ort? Entweder sollte man den Mut aufbringen, dies künftig zu unterbinden, oder die Kirchweihen samt ihrer gewaltigen Liturgie (Besitzrechte Gottes über den Raum) sollten abgeschafft werden. Jesus verlangt die Anbetung „im Geist und in der Wahrheit" (Joh 4,23). Nur der

Gottesdienst und die kirchenmusikalische Andacht haben im Hause Gottes ihre Berechtigung.

Einen gewissen Hoffnungsschimmer bietet die „Augsburger Allgemeine" (23. Juli 2001) mit ihrer Kritik über Verdis „Requiem" in der Basilika zu Ottobeuren. Es heißt da am Schluss der Besprechung: „Dankbar muss man sein, dass die Benediktinerabtei Ottobeuren an dem Usus festhält, die Aufführungen in der Basilika nicht mit Applaus zu beenden. Auch diese bewegende Totenmesse klang unter Glockengeläut aus. Dann Stille". Leonard Bernstein – ich war selbst Zeuge – hielt es vor Jahren in Ottobeuren so: Während des Geläuts verneigte er sich tief zum Hochaltar hin, dann verließ er sogleich sein Pult und alle Interpreten taten es ihm ähnlich. Ein Applaus konnte dadurch überhaupt nicht aufkommen. Ein weiterer Lichtblick ist das vom Münchner Diözesanmusikdirektor im September 2001 ausgesprochene Verbot einer Orgelmusikreihe im Gotteshaus mit ausschließlich weltlichen Kompositionen. Der prompt erfolgte Einspruch leugnete behänd einen Unterschied zwischen geistlicher und weltlicher Musik. Zeigt dieser „Vorfall" nicht die Folgen einer hochgejubelten Vermengung von sakral und profan?

Die erwähnte Erklärung der Kongregation für den Gottesdienst, verbindlich für die ganze Weltkirche, wurde in den „notitiae" (Publikationsorgan der Kongregation) von 1999 neu eingeschärft. Es ist darin unter anderem von kirchenmusikalischen und religiösen Darbietungen die Rede, „während sie (die Kirchen) für jede Art anderer Musik verschlossen bleiben müssen. So ist z.B. die allerschönste symphonische Musik nicht von sich aus religiös". Aus Punkt III. „Praktische Bestimmungen" des römischen Dokuments hier nur einige der Vorschriften:
c.) Der Eintritt in die Kirche muss frei und unentgeltlich sein;
e.) Musiker und Sänger sollten möglichst nicht im Altarraum Platz nehmen. Ehrfurcht gegenüber Altar, Ambo und Priestersitz muss gewahrt werden. Trotz dieser Regelung ist der gläubige Sinn für das hochfeierlich geweihte Gotteshaus gefährdet. Alle rectores ecclesiae (Kirchenrektoren bzw. Pfarrer) müssten eigentlich darauf bedacht sein, dass die Normen eingehalten werden und sich des Rückhalts ihrer Diözese vergewissern können. Und dann kann man vielleicht auch wieder – wie früher – tagsüber stille Beter „in Gottes eigenem Haus" finden.
Der in vielen Gotteshäusern eingebrochene Niedergang der kultischen Musik bedient sich nun des Ersatzes und verdunkelt die Einheit von himmli-

scher und irdischer Liturgie: „Die ganze Realität dieses Chorus aus singen-
den Geistern und uns armen Erdenpilgern erleben wir in unserer wahrhaft
göttlichen Liturgie" (Johannes Overath, † 2002, Präsident und später Eh-
renpräsident der Consociatio Internationalis Musicae Sacrae in Rom; Preside und später Preside Onorario des Pontificio Institutio di Musica Sacra,
d.h. des Päpstlichen Instituts für Kirchenmusik).

Kirchweih-Hymnus

Sel'ge Stätte voll des Friedens,
neue Stadt Jerusalem,
die erbaut ist in den Himmeln
aus lebendigem Gestein
und im Lichtgeleit der Engel
strahlt wie eine junge Braut.

Im Geschmeide ihrer Schönheit
steigt vom Himmel sie herab,
hold bereitet, voll Verlangen,
ihrem Herrn vermählt zu sein.
Ihre Straßen, ihre Mauern
sind aus reinem Gold erbaut.

Perlen schimmern auf den Toren,
deren Flügel offensteh'n,
freundlich Einlass zu gewähren
in des Lammes Heiligtum
jedem, der für Christi Namen
in der Welt Bedrängnis litt.

Meißelschläge, Hammerschläge
glätten sauber jeden Stein,
dann erst passt die Hand des
Meisters
ihn an seiner Stätte ein,
mauert fest ihn, dass er halte
in des Heiligtums Verbund.

Dank und Preis sei ohne Ende
allezeit dem höchsten Gott,
wie dem Vater, so dem Sohne
und dem Geist, der beide eint.
Seiner Macht gebührt die Ehre,
Lob und Ruhm in Ewigkeit.
Amen.

(Vesperale Monasticum, St. Ottilien)

Wie ein Abglanz des himmlischen Hochzeitsmahles dünkt uns die festliche Versammlung von Bischöfen, Priestern und Laien in der großartigen Pracht des Petersdomes.

*Die Hitlerjugend stört den Bekenntnismarsch der
Katholischen Jugend anlässlich des Diözesantreffens
des Katholischen Jungmännerverbandes am 27./28. Mai 1933 in Ulm
mit 14.000 Teilnehmern.*

KREUZ STATT HAKENKREUZ

Die primäre Aufgabe der Kirche ist,
zu lehren und die Sakramente zu spenden.
Um dies zu tun,
muss sie oft von ihrem Piedestal heruntersteigen,
muss sie mit arroganten Regierungen
und tyrannischen Zwingherrn verhandeln.
Gibt es da Grenzen der verantwortbaren Demütigung?
(Erik v. Kühnelt-Leddihn)

„Der gläubige Katholik steht in Deutschland unter Ausnahmerecht". Diesen Satz schrieb Konrad von Preysing, Bischof von Berlin, am 29. August 1938 an Propagandaminister Joseph Goebbels. Er spricht Bände. Manche stellen sich die Existenz und das Wirken der katholischen Kirche in Deutschland (und in den eroberten, sprich überfallenen Gebieten) 1933 bis 1945 nach einem einfachen „Strickmuster" vor. Seit der Uraufführung des Stückes „Der Stellvertreter" gegen Papst Pius XII. von Rolf Hochhuth im Jahre 1963 sind Abertausende von Gymnasiasten verunsichert worden und weite Kreise von der Kirche abgefallen. Sprangen doch publizierende Trittbrettfahrer ebenfalls auf diesen Zug, während man so gut wie nie vernahm, warum denn die im „Reich" näherliegende und viel maßgeblichere evangelische Kirche sich kaum anders verhielt.

Ich möchte auf die Vorwürfe nicht näher eingehen. Es fällt nur auf, dass in den Veröffentlichungen zur Hitlerzeit so gut wie nicht davon die Rede ist, dass die Preisgabe des Gottesglaubens und vieler religiös-kirchlicher Bindungen eine der Hauptursachen für Aufstieg, Entsetzlichkeiten und Fall des NS-Regimes war. Es war und blieb in seiner Führung und Ideologie ein gottloses System und vergötzte sich selbst. Dieses erwies sich als extrem hart gegen jede Individualisierung („Du bist nichts, dein Volk ist alles"). Rüder Neodarwinismus, Biologismus und unchristliche Rassenlehre verhinderten den Blick auf den Menschen als Geschöpf Gottes. Intellektuelle verfielen dem Ungeist mehr als Arbeiter. „Die giftigen Keime des Nationalsozialismus sind nicht die Frucht des österreichischen und süddeutschen

Katholizismus, sondern allenfalls der dekadenten kosmopolitischen Atmosphäre Wiens am Ende der Monarchie, in der Hitler neidvoll auf die Entschiedenheit und Kraft des deutschen Nordens schaute: Friedrich II. und Bismarck waren seine politischen Idole" (Joseph Kardinal Ratzinger in einem Gespräch mit Vittorio Messori). Heftig wurde nach dem scheinbar ausgebliebenen oder zu laschen Widerstand der Katholiken gefragt und Buße in Sack und Asche angemahnt. Aber gerade durch ihre Bischöfe waren die Gläubigen vorgewarnt, vor allem seit 1930. Und Priester (P. Ingbert Naab OFMCap) wie Laien (Fritz Gerlich) murrten gewaltig und verkürzten damit ihr Leben. Friedrich Muckermann SJ (1883-1946), Literatur- und Kulturkritiker, war „ein Hauptführer des katholischen Widerstands gegen den Nationalsozialismus". Am 30. Januar 1933 war Adolf Hitler vom Reichspräsidenten das Amt des Reichskanzlers übertragen worden. Am 5. März 1933 fand die letzte demokratische (wenn auch unter massivem NS-Druck stehende) Reichstagswahl statt. Anhand der Ergebnisse aller Wahlen (aufgelistet bis auf die untersten räumlichen Einheiten) gilt, dass der „böhmische Gefreite" (Hindenburg) mit den Stimmen der Katholiken *niemals* an die Macht gekommen wäre.

Im Jahr 2002 wurde auf der Berlinale der Kinofilm „Amen" nach dem Hochhuth-Stück „Der Stellvertreter" vorgestellt. Das umstrittene Werbe-Plakat zeigte eine Mischung aus christlichem Kreuz und Hakenkreuz; die deutschen Bischöfe kritisierten diese Darstellung als „grobe Verleumdung und Geschichtsklitterung": „Die vielen Menschen, die auch aus dem Bereich der katholischen Kirche im Kampf gegen den Nationalsozialismus ihr Leben eingesetzt und verloren haben, müssen sich im Nachhinein verhöhnt vorkommen."

Die Anzahl der Reichstagsmandate der NS-„Bewegung" sank vom 31. Juli 1932 zum 6. November 1932 von 230 auf 196 bei gleicher Wählerstruktur. Selbst „alte Kämpfer" argwöhnten damals, dass der Kampf um die politische Führung nunmehr verloren sei. So auch noch um die Jahreswende 1932/1933. Um so überraschender, was sich im Januar zusammenbraute. Im Taumel der „Nationalen Erhebung" blieb den Bischöfen keine andere Wahl, als am 28. März 1933 zugunsten der rechtmäßigen Obrigkeit zu sprechen, nicht, ohne deutliche Vorbehalte einzubauen. „Kardinal Faulhaber hat gelegentlich von der ‚Tragik' der Erklärung vom 28. März gesprochen, dass die Bischöfe Schritte hätten tun müssen, die dem Betrachter nur schwer verständlich, für die Kirche aber notwendig gewesen seien" (Heinz Hürten).

Das viel geschmähte und unzureichend gedeutete Reichskonkordat von 1933 war als solches längst in der Weimarer Republik gewünscht und artikuliert worden; es kam 1933 zum Tragen, jetzt freilich unter dem Verzicht der Kirche auf politische Betätigung. Aber es schützte die Gläubigen, auch wenn es vom Reich vielfach gebrochen (wie von Papst Pius XI. 1937 in seiner, auch den Rassismus anprangernden Enzyklika „Mit brennender Sorge" beklagt), aber in anderen Artikeln durchaus eingehalten wurde. Die internationale Aufwertung des Diktators erfolgte weniger durch den Propagandaerfolg mit dem Konkordat als durch andere Vorgänge (vgl. seine außenpolitische Rede vom 17. Mai 1933). Bis zum Ende der Gewaltherrschaft blieb die Institution „Kirche" bis in die Ebene der Pfarreien hinab weitgehend intakt. „Der katholische ‚Kirchenkampf' ... war eine aufs Ganze gesehen erfolgreiche Verteidigung der Kirche als Volkskirche ... Dazu half auch das Konkordat" (Konrad Repgen). Es ist das Recht und die Pflicht der Kirche, primär für ihre eigenen Glieder Sorge zu tragen. Konnte vorausgesehen werden, dass im gesitteten Europa, speziell im „Land der Dichter und Denker" (Deutsches Reich) Millionen Menschen vergast würden? Heutige Möchtegern-Richter behaupten mitunter, das deutsche Volk habe eine Ahnung oder gar ein Wissen davon besessen. Das war aber nicht einmal bei der jüdischen Bevölkerung der Fall. Wenn ich recht sehe, sind die Historiker hierin nicht einer Meinung. Die letzten Kriegsjahre waren teilweise derart unmenschlich, dass jeder nur Vordergründiges wahrnehmen wollte oder konnte. Und Wissende gaben ihr Wissen nicht kund – eine Schande! Es hieß, „dass der Heilige Stuhl mit Staaten verhandele, wobei er deren Regierungsform neutral gegenüber stehe. Das Konkordat mit dem Reich sei deshalb keine ‚Gutheißung' oder Anerkennung einer bestimmten politischen Richtung und Lehrmeinung" (Heinz Hürten). Heute ist man mehr dafür sensiblilisiert, darüber die anderen nicht zu vergessen und aktiv für Frieden und Gerechtigkeit einzutreten.

Doch auch damals stritt die Kirche nicht nur zugunsten der eigenen Schäflein. Dass ihr aber die Wahrung der allgemeinen Menschenrechte nicht gleichgültig war, zeigt die Reaktion auf das bereits am 14. Juli 1933 erlassene „Gesetz zur Verhütung erbkranken Nachwuchses". Der promovierte Beuroner Mönch P. Hubert Deininger wurde von kirchlicher Seite gebeten, den Standpunkt der katholischen Lehre zur Zwangssterilisierung darzulegen. Seine Schrift „Sterilisation und Seelsorge" erschien zwar anonym, doch entlarvten die Nazis Pater Hubert als den Autor. Im Jahre 1936 strengte man den Prozess gegen ihn an. Dieser wurde auf Intervention der Fuldaer Bischofskonferenz ausgesetzt.

In einem derartigen Unrechtsstaat mussten Kirche und Gläubige viel leiden und erleiden. Die entsprechenden Dokumente sind vorhanden und objektiv ausgewertet. Keine andere Oberschicht in Deutschland hat sich so „aus dem Fenster gelehnt" wie die katholischen Oberhirten. Hätten sie im Frühjahr 1933 geschlossen zum *sofortigen* strikten Widerstand gegen die errichtete Diktatur aufgerufen und damit Leib und Leben von Millionen gefährdet, würden ihnen heute vielleicht noch viel gröbere Vorwürfe gemacht werden. „Der Gegensatz zwischen Demokratie und Diktatur, zwischen Rechtsstaat und Unrechtsstaat kann dabei einfach nicht hoch genug veranschlagt werden" (Klaus Hildebrand). Die Diktatur war etabliert – und die Nationalsozialisten traten als Glücksritter vor das teils ausgemergelte Volk. Im Laufe der zwölf Jahre ermöglichten ihnen nach allgemeiner Einschätzung unwahrscheinliche Zufälligkeiten – Hitler dankte dann jeweils scheinheilig der „Vorsehung" – eine immer straffere Stabilisierung bis zur permanenten Lebensgefahr vieler. Nur das Militär hätte eine Wendung bringen können. Ist kluges „Taktieren" (nicht Paktieren!) verwerflich, um größere Schäden fernzuhalten? Die Katholiken befanden sich in der Minderheit, auch was Besitz und finanzielle Ressourcen betrafen. Aber, und dies kann mit Fug und Recht behauptet und belegt werden: *alle Welt* wusste, dass „die Schwarzen" (= Bischöfe, Priester, Kirchenvolk) die ganze Unheilszeit über *dagegen* waren (Gegenteiliges ist wahrlich eher mit der Lupe zu suchen). Nachweislich versuchte die Kirche, ihren Handlungsspielraum zu sichern oder zu erweitern, zum Beispiel auch bei der Volksfrontregierung Frankreichs. Man war zu Abwägungsprozessen zwischen größeren und kleineren Übeln gezwungen. Ohne das vorhandene Reichskonkordat hätte Papst Pius XI. seine Anti-Nazi-Enzyklika (1937) nicht versenden können. Sie wurde nicht überall begriffen; die Entwicklung weltweit hätte sonst wohl einen anderen Verlauf genommen.

Den ganzen Monat August 1939 flehte Papst Pius XII. gegenüber der Weltöffentlichkeit: „Nichts ist verloren mit einem Frieden, alles kann verloren sein mit einem Krieg". Keiner der Staatenlenker – hüben wie drüben – hörte auf ihn, wie auch dieses fortgesetzte Rufen, ja Schreien des Pacelli-Papstes in den Debatten um ihn verschwiegen wird. Als dann der Krieg ausbrach, konnten (und mussten) die deutschen Bischöfe zur Pflichterfüllung aufrufen, wurden doch am 1. September 1939 durch den Rundfunk einschneidende, ja bedrohliche Maßnahmen publiziert, von denen die sofortige (dann fast sechs Jahre andauernde) nächtliche Verdunkelung noch die harmloseste war. Als knapp zwei Jahre später, am 22. Juni 1941, einem Sonntag, der Großangriff auf die Sowjetunion begann, trat vom 24. bis 26. Juni die Fuldaer Bischofskonferenz zusammen. Das Hirtenwort vom 26. Juni enthielt bittere Anklagen an die Regierung, ging es doch den Oberhirten „um Sein oder Nichtsein des Christentums und der Kirche". Auf den Rußlandfeldzug nahm es mit keinem Wort Bezug, mahnte aber die Katholiken aktuell „zu treuer Pflichterfüllung, tapferem Ausharren, opferwilligem Arbeiten und Kämpfen im Dienste unseres Volkes". In einer Denkschrift des Episkopats vom 12. Juli wurden „einzelne Punkte des Hirtenbriefs noch näher ausgeführt und schärfer formuliert" (P. Anselm Reichhold OSB). Darauf brachte der Reichkirchenminister Hanns Kerrl in einem Schreiben vom 4. August an Kardinal Bertram das „tiefe Befremden der Reichsregierung" zum Ausdruck, „weil die deutschen Bischöfe den Kampf gegen den Bolschewismus stillschweigend übergangen hätten" (ders.). Dass nicht mehr passierte, ist wohl darauf zurückzuführen, dass die Millionen katholischer Soldaten und Frontkämpfer nicht verunsichert werden sollten.

Papst Johannes Paul II. hat im Jahr 2002 überraschend die Öffnung der vatikanischen Geheimarchive über die Beziehungen zu Deutschland während der Amtszeit von Pius XI. zwischen 1922 und 1939 beschlossen. Die Akten sind ab 2003 zugänglich. Die Öffnung dieser Archive liegt dem Papst besonders am Herzen, da damit ungerechte Spekulationen über die Haltung des Heiligen Stuhles zum Holocaust beendet werden sollen.

Gewiss dürfen an dieser Stelle einige Streiflichter aufblitzen, auch mit einem örtlich begrenzten Erfahrungsschatz aus der unseligen Zeit des „Dritten Reiches". Der Kirchenbesuch verzeichnete 1935 einen staunenswerten Höhepunkt; sein späterer relativer Rückgang erfolgte also aus einem hohen Niveau. Und (Kriegs-)Not lehrte wieder beten. Die Kirchenaustritte waren trotz oft wüster Nazi-Propaganda längst nicht so zahlreich wie heute. Die Gläubigen brauchten einander nicht namentlich zu kennen, es waren ihrer ja zu viele. Aber alle spürten die Aufmunterung, die das Erleben der Menge mitbesorgte, wenn auf dem Nachhauseweg von der sonntäglichen Maiandacht die Straßen „schwarz" waren vor Menschen gleicher Gesinnung. Einen „geschwisterlichen" Friedensgruß mit Shakehands, wie er heute gang und gäbe ist, um die „communio" zu erleben, wäre damals als Störung der gottesdienstlichen Feier, wenn nicht als weltliches „Theater", empfunden worden.

Die katholische Jugend hielt ihren Bekenntnistag am Dreifaltigkeitssonntag, jeweils unter einem biblischen Leitgedanken, zum Beispiel „Verherrlicht Gott in eurem Leibe!" (1 Kor 6,20), um dem Ringen um Reinheit und Keuschheit entgegenzukommen, oder „Löschet den Geist nicht aus!" (1 Thess 5,19), um den Willen zum Widerpart gegen den braunen Ungeist aufzubauen. Auch die Christkönigs- und Michaelsfeiern gehörten in diese Reihe. (Unter der Überschrift „Wertvolle Tradition wiederbelebt" hat die Diözese Rottenburg-Stuttgart unter ausdrücklicher Bezugnahme auf die NS-Zeit das Christkönigsfest am 25. November 2001 wieder zu einem Jugendsonntag erhoben). Als nach und nach in den Ländern der Katholische Jungmännerverband aufgelöst wurde (in Bayern am 25. Januar 1938) dichtete Georg Thurmair (heute würde er – zusammen mit Adolf Lohmann – rückblickend als Chef-Liedermacher der Christusjugend apostrophiert):

Nun sind Gesichter uns're Fahnen
Und Leiber unser Schaft.

Diese zwei Zeilen erreichten nach Beschlagnahme der Banner in Kreisen der „Pfarrjugend" fast den Rang eines geflügelten Wortes.

Muss es einem nicht auch heute noch durch Mark und Bein gehen, wenn er erfährt, dass manche Mütter im Krieg bis zu vier Söhne verloren haben? Trauerarbeit, Trauertelefon, Trauerselbsthilfegruppen waren zu jener Zeit Fremdwörter. Aber der Glaube war stark – mit Hilfe der Gnade Gottes und des Zusammenhalts der katholischen Christen. Es *brachen* durchaus Ängste, Zweifel, selten auch Abbruch der Gottesbeziehung *aus*. Doch die meisten *zerbrachen* nicht. Bereits 1934 schrieb Georg Thurmair einen flehentlichen Ruf zu seinem Namenspatron nieder, dem Adolf Lohmann Noten beifügte und den die Jugend die ganze düstere und gefahrvolle Zeit über sang:

Wir stehn im Kampfe und im Streit
mit dieser bösen Weltenzeit,
die über uns gekommen.
Sankt Jürg, du treuer Gottesmann,
wir rufen deinen Namen an,

weil unser Mut beklommen.
(...)
Die Lüge ist gar frech und schreit
und hat ein Maul so höllenweit,
die Wahrheit zu verschlingen.
Sankt Jürg, behüte diesen Hort,
bewahr' die Sprache und das Wort,
du kannst die Lüge zwingen.

Überlebende Männer und Frauen, die im Jahr der „Machtergreifung" Adolf Hitlers, 1933, volljährig geworden waren (damals mit 21 Jahren), können jetzt – 2002 – ihren 90. Geburtstag begehen. Es gibt immer weniger Zeitzeugen, die alle zwölf Jahre Hitlerdiktatur bereits als Erwachsene miterlebten und schon die Jahre zuvor wenigstens als Heranwachsende die politische Entwicklung mitverfolgten. Das allmähliche Wegtreten der Zeitzeugen (oral history) darf jedoch nicht überbewertet werden, stehen doch der Geschichtsforschung andere verlässliche Quellen zur Verfügung. Deshalb soll die fragende Jugend von heute nicht generell als inkompetent eingestuft werden, weil sie das Dritte Reich nicht selbst erlebt hat. Andererseits können ihr ältere und alte Menschen unter zwei Voraussetzungen Klarheit über die damaligen Ereignisse zu vermitteln versuchen: einmal, dass die Erzähler objektiv, aber auch kenntnisreich und möglichst exakt berichten, sodann, dass die jungen Leute ihrerseits bereit sind, zuverlässigen Stimmen Glauben zu schenken. Seit Mitte der achtziger Jahre wird über die Einmaligkeit (Einzigartigkeit) der NS-Verbrechen „verhandelt" (Historikerstreit). Niemals mehr darf es so furchtbar kommen! Doch: die Massen sind und bleiben verführbar, damals wie heute. Auf leichtfertig geglaubte „Reformen" und Versprechungen folgt dann oft der mehr oder weniger tiefe Fall.

Wie sich Kirche und Kirchenvolk verhielten, ist durch eine kirchliche „Kommission für Zeitgeschichte" (allein in der Reihe „B. Forschungen" bisher 90 Bände) dokumentiert. Dazu kommen Veröffentlichungen von Diözesanarchiven, Klöstern, Pfarreien, Verbänden und so fort. Niemandem geht es um ein „Reinwaschen", sondern um die möglichst objektive und belegbare Darstellung der Fakten. Auch sind private Arbeiten im Buchhandel erhältlich. Carl Zuckmayer bescheinigte in seinem „Geheimreport" den bürgerlichen Kulturkreisen – im Gegensatz zu den „linken" – fast keine Anfälligkeit gegenüber dem Nationalsozialismus.

231

Ein besonderes Unbehagen bereiten manchen bischöfliche Aufrufe zu treuer Pflichterfüllung in „Hitlers Krieg". Das war aus der Sicht der Nazis das Mindeste, was man von ihnen erwarten, ja verlangen wollte. Erzbischof Gröber konnte ihn nicht mit Jubel begrüßen, wie er ausdrücklich schreibt (7. September 1939). Und: „Lass den Krieg kurz sein, o Herr!" Es gebe „weit Kostbareres" als verlorenes Land (wobei er hier wohl Menschenleben und Frieden meint). Trotz aller Verwerflichkeit von Angriffskriegen und dem kruden Führerkult war vielen Soldaten „der Hitler", auf den man zwar vereidigt wurde, ihn aber nie zu Gesicht bekam, ziemlich egal. „Die Heimat" kam von ihren Lippen; sie brannte im Herzen. Überall gab es in den Gotteshäusern „Kriegsandachten" – „Friedensandachten" durften sie wohl nicht genannt werden; sie waren Gebete „in der Kriegszeit" (ähnlich einer zusätzlichen Oration in der täglichen Messe).

Warum sind Priester und Laien im Widerstand zu Tode gekommen, Bischöfe aber nicht? Man getraute sich vorerst noch nicht an die „höhere Ebene", auch waren viele Episcopi bereits betagt, ferner mussten die Diözesanbischöfe im Taktieren etwas umgänglicher sein (ohne Verrat an der Sache), um ihren Klerus und führende Laien nicht zu gefährden. Bei drohenden Hinrichtungen bemühten sie sich aktiv um ihre Diözesanen. Doch existieren Vorwürfe eines Mitglieds aus der großen Familie des Arbeitersekretärs Nikolaus Groß (Vater von sieben Kindern; Seligsprechung am 7. Oktober 2001), die Kirche habe den wegen Hoch- und Landesverrats (20. Juli 1944!) zum Tode Verurteilten im Stich gelassen. Als Erzbischof Josef Frings von Köln ihn im Gefängnis besuchen wollte, war Groß bereits exekutiert. Sicher gab es neben tapferen auch unzureichende kirchliche Reaktionen.

Im Nachhinein ist gar manches leicht und vorschnell kundzugeben. Jene, die es ganz genau wissen, wie sie sich verhalten hätten, mögen sich diesbezüglich etwas Zurückhaltung aneignen. Interessant wäre eine Publikation sämtlicher Hirtenbriefe aller 26 Oberhirten im „Altreich" 1933-1945. Nicht nur Kardinal von Galen ist mit Recht zu rühmen, auch die Taktik Kardinal Bertrams wollte dem Gottesvolk beistehen, von den Kardinälen Schulte (Köln) und Faulhaber (München) ganz zu schweigen. Mutig verhielten sich alle; zum Lebensopfer wären sie wohl auch ohne Ausnahme bereit gewesen. Was kämpften doch Erzbischof Gröber (Freiburg), Bischof Ehrenfried (Würzburg; die Nazis verhöhnten ihn als „Störenfried"), Hilfrich von Limburg und vor allem Sproll von Rottenburg (siebenjährige Verbannung);

Bischof Petrus Legge von Meißen wurde wegen Devisenverbrechen bei soeben verschärfter Gesetzeslage verurteilt (es ging um Missionsgelder). Bischof von Preysing von Berlin (später Kardinal), an der Schaltzentrale des Reiches also, erkannte wohl am klarsten die teuflische Hinterlist des Systems. Von den österreichischen Oberhirten (seit 1938) musste zum Beispiel Bischof Rusch von Innsbruck viel unter einem rabiaten Gauleiter erdulden. Das handschriftliche „Heil Hitler" am Schluss der Ergebenheitsadresse des österreichischen Episkopats 1938 war Kardinal Innitzer noch rasch vom katholischen Laien Dr. H. eingegeben worden.

Bemerkenswert ist, dass der Hirtenbrief der Fuldaer Bischofskonferenz vom 19. August 1943 unter anderem die Rassenlehre verurteilte – und dies in gefährlichster Zeit, als niemand „der Front (= Hitler) in den Rücken fallen" durfte!

Ganz allgemein war im Geisteskampf zwischen Kreuz und Hakenkreuz zu entscheiden. Albert Hartl, abgefallener Priester und Leiter der Abteilung „Politische Kirchen" im Berliner SD-Hauptamt sagte: „Unser Endziel ist die restlose Zerschlagung des gesamten Christentums." Im SD (Sicherheitsdienst der Schutzstaffel SS) sprach man von der „Endlösung der religiösen Frage".

Wenn es Gott nicht gibt, ist alles erlaubt.

233

Das Kreuz

Heut ist der erste leidenvolle Tag,
Da ich mich nicht vom Lager heben mag!

Auf seiner Meeresinsel stöhnt und fleht
Und wimmerte der wunde Philoktet;

Mir geht das Jammern wider die Natur,
Weit eher noch entführe mir ein Schwur.

Doch beiß ich schweigend nur die Lippe mir;
Denn als ein Christ und Ritter lieg ich hier.

Fernab der Welt. Im Reiche meines Blicks
An nackter Wand allein das Kruzifix.

In heilen Tagen liebt in Hof und Saal
Ich nicht das Bild des Schmerzes und der Qual;

Doch Qual und Schmerz ist auch ein irdisch Teil,
Das wusste Christ und schuf am Kreuz das Heil.

Je länger ichs betrachte, wird die Last
Mir abgenommen um die Hälfte fast,

Denn statt des einen leiden unser zwei:
Mein dorngekrönter Bruder steht mir bei.

(Conrad Ferdinand Meyer)

Herr Generalpräses,
erzählen Sie uns Ihre guten Witze!

Sie machen uns zum Vorwurf, in unserem Plakat an die katholische Jugend nicht wiedergegeben zu haben, daß es in dem Geheimerlaß des Generalpräses weiter heißt, daß gegen die bösen Witze schärfstens Front gemacht werden müßte.

Wir kennen keinen Unterschied zwischen guten und bösen Witzen, wenn es sich um Dinge in Volk und Staat handelt

Wir stellen ausdrücklich fest, daß nicht bestritten werden kann, daß die katholische Führung das junge Volk auffordert, Witze über das Volk und den Staat weiterzugeben.

Das kann man nicht bestreiten, das ist Tatsache!

Wenn Sie uns glauben machen wollen, daß es Witze gibt, die aufbauend wirken, dann verkennen Sie das, was uns am heiligsten ist, die Idee des Nationalsozialismus.

Katholische Jungen, katholische Mädels, marschiert mit uns in der

Hitler-Jugend!

Haltet die Treue zu Eurem Glauben, aber vergeßt nicht Euer Vaterland.

Reichsjugendführung.

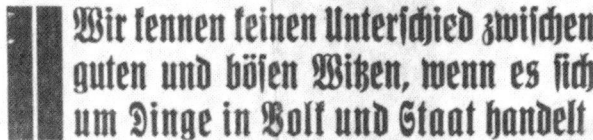

*Flugblatt der Hitlerjugend gegen den Geheimerlass des
Generalpräses der Katholischen Jugend, Prälat Ludwig Wolker*

„Ja, der Weinberg des Herrn der Heere ist das Haus Israel,
und die Männer von Juda sind die Reben …" (Jes 5,7).
Blick vom Ölberg aus dem Kirchlein „Dominus flevit"
(„Der Herr weinte", vgl. Lk 19,41-44) auf Jerusalem.

GOTTES AUSERLESENER WEINBERG – DAS JÜDISCHE VOLK

Im Bewusstsein des Erbes,
das sie mit den Juden gemeinsam hat, beklagt die Kirche,
die alle Verfolgungen gegen irgendwelche Menschen verwirft,
nicht aus politischen Gründen,
sondern auf Antrieb der religiösen Liebe des Evangeliums
alle Hassausbrüche, Verfolgungen und
Manifestationen des Antisemitismus.
(Zweites Vatikanisches Konzil, Nostra aetate 4)

Dieser Abschnitt soll nicht direkt in die Kategorie „Die ‚alte' Kirche ist mir lieber" fallen, weil sein Gegenstand eine dunkle und schmerzliche Seite unserer Geschichte aufschlägt. Sie greift auch über die damalige kleine Welt des Autors hinaus.

In den Anfängen unserer Kirche reichte das Neuheitserlebnis der Erlösung durch den erwarteten und in Jesus Christus menschgewordenen Messias bald hinaus: ecclesia ex Judaeis – ecclesia ex gentibus, Kirche aus Juden und Heiden (den „Völkern"), Weltkirche! Aber die jüdische Wurzel verleugnete die (junge) Christenheit nie (vgl. Röm 11,18). Christus, die Apostel, die Urgemeinde sind aus dem Judentum hervorgegangen, dem Mutterboden für das Christentum, nachweisbar zum Beispiel in der Liturgie.

Um den Schein zu wahren, man sei nicht gegen Christus, wurde im „Dritten Reich" Christus eine Zugehörigkeit zur arischen Rasse angedichtet. Viele Prediger bekannten jedoch absichtlich: „Jesus war Jude". Auch erhob die Kirche das Alte Testament mit dem Neuen zur „Heiligen Schrift".

Das Verhältnis von Judentum und Christentum ist das der Überwindung durch Erfüllung. „Überwindung" hat hier nichts mit Kampf zu tun, sondern ist im Sinne von Ablösung zu verstehen. Das Sehnen der Väter ist in Christus erfüllt. „Das Alte ist vergangen, siehe, Neues ist geworden" (2 Kor 5,17).

Die Christen, speziell die katholische Kirche, werden (der gängigen, fast offiziell veröffentlichen Meinung) zum Sündenbock für das infame, fabrikmäßig organisierte Massaker an den europäischen Juden durch die Nationalsozialisten verantwortlich gemacht. Wenn nicht Rassismus, so hätte doch der durch die Jahrhunderte, selbst in Pogromen ausgeartete Antijudaismus, schließlich zum Völkermord geführt. Als „Aufhänger" oder gar Beweis für die „Mitschuld der katholischen Kirche am Holocaust" wird von der „political correctness" die frühere Juden-Fürbitte am Karfreitag betrachtet. Diese war überschrieben mit „Für die Bekehrung der Juden" (ähnlich wie die nachfolgende „Für die Bekehrung der Ungläubigen"). Vom Erlösertod Christi am Kreuz ausgehend, betonten die „Großen Fürbitten" einerseits den allgemeinen Heilswillen Gottes, andererseits den Missionsbefehl des Heilands der Welt: „Gehet hin … und taufet sie." Offensichtlich konnte es die Kirche aus ihrem Glauben an Jesus Christus als Gottessohn und Erlöser nicht „verwinden", dass die Judenschaft immer noch nicht in ihm den Erlöser sehen wollte. Versteht man Christus als die Fülle aller Liebe, sollte sie niemandem auf der Welt vorenthalten bleiben.

In der Gebetsaufforderung und in der Fürbitte selbst kamen rigorose Wendungen vor wie „ungläubig", „Schleier" vor ihren Herzen, „treulos", „Verblendung", „Finsternis" – alles bezogen auf die Nichtanerkennung Jesu Christi (als Messias) durch die Juden. Gottes Erbarmen schließt die Juden von seiner Barmherzigkeit nicht aus, hieß es damals (inzwischen wurden die Texte abgemildert). Dass dadurch bei den Gläubigen Ablehnung oder gar Hass gegenüber den israelitischen Mitbürgern aufgekommen wäre, ist unbewiesen. Das „perfidis" wurde vor dem Zweiten Vatikanischen Konzil noch im alten Ritus (Messbuch von 1962) gestrichen. Und im übrigen hatte bereits Pius V. im Jahr 1570 die 8. Strophe der Ostersequenz „Victimæ paschali laudes" wegen des dort angesprochenen Unglaubens der Juden entfernt.

Die Feindseligkeit gegen die Juden entstand nicht auf religiös-sittlichem Boden. Zumindest für das Verhalten „vor Ort" habe ich ein offenes oder latentes Wohlwollen gegenüber den Juden (besonders den orthodoxen) wahrgenommen.

Die Juden waren die „Erstberufenen" zum Heil; man erhoffte ihre endzeitliche Bekehrung und wollte ihnen also das ewige Glück gewähren. Die endliche Anerkennung Jesu Christi durch die Juden galt als Zeichen für das nahende Ende der Welt. Die Christen wünschten den Juden etwas aus ihrer

Sicht ungemein Positives: dass sie, wie sie selbst, einmal das volle Heil erhielten. Dies war ein rein religiöses „Wunschdenken", eigentlich ein Gebet, und hatte nichts mit Politik, Wirtschaft oder gar Rasse zu tun. Karl Thiemes Abhandlung „Am Ziel der Zeiten?" (1939) unterstrich diese von der Bedeutung Jesu Christi als Messias geprägten Beweggründe.

Kirche und Papsttum versuchten „Ausschreitungen und Ausbeutungen von hüben und drüben hintanzuhalten" (Anton Anwander). Eine liberale Theologie jedoch beschäftigte sich mehr mit dem Hellenismus als mit den Segenskräften des Alten Gottesvolkes. Dennoch kann ein nicht geringes Maß an Schuld seitens der Gläubigen (besser: der Christenheit) nicht geleugnet werden. Trauer und Schmerz darüber müssen unermesslich sein. Doch sind drei Tatsachen verbürgt: Die Christen in Deutschland zeigten Unmut über die Judenverfolgung, gaben viel stille Hilfe und bedauerten ehrlich ihre Ohnmacht.

Die Wege der Geschichte sind viel verschlungener, als dass sie sich in Schablonen einteilen ließen. So sehr Christen ihrer religiös (und oft auch wirtschaftlich) zu verstehenden Judenfeindschaft freien Lauf ließen (und der Papst im Heiligen Jahr 2000 deshalb um Verzeihung bat), so führte dies kaum zur Tötungsmaschinerie. „Der Tod ist ein Meister aus Deutschland" (Paul Celan), und dieses Deutschland war in einen blinden Nationalismus und Rassenhass verfallen. Viele, gewiss die meisten Christen, die Kirchgänger ohnehin, litten unter der Verfolgung der Juden, soweit sie dies wahrnehmen konnten oder wenigstens ahnten. Entgegen der kühnen Behauptung der Nachgeborenen, man hätte vom infernalischen Ende des Alten Gottesvolkes gewusst, waren in bitterster Kriegsnot den Deutschen selbst Augen und Hände gebunden. Dennoch sind viele gute Taten verzeichnet.(z.B. Gertrud Luckner, Berlin, wo Bischof Konrad Graf von Preysing eine Hilfsstelle für die Juden eingerichtet hatte). Der eigentliche Auslöser der Brutalität und der kämpferischen Ablehnung war neben politischen und rassistischen Ideologien das völlige Ausbleiben des Gottesglaubens, der Abfall von Gott. Außer der Erwähnung Gertrud Luckners soll am Schluss dieses Abschnitts speziell über Margarete Sommer und ihren Einsatz in der Reichshauptstadt berichtet werden.

Zunächst einiges über die Entwicklung in meiner Geburtsheimat; vielleicht lässt es Schlüsse auf geographisch übergreifende Geschehnisse zu. Im Jahre

1909 war eine neue große Synagoge im neobarocken Stil eingeweiht worden. 1921 gab es Übergriffe gegen den israelitischen Käsegroßhändler Wilhelm Rosenbaum; es kam „zu einem einzigartigen Gewaltakt" (Paul Hoser): „Eine Stadt am Rande der Lynchjustiz" (Bayerischer Rundfunk, 1992). Noch in der Weimarer Zeit unternahm unsere katholische Grundschulklasse einen neugierig-ehrfürchtigen Unterrichtsgang zu besagtem „Bethaus" der Israelitischen Kultusgemeinde. Diese hatte zuvor, 1929, die beiden mächtigen Sanktusleuchter für die neue katholische Kirche gestiftet. Als ich, vielleicht elfjährig, einmal in der Nähe unterwegs war, fragte mich ein Herr, auf die Synagoge zeigend, was das für ein Gebäude sei. Nicht ohne Stolz antwortete ich: „Das ist die Synagoge". An den Boykott der jüdischen Geschäfte am 1. April 1933 kann ich mich noch erinnern, als vor dem Schuhhaus K. zwei S.A.-Männer Posten bezogen hatten. In der Literatur ist nachzulesen, wie Erzbischof Conrad Gröber (Freiburg) wegen dieses schlimmen „Fanals" Kontakt mit den Oberhirten von München und Breslau aufgenommen hatte. Doch dieser Boykott-Samstag 1933 verfiel wohl der Beschwichtigung („wo gehobelt wird, fallen Späne", sagten manche Leute); er wiederholte sich auch nicht mehr. Aber beim Einkauf bei Juden wurde man schief angeschaut, und nach einiger Zeit erfolgten die „Arisierungen" jüdischer Unternehmen. Zwei seltsame „Sprichwörter" sind mir noch in Erinnerung: „Der Hitler wäre schon recht, wenn er die Juden und die Kirche(n) in Ruhe ließe" (Ahnten sie Zusammenhänge? Tatsächlich hieß es ja immer, nach den Juden kommt die Kirche dran). Und das andere beteuerte bedauernd: „Wenn das der Führer wüsste!" Die Übergriffe von Nachgeordneten wurden missbilligt; Hitler aber verstand es, sich in solchen Dingen als Unschuldsengel zu „profilieren". Die Katholiken, insbesondere die katholische Landbevölkerung, kauften auf jeden Fall gerne in den jüdischen Läden ein.

In meiner Klasse befanden sich zwei jüdische Mitschüler, bis sie eines Tages „verschwunden" waren; sie konnten sich noch rechtzeitig ins Ausland retten. Ich kann mich nicht entsinnen, dass sie jemals von Lehrern oder Mitschülern gemobbt worden wären. Merkwürdig, aber integrativ erschien mir, dass die beiden Buben nicht beisammen saßen. Im Pausenhof sah man die jüdischen Schüler aller Altersstufen eng beisammen stehen, während sonst natürlicher Weise die jeweiligen Klassenkameraden unter sich blieben. Einmal war ein fanatischer Judengegner der Schule als Lehrkraft zugewiesen worden, doch dem Direktor gelang es, ihn bald wieder loszubekommen. Dieser katholische Schulleiter und NS-Gegner, Dr. Hans Schlaffner, nahm nachweislich die jüdischen Kinder und ihre Eltern in Schutz. Er wurde auch deswegen strafversetzt und zurückgestuft.

Am 10. November 1938 kam es im Reich zu den Judenpogromen, der sogenannten „Reichspogromnacht" (beginnend am Abend des 9. November). Auf dem Schulweg sah ich, 15-jährig, wie die baulich so großartige Synagoge abgebrochen wurde. Es war ein Jammer, und man konnte nichts tun, ohne höchstes Risiko einzugehen. Der Bürgermeister wollte sie noch retten und zu einem Hallenbad umbauen. Die Schaufenster jüdischer Einzelhändler wurden eingeschlagen, die Wohnungen verwüstet. Das Bedauern der Bevölkerung darüber war sehr vernehmlich. Dennoch überblickte der „kleine Mann" nicht immer das Teuflische dahinter.

Wie sich unser Stadtpfarrer geäußert hat, weiß ich nicht; ich konnte als junger Gymnasiast schließlich nicht alles erfahren. Dokumentarisch belegt ist, dass er im Krieg wegen „Rundfunkverbrechens" (Hören ausländischer Sender) angezeigt wurde. Nur wegen eines ärztlichen Attests (Zuckerkrankheit) wurde er nicht „eingekastelt", wie man es damals nannte.

Ein organisierter Widerstand anlässlich des Pogroms war wohl aus mehreren Gründen ausgeblieben: Diese Verbrechen erfolgten auf dem Höhepunkt von Hitlers Macht (Münchner Abkommen vom 29. September 1938 – Hitler als „Friedensengel"). Sodann lag ein Attentat eines jungen Juden auf einen deutschen Diplomaten (den niemand kannte) in Paris vor. Der Legationsrat starb am 9. November, und jetzt besaß man endlich einen Grund, gegen die jüdischen Mitbürger vorzugehen. Musste doch jeder „Volksgenosse" den feigen Anschlag von Paris zornentbrannt verurteilen! So kann man Unrecht „rechtfertigen"! Ein weiterer Grund, zur Tagesordnung überzugehen, mag auch der gewesen sein, dass jüdische Gemeinden und deren Gotteshäuser nicht überall anzutreffen waren. Man hörte von den Schandtaten, aber diese lagen für viele räumlich weit weg.

Im Jahre 1941 wurde dann der gelbe Judenstern eingeführt. Es gab auch gemeine Diskriminierungen, die sich noch ausweiteten. Als die jüdischen Kinder, Frauen und Männer 1941/42 gegen ihren Willen verschleppt wurden, hieß es, sie kämen zum Arbeitseinsatz in den Osten. Der vielfach (auch unter Glaubensgenossen) verspottete *regelmäßige (!), noch beachtliche Kirchgang* bewirkte *sicher* eines: dass diese Getreuen niemals die Ausrottung der Juden wünschten, und Gelegenheitschristen auch kaum.

Wenn wir den lokalen Bereich nun verlassen und auf die allmächtige Schaltzentrale im Reich, auf Berlin, schauen, dann muss neben dem inzwischen seliggesprochenen Dompropst Bernhard Lichtenberg auch eine tapfere Frau erwähnt werden: Dr. Margarete Sommer (1893-1965). Ihre Verdienste lassen sich mit einem einzigen Wort umschreiben: helfen. Von der Stadt Berlin (West) 1961 ehrend in die Liste der „Unbesungenen Helden" aufgenommen, nahmen erst allmählich Berlins Katholiken Kenntnis vom Einsatz dieser Mitarbeiterin bei dem von Bischof von Preysing gegründeten „Hilfswerk beim Bischöflichen Ordinariat". Denn bei ihrem persönlichen Einsatz in dunkelster Zeit sah sie sich der Weisung Jesu verpflichtet: „Wenn ihr alles getan habt, was euch befohlen wurde, sollt ihr sagen: ... Wir haben nur unsere Schuldigkeit getan" (Lk 17,10).

Als Dozentin für Wohlfahrtspflege, Volkswirtschaft und Gefährdetenfürsorge sowie Rechtskunde, tätig auch beim Caritas-Notwerk, beim Katholischen Siedlungsdienst und Katholischen Frauenbund, suchte Margarete Sommer seit dem frühen „Gesetz zur Wiederherstellung des Berufsbeamtentums" (7. April 1933), für Menschen einzutreten. Hitler nahm vielen katholischen Beamten, Journalisten und Mitarbeitern der Christlichen Gewerkschaften Arbeit und Existenzgrundlage. Margarete Sommer schaute die ganzen Jahre hindurch nach Hilfen für die besonders betroffenen katholischen „Nichtarier", darunter Kinder und Jugendliche, aus. Sie studierte gründlich die sich häufenden menschenverachtenden Gesetze, um Lücken aufzuspüren und unter Lebensgefahr konkrete Maßnahmen zu ergreifen. Ab dem 19. Oktober 1941 führte sie ein „Abwanderungsbuch" mit den Namen der zumeist „nichtarischen" Katholiken. Sie vermochte nicht alles zu verhindern, doch gibt es auch Eintragungen in den Spalten „Rückstellung/Streichung", über geglückte Bemühungen also, Menschen vor der Deportation zu bewahren. Sowohl mit noch bestehenden jüdischen Organisationen, mit dem „Büro Pfarrer Grüber" der Bekennenden Kirche und den Quäkern, die konfessionslose Juden betreuten, gelang es, nicht wenige in der Hauptstadt versteckt zu halten. „In Räumen der Krypta der Herz-Jesu-Kirche verbargen sich bis zu vier verfolgte ‚Nichtarier' gleichzeitig, ohne voneinander zu wissen, versorgt vom Hilfswerk, den Pfarrgeistlichen und dem Küster (Mesner)". War Gefahr im Verzug, bat Margarete Sommer (wie sie später berichtete) nie einen Berliner Priester vergebens um den Besuch bei einem ihrer „Schützlinge".

Im Herbst 1942 war von der aggressiven NS-Ideologie vorgesehen, „rassisch gemischte" Ehen zwangsscheiden zu lassen. Nun alarmierte Dr. Sommer die Bischöfe, gab jedoch gleichzeitig zu befürchten, „dass dadurch

‚kein praktischer Erfolg zu erwarten ist und dass durch einen solchen Schritt die noch mögliche Arbeit gefährdet werden könnte' ... In einem heftigen Brief an den Intendanten Piscator wird sie 1963 im Zusammenhang mit der Diskussion um Hochhuths ‚Stellvertreter' die Vorwürfe gegen Papst Pius XII. zurückweisen; ausdrücklich verwahrt sie sich dagegen, ihren Einsatz für die Verfolgten in einen Gegensatz zu bringen zur Haltung des Papstes und der Kirche" (Ursula Pruß).

Für die Juden

Lasst uns auch beten für die Juden,
zu denen Gott, unser Herr, zuerst gesprochen hat:
Er bewahre sie in der Treue zu seinem Bund
und in der Liebe zu seinem Namen,
damit sie das Ziel erreichen,
zu dem sein Ratschluss sie führen will:

Allmächtiger, ewiger Gott,
du hast Abraham und seinen Kindern
deine Verheißung gegeben.
Erhöre das Gebet deiner Kirche für das Volk,
das du als erstes zu deinem Eigentum erwählt hast:
Gib, dass es zur Fülle der Erlösung gelangt.
Darum bitten wir durch Christus, unseren Herrn.

(Aus den Großen Fürbitten am Karfreitag)

*„Indem sich die geweihten Hirten die geistliche Betreuung ihrer
Herde angelegen sein lassen, sorgen sie in der Tat auch für das
staatsbürgerliche Wohl und den sozialen Fortschritt …
Das apostolische Amt der Bischöfe ist von Christus dem Herrn
eingesetzt und verfolgt ein geistliches und übernatürliches Ziel."
(Zweites Vatikanisches Konzil, Christus Dominus 19-20)*

SOLL DER FÜRSTBISCHOF WIEDER KOMMEN?

Der Handlungsspielraum geistlicher Fürsten
als gewählter Landesherren
gegenüber Domkapitel und Landständen
war in der Regel enger begrenzt ...
In der großen Politik haben die geistlichen Staaten
nur selten eine Rolle gespielt ...
Dass sie eo ipso mehr für die Kirche getan hätten
als weltliche katholische Landesherren, kann nicht gesagt werden.
(Rudolf Vierhaus)

Die Bewertung der einstigen geistlichen Staaten kann wohl nicht einheitlich sein, da große regionale Verschiedenheiten in der Ausgestaltung zu beobachten sind. In meinem Heimatbezirk Bayerisch-Schwaben zählen die geistlichen Staaten als „prägendes Element" (Wolfgang Wüst) bis in die heutige Zeit. Klöster und Stifte waren als Träger politischer Herrschaft bestimmend; sie können als Stützen des Alten Reiches gelten (ders.). Würde man aber in unserer umfragefreudigen Zeit Passanten die Frage stellen: „Soll sich die Kirche aus der Politik heraushalten?", würde sich wahrscheinlich eine große Mehrheit dafür aussprechen. Womöglich könnten es die gleichen Leute sein, die Papst Pius XII. vorhalten, „nichts" für die Rettung der europäischen Juden getan zu haben. Dies ist einer der Widersprüche, deren heute so viele zu beobachten sind, vor allem wenn es um das Zeugnis der Kirche in Welt und Leben geht. Die Kirche soll sich einerseits in weltlichen Angelegenheiten zurückhalten, wird aber gleichzeitig für wirkliche oder vermeintliche Missstände (mit)verantwortlich gemacht. Nicht selten will man sie gleichzeitig politisch vereinnahmen, gleichgültig ob auf der Ebene der Bischofskonferenz, der Diözese oder der Pfarrei. Doch politische Betätigung ist Aufgabe der Laien. Es gehört zu deren Weltdienst, wenn sich etwa das Zentralkomitee der deutschen Katholiken zu wichtigen Lebensfragen äußert.

Wie war das früher? Man zählte im Alten Deutschen Reich eine Reihe Fürstbistümer, die von adeligen kirchlichen Staatslenkern, meist mit sämtlichen Stufen des Weihesakraments ausgestattet, besetzt waren. Je nach Herrschaftsbereich (in der räumlichen Ausdehnung war dieser nicht immer so groß wie der jeweilige diözesane Pastoralbezirk als solcher), bezeichnete man sie als Erzstifte (bei Erzbistümern), als Hochstifte (bei Bistümern) oder als Stifte (bei Chorherren und Mönchen). Drei Inhaber von Erzstiften wirkten sogar als Kurfürsten, also Königswähler. Auf den geschichtlichen Hintergrund sowie die seelsorglichen Auswirkungen, kann ich hier nicht näher eingehen. Doch eines ist sicher: Hochstifte und Reichsklöster waren neben weltliche Herrschaft Ausübenden (Fürsten, Reichsadel, Reichsstädte) bestimmendes Element der territorialen Landschaft. Als Förderer von Kunst und Kultur leisteten die geistlichen Staaten oft Überragendes; auch im sozialen Bereich schufen sie Gutes (es sei an das Sprichwort erinnert „Unterm Krummstab ist gut leben"). Zuständig waren diese Teilstaaten im Reich für *alles*, nicht anders als bei den benachbarten weltlichen Staaten – ob Wegebau, Förderung der Landwirtschaft, Eintreiben der Zölle, Gesundheitswesen und vieles mehr. In der Gerichtsbarkeit verfielen sie längere Zeit hindurch ebenso, in verschiedenen Graden, dem Hexenwahn. Jedoch wäre es keinem Fürstbischof, Fürstabt, Fürstpropst oder regierenden Abt eingefallen, die eigenen Untertanen regelrecht als Soldaten nach England zu verkaufen, wie es in der Landgrafschaft Hessen geschah, oder für Napoleon Soldaten zu stellen (Württemberg). Historiker gestehen den geistlichen Territorien oft ein besseres Staatswesen zu, besonders eine erstaunliche Aufgeschlossenheit für die Moderne („Katholische Aufklärung"). Die staatliche Allzuständigkeit des Bischofs, kurzum alles – pflanzte sich in den „Windungen" der Erinnerung bis in unsere Gegenwart fort. Dabei wurde meist das weniger Angenehme kolportiert, in extremen Fällen Kritik geübt (Exulanten aus dem Erzstift Salzburg, 18. Jhdt.).

Und heute? Manchmal soll sich der Bischof um alles kümmern, vor allem, wenn Schäden irgendwelcher Art auftreten und zu beseitigen sind. Die Kirche leistet ohnehin auf vielen Feldern Segensreiches (Caritas, Familie und Erziehung, Mütter in Not, Schule und Bildung, Umwelt und anderes mehr). Doch müsste es Grenzen geben. Der Staat streicht die Einkommen- und Lohnsteuer ein; die Kirchensteuer beträgt in der Regel nur acht Prozent davon. Die Kirche kann schon von daher nicht alles in die Hände nehmen. Sonst könnte man gleich wieder den „Fürstbischof" als Staatschef anstreben. Doch das kommt, Gott sei Dank, nicht mehr in Frage. Der Journalist Gerhard Eberts, gewiss kein „Konservativer" im neueren Sprachgebrauch, äußerte kürzlich sinngemäß, dass die Kirche zu viel mache. Eine weise Beschränkung zum Wohle der Menschen und in guter Zusammenarbeit mit den weltlichen Zuständigkeiten vermag zugleich den notwendigen Einfluss der geistlichen Seite zu wahren.

Wie wenig die Kirche allesvermögend ist, auch wenn sie notwendige und wünschenswerte Handlungsspielräume erhält, zeigt eine in den fünfziger Jahren von P. Josef Kreitmaier SJ publizierte Aufsatzsammlung. Sie enthält Gedanken des 1936 verstorbenen Rundfunkpredigers P. Peter Lippert SJ. Darin heißt es: „Auch die Religion, das Christentum, die Kirche vermögen die Unsicherheit unseres Lebens nicht zu beseitigen … Auch die Kirche mit ihrer objektiven Führung und Hilfe will und kann nicht eine bürgerlich verstandene Sicherheit bieten. Im Gegenteil, die Kirche ist tatsächlich eine unermessliche Verwicklung und Erschwerung unseres Lebens … Jede Bereicherung unseres Lebens ist auch eine Erschwerung, jede Vermehrung des Seins ist auch eine Steigerung der Aufgabe".

Zu dem angedeuteten Fragenkomplex: Wie weit hat sich die Kirche für die Menschenrechte einzusetzen, ohne auf etwaige Nachteile für die eigenen Glaubensangehörigen zu achten, das heißt, diese dann in Kauf zu nehmen? Papst Pius XII. hätte nach Meinung vieler angesichts des entsetzlichen Holocaust aufbegehren müssen. Abgesehen davon, dass dem Papst viele Einzelheiten nicht bekannt sein konnten, wäre gegenüber den deutschen Katholiken eine furchtbare Racheaktion von Seiten der Nazis fast sicher gewesen. Konrad Repgen, Historiker und Zeitgeschichtlicher, weist der im Sommer 2001 „geplatzten" Internationalen jüdisch-katholischen Historikerkommission massive handwerkliche Fehler nach. Darf der Papst als Oberhirte seine Gläubigen gefährden? Die Katholiken Deutschlands hätten sich dies gewiss vehement verbeten. Auch die protestantische geistliche Oberschicht wollte wohl die Angehörigen der Landeskirchen nicht ohne Schutz lassen. Eine Tragik bleibt es allemal, aber heutiges Besserwissen nützt auch nichts.

KAPITEL IV

MENSCH –
Neuschöpfung in Christus

So sollen wir alle zur Einheit im Glauben
und in der Erkenntnis des Sohnes Gottes gelangen,
damit wir zum vollkommenen Menschen werden (Eph 4,13)

Der selige Neupriester Karl Leisner (1915-1945),
im KZ Dachau am 17.12.1944 zum Priester geweiht,
konnte nur ein einziges Mal das heilige Messopfer feiern,
bevor er am 12.08.1945 an den Folgen der KZ-Haft starb.

CHRISTEN MACHEN GESCHICHTE
IN DER KIRCHE – FÜR DIE WELT

Es wird die niegefundne der Perlen größte sein.
Es wird der ganz Gebundne der ganz Erlöste sein.
(Werner Bergengruen)

Auf den nachfolgenden Seiten werden wichtige Persönlichkeiten vorgestellt, die vor und teils auch nach dem Konzil als Wortführer katholischer
Überzeugungen galten und Einfluss ausübten. Nur ein Bruchteil kann in
Kurzportraits vorgebracht werden. Die Namen stehen stellvertretend für
viele, fast unendlich viele. Das erste Lebensbild ist allerdings frei erfunden
(und vielleicht doch wahr?).
N.N., Katholischer Christ, im deutschen Schicksalsjahr 1933 gerade mal 42
Jahre alt, verheiratet, drei Kinder. „Kleiner" Buchhalter in einem mittel-
ständischen Betrieb, Kleinstadtmilieu. Kolpingssohn („Katholischer Ge-
sellenverein"), gerne den Austauschgruß gebrauchend: „Treu Kolping –
Kolping treu", geht regelmäßig sonntags zur Kirche, auch mal bei besonderen Anlässen, und freut sich über die christlichen Feiertage. Aktives Mitglied im örtlichen Turnverein, schon allein wegen seiner sitzenden berufli-
chen Tätigkeit. Ein im Seelsorgsdienst als Pfarrer ergrauter Onkel ist die
Güte in Person, und die Kinder des N. N. sind in den Ferien für einige Zeit
im ländlichen Pfarrhaus mit großem Garten willkommen.
N.N. regt sich über den „Umsturz" mit dem Hitler auf, redete er doch bereits vor der „Machtübernahme" am Stammtisch gegen die Braunen. Er
nimmt kein Blatt vor den Mund. Durch seine Kirche, Kolping und den Be-
kanntenkreis sowie durch die Lektüre mancher katholischer Blätter hält er
sich, ausgerüstet mit „gesundem Menschenverstand", für informiert. Er
lässt sich keinen Maulkorb umhängen, auch als ihm im April 1933 Schutzhaft angedroht wird, wenn er „sein Maul nicht halte". Er wird freilich vor-
sichtiger. Mit der Zeit kommen andere Töne ihm gegenüber auf: „Du
schwarzer Hund, du schwarzer", wird ihm nachgerufen. Er ist über die

gemeinen Nazi-Randalierer beim „Gesellentag" in München (Juni 1933) empört. Und er sagt sich: „Jetzt musst du kämpfen, darfst nicht umfallen und die Treue nicht verraten." Seine Frau und die Heranwachsenden halten zu ihm, doch treten mit dem Nachwuchs allmählich manche Probleme auf. Aber das Beispiel des Vaters und die aufmunternde Gläubigkeit der Mutter verfehlen ihre Wirkung nicht. Die Kirche ist es, die sie bindet und verbindet als Familie. Die Sonntagspredigt gibt dem Mann geistiges Rüstzeug und bestätigt seine Ausrichtung als katholischer Christ. Er geht jetzt auch öfters zu den heiligen Sakramenten, zur Monatskommunion, beteiligt sich an kleineren Wallfahrten, spürt, dass er nicht allein in der Wirrnis steht, gewinnt mehr und mehr an Ausstrahlung. Redlich bemüht er sich, Gutes zu tun. Wenn er sich dabei ertappt, unwirsch zu reagieren, klingelt bei ihm das Gewissen. Er ist kein Heiliger, aber ein rechtschaffener Durchschnittschrist, dieser „unbekannte Katholik N.N.", und das in einer Zeit, die Bekennermut abverlangte.
Wie ging es dann bei ihm weiter? Es wurde nicht leichter, das Ganze, aber mit Gottes Hilfe rang er auch in der Düsternis zuversichtlich um Glaube, Hoffnung, Liebe, um „diese Drei" (1 Kor 13,13).

Doch nun zu Menschen mit vollem Namen! Es gab auch Gegenmeinungen zu manch forschen Aufbrüchen in den drei „Bewegungen" Bibel, Liturgie und Jugend. (Diese konnten unsterbliche Verdienste sammeln und werden auch in Einzeldingen als „Vorarbeiter" des Zweiten Vatikanischen Konzils betrachtet.) Einer unter den durchaus ernst zu nehmenden Gegnern wirkte zuletzt zwischen den Weltkriegen wie ein Urgestein der Volksmissionen: *P. Max Kassiepe O.M.I.* „Die mächtige Stimme", so lautet ein Buchtitel über ihn. Fast mag man ihn als den „Volksmissionar der Volksmissionare" bezeichnen, zumal er bedeutende Ämter in seinem Oblatenorden und auch sonst innehatte (Mitglied im Zentralkomitee der deutschen Katholiken). Der gebürtige Essener von unermüdlicher Arbeitskraft († 1948) ging als Gründer und langjähriger 1. Vorsitzender der „Missionskonferenz" in die deutsche Seelsorgsgeschichte der ersten Hälfte des 20. Jahrhunderts ein.
Der Schriftsteller (Homiletisches Handbuch in vier Bänden) machte zugleich als Praktiker seinem Herzen Luft, als er gegen Neuerungen und Übertreibungen seine warnende Stimme erhob: „Irrwege und Umwege im Frömmigkeitsleben der Gegenwart", 1940 in 2. Auflage erschienen. Wenn er aus seiner Sicht den Finger auf manche Wunden legte, machte er sich damals zum Anwalt einer Volkskirche, die hauptsächlich aus den „kleinen

Leuten" bestand? Kassiepe kannte und schätzte deren einfach strukturierte, aber ehrliche Gläubigkeit. Nahrhaftes Schwarzbrot brauchten diese „Kinder der Kirche" und weniger verziertes Zuckergebäck. Am 18. Januar 1943 sandte Erzbischof Conrad Gröber von Freiburg an alle deutschen Oberhirten eine Studie mit 17 Punkten. Sie enthalten ihn beunruhigende Beobachtungen auf den Gebieten der Glaubenslehre und Liturgie. Die „reaktionären" Initiativen Gröbers und Kassiepes fanden bei den Bischöfen gespaltene Aufmerksamkeit. Bereits 1937 hatte Gröber bei Herder das „Handbuch der religiösen Gegenwartsfragen" mit Empfehlung des Gesamtepiskopats herausgebracht, eine Art „Anti-Mythus" gegen Alfred Rosenberg.

Von nachhaltigem Einfluss war der gebürtige Württemberger *Theodor Haecker* (1879-1945), meist tätig in einem Münchner Verlag. Solange der katholische Kulturphilosoph und -kritiker veröffentlichen durfte (bis 1938), ließen Titel wie „Was ist der Mensch?", „Schöpfer und Schöpfung" oder „Christentum und Kultur" aufhorchen. Von seinen zahlreichen weiteren Werken verdient das erfolgreiche „Vergil, Vater des Abendlandes" besondere Erwähnung. Der adventliche Heide Vergil (70-19 vor Christus), fast ein Zeitgenosse Jesu, drückte die Sehnsucht nach einem Welterlöser aus und gilt als Führer zu Christus.
Im Jahre 1933 verspottete Haecker in einem Aufsatz das Hakenkreuz, das rüde Symbol der Nationalsozialisten. Der Verfasser wurde daraufhin eingesperrt. Kardinal Faulhaber und Carl Muth, dem Herausgeber des „Hochland", gelang es, ihn freizubekommen.
An Bernhard Hanssler schreibt Haecker nach einem „recht ungemütlichen Luftangriff" am 20. September 1942 auf München, bei dem 143 Menschen starben: „Ein starker, innerer Trost freilich ist … die Erklärung des Kardinals, dass kurze Zeit nach jedem Alarm jedem wahrhaft Reuigen die General-Absolution erteilt wird". Nebenbei sei bemerkt: Hier, im Angesicht des Todes („in articulo mortis") hat die sakramentale Lossprechung mehrerer Sünder ohne vorheriges Bekenntnis seinen legitimen Ort – nicht in der normalen Pfarrseelsorge in Friedenszeiten. Wer dennoch die Generalabsolution spendet oder in einem Bußgottesdienst den Anschein erweckt, hier würden schwere Sünden vergeben, versündigt sich an den ihm anvertrauten Gläubigen.
Der Schwabe Haecker mit einer Sprache voll Schönheit verfasste als letztes Œvre die (unvollendet gebliebene) „Metaphysik des Fühlens". Nach dem Zweiten Weltkrieg wurde Theodor Haecker besonders durch seine „Tag-

und Nachtbücher 1939-1945" bekannt, in denen er in prägnanten, treffenden Gedanken voll beißender Schärfe das Unrechtssystem geißelte. Ausge-
bombt floh er. Nur einen Monat vor Kriegsende starb der Gelehrte und
Kämpfer.

Wie sehr er als Mensch beeindrucken konnte, geht aus einem Brief Sophie
Scholls an einen Freund F.H. hervor (7. Februar 1943, sie sollte nur noch
15 Tage leben): „An Deinem Geburtstag war Haecker bei uns. Dies waren
eindrucksvolle Stunden. Seine Worte fallen langsam wie Tropfen, die man
schon vorher sich ansammeln sieht und die in diese Erwartung hinein mit
ganz besonderem Gewicht fallen. Er hat ein sehr stilles Gesicht, einen
Blick, als sähe er nach innen. Es hat mich noch niemand so mit seinem
Antlitz überzeugt wie er."

Haecker war bereits 1921 von Sören Kierkegaard über Newman zur katholischen Kirche gekommen. Viele Werke des großen englischen Theologen
fanden in Haecker einen meisterhaften Übersetzer. Sein Nachwort zu den
unter dem Titel „Das Mysterium der Dreieinigkeit und der Menschwerdung
Gottes" herausgebrachten Predigten des späteren Kardinals beginnt folgendermaßen: „Die hier übersetzten Predigten Newmans sind in strengem Sinne theologisch, ja dogmatisch; das ist bei Predigten in neuerer Zeit sehr
selten der Fall. Leider. Eben das streng Theologische, ja Dogmatische ist
mit ein Grund gewesen, warum ich sie übersetzt habe …" (den heutigen
Dogmengegnern in der Kirche zur Besinnung!).

Ein Landsmann und Freund Haeckers, ebenfalls Konvertit und Laienchrist
(wie auch der Maler Richard Seewald, Konversion 1929), war der etwa
gleichaltrige *Konrad Weiß*, ein Dichter von hohen Graden wie ebenso viel-
seitiger Schriftsteller von christlichem, europäischem Denken. Hugo von
Hofmannsthal schätzte ihn sehr. Weiß, der fünf Jahre vor Haecker starb,
ging dem Mysterium der Zeitenwende, nämlich des Kreuzes, nach. Er verfasste auch ein (1950 in zwei Bänden wieder aufgelegtes) fast epochales
Reisebuch: „Deutschlands Morgenspiegel". Es bedurfte längerer Jahre nach
der deutsch-deutschen Wende und Einheit 1989/90, bis sich ein Feuilleto-
nist der faszinierenden Weiß'schen Kulturfahrt nach Mittel- und Ostdeutschland entsann.

Genannt sei auch der jüdische Schriftsteller und Essayist *Alfred Döblin*
(1878-1957; „Berlin Alexanderplatz", 1929), der 1940 in den USA zur
katholischen Kirche übertrat. *Franz Herwig* zählt ebenfalls zu den Dichtern

jener Zeit († 1931); er behandelte in seinen Romanen soziale Fragen, speziell die religiöse Problematik des Proletariats. In den katholischen Jugendzeitschriften der 30-er Jahre wurde sein „St. Sebastian vom Wedding" (1921) oft erwähnt; 1930 erschien sein Kettelerroman „Der große Bischof". Der Schrifststeller *Hans Carossa* (1878-1956) sah sich in den Jahren der NS-Herrschaft als Vertreter der „inneren Emigration". Christen spürten in seinen Büchern einer gemäßen Lebensauffassung nach; dies gilt auch für *Hans Heinrich Ehrler* und *Arthur Maximilian Miller*.

Einen respektablen Bekanntheitsgrad erlangte der aus einem (heutigen) Ortsteil von Rheine gebürtige Philosoph *Josef Pieper*. Dreißig Jahre, 1946 bis 1976, lehrte er an der Universität Münster. Er wollte kein trockener Gelehrter sein. Als Christ und Katholik wurde er in hohem Maße einem inneren Ruf gerecht, philosophisch-ethische Schriften zu verfassen, erstmals 1929. Diese waren zahlreich, wurden in viele Sprachen übersetzt und mehrfach aufgelegt. So erwies sich Pieper als ein Sprachrohr des christlichen Gewissens für die suchenden Menschen. Durch seine Modernisierung der thomistischen Ethik (Thomas von Aquin) wurde er zu einem einflussreichen Träger der katholischen Kulturarbeit (Der Große Brockhaus, 1956). Damit bildete er wohl ein richtungsweisendes Gegengewicht zur Existentialphilosophie. Mir ist nicht bekannt, ob Pieper im Ethikunterricht des gegenwärtigen Schullebens „Verwendung" findet. Aber Lehrer und Schüler würden dabei auf eine verlässliche, weite, kühne und dennoch tief menschliche Anleitung zur Lebensgestaltung stoßen. Auch unter dem Zweiten Weltkrieg kursierten Texte des lebenskundigen Professors. Er war ein Meister in der Darlegung der sittlichen Tugenden. Die in der NS-Zeit hart bedrängte katholische Jugend verehrte den jungen Gelehrten. Verständlich, dass der zu Recht Gefeierte angesichts der Entwicklungen in Kirche und Gesellschaft seine mahnende Stimme erhob. In einer Reihe des kirchenamtlichen Informationszentrums „Berufe der Kirche" erschienen Kassetten und Texthefte auch von Pieper. Die Kirche blieb seine Liebe und Sorge. So lauten die Titel etwa: „Was ist eine Kirche – Vor-Überlegungen zu einem umstrittenen Thema" und „Was ist ein Priester – Ein notwendiger Klärungsversuch". In letzterer Broschüre stellt der Autor fest: „Weder die mittelalterliche Theologie noch die ‚Gegenreformation' hat die Lehre vom allgemeinen Priestertum der Gläubigen ignoriert … Was aber dem geweihten Priester im Sakrament des *Ordo* vor allem zuteil wird, nämlich die Vollmacht, für die ganze Kirche *in persona Christi* die Eucharistie zu feiern – gerade dies kommt, wie die Kirche es gelegentlich mit dezidierter Schärfe ausgesprochen hat, dem Laien ‚auf keine Weise' zu".

Einen besonderen Dienst, vor allem an der jungen Generation, leistete Josef Pieper (zusammen mit Heinz Raskop) mit seiner 1936 als Taschenbuch herausgegebenen „Katholischen Christenfibel". Der auf knapp 130 Seiten verfasste Grundriss „für ein tieferes Eindringen in die Lehre der Kirche" fand reißenden Absatz und bewährte sich als Leitfaden im Gruppengespräch. Die jungen Arbeiter, Handwerker, Büroleute und Schüler lernten so den Christusglauben als höchsten Lebenswert kennen und schätzen. Als Gegenstück und Ergänzung erschien dann noch das von Klaus Mund herausgebrachte Bändchen „Christenfragen".

„Pieper ist nicht verborgen geblieben, dass die Gegenwart mit Offenbarung und Fleischwerdung, Sakrament und Tradition nicht viel im Sinn hat. Wenn er dennoch nicht aufhörte, als gläubiger Katholik im Geiste des Thomas zu philosopieren, dann deshalb, weil er das Sakrament zur Wahrheits- und Realitätserkenntnis des Menschen für notwendig hielt" (Martin Mosebach). In der Tradition Piepers steht – durchaus eigenständig – der noch lebende gläubige Philosoph und berufene Mahner *Robert Spaemann*.

Der Namen sind so viele, die genannt sein müssten, wenn es um markante Persönlichkeiten im kirchlichen Leben zwischen etwa 1925 und 1965 gehen soll. In anderen Kapiteln dieser Veröffentlichung tauchen verschiedentlich solche Charaktere auf; diese seien hier nicht noch einmal genannt. Von der „Zeitgeschichte in Lebensbildern" aus dem 19. und 20. Jahrhundert sind bisher zehn Bände erschienen. Hier findet man zahlreiche Kurzbiographien auch von solchen Katholiken, Laien und Geistlichen, Männern und Frauen, die im vorgenannten Zeitraum zeugnishaft wirkten. Eine andere bedeutsame Quelle stellt das deutsche Martyrologium dar, ein kirchliches Werk, das 1999 im Auftrag der Deutschen Bischofskonferenz und aufgrund ausdrücklicher Intention des Papstes in zwei Bänden beim Bonifatius Verlag in Paderborn aufgelegt wurde. Es erhielt den Titel „Zeugen für Christus" und behandelt in einprägsamen Lebensabrissen das Leiden und Sterben von über 700 katholischen Widerstandskämpfern gegen braune und rote Diktatur und zudem Missionsopfer und Reinheitsmärtyrerinnen.

Es wäre ungerecht, nur an die Diözesen und ihre Weltpriester zu denken. Die männlichen und weiblichen Orden standen in vollem Einsatz für das Reich Gottes. In den dreißiger Jahren und auch für geraume Zeit später wusste die kirchliche Statistik von dreimal so vielen Ordensfrauen zu berichten wie heute. Auch unter ihnen gab es Lebensopfer im Dritten Reich. Erschütternd der irdische Untergang von 41 Kapuzinerinnen bei einem Bombenangriff am 27. Februar 1945 auf Mainz, als die Oberin aus dem Tabernakel im Keller das Ziborium ergriff und den sterbenden Schwestern die Wegzehrung reichte. Bei dieser Erwähnung mag sich der Nachdenkliche an Werner Bergengruens tröstliche Zeilen erinnern: „Und aus nie geleertem Speicher nährt dich das geheime Brot."

Es kann hier keine Zeitgeschichte der vielen Orden und Kongregationen geschrieben werden. Deutschland war mit einem *dienenden, lehrenden* und *heilenden* Geflecht von Klöstern durchzogen. Bereits in der Barockzeit („Gegenreformation") nahmen sich die Jesuiten vor allem der gebildeten Stände an, während die beliebten Kapuziner in die einfacheren Stadtviertel zogen, so zum Beispiel ins damalige Handwerkerviertel in Aschaffenburg.

Von den Jesuiten möchte ich an dieser Stelle wenigstens ehrenvoll erwähnen den Nestor der Christlichen Gesellschaftslehre, *P. Oswald von Nell-Breuning SJ.* Erst im Jahre 1991 verließ er diese Welt (* 1890). Doch zeigte er sich schon in jüngeren Jahren als ein Professor, in den große Erwartungen gesteckt wurden. Bereits 1934 widmete ihm „Der Große Herder" ein relativ ausführliches Stichwort einschließlich Bild. Der Sozialwissenschaftler arbeitete den Päpsten vor und nach dem Zweiten Weltkrieg zu. Es entstanden die großen Sozialenzykliken – nicht zu vergessen die Eheenzyklika Pius' XI. „Casti connubii" von 1930.

Ein neben dem seligen P. Rupert Mayer SJ segensreich in München wirkender Jesuitenpater war *Friedrich Kronseder.* Er lebte ganz „Im Banne der Dreieinigkeit" (Buchtitel). Ihm widmete der zum Ordensberuf gefundene ehemalige Leibgardeoffizier des russischen Kaisers, *Iwan von Kologriwof,* sein 1938 bei Pustet, Regensburg, verlegtes großartiges Buch „Das Wort des Lebens". In der einleitenden Widmung, in der auch ein anderer Konvertit erwähnt wird (P. Willibrord Verkade O.S.B. aus Beuron, Buchtitel „Die Unruhe zu Gott"), bekennt Kologriwof: „Christentum und Priestertum haben das Kreuz meinem Leben nicht weggenommen. Vielmehr ist es noch tiefer in mein Leben hineingewachsen. Aber das Licht hat geleuchtet …"

Als treu erfundenes Blutopfer aus dem Franziskanerorden legte der aus dem Sauerland gebürtige *P. Kilian Kirchhoff* am 24. April 1944 sein Haupt unter das Fallbeil. „In Wort und Tat trat Kirchhoff für die Kirche ein" (Engelhard Kutzner). Der Widerständler erwies sich als Fachmann in der Erforschung der Hymnendichtung der byzantinischen Kirche („Hymnen der Ostkirche"). Name und Buchtitel waren mir bereits als Schüler geläufig, ohne Näheres vom Autor oder gar von seinem Martertod zu wissen. An ihn denken musste ich aber wieder, als am 27. Juni 2001 Papst Johannes Paul II. vor einer Million Menschen im ukrainischen Lemberg 26 Blutzeugen der stalinistischen und einen der NS-Todesmaschinerie selig sprach. In der Zwischenkriegszeit tat sich ohnehin der Blick der deutschen Katholiken weit nach Osten auf (Hugo Ball, „Byzantinisches Christentum").
Der Hymnologe Pater Kirchhoff wurde übrigens von einer fanatischen Nationalsozialistin denunziert. Die Frau antwortete auf die Fragen des Gerichtspräsidenten: „… Nein, ich habe keinen Hass gegen ihn … Ich hasse nur die Priester der katholischen Kirche, weil sie Gegner des Nationalsozialismus sind und dieses auch von ihren Kanzeln predigen" (Engelhard Kutzner).

Der aus der katholischen Jugend stammende *Karl Leisner* (1915-1945) hatte als Diözesanjungscharführer des Bistums Münster etwa 13.000 bis 14.000 Jungen zu betreuen. Als er das Misslingen des Attentats auf Hitler mit den Worten kommentierte, „schade, dass er nicht dabei gewesen ist", wurde er denunziert und ins KZ verfrachtet. Dort wurde er zum Priester geweiht. Nur einmal konnte er die heilige Messe feiern. Nach der Befreiung starb er an den Folgen seiner KZ-Haft; 1996 wurde er von Johannes Paul II. seliggesprochen.

Auch der nicht direkt zu Tode gekommenen Verfolgten des NS-Regimes soll gedacht werden. Viele Tausende Priester und Laien waren betroffen. Stellvertretend für sie alle nenne ich den bekannten „Ruhrkaplan" Carl Klinkhammer. Als er wieder einmal eine Strafe wegen „Kanzelmissbrauchs" abgesessen hatte und Kanzelverbot erhielt, predigte er gleich wieder – von der Kommunionbank aus.

Aber nun stehe mir bei …

Nesseln unter den Sohlen,
Schwert überm Haupt,
Aber im Atemholen
Hab' ich geglaubt.

Flammen neben den Wangen,
Triefend im Joch,
Dicht vor dem Züngeln der Schlangen
Hoffte ich doch.

Blut aus den Fingern geschunden,
Tränen gesiebt,
Mitten in schwärenden Wunden
Hab' ich geliebt.

Aber nun stehe mir bei, dass ich, Gott, in Dir bleibe!

(Ruth Schaumann)

Die Christenlehre:
Viele zehrten ein Leben lang von dem, was sie
an Glaubensgut in diesen Stunden empfangen hatten.
Priester und Eltern zusammen trugen die
Verantwortung für diese Stunden.

MENSCHEN ZWISCHEN
GEWISSHEIT UND GEFÄHRDUNG

Das Neue übertrifft jedes Mal das zuvor Erreichte,
ohne jedoch jemals ganz einzuholen,
wonach wir letztlich streben.
(Gregor von Nyssa)

Eine profilierte Gestalt der Zwischenkriegszeit war der Berliner Studenten-
seelsorger und „Weltstadtapostel" *Carl Sonnenschein*, ein gebürtiger Düs-
seldorfer (* 1876). Er wurde nicht ganz 53 Jahre alt, war nicht unumstritten, aber „eine priesterliche Erscheinung von charismatischer Begabung"
(Theodor Eschenburg). „Märkischer Wanderverein", Siedlungen für Kin-
derreiche, Akademische Lesehalle und immer wieder tätige „Entproletari-
sierung" wurden zu Markenzeichen dieses „umwerfenden" Geistlichen.
Bereits ein Jahr nach seinem 1929 erfolgten Heimgang (an der Beerdigung
nahmen Menschenmassen teil), gab der Priesterdichter Ernst Thrasolt eine
viel verlangte Biographie Sonnenscheins heraus. Die ungemein treffenden
„Notizen" dieses Vertreters eines ebenso anspruchsvollen wie sozialen
Katholizismus sind heute noch lesenswert.

Der aus dem Dachauer Land stammende Laienchrist *Alois Dempf* starb
hochbetagt erst 1982. Als tief mit seiner Kirche verbundener Philosoph und
Kulturethiker ging er nicht nur in seiner 1934 in der Schweiz gedruckten
Schrift „Die Glaubensnot der deutschen Katholiken" auf den „Widerspruch" zwischen Anpassung und Verweigerung im Hitler-Deutschland
ein, sondern er sagte mit seiner in 200.000 Exemplaren gegen Rosenbergs
„Mythus des 20. Jahrhunderts" gerichteten Publikation dem NS-Chefideo-
logen den Kampf an. Der international hoch angesehene Ethnologe Wilhelm Schmidt, ein Steyler Pater, vermittelte dem Gelehrten einen Ruf an
die Universität Wien. Nach dem Einmarsch der Wehrmacht 1938 wurde

Dempf vom Lehrstuhl wieder entfernt. Ein gewaltiges Lebenswerk teilt sich zeitlich in die Epochen vor und nach dem Zweiten Weltkrieg.

Wer kannte nicht vor dem Konzil den Namen *Reinhold Schneider?* Und wo gab es so etwas, dass Frontsoldaten oder Geängstigte in den Luftschutzkellern in ihrer existentiellen Not Sonette in abgenutzen Vervielfältigungen von Hand zu Hand gehen ließen? Und dies ähnlich wie die Predigten des Bischofs Clemens August Graf von Galen von Münster? Aus Reinhold Schneiders umfangreichen, Geschichte ausleuchtenden Romanen (vielgelesen „Las Casas vor Karl V.", „dieser herrliche Aufruf zur Ehrfurcht vor allem, was ein menschliches Antlitz trägt" [Werner Bergengruen]), Gedichten und Tagebüchern wird auch heute noch sein „Allein den Betern kann es noch gelingen …" zitiert. Der edle, eher scheue Katholik (Reversion 1936), Zeitzeuge von hoher Geltung, starb an Ostern 1958 in Freiburg.

Unter den katholischen Geisteswissenschaftlern machte sich *Joseph Bernhart* (1881-1969) einen Namen. Er war und blieb bayerischer Schwabe, kam also aus jenem glücklichen Landstrich mit eigenem Profil zwischen den Großräumen München und Stuttgart. Der Lebensentwurf dieses großen Geistes, Priester zu sein, ging insofern nicht ganz auf, als er nach neun, in kirchlicher Gesinnung verbrachten Seelsorgsjahren, 1913 heiratete. Erst 1939 (persönlicher Bereich) und 1942 (öffentlich) erfolgten die kirchliche Sanierung und die kirchliche Eheschließung. Der nach dem Zweiten Weltkrieg mit ehrenden Berufungen (Mitglied der Bayerischen Akademie der Schönen Künste) und seltenen Auszeichnungen Bedachte wies sich durch viele Bücher und zahlreiche Aufsätze in Sammelwerken aus. Bernhart gehörte zu den Verteidigern des Glaubens und der katholischen Kirche im „Dritten Reich". Er war kein Gegner des Zölibats als solchem, und sein 1919 erschienenes Buch „Der Kaplan" ließ er in der braunen Zeit nicht neu auflegen, um der Kirche nicht zu schaden (obwohl Bernharts Ausführungen als vornehm zu beurteilen waren). Der Herausgeber von Bernharts „Erinnerungen" (1972), Max Rößler, Priester, Publizist, Dichter, war übrigens mit vielem in der (gleichsam kulturrevolutionären) Entwicklung der nachkonziliaren Kirche nicht recht einverstanden. In seiner Abhandlung „De profundis" betrachtet Bernhart den Menschen in der Gottlosigkeit, in der tragischen Welt, in der Ehe. In „Bibel und Mythos" korrigierte er die Frage einer „Entmythologisierung" der Bibel. Meilenweit von Bernhart entfernt (inhaltlich, schriftstellerisch und was die Seriosität anbelangt) richtete damals das Pamphlet „Ein Trappist bricht sein Schweigen" üble Verwirrung an. Dies *nur* zum Vergleich, wie persönliche Betroffenheiten (wie von Bernhart) auch anders bewältigt werden können.

Einer der bekannten Namen im katholischen „Bücherwald" der zwanziger und dreißiger Jahre des vergangenen Jahrhunderts lautete *Peter Lippert*. Der gebürtige Oberpfälzer trat in jungen Jahren in den Jesuitenorden ein und entfaltete sein schriftstellerisches Talent bei der ordenseigenen Monatszeitschrift „Stimmen der Zeit". Seine Rednergabe kam zur Geltung, wenn er als überaus gern gehörter Rundfunkprediger in Erscheinung trat. Lippert besaß wohl keine Lobby im Sinne eifrig getätigter Zusammenkünfte mit Anhängern und Gleichgesinnten. Das bedeutendste deutsche Lexikon, „Der Große Brockhaus", erwähnt den Genannten in dem Band von 1955, obwohl Lippert bereits 1936 im Alter von erst 57 Jahren verstorben war. Es heißt in dem ihm eigens gewidmeten Stichwort, dass seine Bücher „teils hohe Auflagen" erreicht hätten.

Was Pater Lippert von dem bekannteren und einflussreicheren Romano Guardini – bei durchaus gleicher „Wellenlänge" im Glauben – unterscheidet (oder ihn ein Stück ergänzt?), lassen einige der Lippertschen Buchtitel nahelegen: „Von Christentum und Lebenskunst", „Abenteuer des Lebens", „Von Festen und Freuden", „Aus dem Engadin – Briefe zum Frohmachen", „Der Mensch Job redet mit Gott", „Vom Gesetz und von der Liebe" (von Jugendlichen in Gruppenstunden benützt). Sein wohl bekanntestes Werk trug den Titel „Von Seele zu Seele – Briefe an gute Menschen". Wie überall begegnet uns auch hier der feinsinnige, aber niemals versponnene, in seinem Wesen bisweilen strittige Seelenführer und Künstler der christlichen Lebenshilfe. Die 72 ganzseitigen Tiefdruckbilder zu Lipperts Opus „Gotteswerke und Menschenwege – Biblische Geschichten in Bild und Wort" schuf Gebhard Fugel, bekannt als Erneuerer des religiösen Wand- und Tafelbildes („Panorama" zu Altötting). Ein besseres Verständnis der Allgemeinheit für die Offenbarungen Gottes erwartete der religiöse Schriftsteller mit seinen in Buchform herausgebrachten Rundfunkvorträgen „Von Wundern und Geheimnissen". Erlittene Schicksale anderer versuchte er mit seinem Büchlein „Menschenleid" zu lindern. Der Mutter des Herrn widmete der Ordensmann zwei Bücher: „Liebfrauenminne – Ein Pilgergang durch das Marienleben" (mit 118 ganzseitigen Tiefdruckbildern) sowie „Zu Anfang seit dem Weltbeginn – Gedanken über Maria". Lippert, Guardini (und später Karl Rahner) haben übrigens gemeinsam, dass jeder ein eigenes Kreuzweg-Büchlein verfasste.

Im Todesjahr des Genannten machte der Titel „Einsam und Gemeinsam" auf sich aufmerksam. Der Jünger des heiligen Ignatius ging darin der Spannung zwischen Individuum und Gemeinschaft nach und wollte die Verschmelzung von Freiheit und Gebundenheit aus der Wendung zu Gott hin fruchtbar machen für viele. Und dies alles in herzlicher Bejahung alles Wirklichen. „So führen ihre *religiösen* Wege in die Welt hinein und ihre *Achtung vor der Welt* wird ihnen zu einer *Anbetung Gottes*". In dem Kapitel „Wer wird unsere Garben binden?" geht er gegen den von den Nationalsozialisten diktierten Zeitgeist vor. „Die Kraft, die unsere tausend Werke oder vielmehr unser tausendfältiges Tun und Getue zusammenfasst und zu einer Garbe bindet, die muss von außen her auf uns zukommen, die muss unserem Tun entgegenlaufen und es auffangen und bergen in allumfassenden Armen". Aus den folgenden Zeilen geht dann hervor, dass von Gott gesprochen wird.

Drückte man, vor dem Krieg, als Schüler die Nase an die Schaufenster katholischer Buchhandlungen, die man selbst in Kleinstädten entdecken konnte, dann lagen dahinter auch Publikationen von *Ida Friederike Görres-Coudenhove*. Die Bücher trugen bislang ungewohnte Titel: „Von der Last Gottes", „Des Andern Last", „Gespräche über die Heiligkeit" und manch andere. Im deutschen Katholizismus sprach sich bald herum, wie gläubig-katholisch und zugleich modern diese Schriftstellerin sei.

Intensiv beschäftigte sich die früh Gefeierte mit den Heiligen der Kirche; irgendwie neuartig kamen sie einem dabei vor. Die Veröffentlichung „Maria Ward" erhielt den Untertitel „Ein Heldenleben". Die christliche Existenz der Frau als solcher wollte die Autorin erhellen. Ohne einen Wunsch oder eine Äußerung getan zu haben, schenkten mir meine Eltern Ida Friederike Görres' Opus über die heilige Theresia von Lisieux, „Das verborgene Antlitz". Die Mutter entdeckte dieses opus magnum vor dem Christfest nicht in der Buchhandlung, sondern im Schreibwarenladen einer gläubigen Dame, die es immer verstand, im „Dritten Reich" gute Bücher, Kunstkarten, Broschüren (die Schriftenstände in den Kirchen hatten dort gerade Eingang gefunden) und Bildchen „herbeizuzaubern". In den katholischen Jugendverbänden, in der reiferen „Pfarrjugend" sowie beim Katholischen Deutschen Frauenbund „griff" die hochgebildete Ida Friederike Görres christlich-bildend ein, soweit dies unter den damaligen Bedingungen noch möglich war. Der NS-Chefpropagandist Joseph Goebbels überwachte das gesamte Kulturleben. Es wurden von wachen Katholiken aber kaum Zugeständnisse an das Neuheidentum mit seiner Menschenverachtung gemacht, jedoch kam eine verhaltene Vaterlandsliebe (wie sie eh und je im Volk lebte) zum eher warnenden Leuchten.

Dem Verlag Herder in Freiburg war es zu verdanken, dass bis in die ersten Kriegsjahre hinein eine Gattung religiös-kultureller Sammelwerke für Jungen, Mädchen oder junge Christen schlechthin in immer neuen Auflagen heraus kam. Diese inhaltlich hochstehenden und graphisch ansprechenden Bücher erhielten frische oder auch feinsinnige Titel (der schönste hieß: „Von der Herrlichkeit christlichen Lebens", herausgegeben von Johannes Maaßen). Auch Ida Friederike Görres war auf diesem Feld des still-nachhaltigen Kampfes gegen den Ungeist tätig. Sie zeichnete als Herausgeberin der Mädchenbücher „Die Quelle" und „Der Kristall" (dieses im Kriegsjahr 1941 im 41. Tausend!). Für diese und andere Bände lieferte sie auch eigene Erzählungen, Gedichte und sonstige Beiträge.

Dann, nach Kriegsende, kam der Paukenschlag (in der heutigen Jugendsprache: „der Hammer"). Ida Friederike Görres veröffentlichte in der nach dem Zusammenbruch entstandenen Monatsschrift „Frankfurter Hefte" einen ausführlichen „Brief über die Kirche". Das war 1946. Hatte sich nicht die Kirche tapfer in der Un-Zeit geschlagen? Ging sie nicht als einzige nicht angeschlagene Institution aus dem braunen Gewölk und der Vernichtung Unschuldiger hervor? Aber der Autorin ging es eher um das innerkirchliche Leben, bis hin zum Ärgernis über schlampig und routinemäßig zelebrierte heilige Messen. So manches Moderne bei ihr, im äußeren Gewand ein Stück antiklerikal erscheinend, griff nie das alte Glaubensgut an. Sie beschwor eine umgehende Erneuerung der katholischen Kirche von innen her, aus dem Fundus des Heiligen Geistes. Ich erinnere mich, wie wir Alumnen im Priesterseminar heiß über diese „freche" Replik diskutierten. Die Meinungen im deutschen Katholizismus gingen, soweit wir das mitbekommen konnten, wohl auseinander; auch eine Rüge aus Rom habe die dort an sich geschätzte Verfasserin einstecken müssen. Dennoch: aus dem „respektlosen" Beitrag spürte der vorurteilsfreie Leser eine große Liebe zur Kirche heraus. Vielleicht wollte sie die Kirche hierzulande zu einer Besinnung „zwingen", in dem Augenblick, als ihre Sterne günstig standen. Eine allmähliche Beruhigung zeichnete sich bald ab, und angesichts der zahlreichen neuen Schriften Ida Friederike Görres' und ihrer Vortragstätigkeit dürfte ihre Wertschätzung wieder einhellig geworden sein. Doch, nochmals ereignete sich ein Paukenschlag, diesmal in umgekehrter Richtung. Mit teilweise erheblicher Besorgnis verfolgte diese anerkannt herausragende Frau in der Kirche das Zweite Vatikanische Konzil. Dass so manches und vieles aufgegeben, ja über Bord geworfen wurde, nicht selten wie über Nacht, das erschütterte sie nicht minder. Sie erhob ihre warnende Stimme und rückte manche Euphorie zurecht. Unermüdlich war sie tätig. Eine ihrer Publikationen aus der nachkonziliaren Zeit trägt die programmatische Überschrift „Brot wächst auch in der Winternacht". Andere Veröffentlichungen heißen „Zwischen den Zeiten", „Der karierte Christ", „Bedenkliches (1966!)" und eine Abhandlung gar: „Abbruchkommandos in der Kirche".

Ida Friederike Görres wurde, gewiss ehrenvoll für sie, Mitglied der Würzburger Synode. Trotz seit Jahren andauernder körperlicher Beschwerden nahm sie daran teil. Am 15. Mai 1971 bat sie um Wortmeldung zur Vorlage „Gottesdienst und Sakramente". Dabei brach sie zusammen. Ida Friederike Görres verschied noch am gleichen Tag. Eine der – ich möchte sagen – wichtigsten Personen, vor allem auch der Frauen, beendete das so fruchtbare irdische Leben. Im Herbst 2001 fand im Alten Pfarrhaus zu Mooshausen bei Memmingen (einst Aufenthaltsort Guardinis) ein Symposion über sie statt. Ein Erinnerungsbuch befindet sich in Vorbereitung. Hier einer ihrer geschliffenen Sätze: „Wie kühn muss ein Herz sein, das im Ernst zu beten wagt: Entzünde in uns das Feuer deiner Liebe!"

Einen Namen wollen wir noch streifen; er ist inzwischen reichlich verfemt. Es handelt sich um den „Rembrandtdeutschen" *August Julius Langbehn* (1851-1907) aus Nordschleswig. Er scheint einen erheblichen Einfluss vor allem auf das damalige Bildungsbürgertum und auf die Jugendbewegung ausgeübt zu haben. Die Brockhaus Enzyklopädie von 1990 erwähnt die sage und schreibe 85 (!) Auflagen (bis 1936) seines 1890 anonym erschienenen Werkes „Rembrandt als Erzieher". Er habe darin gegen Materialismus, Industrialisierung, Spezialistentum und Halbbildung polemisiert. Langbehn strebte eine „Wiedergeburt von innen" an. Ab 1930 kam bei Herder in hohen Auflagen „Der Geist des Ganzen" heraus. Dieses Buch enthält Gedanken Langbehns und wurde von Benedikt Momme Nissen vorgelegt. Letzterer war Konvertit wie Langbehn und späterer Dominikaner. „Der Geist des Ganzen" erhob sich vorübergehend in den Rang eines

Kultbuchs, wurde auch von Geistlichen gelesen und von diesen weiter empfohlen. „Katholisch sein, heißt vollgläubig sein. Von der katholischen Kirche bringt mich nichts wieder los. Die katholische Kirche ist auch, sichtbar für jedermann, das einzige Ganze, Ganzgebliebene im heutigen Geistesleben. Gläubiger Laiengeist ist auch Kirchengeist." Das sind nur einige Sätze aus der erwähnten Veröffentlichung, die jetzt vergessen ist. Julius Langbehn war aber erst 1901 katholisch geworden. Der Kulturkritiker blieb nicht frei von Überzeichnungen nationalen Zeitgeistes. Sein Antisemitismus ist zutiefst verwerflich; dieser war jedoch im liberalen Bürgertum verbreitet. Wenn ein getreues Bild der ersten Hälfte des 20. Jahrhunderts entstehen soll, finde auch dieser damals vielzitierte Mann Erwähnung, dessen Grab sich nahe der seligen Reklusin Edigna von Puch (bei Fürstenfeldbruck) bei der tausendjährigen Linde befindet.

Ein Traum, ein Traum ist unser Leben
Auf Erden hier.
Wie Schatten auf den Wogen schweben
Und schwinden wir.

Und messen unsre trägen Tritte
Nach Raum und Zeit;
Und sind (und wissens nicht) in Mitte
Der Ewigkeit.

(Johann Gottfried Herder)

75. Deutscher Katholikentag in Berlin 1952:
120.000 Katholiken trafen sich zu einer gewaltigen
Glaubenskundgebung im Olympia-Stadion von Berlin.
Die heilige Messe wurde vom Apostolischen Nuntius in Deutschland,
Erzbischof Dr. Aloysius Muench (ab 1959 Kardinal), zelebriert.

LEBENSNAHE KIRCHE

Nicht klagen – handeln!
(Leitwort des ersten Nachkriegs-
Katholikentages 1948 in Mainz)

Wenn in diesem Kapitel Namen wichtiger Männer und Frauen aus den im Vorwort erwähnten vier Jahrzehnten (1925-1965) aufgeführt werden, lässt sich beim besten Willen eine Anreihung nicht vermeiden. Mehr als Stichworte würden den Rahmen dieser Veröffentlichung sprengen. Von einigen Ausnahmen abgesehen ist eine Doppelnennung im vorliegenden Buch nicht vorgesehen. Viele Namen stehen stellvertretend für andere, nicht minder hervorragende Vertreter ihres Fachs. Die Namen weiterer Persönlichkeiten findet der Leser über die Kapitel verteilt. Aus dem Bereich der Literatur will ich verweisen auf die norwegische Nobelpreisträgerin und Konvertitin Sigrid Undset sowie auf die noch lebende Gertrud Fussenegger (*1912), die sich sehr von den Werken Léon Bloys beeinflussen ließ, während nach dem Zweiten Weltkrieg Elisabeth Langgässer mit ihrem Roman „Das unauslöschliche Siegel" (gemeint ist die Taufe) starke Beachtung fand. Auch teils ältere Priesterdichter taten sich hervor, der Ermländer Otto Miller, der Münsteraner Augustin Wibbelt, der Saarländer Johannes Kirschweng, ferner Peter Dörfler aus dem bayerischen Schwaben, der Altbayer Konrad Zoller oder die Österreicher Ottokar Kernstock und Heinrich Suso Waldeck sowie der Schweizer Heinrich Federer. Gerne las man die kirchlich verbundenen Laienchristen Jakob Kneip und Stefan Andres (aus dem Hunsrück bzw. Kreis Trier). Vom Niederrhein stammte Otto Brües sowie der gläubige Arbeiterdichter Heinrich Lersch. Clara Nordström war Konvertitin.

Im übrigen pflegten die Diözesen und Orden in zahlreichen Vorträgen und Schriften das Andenken an wegweisende Christen, etwa Trier an Hieronymus Jaegen, Passau und die Kapuziner an den zu einem wahren Volksheiligen gewordenen und 1934 heiliggesprochenen Bruder Konrad von Parzham. Im gleichen Jahr feierten die Salesianer ihren soeben kanonisierten

269

Gründer Don (Johannes) Bosco. 1934 fanden auch außerhalb des Zehn-Jahres-Zyklus Jubiläums-Passionsspiele in Oberammergau statt. Gelesen wurde viel und es gab keine Bischofsstadt ohne Buchverlag, sei er diözesan oder privat. Bücher mit hohen Auflagen waren Robert Hugh Bensons „Der Herr der Welt", Romano Guardinis „Der Herr", von Karl Adam „Das Wesen des Katholizismus" und „Christus unser Bruder." Ein durchschlagender Erfolg wurde „Helden und Heilige" von Hans Hümmeler. Verschiedene Ausgaben in wechselnder Preisgestaltung ermöglichten die Breitenwirkung. Um mehr Geschmack in die Wohnungen gläubiger Menschen zu bringen, schrieb Klara Wirtz ihr Buch „Christliche Heimgestaltung." Ein anderes Erbauungsbuch trug den Titel „Ja Vater" für im Lebenskampf Stehende, verfasst von dem Spiritanerpater Richard Gräf. Das Lieblings-Neue-Testament war zweifellos jenes des Kapuziners Konstantin Rösch. So wie die Messbücher „Schott" oder „Bomm" (Schott zehn Millionen Auflage), avancierte der „Rösch" ebenso zu einem Markenzeichen. In der Hitlerzeit sahen sich vor allem die katholischen Druckhäuser vielen Pressionen ausgesetzt. Einige, die im März 1937 die Enzyklika „Mit brennender Sorge" druckten, wurden in barbarischer Reaktion entschädigungslos enteignet. Die Arbeitnehmer, meist mit Familien, saßen auf der Straße. Das mögen heute jene bedenken, die Widerstand für ein Kinderspiel halten und vorschnell die Kirche von damals verurteilen. Im übrigen erschienen im Oktober 1939 im „Altreich" gerade noch 124 katholisch-kirchliche Zeitschriften. Die „Katholische Schriftenmission" in Leutesdorf (P. Johannes Haw) leistete treffliche Dienste.

Gab es irgendein „Kultbuch" im christlich-katholischen Literaturbereich? Ein solches muss offensichtlich jeder haben oder lesen (vgl. „Der kleine Prinz"), und in Prachtausgabe bis hin zum Ledereinband ziert es den Weihnachtstisch. So war es etwa um die vorletzte Jahrhundertwende mit Friedrich Wilhelm Webers (1813-1894) „Dreizehnlinden". Auch Nuntius Eugenio Pacelli, der spätere Papst Pius XII., schätzte dieses Versepos sehr. Noch um 1965 behandelte die Volksschulrektorin K. Sch. in der achten Mädchenklasse ausführlich diesen Stoff, im Allgäu, nicht im ostwestfälischen „sächsischen" Nethegau, dem Schauplatz des bei den Katholiken einst so beliebten „Hausbuches". Allem Anschein nach verkrafteten die Schülerinnen gut die Lektüre dieser Kunde aus deutscher Frühzeit.

Christoph von Schmid (1768-1854) stieg zeitweilig zu einem Weltautor auf. Mit seinen Geschichten rührte er ans Herz der Kinder; lange war er auch in den Lesebüchern vertreten. Aber bereits um 1900 setzte sich all- mählich Kritik an seinem Werk fest, siegte doch in seinen Erzählungen stets das Tugendhafte. Das Deutsche Literaturarchiv in Marbach publizierte jüngst über ihn. Noch lange Jahre nach dem Krieg trafen sich am Heiligen Abend die Augsburger Waisenkinder an Schmids Grabstätte und brachten dessen bekanntestes Lied „Ihr Kinderlein, kommet" zu Gehör.

Bei stets neuem Aufbruch meldeten sich weitere Literaten zu Wort. Der Blick weitete sich ins Ausland, von wo Impulse durch das „Renouveau catholique" kamen. Eine besondere Beachtung fand Paul Claudel (1868- 1955), dessen Schauspiel „Der seidene Schuh" zum Rahmenprogramm beim Eucharistischen Weltkongress 1960 in München zählte. Das „Tage- buch eines Landpfarrers" von Georges Bernanos, aber auch „Die Kraft und die Herrlichkeit" des Engländers Graham Greene führten zu teils heißen Diskussionen. Mehr auf dem liebenswerten Genre wandelten Felix Tim- mermans (Flandern), Francis Jammes (Frankreich), Bruce Marshall (Eng- land, Nähe zu Chesterton und Belloc) und vor allem Giovannino Guareschi (Italien) mit seinen Figuren der „Don Camillo und Peppone". Der Film „Das Lied der Bernadette" nach Franz Werfels Roman erhielt ungeheuren Zulauf, während „Der Abtrünnige" die priesterliche Existenz nicht ohne die Einflüsse der „Existenzphilosophie" behandelte. In Deutschland machte der spätere Nobelpreisträger Heinrich Böll von sich reden. Nicht unumstritten blieb, wie er den rheinischen Katholizismus, aber auch die sich anbahnende Gewalt in der Bundesrepublik Deutschland zeichnete. Die Hünermann- Bücher über beliebte Heilige fanden großes Publikum. Ein Sammelband Wilhelm Hünermanns, „Der endlose Chor", erreichte das hundertste Tau- send; eine Volksausgabe viele weitere 1000 – kurz vor dem Konzil.

Das Ansehen der Kirche gewann durch wichtige Schöpfungen in Archi- tektur und bildender Kunst. Errichtete man vor und nach dem Ersten Welt- krieg Gotteshäuser ein letztes Mal in historisierender Weise, so gaben Bauten im Jugendstil und in selbstbewusster Anlage Ausdruck vom Be- hauptungswillen und neuerweckten Kirchenbewusstsein (Albert Boßlet, Rudolf Schwarz, Hans Schädel, Clemens Holzmeister, Hans Herkommer, Michael Kurz, Dominikus Böhm, Thomas Wechs und andere). Die Glas- fenster von Anton Wendling, Georg Meistermann und Wilhelm Geyer so-

271

wie Fresken von Albert Burkart galten als genuin. Als literarischer Ver-
mittler christlicher Kunst wurde Heinrich Lützeler bekannt. Unter Bildhau-
ern machten sich Hans Dinnendahl, Ewald Mataré, Edwin Scharff, Otto
Herbert Hajek, Maria Elisabeth Stapp und viele andere einen Namen. Hans
Sedlmayr publizierte kritische Abhandlungen zur modernen Kunst („Verlust der Mitte", 1948). Auch die Bewunderung des neuzeitlichen Kirchen-
baus hielt sich in Grenzen (Theodor Haecker).

Im Jahre 1893 fand in München die Gründung der (katholischen) „Deutschen Gesellschaft für Christliche Kunst" statt (Zeitschrift; nach 1945
wertvolle Jahrbücher); 1947 erschien, ebenfalls in München, die Zeitschrift
„Das Münster". Der aus Oberschwaben stammende Gebhard Fugel schuf
neben dem „Panorama" in Altötting die dann tausendfach verbreiteten
Wechsel-Schautafeln zu den Sonntagsevangelien. Karl Caspar fand zu vi-
sionär-religiösen Themen (Großes Fresko im Bamberger Dom, 1927).

Irdisches Geleit

Alles ist dir verliehen
Für eine flüchtige Zeit,
So wie die Wolken dort ziehen,
Sei du zur Reise bereit.

Eigentum darfst du nicht nennen
Kaum deine eigne Gestalt,
Glaubst du sie endlich zu kennen,
Bist du verändert und alt.

Gib den wartenden andern,
Noch leiden sie mehr als du,
Zum unvergleichlichen Wandern
Brauchst du nur Stab und Schuh.

(Oda Schaefer)

Die katholische Kirchen-Zeit vor und nach 1945 erscheint im Nachhinein
als eine weitgehend ungebrochene Epoche, weil – schon von den politi-

schen Verhältnissen her – ein Ausgleich zwischen dem breiten Kirchenvolk und den akademischen Schichten möglich war. Bedeutende Theologen wirkten über die Priester als Seelsorger in die Laienwelt hinein. Man bestellte sich Bücher wie „Laiendogmatik" oder „Laienliturgik." „Volksliturgie" verbreitete der Klosterneuburger Chorherr Pius Parsch. Martin Grabmann, ein gebürtiger Oberpfälzer, lehrte als Dogmatiker an der Universität München (dort existiert das heutige „Grabmann-Institut"). 1926 erschien erstmals sein dreibändiges opus magnum „Mittelalterliches Geistesleben – Abhandlungen zur Geschichte der Scholastik und Mystik" (fotomechanischer Nachdruck nach 1950). Auf mancherlei Übertreibungen und Unstimmigkeiten im damaligen Frömmigkeitsleben war der Gelehrte freilich nicht gut zu sprechen. Der Rheinländer Fritz Tillmann legte 1925 seine Übersetzung des Neuen Testaments vor, die in den Bistümern der späteren „DDR" – über den Leipziger St.-Benno-Verlag – zur offiziellen NT-Übersetzung avancierte. Tillmann machte sich auch als Moraltheologe verdient. Von den zahlreichen Bibelprofessoren seien Otto Kuß und Josef Schmid erwähnt. Kuß gab zusammen mit Alfred Wikenhauser – noch vor dem Konzil – das zehnbändige „Regensburger Neue(s) Testament" heraus, an dem auch der spätere Augsburger Bischof (und Kunstreferent in der Fuldaer Bischofskonferenz) Joseph Freundorfer mitwirkte. Als Kirchenhistoriker machten sich die – wie Kuß aus Schlesien stammenden – Professoren Franz Xaver Seppelt (sechsbändige „Geschichte der Päpste") und Hubert Jedin („Geschichte des Konzils von Trient", vier Bände in fünf Ausgaben) einen Namen. Jedin meldete nach dem Zweiten Vatikanischen Konzil, wie andere auch, starke Bedenken angesichts der kirchlichen Entwicklung an. Berthold Altaner wurde als Autor einer „Patrologie" (Kirchenväterkunde) bekannt, 1958 erschienen und nach fünf Jahren in bereits sechster Auflage vorliegend. Klaus Mörsmann zählte mit Eduard Eichmann und Heinrich Flatten zu den führenden Kirchenrechtlern (Kanonistisches Institut an der Uni München) ebenso, während die Moraltheologie von Bernhard Häring „Das Gesetz Christi" (1954) aufhorchen ließ. Der Redemptorist erwies sich nach dem Konzil als Kritiker der, wie er es sah, zögernden Umsetzung der Reform. Der Tradition verpflichtet war dagegen Gustav Ermecke.

Auf pastoraltheologischem Feld betätigten sich mit Erfolg Michael Pfliegler, Linus Bopp und Joseph Pascher. Von den älteren Namen seien Joseph Mausbach, Adolf Donders und Georg Schreiber (Religiöse Volkskunde) genannt. Dem Paderborner Diözesanpriester Paul Simon verhinderten die

Nazis einen Bischofsstuhl. Manche von den Professoren in der Zeit zwischen den Kriegen und am Beginn der Bundesrepublik Deutschland waren auch in Parlamenten tätig (sogenannte „Politische Prälaten"); herausragend in schwerer Zeit, nach 1919, der Oberschlesier Carl Ulitzka (1873-1953). Als Dogmatiker müssten noch hervorgehoben werden Engelbert Krebs, Johannes Peter Junglas und Carl Feckes. In diese Reihe gehört auch der später zum Kardinal erhobene Jesuitengelehrte (Christologie) Alois Grillmeier. Julius Tyciak publizierte kenntnisreich über die Orthodoxie. Ein besonderes Arbeitsgebiet hatte sich der frühverstorbene Ignaz Klug zurechtgelegt. Der Priester wurde zum Mitbegründer der modernen katholischen Moralpsychologie und Moralpathologie. Der gläubige Arzt Albert Niedermeyer verfasste ein sechsbändiges „Handbuch der speziellen Pastoralmedizin" (1949ff).

Die wertvolle Neuerscheinung von 1938 „Ungewissheit und Wagnis" des Philosophen Peter Wust mochte dessen Bischof nicht recht zusagen. Eugen Biser bemerkt: „Damit verglichen bleibt Lessings bekanntes Wort, dass die volle Wahrheit nur für Gott sei, während wir uns mit der ewigen Suche nach ihr bescheiden müssten, zu vordergründig und flach." In die Welt der Philosophie verschrieben sich auch die beiden Husserlschülerinnen Edith Stein (mittlerweile als Märtyrin heiliggesprochen und zur [Mit-]Patronin Europas erhoben) und Hedwig Conrad-Martius.

Ferner erinnern wir uns dankbar an Vinzenz Hamp (Altes Testament), an Josef Blinzler und Rudolf Schnackenburg (Neues Testament), an Engelbert Kirschbaum SJ (Christliche Archäologie), an Johannes Messner (Naturrecht), an Theoderich Kampmann, und Werner Schöllgen, an die späteren Bischöfe Rudolf Graber von Regensburg (Mariologie) und Joseph Kardinal Höffner, Erzbischof von Köln (Christliche Gesellschaftslehre). Auch Erik Peterson, ab 1924 Professor für Neues Testament/Kirchengeschichte, soll erwähnt werden; er konvertierte 1930 zum Katholizismus und war ab 1945 Professor für altchristliche Literatur und Religionsgeschichte an päpstlichen Hochschulen in Rom. Ein religiös-soziales Zentrum nach 1945 bildeten die Dominikaner von Walberberg. Der Nestor dieser Disziplin, der Dominikanergelehrte Arthur-Fridolin Utz, starb hochbetagt am 11. Oktober 2001. Er rückte auch zurecht, was Mitgliedschaft in der Kirche ist und was nicht. Genannt sei ferner der Religionswissenschaftler Franz Kardinal König von Wien. Joseph Lortz hat als Reformationshistoriker zu einer anderen Sicht Luthers und seiner Zeit beigetragen.

Ein großer, in der wissenschaftlichen Welt hoch anerkannter Wurf gelang mit dem „Lexikon für Theologie und Kirche". Das erste, zehnbändige, wurde in Verbindung mit Fachgelehrten vom Regensburger Bischof Michael Buchberger herausgegeben (1930-1938), das zweite, neu redigierte, 1957-1965 (anschließend noch drei Konzilsbände). Als Herausgeber fungierten hier Josef Höfer und Karl Rahner, dazu Remigius Bäumer als Hauptschriftleiter, ein Kenner speziell der Kirchengeschichte des 15. Jahrhunderts und der Reformation. Bäumer entdeckte objektive Schwachstellen der nachkonziliaren ecclesia und artikulierte sie. Neben den altbekannten Zeitschriften wie „Hochland", „Stimmen der Zeit", „Geist und Leben", „Zeitschrift für Mystik und Aszese" sowie hervorragenden fachtheologischen Periodica bezog ein Teil der katholischen Intelligenz die rechtskonservative „Schönere Zukunft" (Wien/Regensburg) von Joseph Eberle. Eine ansehnliche Verbreitung fand die katholische Wochen-Illustrierte „Der Feuerreiter" (Hans Struth, Köln).

Von den kirchenmusikalischen Bemühungen, gleichlaufend mit dem Aufbruch in der Liturgie, seien die hymnisch-feierlichen Singmessen von Joseph Haas, einem Schüler Max Regers, nach Worten von Wilhelm Dauffenbach hervorgehoben. Vor allem von der Jugend wurde die „Speyerer Domfestmesse" (Weltverbreitung!) begeistert gesungen. Doch konnten solche Schöpfungen noch vor dem Zweiten Vatikanischen Konzil keine (liturgische) Gnade mehr finden. Am Karsamstag 1939 verfasste der Mainzer Oberhirte und „Jugendbischof" Albert Stohr das Geleitwort zum „Kirchenlied." Später folgte dann das „Kirchenlied II" (manches von diesem Liedgut ist in das „Gotteslob" von 1975 eingebracht worden). Eines der Liederbücher der katholischen Jugendbewegung fand als „Der Spielmann" des schlesischen Priesters und Quickborners Klemens Neumann einen starken Widerhall.

Aus der damaligen geistigen Regsamkeit wie auch Durchdringung mit konträr beurteilten Phänomenen darf an Therese (Resl) Neumann von Konnersreuth (1898-1962) erinnert werden. Die Stigmatisierte bekam, vor allem noch vor dem Dritten Reich, Kontakt mit bedeutenden und einflussreichen Persönlichkeiten. Ihre Freitagsleiden, aber auch ihre hellsichtige Warnung vor dem Nationalsozialismus bewirkten Bekehrungen. Fast eine Flut von teils kontroversen Abhandlungen und Büchern über Konnersreuth gelangte auf den Markt bis heute (etwa von Luise Rinser 1954, Wolfgang Johannes Bekh 1994). Die Heiligsprechung der „kleinen Theresia" (vom Kinde Jesu) 1925 brachte eine neue Fürsprecherin in viele Kirchen (Bilder/Statuen) und Herzen. 1928 starb „Pater" (Subdiakon) Desiderius Lenz (* 1832), das Haupt der Beuroner Kunstschule. Überhaupt waren Beuron und Maria Laach (Abt Ildefons Herwegen OSB) Zentren religiös-liturgischer Erneuerung.

1929 wurde in Frankfurt am Main die Frauenfriedenskirche eingeweiht, ein Geschenk der katholischen Frauen Deutschlands zum Gedenken an die Gefallenen des Ersten Weltkriegs, verbunden mit der Bitte um die göttliche Gabe des Friedens. Stolz war das katholische Deutschland auf die Heiligsprechungen und Erhebungen zum Kirchenlehrer von Petrus Kanisius im Jahre 1925 und von Albertus Magnus im Jahre 1931. Der Augsburger Domprediger Petrus Kanisius war zuvor bereits von Leo XIII. als „Zweiter Apostel Deutschlands nach Bonifatius" bezeichnet worden, und der im Bistum Augsburg (in Lauingen) geborene Albertus Magnus wurde im Jahre 1941 zum „Patron der Naturwissenschaftler" ernannt. Auch die 1935 erfolgte Kanonisation von Sir Thomas More (Morus) fand beträchtlichen Widerhall. Katholikentage konnten bald nicht mehr abgehalten werden; der letzte vor dem Krieg fand 1932 in Essen statt.

Am 9. Februar 1936 wurde die über dem Märtyrer-Doppelgrab angelegte Krypta im Viktorsdom von Xanten geöffnet. Bischof Graf von Galen sprach in Anlehnung an die Morde beim sogenannten „Röhmputsch" (30. Juni/1. Juli 1934), dem auch führende katholische Laien und Priester zum Opfer fielen, von „frischen Gräbern" in *unserer Zeit*: „die das katholische Volk für Märtyrer des Glaubens hält, weil ... das Dunkel, das über ihre Gräber gebreitet ist, ängstlich gehütet wird".

Nach dem Neuanfang wurde 1948 das 700-jährige Jubiläum der Grundsteinlegung des Kölner Doms begangen, unter freudiger Anteilnahme breiter Schichten des Volkes. Der Päpstliche Legat (legatus a latere) Clemente Kardinal Micara eroberte die Herzen fast im Sturm. So war das damals. Im gleichen Jahr wurde auch des hundert Jahre zuvor abgehaltenen ersten deutschen Katholikentags („Generalversammlung") mit der Jubiläumsveranstaltung in Mainz gedacht. P. Ivo Zeiger bewährte sich als maßgeblicher Verbindungsmann zwischen dem Vatikan und dem darniederliegenden

Deutschland. Auf dem Katholikentag prägte er damals den noch heute geltenden Ausspruch: „Deutschland ist Missionsland geworden." Der Kölner Prälat Wilhelm Böhler griff gebotene Kontakte zur jungen Bundesrepublik auf. Die folgenden Deutschen Katholikentage sprachen mit ihren zeitnahen Leitworten viele Glaubensbrüder und -schwestern an. Eine zeitgeschichtliche Bedeutung erhielten die Katholikentreffen im geteilten Berlin. Im Jahre 1948 verschied auch eine außergewöhnliche Priesterpersönlichkeit: Abbé Franz Stock (aus der Erzdiözese Paderborn), der sich in Frankreich der Kriegsgefangenen (Lager und Seminar Chartres) und der Aussöhnung annahm.

Viele Deutsche jubelten förmlich, als sie 1950 nach langen Entbehrungen „in der schlechten Zeit" in die Ewige Stadt pilgern konnten. Mit zahlreichen Sonderzügen machten sie sich zur Feier des Heiligen Jahres auf den Weg nach Rom. „Heilige Jahre" waren bereits 1925 und, außerordentlich als 1900-Jahrfeier des Erlösertodes Christi, 1933 gefeiert worden. Im Jahre 1954 wurde in Fulda die 1200-Jahrfeier des Martyriums des heiligen Bonifatius, des Apostels der Deutschen, festlich begangen. Nachdem Deutschland 1960 erstmals den „Eucharistischen Weltkongress" (in München) zugesprochen erhielt, zeigten sich Kirche und Katholizismus noch einmal von ihrer glanzvollsten Seite.

Aber der Blick ging auch über den innerdeutschen Kirchturm hinaus. 1958 wurde zur ersten Misereor-Kollekte gerufen, kurz danach zu „Adveniat" für die Kirche in Lateinamerika. Ein Name steht stellvertretend für *Misereor* in Köln, später Aachen: Josef Kardinal Frings, der legendäre Erzbischof, der mit dem Tätigkeitswort „fringsen" in die Sprachbücher eingegangen ist. Dazu sein Generalvikar Joseph Teusch, der bereits im frühen „Dritten Reich" eine wirksame kirchenapologetische Stelle aufgebaut hatte. Ferner Essen (*Adveniat*) mit dem unvergessenen ersten „Ruhrbischof" und späteren Kardinal Franz Hengsbach, außerdem Aachen (mit dem Sitz von „Missio"; für Bayern in München). Übrigens wurden in dem dieses Buch bestimmenden Zeitraum zwischen 1925 und 1965 drei deutsche Bistümer neu gegründet: 1930 Aachen und Berlin, 1957 Essen.

Um 1930 existierte ein blühendes katholisches Verbands- und Vereinsleben. In den zu kurzer Darstellung „aufgerufenen" Jahrzehnten wären natürlich Hunderte von *neuen religiös-kirchlichen Gemeinschaften* vorzuführen. Ihnen zusammen erteilte man mit Vorliebe das Prädikat „Aufbrüche". Wenigstens einige Bewegungen vor und nach dem Zweiten Weltkrieg sollen Erwähnung finden, auf Ausführlichkeit muss verzichtet werden. In den Jahren 1914 bis 1919 wurde von dem Pallottinerpater Josef Kentenich die *Schönstatt-Bewegung* (Schönstatt bei Vallendar), eine marianisch-apostolische Erneuerungsvereinigung für alle Stände, gegründet. Sie fand eine erstaunliche Verbreitung. Verehrt wird das in Ingolstadt beheimatete Gnadenbild der „Dreimal Wunderbaren Mutter" (mater ter admirabilis), dessen spirituelle Aussage auf den Jesuiten und Ingolstädter Professor P. Jakob Rem (1546-1618) zurückgeht. Bedeutend waren der *Volksverein für das katholische Deutschland* (1890-1933) und die 1961 von den Deutschen Bischöfen initiierte und von Prof. Dr. Anton Rauscher SJ seit 1963 geleitete *„Katholische Sozialwissenschaftliche Zentralstelle"* in Mönchengladbach. 1933 wurde die *Katholische Bibelbewegung* (heute: Katholisches Bibelwerk), eine Vereinigung von Laien und Theologen, von J. Straubinger gegründet, 1937 kam ein Verlag hinzu (heute: Verlag Katholisches Bibelwerk GmbH); in Württemberg wirkte in den 30-er Jahren Josef Bärtle. Nach dem Krieg fand die 1943 von Chiara Lubich in Trient ins Leben gerufene *Fokolare-Bewegung* (von Focus = Feuerherd) nach und nach weltweiten Widerhall; in Deutschland übernahmen viele Priester und Laien („Lebenszentrum" in Ottmaring bei Augsburg) die Spiritualität der „Fokolarini" (marianisch, biblisch, sozial, ökumenisch). Der Konvertit Alfred Lange gründete im Jahr 1948 die *Stefanus-Gemeinschaft;* er verstand sie als zeitgemäße Laienschule für das Apostolat des Wortes (Ausbildung bis hin zur freien Rede) und der Tat in Kirche und Welt. Das Sekretariat hat seinen Sitz im schwäbischen Kloster Heiligkreuztal (ehemals Zisterzienserinnen). Die *Pax-Christi-Bewegung* war damals durch P. Manfred Hörhammer OFMCap in guten Händen. Von Irland her fasste die *Legio Mariae* (Frank Duff) auch bei uns Fuß (Gebetsabende, Hausbesuche). Die längst etablierten *katholischen Sozialverbände* verzeichnen inzwischen Mitgliederschwund, doch gliederten sie sich frühzeitig Werke, Institute und Bildungseinrichtungen an (*Katholische Arbeitnehmer-Bewegung [KAB], Kolping, Verband der Katholiken in Wirtschaft und Verwaltung [KKV]*). Außer den Frauenverbänden (neben dem *Katholischen Deutschen Frauenbund [KDFB]* auch die *Katholische Frauengemeinschaft Deutschlands [kfd]* sei der verdienstvolle *Verein katholischer deutscher Lehrerinnen [VkdL]* genannt. Nach dem Krieg entstanden die *Katholischen Akademien* (mit Vorgänger-Einrichtungen ab den zwanziger Jahren). Sie stehen im Dienste der Kirche. Die Verbindung zur neuzeitlichen Wissenschaft sollte ein breiteres Publikum ansprechen. „Konservatives" war kaum gefragt. 1930/31 traten die *Salzburger Hochschulwochen* des *Katholischen Akademikerverbands* ins Leben, woran unter anderem die deutschsprachige Benediktinerkonföderation mitwirkte, unter Beteiligung der *Görres-Gesellschaft*. Für die Anhebung der Lesefreude in den Pfarreien taten sich der *Borromäusverein* in Bonn und (in Bayern) der *Sankt Michaelsbund* hervor.

> *Pfingsttag kennt*
> *keinen Abend,*
> *denn seine Sonne,*
> *die Liebe,*
> *kennt keinen Untergang.*

(Aus Marienthal bei Wesel, Zentrum moderner christlicher Kunst am Niederrhein unter Pfarrer Augustinus Winkelmann [1929-1954])

„Seid mit aller Sorgfalt auf das
Heil eurer Familienmitglieder bedacht."
(Augustinus, Sermo 94)

VON HAUSKIRCHE
UND ANDACHT

Erhebet eure Seele zu Gott,
denn es gibt keine größere Freude als diese.
(Philipp Neri – Christ und Priester des „feurigen Herzens",
verehrt als „Heiliger der ursprünglichen Zeiten")

Die katholische Volksfrömmigkeit, deren Bedeutung jüngst mit einem römischen „Direktorium über Volksfrömmigkeit und Liturgie" (Dezember
2001) in Erinnerung gerufen wurde, zeichnet sich durch eine Fülle von
Facetten aus. Vielen war sie für die Weitergabe des Glaubens sehr wichtig,
weil sie wegen ihrer Anschaulichkeit und ihrem Reichtum Gemüt und Gefühl beflügelte. Man spricht von der „Sinnlichkeit" des Religiösen als einem „Markenzeichen" unserer Kirche. Bilderstürmerei war nie ihre Sache,
von manchen Irrungen und Wirrungen abgesehen (etwa dem Bilderstreit im
8., teils 9. Jahrhundert).

Viele rücken die Volksfrömmigkeit in die Nähe des Aberglaubens. Deshalb
ist die Anleitung durch die Kirche, sozusagen als Regulierungsstelle, von-
nöten. Der inzwischen wohl gern vergessene sogenannte „Holländische
Katechismus" (deutsch: 1969/70) erklärte die „Sakramentalien" kurzerhand
zum „Rankenwerk" des sakramentalen Lebens. Diese lässige Einschätzung
wird andächtiger Gläubigkeit nicht gerecht. Die Volksfrömmigkeit ließ sich
trotz tatsächlicher oder vermeintlicher Auswüchse nicht völlig tilgen, auch
nicht mittels staatlicher Maßnahmen und kirchlichem Betreiben zur Zeit
der „katholischen Aufklärung" (etwa von 1770 bis 1820).

Die Jahrzehnte nach dem Konzil brachten einen gewissen Bruch innerhalb
des überlieferten Volksglaubens, vor allem im häuslichen Bereich (gemeinsames Beten, Tischgebet, Weihwassergebrauch, Brautbettsegnung, Eltern-
segen, Wetterkerze [es gibt ja Blitzableiter], Einhaltung des [ohnehin ge-

281

lockerten] Fastengebotes, Sonntagskultur und vieles andere mehr). Aber gerade die Allgemeine Kirchenversammlung von 1962 bis 1965 stellte die Idee der Familie als einer „Hauskirche" gewinnend heraus. Mit dem Wirtschaftswunder bereits vor den sechziger Jahren und der darauffolgenden gravierenden Veränderung des Lebensstils (zum Beispiel Reisen und Spaßkultur, Kleinfamilien und Singles, zunehmende „Klimaveränderung" in Kirche, Gesellschaft und Politik sowie wachsender Zweifel an einem persönlichen Gott) konnte selbst eine bewusst offener gewordene Kirche nicht Schritt halten. Entsakralisierung und Säkularisierung schadeten vielmehr einer gesunden, volksverbundenen Frömmigkeit. Eine manchmal eher intellektuelle, wenn nicht unverbindliche und verkopfte „Spiritualität" trat an ihre Stelle. Und moderner Aberglaube, ist er nicht Legion? Einige „abgeschaffte" Formen der Volksfrömmigkeit sind dennoch in jüngster Zeit wieder aus dem verordneten Schlaf auferstanden, zum Beispiel das „Heilige Grab" oder Elemente, die sehr mit der Natur zu tun haben (Palmbuschen, Kräuter- und Blumenweihe). Fahrzeugsegnungen, um ein weiteres Exempel anzufügen, waren bereits vor dem Zweiten Weltkrieg aufgekommen. Die in weltweiter Kinderhilfe so erfolgreichen Sternsingergruppen stellen allerdings nicht das herkömmliche Sternsingen in Gebirgsdörfern (als Heischebrauch im Sinne der Volkskunde) dar. Brauchtum mag zwar stets im Umbruch sein, Rücksichtslosigkeit gegen Bewährtes reißt aber viel Gewachsenes aus.

So kommt es zur „katholischen Volkskultur-Falle": Begeistert wird das alte katholische Leben in Stadt und Land museal, kunsthistorisch, wissenschaftlich (Dissertationen), literarisch (Bildbände, Festschriften), in anderen Medien (z.B. Filme), Spiele (wie „Frau Musica") und anderen Veranstaltungen aufgenommen. Bisweilen steigen Wehmut und Heimweh nach leichtfertig und unnötig weggegebenen Schätzen auf, wohl auch Freude, dass Volkskirche wenigstens auf diese Weise noch lebt. Die einstige religiös-kulturelle Kraft, Schönheit, Schaufrömmigkeit, Bewegung der Herzen zu Höherem wird bestenfalls gerade noch akzeptiert, mehr nicht. Es gleicht einem kostbaren Gefäß, dessen Inhalt, so noch irgendwie vorhanden, nicht mehr gebraucht wird. Das Nachfüllen im Sinne existentieller Übergabe seiner selbst an Gott in der Kirche (z.B. Umkehr, Bußsakrament, Annahme der Glaubenswahrheiten) bleibt zumeist aus. Doch was nützen die Rahmen, wenn die Bilder fehlen?

„Gute Andacht", dieser Wunsch wird manchmal heute noch Menschen mitgegeben, wenn sie sich auf den Kirchweg machen. „Andacht" ist vielgestaltig, und die theologischen Lexika wissen darüber oft erschöpfend zu berichten und weiterzuführen. In den nachfolgenden Zeilen sollen jedoch die in der katholischen Kirche üblichen (Volks-)Andachten artikuliert werden. Sie beanspruchen einen höheren Rang als private Äußerungen des Gläubigseins. Sie waren ein Markenzeichen der „alten" Kirche. Manche rümpfen jetzt vielleicht die Nase. Für sie sind Andachten etwas für frömmelnde Betschwestern. Andachten mit rührseligen Gebeten und Liedern seien überholt und überdies nicht notwendig. Letzteres stimmt nur insofern, als deren Besuch und Mitfeier keine Pflicht darstellt. Ansonsten gilt: „Frömmigkeit ist zu allem nütze" (1 Tim 4,8).

Bis weit in die Zeit nach dem Zweiten Weltkrieg hinein gab es in der Regel überall die Sonntagsandachten, meistens am Nachmittag. Mit dem Konzil sind sie geradezu abrupt verschwunden. Die Sonntagsgestaltung habe sich verändert. Zudem sei ohnehin „kein Mensch mehr" in einen solchen Gottesdienst gekommen. Dabei hätten jedoch im Hinblick auf die priesterliche Mehrbelastung Laien eine Gemeindeandacht abhalten können.

Die einstigen, in ihrer jeweiligen Thematik durchaus abwechslungsreichen Andachten waren sehr beliebt. Begonnen wurde mit dem Kreuzzeichen und einer Litanei. In der Regel folgten drei ausführliche Gebete zum Thema, von Liedstrophen unterbrochen. Nach den lateinischen Sonntagsämtern am Vormittag konnte sich nun das „Volk" in der Muttersprache aussprechen und die bekannten und geschätzten Lieder singen. Die „Volksfrömmigkeit in deutsch" ließ das sonstige viele Latein als nicht unpassend erscheinen: „Gewöhnliche" Andachten fanden vor dem Ziborium statt, feierliche vor ausgesetztem Allerheiligsten. Hierbei sangen alle das lateinische Pange lingua/Tantum ergo. Der sakramentale Segen war der bestärkende Höhepunkt.

Wenn auch die Andachten oft Persönliches berührten und religiöse Bedürfnisse des einzelnen befriedigten, waren sie doch offizielle pfarrliche Gottesdienste. Der zahlenmäßige Besuch war örtlich verschieden, doch gab es eine Breitenströmung; wohl jeder praktizierende Katholik kam irgendwann mit dem Andachtswesen in Berührung.

Ich erinnere mich an ein im „Dritten Reich" erschienenes illustriertes Heft über den Sonntag, herausgegeben von der Kolping-Zentrale in Köln. In

Wort und Bild hob es auch die Wichtigkeit und volksnahe Schönheit der nachmittäglichen Andacht für katholisches Empfinden hervor. Sie sollte die kommende Arbeitswoche segnen. Dem faktischen Verlust dieser zu Herzen gehenden und den Geist aufrichtenden Gebets- und Versammlungsweise möchte ich eine erhebliche Mitschuld an der Kirchenkrise zuweisen. Bereits 1973 hatte der Linzer Professor Hans Hollerweger in einer angesehenen theologischen Fachzeitschrift vor einer einseitigen „Vermessung" (Reduzierung der Gottesdienste auf Eucharistiefeiern, Heilige Messen) gewarnt. Als ein besonderer Fachmann für das Andachtswesen im Hinblick auf die Historie und verschiedene theologisch-pastorale Disziplinen erwies sich der Liturgiker Josef Andreas Jungmann SJ.

Zwei besondere Andachten „damals" möchte ich eingehender beschreiben: die „Auferstehungsfeier" und den „Jahresschluss". Die Ostervigil, ein nächtlicher Vorbereitungskult also, war aus Gründen, denen hier nicht näher nachgegangen werden soll, auf die Frühe des Karsamstags vorgerutscht. Meistens nahm nur ein kleines Häuflein versprengter Gläubiger daran teil. Erst zum Amt vergrößerte sich die Schar. Bereits am Karfreitag sagte bei uns die Mutter: „Morgen in der Frühe singt man schon Alleluja!" Wir brachten dies, die herrliche Vigilfeier altersmäßig bald erlebend, mit der Grabesruhe des Heilands als einer Vorfreude auf seinen Ostersieg in Verbindung (das Stundengebet am Karsamstag zielt textlich ja in diese Richtung).

Bis zum „Geschenk der Osternacht an der zeitlich richtigen Stelle" durch Papst Pius XII. (1951) lud die Pfarrei am Karsamstag Jung und Alt zur „Auferstehungsfeier" (nach einem diözesanen Ritus; keine Messe). Ich erlebte sie in geräumigen Stadtkirchen – eine bot allein 1044 reguläre Sitzplätze – inmitten einer Menschenmenge, wie sie heute (bei jährlicher Wiederkehr, ohne einen lokalen Festanlass) wohl unvorstellbar ist. Mit diesem abendlichen Ereignis war natürlich noch nicht die Sonntagspflicht an Ostern erfüllt. Trotz des Jubels und der gespannten Erwartung auf die erneuerte Osternacht drückten viele ihr Bedauern über den Wegfall der anschaulich-österlich gestalteten Auferstehungsfeier aus. Der damalige Bischof von Augsburg, Joseph Freundorfer, der die Änderung durchaus begrüßte, flocht deshalb in die neue, lange Feier (damals noch am Karsamstag 20 oder 21 Uhr) eine Sakramentsprozession ein.

Die zweite jährliche Feier mit überragendem Zulauf war die Jahresschlussandacht am letzten Tag des Jahres. Im Gegensatz zum Vorabend von

Ostern fand hier die Wortverkündigung, meist „Silvesterpredigt" genannt, ihre bedeutsame Stelle. Berühmt wurden die in den Kathedralen von den Bischöfen gehaltenen Silvesterpredigten, besonders jene in der Un-Zeit des Nationalsozialismus. Zumindest verdeckter, aber durchaus verstandener Widerspruch gegen die Machthaber, Bestärkung im Glauben, aber auch Ermahnung zur tätigen Liebe bildeten Inhalte der geistlichen Reden an die oft tausende Gläubige.

Diesen Andachtstermin gibt es zwar noch; er ist aber leider weitgehend verkümmert, vom verlorenen Bewusstsein der *Massen*, Gott zu danken und ihn zu bitten, ganz abgesehen. Weil die Neujahrs-Vorabendmesse ihr Recht verlangt und der „Jahresschluss" mit hineingenommen wird, ist trotz großer Bemühungen der Geistlichen diese für den pfarrlichen Zusammenhalt so wichtige Gottesbegegnung äußerlich nur ein schwaches Abbild von einst. Hatten die nicht gerne gehörten Alten so unrecht mit der resignierenden Feststellung: „Was einmal weg ist, bleibt weg?" Man kann nicht alles Heutige auf die jetzt anderen Zeiten schieben. Außerdem gibt es in der Kirche Tonangebende, die gar keine Massen mehr wollen und diesen nur (fast) pures Mitläufertum andichten.

Mögen die noch verbliebenen regulären Andachten (z.B. Maiandacht, leider oft dürftig besucht, Dankandacht bei Erstkommunion und Firmung) als *eigenständige* Gottesdienste erhalten bleiben! Eine Art Sonderfall stellt der (oft tägliche) Rosenkranz – vor Messfeiern als „Sammelrosenkranz" – dar. So gibt es den oft totgesagten Rosenkranz dank einer treuen Laiengemeinde noch immer. Früher, und da darf ich an meine Kaplanszeit zurückdenken, wurde er auch täglich *mit* Priester und Aussetzung verrichtet.

Ein Wort noch zum Stundengebet: Die katholische Jugend sang vor und nach 1945 an den Samstagabenden die „Deutsche Komplet". Die feierliche lateinische Vesper gab es in den Pfarrkirchen vor allem an Weihnachen, Ostern, Pfingsten sowie beim Patrozinium und an Kirchweih. Das Konzil wünschte Volksbeteiligung, das heißt alle sollten *mitbeten*. Darum werden heute den morgendlichen Eucharistiefeiern gerne die „Laudes" vorangestellt.
Es wäre schade, würden nun zu viele Vespergottesdienste statt volksnaher Andachten abgehalten. Bei aller Höherwertigkeit der Liturgie soll die viel beklagte „Verkopfung" (hier ist die Vesper *nicht abwertend* gemeint) mit

der „Herzensfrömmigkeit" die Waage halten. Die neu aufgekommene „Wort-Gottes-Feier" ist vielleicht zu akademisch-religiös, zu sehr „Bibelstunde". Und sollte das „Gotteslob" einmal revidiert werden, „andachtsfrei" (um es deutlich zu sagen) darf es auf keinen Fall werden! Ob Heutige das verstehen (wollen): die damalige, nicht als Wortgottesdienst aufgebaute Volksandacht machte eine warmherzige, nahe Kirche erfahrbar.

Sei nur bereit

(Antworten des Engels)

Ich sprach: wer warnt mich in der Not der Stunde? -
Und Er: das Licht erstrahlt zur rechten Zeit.
Ich sprach: wie komm ich zu so hohem Bunde? -
Und jener: frage nicht. Sei nur bereit.

Kennst du den Traum, der uns von je beirrte? -
Ich weiß, ihr seid von Lockung hart bedrängt.
Verdient nicht Tod, wer allzu niedrig irrte? -
Die Himmelsliebe richtet nicht, sie schenkt.

Warum die Angst endlos? Warum das Grauen? -
Endlos in Wahrheit einzig ist das Licht.
Wenn ich dir folge, werd ich es erschauen? -
Schon liegt sein Glanz auf deinem Angesicht.

So trag ich schon das Licht in meinem Leben? -
Im Kern, den du mit Traumgewirk umsponnst.
Nichts muss ich tun, als nur die Hände heben? -
Was sonst als nur dies Eine! Was denn sonst!

(Henry von Heiseler)

*Mit Beten und Betrachten hat unsere fromme Mutter nicht nur ihr
Leben geordnet und reich gemacht für die Ewigkeit, sie hat damit
auch unserem Dasein das Fundament des Glaubens gelegt, unsere
Jugend und die reiferen Jahre reich gesegnet. Wir werden erst in der
Ewigkeit erfahren, was alles wir in unseren ahnungslosen Tagen
dem Gebet der Mutter verdanken.*

„Amen, das sage ich euch:
Wenn ihr nicht umkehrt und wie die Kinder werdet,
könnt ihr nicht in das Himmelreich kommen.
Wer so klein sein kann wie dieses Kind,
der ist im Himmelreich der Größte. "
(Mt 18,3f)

HINEINWACHSEN
IN DEN GLAUBEN

Es ist der angeborene Mangel aller liberalen Ordnungen,
dass sie keinen Lebenssinn vermitteln.
Sie halten keine fundamentale Hoffnung bereit
und werfen den Einzelnen auf das zurück,
was er als individuelle Erfüllung begreift.
(Joachim Fest)

Im Frühjahr 2000 brachte die Zeitung „Die Welt" einen groß aufgemachten Artikel über die Neuerscheinung Johannes Hösle „Vor aller Zeit – Geschichte einer Kindheit". In diesem Beitrag entdeckte ich überraschenderweise die Namen des katholischen Dorfes, in welchem meine Mutter ihre Kindheit verbracht hatte, wie auch jenen meiner Heimatstadt. Das anschaulich geschriebene Buch – der Autor ist Jahrgang 1929, war Universitätsprofessor und ehemaliger Leiter eines Goethe-Instituts – beschreibt auch ausführlich seine religiöse Beheimatung. Seine fromme Mutter sowie der mit Respekt geschilderte Ortspfarrer spielen in den maßgeblichen Kapiteln eine wichtige Rolle. Die katholische Luft war überall zu atmen, mehr noch draußen als im Gotteshaus, bis hin zu Theateraufführungen und Filmbesuchen. Das „katholische Milieu" vermochte auch der Nationalsozialismus nicht zu zerbrechen. Kritische Töne fehlen in der Publikation keineswegs, war dem Autor doch beim Besuch der Höheren Schule in meiner protestantisch geprägten Geburtsstadt manch Neues widerfahren. Aus der damaligen Frömmigkeit heraus mit einer noch viel größeren (Kinder-)Sterblichkeit als heute, sprachen die Leute viel vom Fegefeuer und von den „Armen Seelen". Hösle sichtet vom Heute her sein ganz selbstverständliches Hineinwachsen in den katholischen Glauben – später fiel er jedoch, wie er im 2. Band schildert, wegen Schopenhauer vom Glauben ab.
Die Glaubensvermittler waren unangefochtene Personen. Die Stadt zählte zu den nur neun Reichsstädten (und fünf Fürsten), die bereits 1529 in Speyer gegen die Aufhebung des für die neue Lehre günstigen Reichstags-

abschieds von 1526 aufbegehrten. Seitdem trugen Anhänger die Bezeichnung „Protestanten".

Wie besagtes „Hineinwachsen" in den Glauben bei den meisten meiner Altersgenossen geschah, darf ich aus eigenem Erleben exemplarisch deuten. Den „Krabbelgottesdienst" hielt die Mutter selbst; dazu bedurfte es keiner kirchenoffiziellen Organisation. Auch eines Kleinkindergottesdienstes kann ich mich nicht entsinnen. Man schickte mich in den evangelisch geprägten Fröbel-Kindergarten, doch ist mir nichts Anti-Katholisches begegnet. Das eigene Gotteshaus erlebte ich zunächst von Besuchen mit der Mutter an Sonntagnachmittagen. Sie erklärte uns Kindern alles, brachte uns früh das Beten und das Kreuzzeichen bei. Den ersten Priester mit Namen lernte ich noch vor der Einschulung auf ganz sympathische Weise kennen, als er, in schwarzer Soutanelle, mit einer respektablen Gruppe von Buben liedersingend vor unserer Wohnung vorbeizog. In der Schule wurde von Priestern (Katechismuswahrheiten) und von Lehrern (Biblische Geschichte) Religionsunterricht erteilt. Bildchen und Heftchen waren als Belohnung begehrt und beliebt. Man lebte den Glauben, manchmal recht, manchmal schlecht, aber treu bis zum Tod.

Am 11. September 1932, ich war gerade neun Jahre alt geworden, fand im Städtchen ein großer regionaler Katholikentag statt. „Stadt und neue Kirche waren festlich geschmückt" (Paul Hoser). Am Sonntag scharten sich im Stadion rund 20.000 Gläubige um den Bischof, der die Messe feierte und die Predigt hielt. Ein Wald von Fahnen türmte sich rechts und links des Altares auf. Anschließend fand ein Festzug durch die Straßen statt. Auf der Ehrentribüne am Marktplatz hatte der Oberhirte mit dem Klerus und den Honoratioren den Zug „abgenommen". Er entpuppte sich als ein sehr weltlicher Festzug und wurde von Mitgliedern eines Fahrradvereins angeführt. Phantastisch geschmückte Räder trugen zur weiteren Buntheit des Geschehens bei; insgesamt nahmen rund 250 Vereine daran teil. Danach wurde zu fünf großen Kundgebungen geladen. Zu den Männern sprach der Münchner Oberbürgermeister Karl Scharnagl. Später traf man sich wieder im Stadion, wo die „Deutsche Jugendkraft" (DJK), der bekannte katholische Sportverband, zu Ehren des Bischofs Turnvorführungen absolvierte.

Eine besondere Note der Frömmigkeit brachten damals die Volksmissionen. Ich erlebte meine erste im März 1933. Über dem Hochaltar hing ein schwarzes Holzkreuz ohne Corpus mit der silbrig schimmernden Aufschrift: „Rette deine Seele". In der Schule brachte uns der Lehrer (!) ein eigenes Missionslied bei: „Bedenk, o Mensch, bedenk es wohl, was dieses Kreuz bedeuten soll: O, rette deine Seele ..." Man empfand das als ganz normal, schließlich dienten solche vierzehn „Gnadentage" mit vier Franziskanerpatres der Umkehr und Erneuerung. So waren auch die Beichtstühle „belagert", zumal gern oder lieber bei fremden Priestern das Bußsakrament empfangen wurde. Auch Pfarrer Kneipps erste Predigt im Jahre 1852 ging übrigens über das Thema „Rette deine Seele."

Die nächste Volksmission in der Heimatpfarrei erlebte ich bereits als Diakon. Sie fand im September 1949 durch fünf Redemptoristenpatres statt. Bei diesen Ereignissen übergab anlässlich der Eröffnungsfeier der jeweilige Pfarrer seine vor allem Volk abgelegte Stola an den Leitenden Pater (Superior). Das war ein Zeichen dafür, dass er nun für die Missionszeit seine geistliche Vollmacht weitgehend den Ordensleuten übertrug – besaßen die Patres doch viele Privilegien, vor allem im Beichtstuhl. Es war beeindruckend, wie bei der Schlussfeier im „gesteckt vollen" Gotteshaus vom Superior der Päpstliche Segen erteilt wurde. Zur Erinnerung fertigte man ein großes Kruzifix aus Holz und versah es mit einer entsprechenden Tafel. Es wurde auf einem Pfeiler im Kirchenschiff angebracht – auch der Augsburger Hohe Dom beherbergt noch heute ein Kreuz mit zwei Tafeln, auf dem diese Inschrift zu lesen ist (auf dem Land heute auch oft an der Außenwand zu sehen).

Die damaligen Volksmissionen galten als erfolgreich; an „Höllenpredigten" vermag ich mich nicht zu erinnern. Strenge und Freude des Glaubens erlebten Jung und Alt als ausgewogen. Einer der Predigtinhalte, ich kann mich noch gut erinnern, betraf die Aufforderung und Ermutigung, festgefahrene Feindschaften aufzubrechen.

In diesen Jahrzehnten kamen auch die „Religiösen Wochen" als „Mini"-Volksmissionen auf. In der NS-Zeit bedeuteten „Einkehrtage" für die verschiedenen Altersschichten (heute verwendet man den Begriff „Zielgruppen") Bestärkung im Glauben und Zusammenhalt.

Wenn nun zum Vorhergesagten noch Details folgen, dann nicht, um mich oder meine Herkunft hervorzuheben, sondern um Verständnis für die damalige Situation von Kirche und Welt zu wecken. Selbstverständlich verzeichnete man verschiedene Grade an Kirchenbindung. Doch brauchte man sich nicht, wie heute, zur Firmung anzumelden, weil der Empfang dieses Sakraments grundsätzlich zu einem Katholiken gehörte. Als meine Freunde und ich 1945 ins Priesterseminar eintraten, musste darum auch das Firmzeugnis vorgelegt werden. Der geistige Horizont bestand aus Elternhaus, gründlichem Religionsunterricht und Jungschargruppe; der leuchtende Silberstreifen an ihm bestand aus den festlichen Gottesdiensten in der Kirche. Ich betätigte mich nicht als Ministrant, das überließ ich meinem Bruder. In einer Pfarrei mit rund 9.000 Gläubigen, zwei Gotteshäusern und einem liturgisch reichen Kirchenjahr zählte man nur zwölf Ministranten. Diese wurden sehr gefordert, nicht nur wegen des zu Lernenden. Alle drei Wochen war mein Bruder zur werktäglichen Frühmesse von Montag bis Samstag eingeteilt, jeweils um 6 Uhr, im Winter in der ungeheizten Kirche. In den anderen Wochen diente er um 7.15 Uhr, von den Sonntagen, Festen, insbesondere auch Andachten und Beerdigungen ganz zu schweigen. Heute weist dieselbe, allerdings kleiner gewordene Pfarrei laut Pfarrbrief (März 2001) 73 Ministranten (Jungen und Mädchen) auf. Dabei ist der Gottesdienstanzeiger inzwischen reichlich ausgedünnt. Es wäre sehr schön, wenn diese Jugendlichen tiefer als andere in das heilige Geschehen eingeführt und – wie früher oft – für den Priester- und Ordensberuf begeistert würden.

Unsere Mutter begann den Tag meistens mit der Heiligen Messe. Sie gehörte ferner einer Gebetsgemeinschaft an, die jährlich zweimal ein Aufstehen nach Mitternacht und ein längeres Beten im Knien verlangte. Der Vater ging an Sonn- und Feiertagen zur Kirche, ebenso bei besonderen Anlässen. Am Karfreitag und am Fronleichnamsfest war es üblich, dass die Männer Zylinder trugen. Eigentlich (auch!) ökumenisch, denn der Karfreitag ist der höchste Feiertag der evangelischen Christen, während ihn diese den Katholiken (irrtümlicherweise) für Fronleichnam zudachten.
Beim Heimgang der in der Familie lebenden Großmutter am 25. Oktober 1929 („Schwarzer Freitag", Weltwirtschaftskrise) – ich war gerade sechs Jahre alt – wurden wir Kinder zu Hause und im Friedhof des Leichnams ansichtig. Er wurde nicht versteckt und den Kindern kein seelischer Schaden eingeredet.
Das Morgengebet verrichtete daheim jeder für sich allein, doch gingen mehrere Schulkameraden und ich oft am Werktag zur Heiligen Messe; dienstags und freitags war Schülergottesdienst, am Mittwoch früh 6 Uhr Gemeinschaftsmesse der Jugend. Zur Erstkommunion und Firmung bedurfte es keiner monatelangen Vorbereitungen mit Brotbacken, Schuhputzen und Quiz; sie zielten vielmehr in ihrer Kürze auf den Kern der Sache, gestalteten sich aber durchaus als dem Alter angepasst. Das Verbindende

war: Ernst und Schönheiten des Glaubens wurden den Neun- bis Zehnjährigen nicht vorenthalten.

Das Abendgebet verrichtete laut und kniend meine Mutter mit uns, während wir bereits im Bett lagen. Wichtig schien ihr, das christliche Sterben – bereits im zarten Alter ihrer Kinder – vorzubereiten (tatsächlich ist mein Bruder später in Russland gefallen, noch nicht 21 Jahre alt). Das „Responsorium" zum heiligen Antonius von Padua, das Reimgebet zur Sterbepatronin St. Barbara, natürlich auch das „Bevor ich mich zur Ruh begeb' …", wurden kaum ausgelassen. Der Blick weitete sich liebevoll auf das Jenseits hin, zu den Armen Seelen, wie auch die Mutter kaum je davon sprach, dass jener oder jene gestorben, sondern „jetzt auch schon in der Ewigkeit" sei. Wie sehr unbekannte Menschen in diese Gebetsliebe einbezogen waren, zeigte jene einem Vaterunser vorangestellte Intention: „Für alle, die jetzt in den letzten Zügen liegen und heute noch sterben werden" (bei Franz Schuberts anmutigem Klavierlied „Das Zügenglöcklein" mit dem fast heiteren Text von Johann Gabriel Seidl muss ich daran denken). Das längere Reimgebet „Lieber Heiland, sei so gut, lasse doch dein teures Blut in das Fegefeuer fließen …", war ein Lieblingsgebet von Romy Schneider als Schülerin.

Die Eltern standen mit beiden Füßen im Leben. Engstirnigkeit konnte ich nicht entdecken. Das Weltliche gehörte dazu; es gab da keine Brüche. Erst zu Beginn der 90-er Jahre sagten mir betagte Nachkommen einer schwer bombengeschädigten Familie, damals in einem dürftigen Eisenbahnerquartier hausend, dass ihnen mein Vater eine Decke zum Wärmen gebracht habe. Davon (und anderem) erzählte er nie etwas. Als nach der Pogromnacht, am 10. November 1938, die jüdische Familie L. ihre von den NS-Horden aufgeschlitzten Betten in die Reinigungswerkstatt zu meinen Eltern brachten, füllte der Vater die dünn gewordenen Hüllen wieder auf und die Mutter nähte dann die Inletts zu. Leider versäumte ich, die Eltern vor ihrem Heimgang zu befragen, ob sie dafür etwas verlangt hätten. Ich rate wohl nicht falsch, wenn ich meine: nichts.

So vieles noch ließe sich an Einzelheiten von einst an die heutigen Zeitgeistigen weitergeben. Hier der Versuch einer Zusammenfassung:

- Die Volkskirche lebte den Glauben weitgehend bewusst. Die Sünde nahm man ernst.
- Die Kirche war nicht weltfremd, und man begegnete ihr auf Schritt und Tritt (im Dritten Reich eingeschränkt).

- Die Bruderliebe, Kennzeichen der Jüngerschaft Christi, erfuhr die Christenheit durchaus „vor Ort" – also auch im Zusammenleben mit den evangelischen Mitchristen – von wenigen unschönen, eher in der menschlichen Schwäche liegenden Dingen abgesehen.
- Die katholische Geistlichkeit zeigte sich in der Realität des „ein Herz und eine Seele" (Apg 3,32). Geistliche Kleidung und damit Erkennbarkeit war wie heute Vorschrift und damals Selbstverständlichkeit.
- Die Gottes- und Kirchengesetze stießen auf Respekt (dass ein aus der Kirche Ausgetretener – wegen der Nichtakzeptanz seiner Scheidung seitens der Kirche – im Passionsspiel hätte Jesus darstellen dürfen, war völlig undenkbar).
- Das Katholische war natürlich, selbstverständlich und durchaus unaufdringlich. Es wurde nichts dialogisch zerredet. Was einem nicht gefiel, wurde einfach artikuliert.
- Der Glaube war dankbar empfangener Besitz. Das „ewige Suchen" heute ist vielleicht nur ein anderes Wort für Unsicherheit und Zweifel.
- Gerne hätte man die ganze Welt katholisch gesehen. Viele Missionsschwestern und -brüder samt Patres zogen hinaus, für gar manche gab es kein Wiedersehen in der Heimat. Fromme, aber mit spannenden Geschichten bereicherte Blättchen lagen in den Wohnungen.
- Die Eifrigen – jene, „die immer in die Kirche springen" – wurden natürlich nach ihrem sonstigen Verhalten beurteilt. Sie ließen die Lauen und weniger kirchlich Interessierten nicht allein. Ich erinnere mich, wie sie für den Glauben warben. Die private Sphäre wurde dabei – ich denke in der Regel – nicht verletzt.

Gott ist lange tot,
wusste der junge Mann.
Seltsam,
wunderte sich der alte Pater.
Vor einer Stunde
sprach ich
noch mit ihm.

(Lothar Zenetti)

Inschrift auf dem Fußsockel: „Rette Deine Seele!"
Volksmissionskreuz im Hohen Dom zu Augsburg.
Zuerst das Kreuz, dann österlicher Triumph. Stellvertretender
Sühnetod Jesu: „Loskauf aus der Knechtschaft der Sünde,
Rechtfertigung bzw. Reinigung und Erlösung durch Christi Blut"
(Gerhard Ludwig Müller).

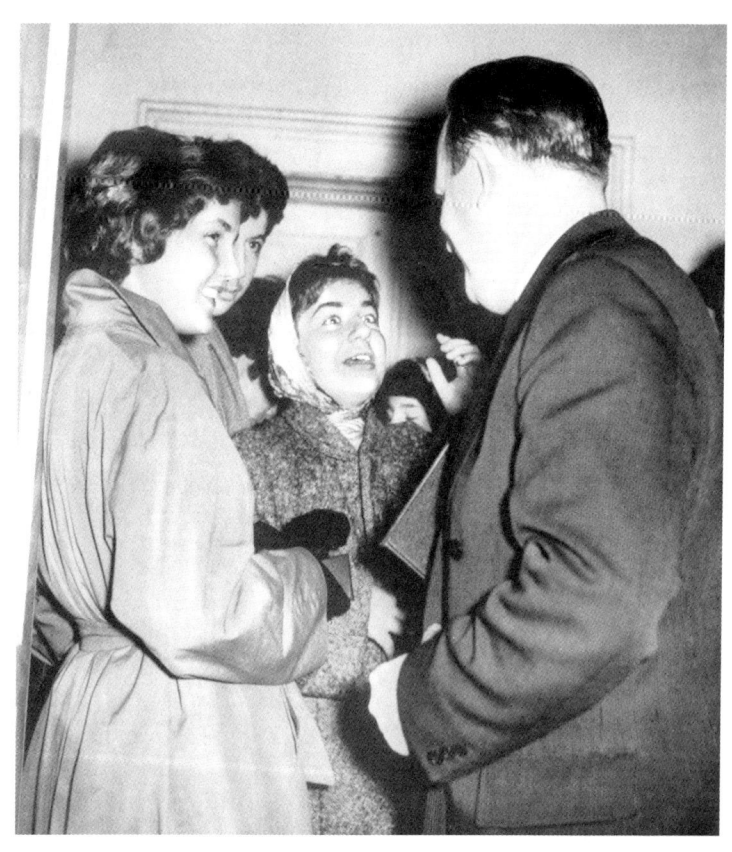

„Das Mädchen ist schön und klug.“ (Tob 6,12)

SAG' NICHT JA, WENN DU NEIN SAGEN WILLST – KIRCHE UND FRAU

Liebe ist das einzige, das wächst,
wenn wir es verschwenden.
(Ricarda Huch)

Feministische Theologinnen, so heißt es, wünschen sich, die Rede von Gott um weibliche Attribute zu erweitern. Sie betrachten das Weibliche als Inbegriff von Sanftmut und Zärtlichkeit – im Gegensatz zu männlicher Macht und Gewalt. Und wenn Männer unterdrückten – soll es jetzt wirklich umgekehrt werden?

Es mag manchen Aufholbedarf im Komplex „Kirche und Frau" gegeben haben. Doch, ist *die* Kirche nicht selbst auch fraulich, mütterlich? Die Angehörigen des weiblichen Geschlechts befinden sich bei der Kirche in guter Obhut. Und was den Sinn für Unterschiede zwischen den Geschlechtern betrifft, ist er für den Philosophen Jörg Splett sogar „ein Gradmesser für die Kultiviertheit des Menschen überhaupt."

Im übrigen betet die Kirche in ihrem „alten", bis um 1968 allein gültigen Römischen Messkanon schon immer für die „Diener und Dienerinnen" in der Gemeinde, jeweils im Gedenken für die Lebenden und die Toten. So früh hat dies vielleicht niemand gemacht – die Frauen extra genannt. Aber man sollte, meine ich, die inklusive (einschlussweise) Form nicht generell ad acta legen, da die ständige Nennung sowohl der männlichen als auch der weiblichen Wortendungen mitunter komisch wirken kann. Auch bei der Neuformulierung der Texte von Kirchenliedern möge man die Sache nicht pressen; es sind schließlich immer alle gemeint. Früher wäre man nicht auf solche importierten, teils kämpferischen Gedanken gekommen. Dann gäbe es konsequenterweise noch vieles zu ändern: *Der* Frühling, *der* Sommer, *der* Herbst, *der* Winter – die vier Jahreszeiten, diese Verwandlungskünstler, sind in deutsch allesamt männlich, auch die Namen der zwölf Monate und *der* Tag. Von den vier Tagzeiten ist *die* Nacht weiblich; bei der Zeiteinteilung heißt es *die* Stunde, *die* Minute, *die* Sekunde. Dies nur als Beispiel.

Bei unserem Studium in den ersten Jahren nach dem Zweiten Weltkrieg wurde eifrig über das „Mutterrecht" diskutiert, eine von dem Basler Professor Johann Jakob Bachofen angenommene frühgeschichtliche Familienform. Diese ist aber nicht mit „Matriarchat" (Frauen-, Mutterherrschaft) verknüpft. Laut „Brockhaus Enzyklopädie" sind die indogermanischen Völker ausgesprochene Vertreter des Vaterrechts. Etwa zeitgleich mit den „68-ern" (wenige Jahre zuvor war das Zweite Vatikanische Konzil abgehalten worden) schwappte zu uns aus den Vereinigten Staaten die Emanzipationswelle herüber. Frauen forderten nicht nur die Abschaffung des „bislang geltenden" Patriarchats (Männerherrschaft), sondern auch, über die längst erkämpfte allgemeine Gleichberechtigung hinaus, die faktische Aufrichtung einer Frauendomäne auf allen Gebieten des Lebens. „Selbstverwirklichung" lautete eine der Parolen, „Sexuelle Revolution" eine andere. Auch Europa stand solchen Strömungen nicht nach (Simone de Beauvoir, deutsch: „Das andere Geschlecht", 1951).
Eine der frühen Anregungen startete John Stuart Mill (deutsch: „Die Hörigkeit der Frau", 1869). In Deutschland spielte damals die idealistische Philosophie eine Rolle, woraus Fragen der Erziehung, der Frauenbildung und später auch politische Ziele erwuchsen.

Doch wie stand es in der katholischen Kirche um die Frau und ihre Rechte? Hinter ihrem „Ausschluss" vom Priestertum wurde früher keine „Unterdrückung" vermutet. Die höfische Kultur des christlichen Mittelalters zeigte sich dominanter als einzelne negative Aussagen über die Frau seitens einiger Theologen. Die Ritter hatten die Witwen und Waisen zu beschirmen. Minnesänger priesen den weiblichen Teil der Bevölkerung. Wirkungsvoll sind noch heute die weiblichen Stifterfiguren im Naumburger Dom, vor allem Uta und Reglindis. Dante ließ sich in seiner „Göttlichen Komödie" von einer Frau geleiten. Fürstäbtissinnen regierten mit Bravour Städte und Landstriche. Sogleich nach ihrem Heimgang im Alter von nur 24 Jahren begannen die Vorbereitungen, unsere bald volkstümliche heilige Elisabeth von Thüringen zur Ehre der Altäre zu erheben. Bei der Heiligsprechung und Überführung in die neu errichtete Elisabethkirche in Marburg 1235 gab Kaiser Friedrich II. dieser wahren Perle des Frauentums persönlich die Ehre. Von diesem Glanz fiel ein Licht ebenso auf die Frauen aller Stände ab. Auch Frauen wurden in die Spitäler aufgenommen. Zeitbedingtes verhinderte oft arge Schattenseiten nicht. Doch blieb Hexenverfolgung im Ordo des Mittelalters vereinzelt, wie auch das Christentum in der Bewertung der Frau gegenüber anderen Religionen insgesamt gut dasteht.

Was die mehr als furchtbaren und betrüblichen Hexenverbrennungen in der frühen Neuzeit betrifft, kann man nicht alles und nur der katholischen Kirche anlasten. Trauer um jede einzelne Getötete oder sonst Verurteilte (wenn auch oft stark überhöhte Zahlen angegeben werden) ist angebracht. Doch gab es diesen grauenvollen Missstand nicht nur in katholischen Gegenden. Italien und Spanien blieben fast frei von diesem Wahn. Unglücklicherweise wurde bei den Neuauflagen des berüchtigten „Hexenhammers" (1487) Jahrhunderte hindurch das einstige päpstliche Wort (Bulle, 1484) beibehalten. Seit es Menschen gibt, verleitet die Furcht vor Schadenzauber zu Eskalationen und höchster Ungerechtigkeit. So sehr gerade Frauen darunter leiden mussten – da und dort gerieten auch Männer, selbst Priester, in diese Vernichtungsmaschinerie –, hat man doch neidvoll um das tiefere Lebenswissen der Frauen, um ihr „Weistum", gewusst, und wollte dieses wohl „gebannt" haben. Nach einer jüngsten Dissertation (2001) war etwa ein Viertel der Verfolgten Männer, in Ober- und Niederösterreich zwischen 1650 und 1690 sogar über 90 Prozent. Und: „Der Frauenanteil sei in protestantischen Gegenden deutlich höher gewesen als in katholischen." Große Frauen zu diesen Zeiten, ob im geistlichen Orden oder weltlichen Stand, Kleine und Hochstehende, bezeugen, dass es Wertschätzung gegenüber den Frauen gab. Papst Johannes Paul II. sprach im übrigen am ersten Fastensonntag 2000 eine kirchliche Vergebungsbitte gegenüber den Frauen aus.

Heute empfehlen die Vorstände der katholischen Frauenverbände ihren Mitgliedern, keinerlei Fremdbestimmung mehr anzunehmen (zum Beispiel im Bereich der Mutterschaft). Mit ihren Forderungen betreten sie den Boden der Öffentlichkeit. Natürlich wollen sie nicht eine unsinnige Gegnerschaft zum Mann propagieren, aber den modernen Auflösungstendenzen, wie Scheidung und sexuelle Selbstbestimmung, stehen sie gewöhnlich positiv gegenüber.
Wie im weltlichen Bereich sollen der Frau auch im kirchlichen „*alle* Ämter" offenstehen. Mit dem immer häufiger werdenden Auftreten weiblicher Personen im Presbyterium der Gotteshäuser soll wohl der Boden bereitet

und die endliche Zustimmung der katholischen Welt zum Frauenpriestertum erreicht werden. Sogar die Menschenrechte werden mitunter (mühsam!) bemüht. Dass der Heilige Vater mit seinem Apostolischen Schreiben „Ordinatio sacerdotalis" vom 22. Mai 1994 die Priesterweihe der Frau aufgrund Heiliger Schrift und Tradition definitiv abgelehnt und für endgültig unmöglich erklärt hat, berührt diese Kreise nicht, auch nicht, dass die Orthodoxen Kirchen kein Frauenpriestertum akzeptieren würden. Diakonatskurse für Frauen sind ebenfalls nicht erlaubt (Römische Notifikation von 2001). Zu argumentieren, Christus sei zuerst Mensch gewesen, in zweiter Linie erst Mann, greift nicht. Denn die *konkrete* Person ist entweder Mann oder Frau. Da Sakramente Zeichen sind, muss beim Priestertum eine „Ähnlichkeit zwischen dem göttlichen und dem menschlichen Opferpriester" zeichenhaft vorhanden sein. „Der Opferpriester Christus, als Haupt und Bräutigam der Kirche, wird einzig durch den männlichen Priester abbildlich dargestellt" (Wilhelm Scholz). Bereits der große Kirchenvater Johannes Chrysostomus erklärte zweimal, für Frauen komme weder das Priester-, noch das hierarchische Leitungsamt (in der Kirche) in Frage; ihre Berufung sei eine andere. Er ist der Ansicht, das göttliche Gebot in dieser Sache sei deutlich. Auch aus der Osterbegegnung Jesu mit den Frauen kann sich kein Frauenpriestertum ableiten. Allerdings zeigt die Diskussion erneut: Der Priester muss in Wesen und Haltung – ohne verkürztes Menschsein – wieder mehr zurücktreten, damit Christus in ihm Gestalt gewinnen kann und das wahre Wesen des Priestertums wieder erkennbar wird (zur Thematik ausführlich: Manfred Hauke, Die Problematik um das Frauenpriestertum).

Schauen wir in die Zeit vor dem Konzil zurück! Dass tiefgläubige und edle Frauen nicht Priester werden konnten, wie viele mögen wohl innerlich darunter gelitten haben? Die heilige Theresia vom Kinde Jesu wäre liebend gern Priester geworden („Ich möchte die ganze Welt missionieren und alle Inseln dazu"). Dabei war sie aus tiefer Christusliebe heraus zudem fähig und geneigt zum Opfer. Auch heute sind, einmal so betrachtet, fromme und willige Mädchen und junge Frauen vielleicht betrübt über die Nichtzulassung.
In den Jahrzehnten des geistig-religiösen Aufbruchs nach dem Ersten Weltkrieg publizierten Geistliche, Ordensfrauen und Laien beiderlei Geschlechts tiefempfundene Bücher und Abhandlungen über Wesen, Würde und Aufgabe der katholischen Frau in jeglichem Stand (vgl. dazu die umfassende Dissertation von Sabine Düren, Die Frau im Spannungsfeld von

Emanzipation und Glaube). Vom speziellen „Priestertum der Frau" war die Rede, aber nicht im Sinne des Amtspriestertums. Die Hingabefähigkeit der Frau wurde höher eingeschätzt und bewertet als die des Mannes. Tüchtig in Familie und Beruf, erwies sich das weibliche Geschlecht vom Glauben her oft überstark im Leid. Soweit ich das zu beurteilen vermag, hätte sich damals trotz großem Selbstbewusstsein der Frau nicht nur kein Mann, sondern auch kaum eine Frau eine „Priesterin" in der katholischen Kirche vorstellen können. Gerade die Frauen wussten, dass ihnen als Gliedern ihrer Kirche nichts, aber auch gar nichts abgeht, um ihr Pilgerinnenziel, die ewige Glückseligkeit, zu erreichen. Die Gottesmutter Maria, ihre Geschlechtsgenossin, war schließlich (auch) nicht Priesterin, und steht doch über allen Engeln und Heiligen!

Meine Mutter war gerne Mitglied im (1903/04 in Köln gegründeten) Katholischen Deutschen Frauenbund; „Frauenland" nannte sich die Verbandszeitschrift. Bereits vor der Revolution von 1848 gab es in acht deutschen Städten – die erste war Trier, 1840 – katholische Frauenvereinigungen mit sozial-karitativem Tätigkeitsfeld. Ein besonderes Kapitel müsste den Priestermüttern gewidmet werden, aber natürlich nicht nur diesen. Der bewusste Einsatz, die stille Hilfe aus dem Geiste Jesu und seiner heiligen Mutter galten, damals schon, als der von Gott geliebte, angenommene und belohnte frauliche Dienst. Nicht zu vergessen die unverheirateten Lehrerinnen!

Dichten und Beten von Frauen begnügte sich zu dieser Zeit nicht mit wohlklingender, dogmatisch und religiös eher ungebundener Tiefe. Liturgisch eigenmächtige Verzerrungen oder gar heidnische Auftritte in Kirchen („Weltgebetstag der Frauen", Samoa 2001 …) wären absolut unmöglich gewesen. „Frauenliturgie"? – solche und ähnliche „Selbstläufer" sind keine akzeptablen „neuen Formen" und im Grunde auf Dauer ohne Erfolg. Bei aller Sensibilität für die Nöte der Zeit waren Weltverbesserung und gesellschaftspolitische Anklage nicht Gegenstand der Seelsorge.

Die Vertreterinnen der sogenannten „feministischen Theologie" (vgl. dazu: Manfred Hauke, Gott oder Göttin) streben nach einem grundlegenden Umbau der Theologie und des Glaubens. Auf Einladung des „Katholischen Deutschen Frauenbundes" (KDFB) hielt unlängst eine solche Theologin einen Vortrag, wo sie den Zuhörern versuchte, den Glauben an den Opfercharakter der heiligen Messe auszutreiben. An dessen Stelle traten

„Aspekte eines neuen Verständnisses: Das Wirken der Ruach (hebräisch: *die* Geistin); die Sophia-Christologie" (sophia: griechisch: *die* Weisheit). Doch können solche feministische „Einsichten" auf Dauer tragen? Die feministische Theologin Herlinde Pissarek-Hudelist (Innsbruck) äußerte vor ihrem Tode: „Was nützt mir jetzt die feministische Theologie, die nur auf's Diesseits, auf die Gegenwart, auf die gerechte Gesellschaft bezogen ist? Einen Dreck!" Als ich diese Notiz las, erinnerte ich mich an das Wort: „Der Feminismus duldet keine Weiblichkeit."

Frauen stellen Sachverstand und Können mittlerweile in allen Bereichen unter Beweis („Frauen-Power"). In Politik und Gesellschaft, Wirtschaft und Privatbereich liefern sie Beiträge für eine gute – und bessere – Zukunft. Die „Frauenfrage" tangiert Kirche und Öffentlichkeit existentiell: Ein erschreckendes Nein zu geordneten Familienverhältnissen und zum Kind, ein Ja zu lebensfeindlichen Tendenzen (zum Beispiel am Anfang und Ende des menschlichen Lebens) leisten einer religiösen Entwurzelung Vorschub. Geschieht hier nicht eine Mitsprache in der Welt ohne Sprechen mit Gott?

Eine weitere Fragestellung sucht Antworten zum Thema „Frau und Maria". Woher kommen diese seltsamen Vorbehalte so vieler Frauen gegen die Marienverehrung? Ist es eine reine Modeerscheinung, die manche einfach nachmachen? Wollen andere auf Maria „verzichten", um in der Ökumene ein „Hindernis" wegzuräumen? Bedenken sie dabei, dass die wahre Christusanbetung unter der Zurückstellung seiner heiligen Mutter Schaden nehmen wird (Kardinal Newman)? Bestimmte nicht mehr zeitgemäße Formen volksnaher Marienliebe sind meines Erachtens eher ein Vorwand. Das Problem sitzt viel tiefer. Die Bindung der Frau an die Mutterschaft wird als Herrschaftsinstrument des Mannes abgelehnt. Auch wird die „Glorifizierung" der Gottesmutter mit dem Gegenteil, der „Dämonisierung" der Frau als (kultisch) Unreine, Verführerin, ja Hexe in Verbindung gebracht. Maria ist manchen Emanzipierten zu hoch erhaben, um als Ideal oder Identifikationsfigur fungieren zu können. Gleichzeitig wird das Dienen grundsätzlich abgelehnt; Maria als „Magd des Herrn", Frauen als Dienerinnen der Männer? Wo sind die preisenden, Hilfe und Orientierung bietenden Frauen-Bilder einer Gertrud von le Fort („Die ewige Frau") geblieben? Warum sind emanzipierte Frauen oft so unzufrieden? Wäre – nach zweitausendjähriger Erprobung – Maria nicht gerade *ihr* strahlender Meeresstern (stella maris)?

Man muss sich in die historische Situation hineindenken und nach dem Alltag fragen, was er mit sich gebracht haben könnte. Die Frau war früher mehr oder weniger rechtlos; es sei denn, sie war Nonne oder Witwe. Und wie stand es um die Frau am häuslichen Herd, in der Familie, mit der näheren Umwelt? Die Männer befanden sich viel außer Hause. Da fand auch die Frau in einfachen Verhältnissen ihren Bereich zum Schalten und Walten. Sie war „nicht nur Hausherrin, sondern Herrin schlechthin, die auch Verteidigung und Angriff leiten konnte ... Von Selbstbestimmung der Frau, gar Toleranz gegenüber Ehebruch, kann jedoch keine Rede sein" (Werner Paravicini). Andere Autoren sehen das differenzierter.

Und die Krieger, die Ritter zumal? Ihre eigentliche, vornehme Aufgabe bestand darin, Frauen und Kinder (mit dem Schwert) zu schützen. Ein Beispiel führt uns der Augsburger Bischof und Stadtherr Ulrich (890-973) vor Augen: er ließ beim Ungarnansturm im Jahre 955 eine Mauer zum Schutz der Frauen und ihrer unmündigen Söhne und Töchter errichten (nicht, ohne sie zum Gebet aufzufordern). Bedenken die heutigen Frauen auch, dass in den beiden Weltkriegen vor allem Abermillionen von Männern sterben mussten, die ihr Leben zur Verteidigung ihrer Heimat, ihrer Frauen und Kinder, zu opfern bereit waren? Dem männlichen Geschlecht erging es, insgesamt betrachtet, wohl noch bitterer als dem weiblichen. Man möge mit dem Argument zurückhaltend sein, die kriegs*führenden* Männer seien selbst schuld an ihrem Los. Das mag zwar häufig stimmen, aber die Weltgeschichte weiß auch von kriegs*anstiftenden* Frauen zu berichten.

Eine gezielte religiöse Mädchenbildung, den Religionsunterricht und die „Christenlehre" unterstützend, begünstigte und festigte den kirchlichen Sinn der Frauen. Die Familien waren weitgehend noch intakt. Gläubige Mütter, Großmütter und Patinnen wirkten als Vorbilder. Bezüglich Messe und Andacht galt das weibliche Geschlecht als eifriger und aufgeschlossener als das männliche. Um so mehr ist zu bedauern, dass sich heute viele Mädchen und die jüngere Frauengeneration vom Gottesdienst verabschieden. Gläubige Künstlerinnen schufen in der Zeit zwischen den Kriegen und danach große Werke. Dichterinnen beleuchteten ohne falsche Glätte die Reife und Schönheit der Frauenseele. Nicht wenige waren gleichzeitig auch bildhauerisch, graphisch oder kunsthandwerklich erfolgreich (zum Beispiel Ruth Schaumann).

Die Deutung der biblischen Frauengestalten erfolgte kaum emanzipatorisch wie heute. Das gilt auch von den Heiligen; so lange es möglich war, spielten die Mädchen in ihren Theaterstücken frauliche Heiligenleben nach. Eine „moderne" Deutung der heiligen Dienstmagd Notburga, Landespatronin von Tirol, als selbstbewusste Gewerkschafterin (sie ermahnte den Dienstherrn zum [Feierabend-]Gebet und zur Sonntagsheiligung) wäre wohl auf einige Verwunderung gestoßen. Die Stärken des weiblichen Geschlechts wurden (vor allem in Predigtbeispielen und -geschichten) durchaus artikuliert: die größere Einfühlsamkeit, die Fähigkeit zum Befragen des Herzens, die Lebensnähe.

Bei aller Sensibilität für die jeweiligen Nöte der Zeit und dem Kein-Blatt-vor-den-Mund-Nehmen angesichts so mancher Missstände, zeigten sich Weltverbesserung und gesellschaftspolitische Anklage nicht als Gegenstand der Seelsorge. Die Führungsriege im Katholischen Frauenbund bestand aus verehrungswürdigen Persönlichkeiten wie Ellen Ammann (die längst „dienende" Landtagsabgeordnete in Bayern vor Hitler), Hedwig Dransfeld, Gertrud Ehrle,, um nur einige zu nennen. In sozialer Tat aus christlichem Geist leisteten sie mit ihren Mitarbeiterinnen Großartiges für die Hebung der Frau, nicht zuletzt in der Volksbildung.

Bedeutete das Verhältnis „Kirche und Frau" eine einzige Unterdrückung durch die „Männerkirche"? Erfreuliches, aber auch weniger Gutes ergäben eine unendliche Geschichte. Greifen wir lediglich einiges heraus. Nach Régine Pernoud, ehemals mit der Leitung des Museums der Geschichte Frankreichs am Nationalarchiv beauftragt, erwähnt in ihrem Buch „Überflüssiges Mittelalter?" (1977/79) eine Romanschriftstellerin, die behauptet, „erst im 15. Jahrhundert anerkannte die Kirche, dass die Frau eine Seele habe". Das sei Unsinn und Albernheit. Seelenlose Wesen hätten doch nie die Sakramente, vor allem die heilige Kommunion, empfangen können. „Warum behandelte man dann die Tiere nicht ebenso?" Sie verweist auf die hochverehrten frühen Märtyrerinnen, auf die bereits in der Priscilla-Katakombe nachweisbare Marienverehrung (Jungfrau mit Kind, Stern und Prophet Jesaja), auf viele herrscherliche Frauengestalten des Mittelalters (Frau, Frouwe = Herrscherin) und fragt, „was man in unserem 20. Jahrhundert von Männerklöstern halten würde, die unter der Aufsicht einer Frau stünden" (wie es damals vielfach war). Aus dem Alten (deutschen) Reich erwähnt sie etwa Roswitha von Gandersheim, die erste deutsche Dichterin,

die Heiligen Hildegard von Bingen oder Gertrud von Helfta, alles selbstbewusste, hochintelligente Frauen, stark auch im Leid, deren übernatürli-
cher Glaube Glück und Lebenssinn bedeutete. Unter den unzähligen bemerkenswerten Frauenleben jener Zeit – Äbtissin Mathilde von Quedlinburg amtierte einige Zeit sogar als Reichsverweserin – sei die elsässische
Äbtissin Herrad von Landsperg vorgestellt. Von ihr besitzen wir eine frühe
Enzyklopädie über alles Wissenswerte einschließlich der Lebensführung,
der Technik, der Tracht mit vielen wunderschönen romanischen Miniatu-
ren. Die Gelehrten konnten daraus weiteres Wissen beziehen. Und es trägt
den lebensfrohen Titel „Hortus deliciarum – Garten der Lustbarkeiten" (2.
Hälfte des 12. Jahrhunderts). Bei der Beschießung Straßburgs im „Siebzi-
gerkrieg" (1870) durch preußische Soldaten ging das Original durch Brand
verloren, doch es existiert eine vollständige Kopie.

Und wie erging es den „kleinen" Frauen? Sie standen – wie die Männer
auch – unter einem bestimmten Reglement. In die geregelten Lebensvoll-
züge (zum Beispiel bei Gattinnen von Handwerkern) waren Armenpflege
oder Dienste im Heilig-Geist-Spital mit einbezogen. Die Bauersfrauen hatten es schwerer, doch standen auch auf Dörfern Webstühle. Die großen
Unbekannten waren Witterung und Epidemien. Die Beginen-Bewegung
(Witwen und Jungfrauen in klosterähnlicher Gemeinschaft) war kein Vor-
läufer der Reformation. An den Wangen des spätgotischen Chorgestühls
von St. Martin in Memmingen brachten die Holzschnitzer auch Büsten von
Bürgersfrauen an. Darstellungen der Sybillen (etwa im Ulmer Münster)
zeigen diese weisen Frauen (aus der Antike) als Prophetinnen, die auf Christus hindeuten. Im Mittelalter ging es der Frau, eingebunden in die „feuda-
le" Rechts- und Sittengeschichte, besser als nach 1500. Das damalige Ge-
wohnheitsrecht verzeichnete mehr Pluspunkte als die in der Renaissance
anhebende Gesetzgebung „nach Römerart" (römisches Recht, herrührend
vom Alten Rom). „Das römische Recht aber ist der Frau nicht günstig gesinnt, so wenig wie dem Kind" (Régine Pernoud). Die Zurücknahme der
Frau aus dem öffentlichen Leben ist ein Produkt der Neuzeit, als der mittelalterliche religiös bestimmte Ordo durch neue Werte – nicht ausschließlich
christliche – abgelöst wurde. Die Frauen, selbst Königinnen, befinden sich
nun eher im zweiten Glied, von Ausnahmen abgesehen. Im übrigen weist
Edith Ennen („Frauen im Mittelalter") mit Recht darauf hin, dass wir uns
das mittelalterliche Denken und Handeln kaum richtig vorzustellen vermögen, *so verschieden sind inzwischen die Welten*. Heutige Autoren machen

für damals drei „Berufe" fest: Beter, Krieger, Arbeiter. Die Mönche und Ritter erwiesen den Landarbeitern (= Bauern), die Frauen eingeschlossen, zunehmende Achtung – schon weil sie den Lebensgrundlagen dienten. Seelsorge, Caritas und kirchliches Bildungswesen passen sich heute nach Kräften den veränderten Verhältnissen an, zum Beispiel bei der Sorge um die alleinerziehenden Mütter. Mädchenschulen in katholischer Trägerschaft erfreuen sich nach wie vor eines großen Zulaufs. Was aber den ganzen, breiten Komplex der Schwangeren(konflikt)beratung betrifft: Sind da nicht auch die Männer involviert?

Frauen

Euch ergeben sich Gewalten
über Menschen, über Dinge;
ob sie machtvoll sich gestalten,
ihr umschließt sie mit dem Ringe.
Alles Tote wird lebendig,
ihr umschließt es mit der Hand;
alles Fliehende beständig,
wenn es eure Güte fand;
was verloren, wird gefunden,
kleine Dinge werden groß -
was sich löste, wird gebunden,
was gebunden, löst sich los.
Alle Dinge lernen fühlen,
drängen sich zum Guten hin,
wie an tiefen Brunnen kühlen
sie zur Klarheit ihren Sinn.
Alles Böse noch im Blute
wird so eurem Wesen fern -:
Denn ihr seid das Ewig Gute
aus der Liebe unsres Herrn.

(Thomas Klausner =
Georg Thurmair)

Es lebe die Göttin in mir!

Ich bin
Sie
Leid
Vatergott!
End-Gültig!

Mit dem Bild von Ihnen
Auf dem Thron
Wurde ich seit Jahren
Als Frau
Von Männern
Missbraucht.

Damit
Ist jetzt
Schluss!

Sie
Haben keine Macht mehr
Über mich.
Meine Zeit ist gekommen!
Mein Wille geschehe
Immer und für alle Zeit!

Es lebe die Göttin in mir!
Ich liebe die Göttin in mir!

(Andrea Schulenburg)

306

*Dr. theol. h.c. Gertrud von le Fort (1876-1971),
studierte 1908-1916 protestantische Theologie, konvertierte 1926 zur
katholischen Kirche, verfasste zahlreiche wissenschaftliche
Abhandlungen und lyrische sowie prosaische Dichtungen, u.a.
„Hymnen an die Kirche" (1924), „Das Schweißtuch der Veronika"
(1928/1946), „Die ewige Frau" (1934),
„Die Frau des Pilatus" (1955).*

Lasst die Banner wehen über unsren Reihen!
Alle Welt soll sehen, dass wir neu uns weihen,
Kämpfer zu sein für Gott und sein Reich,
mutig und freudig den Heiligen gleich.
Wir sind bereit, rufen es weit:
Gott ist der Herr auch unserer Zeit.

„WIR WOLLEN KATHOLISCH SEIN BIS INS MARK" – KATHOLISCHE JUGEND

Kämpferisch im Geiste –
friedliebend mit dem Herzen.
(Stefan Zweig)

Die damalige organisierte katholische Jugend bestand aus verschiedenen Gebilden, die sich aber zu einer die jeweilige Selbstständigkeit nicht tangierenden Arbeitsgemeinschaft zusammenschlossen. Auf der männlichen Seite zog vor allem der Katholische Jungmännerverband mit den drei Altersgliederungen Jungschar (10-14 Jahre), Jungenschaft (bis 17) und Jungmannschaft in den einzelnen (eher städtischen) Pfarreien viele Jugendliche aus den Arbeiter- und Mittelstandskreisen an. Gliedgemeinschaften des Verbands trugen Namen wie Sturmschar (sie galt als Elite„truppe") und St.-Georgs-Pfadfinder. Bis zum Verbot, nach Ländern verschieden, aber allgemein von Ende Januar 1938 an (das Jugendhaus Düsseldorf endgültig im August 1939) bildeten 300.000 Jugendliche einen Rückhalt für die Kirche in schwerer Zeit. Nicht wenige von ihnen fanden den Weg zum Priestertum. Um das Jahr 1927 gelangte der Jungmännerverband aus der mehr jugendpflegerischen Arbeit auch zu den äußeren Formen der nicht konfessionellen Jugendbewegung, ohne dabei sein Eigenes zu verraten. Auf dem Verbandstag 1927 wurde mit dem „Grundgesetz" auch ein „Fuldaer Bekenntnis" verabschiedet. Unter dem Leitmotiv „Für Christi Reich und ein neues Deutschland!" versuchten die Jungen, ihre Ziele programmatisch und ohne nationalistische Verengung darzulegen. Noch vor dem Verbot waren aber bereits die Banner in den Kirchenraum „verbannt", auch die „Kluft" durfte nicht mehr in der Öffentlichkeit getragen werden.
Und so riefen sie im ersten Satz in die „Junge Kirche" hinein: „Wir katholischen Jungen und Jungmänner wollen katholisch sein bis ins Mark; darum

sei unser ganzes Tagewerk katholische Tat." Bereits im Besorgtsein über nationalistische, ja „völkische" Töne, heißt es an zweiter Stelle: „Wir wollen katholisch sein, Streiter des Heilandes der Welt; darum geht uns Christi Reich über jegliches Erdenreich." Hervorzuheben ist auch das vierte Bekenntniswort: „Wir wollen jung sein, heilig und rein; darum grüßen wir Maria als unsere Mutter und Königin." Schließlich, an siebter Stelle, durchaus in der Sprache der Zeit: „Wir wollen Männer werden, christlichen Herdes Hort; darum gilt uns Frauenehre und Familienglück." Auch die übrigen Parolen zeugten von hohem Sinn und ehrlicher Begeisterung. Überhaupt galt die mittelalterliche Tugend der „magnanimitas", der „Hochgemutheit", sehr viel. In der Sexualethik lehnten die Jungmänner die Probe-Ehe ab. Sie diskutierten nach gründlicher Lektüre Dietrich von Hildebrands „Reinheit und Jungfräulichkeit".

Wer aber meint, die katholische Jugend sei wegen bündischer Gepflogenheiten so etwas wie ein Wegbereiter der Hitlerjugend geworden, der irrt. Als Reichspräsident von Hindenburg am 13. September 1932 ein Reichskuratorium für Jugendertüchtigung errichtete, gab es starke Spannungen, vor allem in der Sturmschar, die sich gegen jegliche vormilitärische „Erziehung" wehrte. Viele standen dem „Friedensbund der deutschen Katholiken" nahe, der allerdings nur 9.000 Mitglieder umfasste. Bei der VI. Reichstagung des Jungmännerverbands 1931 in Trier erklärte Diözesanbischof Franz Rudolf Bornewasser den Jugendlichen, dass sie mitverantwortlich seien für den Aufstieg und den Niedergang des irdischen Teils der Kirche. Sie hatten also mitzusorgen! Heute nennt man das „Weltdienst der Laien". Derselbe Oberhirte besuchte den nach der Romfahrt 1935 inhaftierten Jugendleiter Hans Renner und sagte zu ihm: „Und das sollen Sie wissen, Ihre Sache ist meine Sache."

Später, als Hitler im Sattel saß, gab es viele Zusammenstöße zwischen der katholischen Jugend und der Hitlerjugend; das hatte Demütigungen, Gefängnis und Verfolgung für die Katholiken zur Folge. Aufsehen erregte die soeben erwähnte Romfahrt der Sturmschar und anderer Gruppen 1935 zu Papst und Weltkirche, als die NS-Behörden bei der Rückkehr der Zweitausend an den Grenzen wüste Szenen veranstalteten. 1.500 Jugendliche wurden unrühmlich ausgeplündert. Die NS-Gleichschaltung wollte nichts anderes dulden als ihre eigene Phraseologie. Die Jungen waren ja Deutsche, und sie liebten ihr Land, aber nicht um der Diktatur und des Neuheidentums willen. Das katholische Jugendorgan „Junge Front" im Zeitungsformat, zeitweise mit einer Auflage von 120.000 Exemplaren zu zehn Pfennig die Woche verbreitet, publizierte am 19. Februar 1933 einen berühmt gewordenen Leitartikel mit dicker Überschrift „Schreie, Wahrheit!". Autor des Beitrags war Johannes Maaßen, der sich bald aufs Schöngeistige verlegen musste, so erzürnte er die neuen Machthaber. In dem umfangreichen Artikel hieß es: „Oberflächlichkeit ist wieder Trumpf. Der ganze Phrasenschwall eines billigen Patriotismus bläht sich zu einem üblen und ekelerregenden Bluff. Fürwahr: wir gehen herrlichen Zeiten entgegen. Auf Kosten des deutschen Volkes!"

Die Mitglieder waren zumeist gerade so alt, dass sie im Krieg eingezogen wurden und sehr viele von ihnen auf den Schlachtfeldern geblieben sind. Die Jüngeren hielten als „Pfarrjugend" überraschend tapfer zu Hause durch. Der deutsche Episkopat hatte bereits am 15. April 1936 seine Richtlinien für die Jugendseelsorge erlassen, um für die Zeit nach staatlichen Verboten vorzusorgen.

Es sei auch an die katholischen Jugendverbände für Gymnasiasten erinnert, an „Neudeutschland" (P. Ludwig Esch SJ) und den „Heliand" für Schülerinnen (Stadtpfarrer Georg Kifinger, München). Hochbegabte junge Laienchristen ergänzten die seelsorgerische Tätigkeit der geistlichen Führer kraft ihrer Weltberufung. Einer von ihnen, der noch lebende Nestor katholischer Publizistik, Otto B. Roegele, bekannte einmal: „Wir hatten einen hinreißenden Religionsunterricht." Natürlich blieben die Mädchen und jungen Frauen (Generalpräses Hermann Klens) nicht ohne kirchliche Gruppen und Vereine, die meist marianisch geprägt waren. Auch sie verdienen Lob und hohe Anerkennung. Glaubensmut, Gefährdung, wenig Anpassung, viel Standhalten, das alles gab es in jener Zeit. Ein markanter (nicht markiger!) Spruch ging in Umlauf: „Und die die Besten waren, ließen die Treue nicht."

Nach Kriegsende sammelten sich die Gruppen auf Pfarreiebene erneut; viele Heimkehrer machten vor allem beratend mit. Prälat Wolker warb bei Jugendfeiern und planenden Zusammenkünften. Die Militärregierung genehmigte (kürzere) Fahrten. Diözesantreffen fanden statt. Im März 1947 wurde der Bund der Deutschen Katholischen Jugend (BDKJ) gegründet (Mannes- und Frauenjugend), als Körperschaft mit vielen Gliedern. Nun hieß die Losung: „Es lebe Christus in deutscher Jugend!" Das Jugendhaus

Düsseldorf und Haus Altenberg mit dem „Dom der Jugend" (Altenberger Dom im Bergischen Land, östlich von Köln) füllten sich wieder mit Leben. Unter veränderten Bedingungen konnte bald die Gliedgemeinschaft „Katholische Jungmänner-Gemeinschaft" (KJG) in etwa als in der Tradition des „Katholischen Jungmännerverbandes Deutschlands" (gegr. 1896) betrachtet werden. Mit der „Katholischen Frauenjugend-Gemeinschaft" (KFG) als Nachfolgerin der „Katholischen Jungfrauenvereinigungen Deutschlands" (gegr. 1915) schlossen sich KJG und KFG – nun in „Koedukation" – zur „Katholischen Jungen Gemeinde" (KJG) zusammen. Frühere Sturmschärler fanden sich in der „Katholischen Jungen Mannschaft". P. Johannes Hirschmann SJ war einer der meistgenannten Geistlichen in der Aufbauphase nach 1945 (Neudeutschland, Zentralkomitee, Akademien).

Postscriptum

Das 1. Diözesantreffen des Katholischen Jungmännerbundes am 27./28. Mai 1933 in Ulm vereinigte 20.000 Teilnehmer zu einem gewaltigen Bekenntnis der Jugend. Kundgebungen der Jugend wurden auch die Bischofstage. Am Bischofstag in Ulm am 10. Februar 1933 beteiligten sich nicht weniger als 12.000 Jugendliche. Am 14. März danach sprach Bischof Sproll bei einer Männerwallfahrt im Münster zu Weingarten, am 24. März in Schramberg vor 9.000 Zuhörern, in Ravensburg am 5. Mai vor 15.000 Teilnehmern, in Bad Mergentheim am Sonntag darauf vor 8.000 Jugendlichen und in Neresheim hörten am 21. Juli über 6.000 katholische Jungen und Mädchen ihren Oberhirten. Ebenso stark besucht waren diese Bekenntnistage auch in den folgenden Jahren (Stimmungsbild aus *nur einer* Diözese – Rottenburg).

Das Fuldaer Bekenntnis

Wir katholischen Jungen und Jungmänner wollen katholisch sein bis ins Mark; darum sei unser ganzes Tagewerk katholische Tat.

Wir wollen katholisch sein, Streiter des Heilandes der Welt; darum geht uns Christi Reich über jegliches Erdenreich.

Wir wollen katholisch sein, Christi junge Gemeinde; darum trennt unsern Bund nicht Klasse noch Rang.

Wir wollen jung sein, heilig und rein; darum grüßen wir Maria als unsere Mutter und Königin.

Wir wollen jung sein, demütig und wahr; darum achten wir berufener Führer Wort.

Wir wollen jung sein, frisch und froh; darum schreiten wir vorwärts im treuen Bruderbund.

Wir wollen Männer werden, christlichen Herdes Hort; darum gilt uns Frauenehre und Familienglück.

Wir wollen Männer werden, ernst und stark; darum ist die Arbeit uns heiliger Beruf.

Wir wollen Männer werden, deutsch und frei; darum stehen wir opferbereit im Dienst von Heimat, Volk und Staat.

Um dieses unser Ziel wollen wir katholischen Jungen und Jungmänner ringen Seit an Seit; darum unsere Losung:

„Für Christi Reich und ein neues Deutschland!"

(In der Bonifatiusgruft zu Fulda hat Generalpräses Msgr. Carl Mosterts am 28.06.1924 das erste [1931 erweiterte] Grundgesetz des Katholischen Jungmännerverbandes Deutschlands verkündet, und feierlich hat ihm die Führerschaft des Verbandes das „Fuldaer Bekenntnis" nachgesprochen)

Durch diese heilige Salbung †
und seine mildreichste Barmherzigkeit verzeihe dir der Herr,
was du durch den Gesichtssinn (... durch den Gehörsinn, ... durch
den Geruchssinn, ... durch den Geschmackssinn und mit der Zunge,
... durch Berührung, ...durch Gehen)
gesündigt hast.

„LEBEN IST ALLES" –
ERWÄGUNGEN ZUR BIOMEDIZIN

Wie, dass den Weisen nie betrübet Weh und Leid?
Er hat sich lang zuvor auf solchen Gast bereit.
(Angelus Silesius)

Dieser Sinnspruch des „schlesischen Engels" gibt in der Gentechnik- und Bioethik-Diskussion unserer Tage zu denken. Der Weise sieht sich vor. Er weiß um die Brüchigkeit des Lebens und dass Leiden immer dazugehört. „Ins Leben schleicht das Leiden sich heimlich wie ein Dieb" (Joseph von Eichendorff). Der Weise rechnet von vornherein damit, dass er eines noch unbestimmten Tages mit viel körperlich Quälendem konfrontiert wird. Er wird von Leiden und Schmerz nicht überrascht. Er ruft dieses Bittere nicht herbei, wehrt sich sogar kreatürlich dagegen, verfällt aber auch nicht in Fatalismus. Durch das Leiden und Sterben Jesu Christi erhalten für den Christen schmerzende Wunden ihren Sinn: „Die Leiden dieser Zeit stehen in keinem Verhältnis zu der Herrlichkeit, die sich an uns offenbaren wird" (Röm 8,18). Gerade Christen werden in die Leidensschule Jesu genommen. Der Aufblick zum Kreuz vermindert dann zwar nicht die Pein, erweist sich aber als Quelle der Kraft und des Trostes.

Die Kirche hat aber andererseits kein Interesse daran, Geschöpfe Gottes leiden zu lassen. Und sie stellt Forschung und Forscher nicht unbesehen in ein negatives Licht. Viele wollen dem Menschen dienen und Leiden lindern oder verhindern. Aber um welchen Preis, so muss man oft fragen! Lebensschutz darf sich nie der Forschungsfreiheit unterordnen. Die Kirche ist darum strikt gegen die Untersuchung künstlich befruchteter Eizellen auf genetische Defekte. Die Zulassung von Präimplantationsdiagnostik (PID) kann auch in engen Grenzen nicht erlaubt werden. Es gibt eine verführerische Machbarkeit, die keine Rücksicht nimmt auf die Würde des Menschen. Und das menschliche Leben beginnt mit der Verschmelzung von Samen und Eizelle. Zwar heißt es beschwichtigend, dies sei nicht ein Augenblick, sondern würde mehrere Stunden beanspruchen. Doch was sollte denn sonst daraus entstehen? Das Leben entwickelt sich von der Befruchtung an *als* Mensch, nicht *zum* Menschen. Zu verharmlosen, das sei vor dem Gesetz zwar ein schützenswertes „Gut", aber noch keine Person, ist doch wohl Wortklauberei. Die ganze Bandbreite der Biomedizin wird benutzt, um Idealkinder zu erzeugen. Und wären sie dann da, stießen sie auf kinderfeindliche gesellschaftliche Verhältnisse. Wir leben heute in einer Zeit strengen Nützlichkeitsdenkens, statt die jahrtausendealten Denktraditionen der Menschheit in Erwägung zu ziehen.

Ein Ausleseverfahren (Selektion) bis hin zur Züchtung nach Prinzipien der Vollkommenheit – das würde mich an die Zeiten meiner Jugend erinnern, wo menschliches Leben wenig galt und barbarischer Willkür ausgesetzt war. Jeder Mensch besitzt ein Recht auf Leben! Der Vorwurf, die Kirche wolle ihre „Sonderethik" zum allgemeingültigen Gesetz erheben, ist nicht stichhaltig. Sie vertritt – ähnlich wie bei der Abtreibung und der Euthanasie (aktive Sterbehilfe) – allgemeine Regeln und Gebote, die sich aus der Natur des Menschen ergeben. Friedrich Kardinal Wetter betont, es handele sich „nicht um eine christliche oder gar katholische Sonderlehre", sondern um die „Wahrheit vom Menschen". Auch das Menschheitswissen, sofern noch nicht degeneriert (wenn auch teilweise verschüttet), mag in die Waagschale geworfen werden. Je weniger menschliches Leben in der Lage ist, sich selbst zu schützen, um so mehr ist die Gesellschaft gefordert, diese Aufgabe wahrzunehmen.

Wolfgang Frühwald, Präsident der Alexander-von-Humboldt-Stiftung und früherer Präsident der Deutschen Forschungsgemeinschaft, erinnert an das „Setzen von Grenzsteinen" seitens der Europäischen Menschenrechtskonvention zur Biomedizin und das Verbot der Herstellung von menschlichen Embryonen für Forschungszwecke sowie das Verbot des Eingriffs in die Keimbahn und Ächtung der Klonierung von Menschen (Klonen = Herstellung von identischen Kopien von Genen, Zellen). Frühwald wendet sich gegen die Forschungsfreiheit, wenn diese als absoluter Wert auch der Menschenwürde übergeordnet werden sollte. Und der berühmte Nikolaus von Cues (Cusanus), selbst Forscher, grenzt „Liebeswissen" gegen „Forschungsgier" ab. Die Menschenwürde muss darum auf Gott zurückgeführt werden; die Welt allein kann sie nicht garantieren.

Wer ist ärmer als ein Kind?
An dem Scheideweg geboren,
Heut geblendet, morgen blind,
ohne Führer geht's verloren.
Wer ist ärmer als ein Kind?
Wer dies je einmal empfunden,
Ist den Kindern durch das Jesuskind verbunden.

Welch Geheimnis ist ein Kind:
Gott ist auch ein Kind gewesen.
Weil wir Gottes Kinder sind,
kam ein Kind, uns zu erlösen.
Welch Geheimnis ist ein Kind!

Willst du segnen, lehr ein Kind.
Aus dem Körnlein werden Ähren.
Wie dein Körnlein war gesinnt,
wird das Brot die Welt einst nähren.
Willst du segnen, lehr ein Kind.

(Clemens Brentano)

Seit Sommer 2001 ist die Diskussion um den Import menschlicher embryonaler Stammzellen in vollem Gange. Für deren Gewinnung müssen Embryonen im Anfangsstadium des Lebens vernichtet, „verbraucht", also getötet
werden. Viele Wissenschaftler räumen ein, dass selten einwandfreie
menschliche Embryonen anfallen. Zudem gibt es Alternativen zum Tod der
Embryonen. Statt den Import embryonaler Stammzellen vorzusehen, könnten Forscher Erfolge mit adulten (alten) Stammzellen vermelden. Die Züchtung ganzer Organe ist derzeit ohnehin illusionär (Rainer Flöhl). Verantwortungsbewusste Insider raten zur Vorsicht, befürchten Nebenwirkungen,
ja die grundsätzliche Bedrohung menschlichen Lebens.
Der Mensch steht heute zur Disposition. Der Gentechnologe McKay prägte
das lästerliche Wort „besser als Gott", und bezog sich damit auf jene Forscher, die ihre Forschungsfreiheit missbrauchen. Die Deutsche Bischofskonferenz befürchtet darum: „Menschenzucht zu Forschungszwecken ist
damit erschreckende Realität geworden". Muss man da nicht an frühere,
unselige Zeiten erinnern, die mit Recht verabscheut werden? Im Sinne ei-

ner Indifferenz (Freizügigkeit in weltanschaulichen Fragen) und dem Pochen auf Meinungsvielfalt („ausgewogene Mehrheitsbeschlüsse") soll heute alles erlaubt werden – um den künftigen Menschen Leiden zu ersparen. Doch sind andere Fachleute skeptisch gegenüber den Erwartungen an Wunderzellen („Stammzellen") und beteiligen sich nicht an der Heilungseuphorie. Diese Zellen seien allem Anschein nach instabil. Es muss also zum „Prinzip Vorsicht" geraten werden. Und die Schutzpflicht des Staates und der Gesellschaft hat Vorrang vor irgendwelchen therapeutischen Zielen. Es gibt einen unverrückbaren Maßstab für die Forschung, und dieser heißt Menschenwürde. Wie so oft im Leben müssen auch hier Grenzen gesetzt werden. Man darf die lebensbedrohenden und freiheitsfeindlichen Gefahren nicht gering schätzen. Sie erwachsen „aus dem Zusammenspiel von gesellschaftlicher Erwartungshaltung und dem Glauben an die wissenschaftlich-technische Machbarkeit des Lebens" (Eberhard Schockenhoff). Bischof Viktor Josef Dammertz von Augsburg äußerte sich am Ulrichsfest, 4. Juli 2001, zur Gentechnik und Biomedizin: „Wir brauchen in diesen Lebensfragen eine besonnene und kluge Unterscheidung der Geister, damit wir nicht Wege gehen, die den Anschein des Guten erwecken, aber im Grunde nicht mehr die menschliche Würde respektieren." Wie sehr die Achtung vor jeglichem Menschenleben an Akzeptanz zunehmen kann, zeigt die Bestattung von hundert totgeborenen Embryos im Frühsommer 2001 in Stuttgart. Eltern, Seelsorger und Ärzte haben in einer Trauerfeier von ihnen Abschied genommen. Eine religiöse Andacht war zustande gekommen, wenn auch ein anonymes Sammelgrab vorgeschrieben war.

Es gibt aber Leute, und es werden immer mehr, die alles in der Welt ohne Gott aushandeln wollen. Damit wird es nur noch schlimmer. Wen, bitteschön, hat denn einer, der über Menschen gebietet, dann noch über sich? Wer legitimiert ihn, sein Denken, sein Tun? Manch einer, der mit einem Feststehen in sich selbst prahlt und niemandes Hilfe benötigt, möge (rechtzeitig) das Sprichwort beherzigen: „Hochmut kommt vor dem Fall." Es geht auch nicht nur um Werte an sich, sondern um den Glauben an den außerweltlichen, persönlichen Gott. Ein unverdächtiger Menschenkenner, Theodor Fontane, leiht uns Heutigen seine Stimme: „Es ist das Verderben unserer Tage, dass wir, losgelöst von Gott, alles aus unserer Kraft und Weisheit heraus gestalten, alles uns selbst und nicht der ewigen Gnade verdanken wollen." Es ist ein Kennzeichen unserer Tage, dass viele Menschen die Religion, gar die Existenz Gottes als „Wahn" beargwöhnen, gleichzeitig den Naturwissenschaften aber absolut vertrauen. So sehr diese richtig liegen und unumstößlich sind (oder scheinen), gibt es immer wieder auch wechselnde und wachsende Erkenntnis. Der Dominikaner Stefan Rehder weist auf die „vielen gescheiterten Utopien" in der „säkularen Erlösungshoffnung" hin und ergänzt: „Wissenschaft und Technik haben als Glaubensersatz und Legitimationsinstanz (frei übersetzt ‚Wahrheitsbehörde') einen ungeahnten Neuaufschwung bekommen – dank des biotechnologischen Wunderglaubens. Die neuen Modernen wollen das Unendliche endlich machen und es beherrschen".

Aus Psalm 8

Herr, unser Herr, wie wunderbar ist auf der ganzen Erde
Dein Name,
der Du über die Himmel Deine Hoheit erhebst!
Im Munde der Kinder und Säuglinge hast Du Dir Lob bereitet,
Deinen Feinden ins Angesicht,
dass Gegner und Widersacher verstummen müssen.
Blick ich auf Deine Himmel, das Werk Deiner Hände,
den Mond und die Sterne,
welche Du unvergänglich geschaffen:
was ist der Mensch, dass Du seiner gedenkst,
des Menschen Sohn, dass Dir an ihm liegt?
Und doch hast Du ihn nur um ein Geringes
unter die Engel gestellt,
mit Ehr ihn gekrönt und mit Herrlichkeit.

(Übersetzt von Romano Guardini)

In der Kirche gibt es keine Ausländer.

TOLERANZ ODER ENTSCHIEDENHEIT IN DER CHRISTLICHEN ERZIEHUNG?

O du, o Mensch – du da,
du da mit deinen Klagen!
Was hast du angefangen, Mensch
mit deinen Jugendtagen?
(Paul Verlaine)

Gegen Ende des Monats Juli 2001, mitten im „Sommerloch", konnte man die Novität (Infratest dimap) verkosten, dass 64 Prozent der Bundesbürger Toleranz für den wichtigsten Erziehungswert halten – Voltaire und Lessing lassen grüßen! Natürlich wurden auch noch andere Erziehungswerte aufgeführt: 57 Prozent sind für Aufrichtigkeit, 37 Prozent für Zivilcourage, immerhin noch 26 Prozent für Höflichkeit (unter Anhängern von Bündnis 90/Grüne nur zwei Prozent). Der christliche Glaube landete – abgeschlagen – mit zwölf Prozent auf dem letzten Platz.

Nun sagt eine Umfrage nicht alles aus; es kommt auch immer auf die Fragestellung an. Andere Institute finden zu (ganz) anderen Ergebnissen, weil der Ansatz anders ist. So gelangt das Forsa-Institut im Auftrag eines Wochenblatts zu eigenen Resultaten. Nach christlichen Werten war bei Forsa anscheinend gar nicht gefragt, sondern eher nach den sogenannten Sekundärtugenden, wobei hier 98 Prozent die Hilfsbereitschaft, 96 Prozent die Durchsetzungsfähigkeit und 93 Prozent die Leistungsbereitschaft als Erziehungsziele angaben. Dass viele Erziehungsberechtigte das Durchsetzungsvermögen so breit ansetzen, mag ein Stück mit unserer teils grausam gewordenen Welt zusammenhängen, in der sich jeder gegen jeden behaupten muss: Homo homini lupus – Der Mensch ist des Menschen Wolf.

321

Zurück zum Erziehungsziel „Toleranz". Es erscheint wie ein Zauberwort, wie das Rückgrat der Geistesfreiheit, wie ein Friedensdienst. Ist Toleranz deshalb eine Verpflichtung? Was ist überhaupt Toleranz? Ich definiere es als das Zulassen anderer Meinungen bei gleichzeitigem Festhalten an der eigenen Auffassung. Toleranz, zu deutsch Duldsamkeit, ist das Geltenlassen abweichender Überzeugungen, vor allem auf religiösem Gebiet. Nach und nach wurde der Toleranzbegriff von der Duldung anderer Glaubenshaltungen ausgedehnt und beinhaltet mittlerweile das Akzeptieren jedes andersartigen Menschen. In einer kleiner werdenden Welt (Stichwort „Globalisierung") gilt Toleranz als ein hohes Gut, wird zum Verfassungsgebot und ist Grundlage der Menschenrechte der Vereinten Nationen (10. Dezember 1948). Doch ist Toleranz im alltäglichen Gebrauch nicht immer leicht definierbar. Manche sehen in ihr ein Prinzip der Selbstauflösung (Hans-Peter Raddatz).

Dass Eltern ihre Sprösslinge zur Toleranz erziehen wollen, ist zunächst erstrebenswert und gerade im Blick auf multikulturelle Entwicklungen und Zuwanderungen zwingend. Fremdenfeindlichkeit bringt nur Unrecht und Unfriede ins Land. Die Achtung vor den bestehenden Gesetzen und Verordnungen bleibt davon allerdings unberührt; bei der Toleranz geht es vielmehr um Gesinnung und um die konkrete Praxis im alltäglichen Leben. Toleranz weist aber auch eine Kehr-, eine Schattenseite auf. „Ich bin tolerant", sagen viele Menschen, und wissen vielleicht gar nicht, wie intolerant sie in Wirklichkeit sind. Ein toleranter Mensch kann profillos sein, ohne gefestigte eigene Überzeugung. Im Grunde ist diesem vieles oder alles gleichgültig. Dieser findet, gerade was die Religion betrifft, alles gleich richtig und gleichzeitig alles gleich falsch. Wahrheiten lösen sich auf in Zweckoptimismus, in einen in der Wolle graugefärbten Individualismus, wenn nicht in einen „über Leichen gehenden" platten Egoismus.
Die Frage ist also, wie vermag man tolerant zu sein, ohne sein Eigenes damit preiszugeben? Die Antwort lautet: Das geht nur, wenn auch das Gegenüber tolerant ist. Toleranz ist keine Einbahnstraße!
Die Toleranz ist, wie eingangs angedeutet, ein Produkt der Aufklärung, die anstelle eines Gottesglaubens eine Art Verbrüderung der Menschen unter einem säkularisierten Sittengesetz anstrebte. Die Grundlage hierzu bildet Lessings „Nathan", heute Pflichtlektüre für alle Gymnasiasten. Resümee der „Ringparabel" in diesem Werk ist: Weil der Ring der einen, wahren

Religion verlorengegangen ist, sind alle Glaubensrichtungen von gleichem Wert.

Aber beschäftigen wir uns ein wenig mit den eingangs erwähnten Ergebnissen der beiden Umfragen. Bei „Forsa" steht an oberster Stelle „Hilfsbereitschaft" als Erziehungsziel. Man traut kaum seinen Augen. Diese und die anderen aufgeführten Ziele sind allesamt genau jene Tugenden, die von der 68-er Generation heftig verfemt wurden. Ist inzwischen ein Umdenken festzustellen? Kommt schließlich doch die Einsicht auf, dass die antiautoritäre Erziehung mit all ihren nicht oder nur wenig brauchbaren Vorgaben ein Flop ist? Nichts wäre nachteiliger für alle Betroffenen, für Eltern und Lehrer, für Staat und Gesellschaft (die Kirche nicht zu übersehen!), als eine Preisgabe jeglicher religiöser Bindung.

Bei den Prozentzahlen der erstgenannten Umfrage schockiert, dass die Erziehung zum christlichen Glauben ganz unten in der Skala zu finden ist. Toleranz in allen Ehren – aber weiß denn heute niemand mehr, dass die Hinführung zum Glauben an Jesus Christus auch die echte, einzig sinnvoll und richtig angewandte Toleranz beinhaltet? Ja, noch mehr: Das, was unsere Politiker im Zusammenleben der Menschen anstreben, wäre offensichtlich, wenn sie die Zehn Gebote Gottes, die Bergpredigt, die Goldene Regel (Mt 7,12), die Gleichnisse Jesu und manches andere aus der Glaubenswelt zur Kenntnis nähmen. Wenn die fünf Worte des heiligen Petrus, des Ersten der Apostel, angenommen würden: „Seid gastfreundlich gegeneinander ohne Murren" (1 Petr 4,9), dann mag die Ausländerfeindlichkeit infolge der menschlichen Schwachheit nicht völlig ausgeschlossen sein, aber gewiss spürbar verringert. Noch mehr gilt dies für das Hauptgebot der Liebe: Gott lieben und den Nächsten wie sich selbst. Das Gebot der Feindesliebe ist in keiner anderen Religion zu finden. Es wäre schon viel gewonnen, wenn es zum Maßstab gemacht würde, nicht zuletzt mit der Hilfe und Gnade Gottes. Es gäbe im Grunde nichts Vernünftigeres, als zum christlichen Glauben zu erziehen. Aber solange der Staat mit hartnäckigem Stolz seine religiöse Neutralität erklärt und die Eltern dahingehend beeinflusst werden, dass eine „Überfütterung" mit Religion für das Kind überaus schädlich sei und ernste seelische Folgen zu erwarten seien, solange wird kaum eine Besserung eintreten. Die Weitergabe des Glaubens durch die Eltern und Außenstützen (katholische Kindergärten, gläubige Bekannte, Religionslehrer und Priester) wird für Vater und Mutter sowie Erzieher oft zur Quelle der Freude und eigenen Bereicherung. Und die Heranwachsenden werden die Jugendzeit im Sinne des dieses Kapitel einleitenden Mottos ein gutes Stück selbst hineinführen in ein verantwortetes Leben. Und: „Das Leben der Eltern ist das Buch, in dem die Kinder lesen" (Augustinus). Früher verstanden es die Eltern noch, ihre Kinder in Wort und Vorbild christlich zu erziehen.

Aber – und jetzt werden die Kritiker des Christlichen im Geiste bereits Schlange stehen mit ihren Einwänden – wenn schon die Kirche vielfach zu Toleranz und Liebe auffordert, warum zeigt sie sich dann so oft fast „unmenschlich" und „grausam" intolerant? Der Marburger evangelische Theologe Ernst Benz (1907-1978) betitelt ein Kapitel seines Werkes „Beschreibung des Christentums" (1975/ 1993) mit „Intoleranz und Toleranz". Er beginnt dann mit den Worten: „Das Christentum hat von Anfang an eine Tendenz zur *Intoleranz,* die in seinem religiösen Selbstbewusstsein begründet ist. Die Botschaft des Christentums versteht sich als die Offenbarung der göttlichen Wahrheit, die in Christus selbst Mensch geworden ist: ‚Ich bin der Weg und die Wahrheit und das Leben; niemand kommt zum Vater denn durch mich' ". Benz beobachtet des weiteren Zeichen der Intoleranz bei allen christlichen Kirchen und kirchlichen Gemeinschaften (nicht nur der katholischen Kirche), zeigt aber auch auf, wie Fortschritte bezüglich der Toleranz erreicht worden sind. Im Hinblick auf die Ökumene ist für ihn Toleranz „dem persönlichen Charakter des christlichen Glaubens" angemessen.

Doch bei allem, was historisch belasten mag, Christus stiftete nur *eine* Kirche. Darauf kommt auch die Erklärung „Dominus Iesus" der Vatikanischen Glaubenskongregation vom 6. August 2000 zu sprechen. Der Glaube an den Gottessohn und Erlöser Jesus Christus ist unteilbar.

Wenn auch in einer Art religiöser Globalisierung Religionsfreiheit (Zweites Vatikanisches Konzil, Reden und Beispiel Papst Johannes Pauls II., Kuriale Behörden im Vatikan) von der Kirche vorgezeichnet wird – ganz unumstritten ist das, was man darunter verstehen muss, auch innerhalb der Kirche nicht, im Blick eben auf die *eine* göttliche Offenbarung und ihre Verbreitung bis ans Ende der Zeiten. Einerseits darf man also in Dingen der Weltanschauung keinen Zwang auf andere ausüben; andererseits erklärt aber das Konzil, dass es nur *eine* wahre Religion gibt: „Diese einzige wahre Religion, so glauben wir, ist verwirklicht in der katholischen, apostolischen Kirche, die von Jesus dem Herrn den Auftrag erhalten hat, sie unter allen Menschen zu verbreiten" (Dignitatis humanae 1). Der Mensch hat also keine „freie Auswahl" in der Religion, wie das Konzil lehrt: „Darum könnten jene Menschen nicht gerettet werden, die um die katholische Kirche und ihre von Gott durch Christus gestiftete Heilsnotwendigkeit wissen, in sie aber nicht eintreten oder in ihr nicht ausharren wollten" (Lumen gentium 14).

Es wäre fatal, würde der Dialog der Kirche mit den Religionen zur Aufgabe der Dogmen oder zur Relativierung des katholischen Glaubens führen. Michaela Pilters vom ZDF kommentierte am 27. Januar 2002 das Religionstreffen von Assisi mit Papst Johannes Paul II. (24. Januar) wörtlich so: „An diesem Tag hatte das Dogma zu schweigen."

Wie steht es nun bei den „Kindern der Welt" um die vielbesungene Toleranz? Nur ein Beispiel sei aufgeführt: die „taz" (Tageszeitung, Berlin), von Studenten und Schülern viel gelesen, spricht im Rahmen der Berichterstattung über den Evangelischen Kirchentag 2001 von einer „Christenplage" in Frankfurt.

Und was erwartet die Leitung der Katholischen Landjugend Bayerns von einem (künftigen) Bischof? Frömmigkeit? Führungsqualitäten? – weit gefehlt! An erster Stelle des „Anforderungsprofils" steht „Toleranz" (am Ende ist übrigens das Verheiratetsein genannt. Das Geschlecht wird als nicht maßgeblich betrachtet).

Ist Toleranz nicht mittlerweile ein „Allerweltswort", das beliebig eingesetzt wird, wenn der Angesprochene, selbst standpunktlos, den Vorstellungen der Anfragenden willfährig werden soll? Damit würde der für das soziale Gefüge des Menschen so wichtige Begriff „Toleranz" entwertet.

In einer permissiven (alles erlaubenden) Gesellschaft fühlen sich die Leute anscheinend wohl. Die liberale Grundeinstellung wird auf die Kirche übertragen, mehr und mehr hingerissen von einer buntschillernden Welt, geblendet vom Irrlicht fragwürdiger Utopien! Oft wird dann die klare, zielsichere Spur der Kirche verlassen, auch in den eigenen Reihen. Doch das bloße *subjektive* Suchen je nach Geschmack und Belieben kann nicht die Bindung an die *objektive* Kirche ersetzen. „Hat die Kirche den Beruf, die Menschen zur Seligkeit zu führen, dann hat sie ihn allein. Zur Erfüllung ihrer hohen Aufgabe hat die Kirche die Verheißung, dass die Pforten der Hölle sie nicht überwältigen" (Anton Anwander).

Wie sehr das Auswählen der Werte auch in der gegenwärtigen Kirche und unter den Gläubigen üblich geworden ist, soll durch ein Beispiel verdeutlicht werden: Die Zeitung „Die Welt" erinnerte in ihrem Bayern-Teil vom

20. November 2000 an Frau B.E., die zwanzig Jahre zuvor beim Papstgottesdienst auf der Theresienwiese und damit zugleich „vor etlichen Hundertmillionen Katholiken auf der ganzen Welt" kritische Fragen an den Heiligen Vater stellte. Im Verlauf des Zeitungsartikels äußert dieselbe Frau, dass ihre damaligen Fragen (die Kirche in Deutschland sei für Jugendliche nur schwer zu verstehen; sie würde zu Freundschaft, Sexualität und Partnerschaft zu sehr mit Verboten reagieren) auch heute noch nicht einmal im Ansatz gelöst seien. „Verändert hat sich effektiv nichts, manches ist noch viel schwieriger geworden in der Situation der Kirche", so die Kritikerin. Sie ist inzwischen Mutter von vier Kindern, was in der heutigen Zeit hoch zu schätzen ist. Wenn sie aber an ihre eigenen Kinder denke, meint sie: „Es ist für Jugendliche nicht einfach, in der Kirche Themen oder Menschen zu finden, die ihnen zusagen". In der angeblichen Intoleranz sieht sie den wahren Grund für die Misere der Kirche: „Da muss grundlegend überdacht werden, was die Kirche heute den Menschen noch sein kann".

Die Mutter aus München steht mit solchen Vorwürfen und Erwartungen nicht allein, auch die organisierte Kirchen-Jugend nicht. Die Kritik läuft in der Linie: „Die Kirche muss (mehr) auf die Menschen hören". Sie tut es doch! Wie steht es dann umgekehrt? Allenthalben ertönt der „Schlachtruf": „Dialog statt Dialogverweigerung"; „Dialog statt Lehre von oben". Weiß man denn heute nicht (mehr), was die katholische Kirche mit ihrem ungeheuren Reichtum an Wahrheit, Liebe, Segen, an verhaltenem Glanz für die Menschen bedeutet? Das Konzil sagt (sogar im Vergleich mit anderen christlichen Kirchen und kirchlichen Gemeinschaften), dass „die katholische Kirche mit dem ganzen Reichtum der von Gott geoffenbarten Wahrheit und der Gnadenmittel beschenkt" ist (Unitatis redintegratio 4). Ist man derart vom Zeitgeist geknebelt, dass man eine Kirche nur noch weltlich sieht? Es gibt kein Dialogverbot, aber dieser muss geistlich fruchtbringend sein. Wenn die Katholische Landjugend Bayerns im Sommer 2001 auf die eben erfolgte Wahl des neuen Fernsehintendanten des Freistaats hinweist, der aber erst am 1. Januar 2002 sein Amt antrat, und darüber reflektiert, ob nicht ein solch frühzeitiger Übergang bei Bischofsernennungen auch möglich wäre, dann wird eben nur noch in weltlichen Kategorien gedacht.

Schmerzlich muss es stimmen, dass es in der Kirche für Jugendliche nicht einfach sei, Themen (!) oder Menschen zu finden, die ihnen *zusagen*. Es muss also die Nase des betreffenden Priesters und der Mitarbeiter passen, und das (verweltlichte) Thema will man selber stellen. Arme Jugend! Wer bietet ihr die Edelsteine des Glaubens, ja des Himmlischen Jerusalems (das in der Kirche seinen Anfang genommen hat), wo es doch im Letzten um Tod oder Leben geht (vgl. „Der Mensch hat Leben und Tod vor sich; was er begehrt, wird ihm zuteil" [Sir 15,17]), vgl. auch die Endkapitel der Offenbarung des Johannes.

Toleranz wird immer mehr zu einer ernsten Angelegenheit. Der 11. September 2001 (islamistischer Flugzeuganschlag auf das World Trade Center in New York) rüttelte Staat und Menschen auf. Ein geistlicher Schriftsteller im Berichtszeitraum dieser Veröffentlichung, der elsässische Pfarrer Karl Pfleger, übte im Blick auf das Abendland heftige Kritik: „Der feine, tolerante, hochkultivierte europäische Nihilismus, der zwar nicht an Gott glaubt, aber doch an den freien Menschen", sei kein ernstzunehmender Gegner gegen die östliche Gottlosigkeit. Die damalige Diktatur (Sowjetunion) habe mit dem obersten Wert „Gott" auch den auf ihn bezogenen Wert „Mensch" gestrichen. „Dagegen kommt nur noch eines auf, das Christentum." Pflegers zeitbedingte Mahnung sollten die heutigen Europäer entsprechend umsetzen. Sobald es nach dem Zweiten Weltkrieg die Umstände zuließen, trat – unter vielen anderen, und in Wort und Schrift – Otto von Habsburg für ein christliches und damit wahrhaft tolerantes Europa ein.

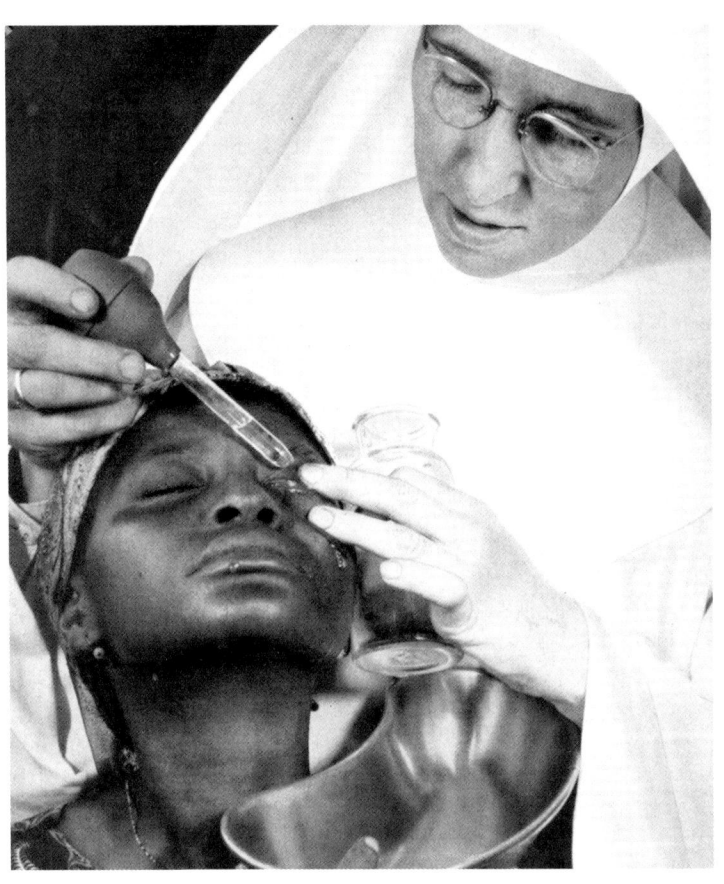

„Jetzt freue ich mich in den Leiden, die ich für euch ertrage.
Für den Leib Christi, die Kirche, ergänze ich in meinem irdischen
Leib das, was an den Leiden Christi noch fehlt. "
(Kol 1,24)

DAS LEBENSGLÜCK
IN DER ERPROBUNG

Ich danke Gott, und freue mich
Wie's Kind zur Weihnachtsgabe,
Dass ich da bin, und dass ich Dich,
Schön menschlich Antlitz habe.
(Matthias Claudius)

„Unbeglückt" – so beginnt ein ernstes Gedicht von Clemens Brentano. Es heißt, kein zweiter Dichter habe zu einer solchen Wortwahl gefunden. Und dabei schreit doch alle Welt nach Glück!

Mit dem lautlosen oder auch vernehmlichen Abfall von Christus und seiner Kirche geht ein merkwürdiges Phänomen einher, das eine Folge dieses Vorgangs ist: der Verlust der Leidensfähigkeit, das wuterfüllte oder verzweifelte Sich-Wehren gegen Schmerzen und Tod. Ich meine hier weniger die uralte Frage, warum Gott dies alles zulässt (Kriege und Katastrophen, Unglücksfälle und Heimsuchungen sowie „Praktiken der Entwürdigung" [Hermann Lübbe] und persönliche Qualen). Vielmehr bricht fast zeitgleich mit dem neuen, dritten christlichen Jahrtausend der Schrei nach einem völlig gesunden menschlichen Leben ohne Abstriche aus. Dass Kinder mit Behinderungen geboren werden, soll verhindert werden. Ebenso das Leiden im Alter. Wissenschaft und Forschung haben für jeden der momentan angeblich noch viel zu vielen Erdenbürger ein schmerz- und sorgenfreies, dazu möglichst langes Leben zu ermöglichen. Selbst relativ geringe Mängel, die aber als unnötige Belastungen betrachtet werden, hätten zu verschwinden.

Eines Tages bekam einer meiner Mitschüler ein lang ersehntes Schwesterchen. Doch es trat mit einer Hasenscharte ins Leben (was heute ein Abtreibungsgrund wäre, s. Spiegel Nr. 25 v. 15.06.2002, S. 58). Dies wurde in Gottes Namen akzeptiert, am meisten von dem heranwachsenden munteren Kinde selbst. Inzwischen sind die Möglichkeiten zur Behebung von Missbildungen gestiegen. Doch es ist geradezu unglaublich, was in einer deutschen Tageszeitung am 8. März 2001 zu lesen war: „Ich glaube nicht an den Gott, der Hasenscharten schuf." In der gleichen Ausgabe stand: „Viele Menschen können den Verlust eines Angehörigen nicht verschmerzen und hoffen nun aufs Klonen." Ja, die Kopierer stehen schon Gewehr bei Fuß, um die Sache mit dem Paradies auf Erden voranzutreiben! Und vor Ostern 2001 wurde die Euthanasie in den Niederlanden staatlich zugelassen und von den weitaus meisten der Deutschen begrüßt. Wenn doch nur ein Teil der Befürworter im Alltag Mitleid zeigte, statt wegzusehen! Dass der Mensch einem anderen Menschen auf dessen Verlangen (wie immer dies im Einzelfall aussehen mag) mit der Todesspritze „hilft", ist nicht nur ein „Kulturbruch" (Kardinal Lehmann) gegenüber dem natürlichen Lebensende, sondern eine Anmaßung gegenüber den Hoheitsrechten Gottes.

Ist der postmoderne Mensch, vielleicht weil er den Glauben vernachlässigt oder gar über Bord wirft, leidensunfähig geworden? Gewiss ist Leiden nichts Schönes, und die christliche Liebe versucht stets, nach dem Beispiel Jesu menschliche Pein und Trauer zu lindern. Aber es gilt auch das andere, dass wir als Christen gleichförmig werden sollen mit Jesus, „der selbst ein Armer und Leidender war", wie das Zweite Vatikanische Konzil erklärt (Lumen gentium 8).

Zum Willen Gottes „Ja" zu sagen, wie es im „Vater unser" heißt, ist zu allen Zeiten nicht leicht gewesen. Die Kirche wurde gescholten, weil sie vom „Tal der Tränen" sprach („Salve, Regina") und als fortschrittsfeindlich verschrieen. Dabei ging sie nur von den Realitäten des Lebens aus, aber auch und erst recht von den Verheißungen Gottes: „Wer in allen Prüfungen standhält ..." (vgl. Lk 22,28). Natürlich haben die Zu-kurz-Gekommenen mitunter mit Gott gehadert. „Vor Vermessenheit und Verzweiflung, bewahre uns, o Herr", heißt es in einer alten Anrufung; Gegensätze, die beide schädlich sind.

Die menschennahe Seelsorge richtete ihre Augen auf diese beiden Extreme. Vermessen waren zum Beispiel jene Landleute, die, so hörte ich in meiner Jugend, nicht mehr zur Muttergottes zu wallfahren brauchten, nachdem jeder seine Hagelversicherung abgeschlossen hatte. Selbstverständlich wusste man auch um viel schlimmere Fälle von *Vermessenheit*. Das Gebet zu den Heiligen war üblich; man dachte mehr übernatürlich. Als in der Scheinblüte des „Dritten Reiches" einmal die Maul- und Klauenseuche ausgebrochen war, betrachteten gläubige Menschen dies als einen „Fingerzeig von oben". Sprachen doch die nationalsozialistischen Agrarpolitiker großspurig von der „Erzeugungsschlacht" (in Richtung auf die Autarkie)!

Um das Leiden als Folge der Ursünde und als Teilnahme am Heilswerk Christi (Katechismus 164 und 1521) sehen zu können, bedarf es eines Lebens mit der Kirche, mit und im Heiligen Geist, dem Beistand und Tröster. Dass es auch in einer Wohlstandsgesellschaft bedauerliche Fälle von *Verzweiflung* gibt, lässt sich selbst mit dem allerbesten Sozialstaat allein nicht verhindern. Und sind nicht Kinder auf neue, bislang fast unbekannte Weise in ihrem Leben bedroht, wenn sie von verzweifelten Vätern oder Müttern in den Tod (mit-)genommen werden? Ein neuartiges furchtbares Kindersterben – wie könnte es vermieden werden?

Mit wachsendem Wohlstand und zunehmender Bewohnbarkeit der Erde ersteht der manchmal fast gewalttätige Anspruch auf ein schmerzfreies Leben. Und weil der Glaube an die Ewigkeit ge- oder sogar verschwunden ist und demnach mit dem Tode scheinbar alles aus ist, wie viele behaupten, sehen viele nur die Möglichkeit, die Zeit auf bestmögliche Weise zu verbringen und am Ende ein nichts mehr bietendes Leben in Selbstbestimmung wegzuwerfen.

Dagegen schaut der mit den Gnadenmitteln der Kirche gestärkte Christ in bitterster Not (Matthäuspassion: „Wenn ich einmal soll scheiden") auf zum Kruzifix, dem gekreuzigten Heiland. Und was bereits der heilige Augustinus wusste, gilt auch heute noch für uns: Die Kirche „schreitet zwischen den Verfolgungen der Welt und den Tröstungen Gottes auf ihrem Pilgerweg dahin".

Abend und Morgen sind seine Sorgen;
segnen und mehren, Unglück verwehren
sind seine Werke und Taten allein.
Wann wir uns legen, so ist er zugegen,
wann wir aufstehen, so lässt er aufgehen
über uns seiner Barmherzigkeit Schein.

Alles vergehet, Gott aber stehet
ohn' alles Wanken; seine Gedanken,
sein Wort und Wille hat ewigen Grund.
Sein Heil und Gnaden, die nehmen nicht schaden,
heilen im Herzen die tödlichen Schmerzen,
halten uns zeitlich und ewig gesund.

(Paul Gerhardt)

Kommt herzu, ihr Heiligen Gottes, eilt ihr entgegen,
ihr Engel des Herrn. Nehmt auf ihre Seele und führt sie hin vor das
Antlitz des Allerhöchsten. Christus nehme dich auf, der dich berufen
hat, und in das Himmelreich sollen Engel dich geleiten.
Herr, gib ihr die ewige Ruhe, und das ewige Licht leuchte ihr.

DER UMGANG MIT DEM TOD

Jeder Mensch, der stirbt, vollbringt ein gewaltiges Werk,
denn er wird Gott gegenübergestellt.
Der Herr zeigt sich ihm.
Er sieht Gott, er sieht das Unvorstellbare,
das auf Erden niemand je begreifen konnte.
Das armseligste Wesen sieht,
was die tiefgründigsten und bestinformierten Geistesgrößen
niemals aus sich selbst zu begreifen vermögen.
Ist der wichtigste Augenblick
im Leben eines Menschen nicht genau dieser?
(Julien Green)

Der Tod wird erfolgreich hinausgezögert; die Menschen werden immer älter. Als junger Pfarrer, am 1. Januar 1957 meinen Dienst beginnend, „brachte" es die Pfarrgemeinde in diesem ersten Jahr auf fast hundert Beerdigungen. So verschickte ich vor Weihnachten an die Trauerfamilien einen extra Weihnachtsgruß, in welchem ich speziell auf ihr großes Leid im ablaufenden Jahr zu sprechen kam. Das Echo war total Null. Warum? Das Leben geht eben weiter. Schon damals wurde mir bewusst, wie schnell die Zeit, die bekanntlich alle Wunden heilt, dahineilt. Und immer gibt es wohl auch solche, die über das Ableben eines Verwandten eher froh sind, aus welchen Gründen auch immer. So manche lapidare Sätze werden über den Verstorbenen gesagt: „Er/sie hat schließlich ein schönes Alter erreicht", „Es war für ihn/sie eine Erlösung". Doch Gott sei Dank gibt es auch bewusste Trauer und dankbares Gedenken. Dies und der Glaube an die Ewigkeit veranlassen die Hinterbliebenen, für die Heimgegangenen auch „Messen lesen zu lassen".

Der Oberbürgermeister rief damals beim katholischen oder evangelischen Pfarrer persönlich an mit der Bitte, zu bestimmten Angehörigen zu gehen und ihnen die Nachricht von einem soeben erfolgten Unfalltod zu überbringen. Er besaß einen Stadtplan, auf welchem die Sprengelgrenzen der Pfarreien beider Konfessionen eingetragen waren. Er wollte diese Trauerarbeit nicht der Stadtpolizei überlassen. Heute wird, wie manches andere, auch dieser Dienst dem Pfarrer abgenommen, obwohl dies doch seine Aufgabe wäre.

Das Verhältnis zum Tod hat sich gewandelt. Oftmals wird er verdrängt. Viele nehmen ihn nicht mehr ernst. In der Kirche ist das „Dies-irae-Gedenken" (schwarz) einem „Halleluja-Jubelruf" gewichen, als ob alle sofort in den Himmel kämen.

Der Grad der Entkirchlichung, wenn nicht gar Entchristlichung ist an den gängigen Todesanzeigen abzulesen – vor allem in den nicht katholisch geprägten Bundesländern, mittlerweile aber auch bei uns im Süden Deutschlands. Vor mehreren Jahrzehnten gaben Seelsorgeämter Mustergestaltungen an die Pfarreien (oder auch an Anzeigenannahmen) heraus, Texte mit gläubigem Hintergrund. Heute kann man jedoch bei vielen Todesanzeigen lediglich aus dem Vermerk über den Trauergottesdienst die Konfession des Heimgegangenen ablesen, und bei Danksagungen wird bisweilen noch dem Pfarrer für die „würdige Gestaltung der Trauerfeier" gedankt, womit wohl das Requiem gemeint sein dürfte.

Besonders peinlich ist es, wenn Jugendliche einem Freund einen Nachruf widmen müssen. Selbst in Dörfern mit fast rein katholischer Bevölkerung ist außer den Unterzeichnern oft nur noch der floskelartige Satz zu lesen „Er (sie) wird in unseren Herzen weiterleben". Bisweilen ist noch ein Zitat aus dem „Kleinen Prinzen" von Saint-Exupéry zu lesen. Meistens ist nicht einmal ein stilisiertes Kreuz auf der Todesanzeige abgedruckt, auch kein von einer Rose umschlungenes Kreuz, sondern nur die Rose allein, so wie auch fallende Blätter, Ähren und anderer Schmuck immer mehr in Gebrauch kommen.

Genossen die jungen Leute nicht jahrelangen Religionsunterricht? Sind nicht zahlreiche Lehrkräfte im Besitz der „missio canonica"? Ist dieses Nichtanbringen eines noch so kleinen Glaubens- oder Bibelwortes eine Konsequenz der verbreiteten Ansicht, dass Religion Privatsache sei? Oder ist es Bekenntnisschwäche?

Vom „heiligen Willen Gottes", den Gnadenmitteln oder „Tröstungen der heiligen Kirche" liest man fast nur noch in Todesanzeigen des katholischen Adels und in einigen wenigen katholisch gebliebenen Regionen. Kommt keiner auf die Idee, hier Zeugnis von seinem Glauben zu geben? Schrillen da nicht die Alarmglocken? Wo sind die Pfarrer, Gemeindereferenten, Pfarrgemeinderäte? Die wenigen Fälle einer christlichen, von Freunden aufgegebenen Traueranzeige entdeckte ich bislang nur bei Angehörigen von Freikirchen. Hier ist das Christliche noch selbstverständliches und bestimmendes Element. Und bei uns?

Die gute Ewigkeit

In unserm dahingehenden Leben, o Herr,
ahnen wir Deine stille Ewigkeit.
Die Dinge beginnen und haben ihre Zeit und enden.
Im Anfang des Tages fühlen wir voraus,
wie er im Abend sinken wird.
In jedem Glück mahnt schon das kommende Leid.
Wir bauen unser Haus und schaffen unser Werk
und wissen, dass es zerfallen muss.
Du aber, o Herr, lebst und keine Vergänglichkeit
rührt an Dich. ...
Lass mein Gemüt vom Hauch Deiner Ewigkeit berührt sein,
damit ich das Werk der Zeit richtig tue
und es einst hinübertragen darf in Dein ewiges Reich.
Amen.

(Aus: Romano Guardini, Theologische Gebete)

Das Sterben des katholischen Christen beginnt mit seiner Geburt. *Sterbens Anfang* wird sie genannt, obwohl doch gerade das Leben seinen Weg nimmt. Der Tod hingegen ist folgerichtig *Lebens Aufgang*, „strahlender Beginn". Im Spätmittelalter pflegte man die „ars moriendi", die Kunst, gut zu sterben. Später gab es die Bruderschaften und Andachten „Vom guten Tod". Gewiss, man starb damals früher, aber ist man heute vor einem raschen Tod gefeit? „Lass uns das Himmelreich genießen, wenn wir einmal sterben müssen", heißt es in der Schlussstrophe eines besinnlich-frohen alpenländischen Weihnachtsliedes. Was die einfache bäuerliche Bevölkerung zuversichtlich wusste, ist dasselbe, was der große heilige Augustinus so ausdrückt: „Soli Deo fruendum est". Das heißt, der Kirchenvater unterscheidet zwischen uti und frui, zwischen *„gebrauchen"* und *„genießen"*. Genießen könne man nur Gott allein. Im Standardwerk von Peter Christoph Düren „Der Tod als Ende des irdischen Pilgerstandes – Reflexion über eine katholische Glaubenslehre" (^{3}2001) wird der Art und Weise, wie man das irdische Leben, den „irdischen Pilgerstand", gestaltet, die entscheidende Bedeutung für das Leben jenseits der Todesschwelle beigemessen. Rührende Geschichten berichten von Versehgängen im Bergland zur Winterszeit in dunkler Nacht. Man rief den Priester. Der Schwerkranke, dem Tode nahe, erschrak wohl als menschliche Kreatur; aber er fühlte sich erleichtert und versöhnt nach dem Empfang der heiligen Sterbesakramente: „Nun lässest du, Herr, deinen Knecht/deine Magd in Frieden scheiden". Die Bitte „Vor einem … unversehenen Tod befreie mich, o Herr" (Ab improvisa morte – libera nos, Domine) betete man oft.

Früher wurde im Religionsunterricht der häusliche Versehtisch auf die Tafel gemalt, und die spätere Familie richtete sich danach. Die Kommunionkerze wurde zur Sterbekerze. Der Glaube an das ewige Leben war, im Grundsatz, ungebrochen, wenn auch für die Nachkommen wie von einem Schleier verhüllt. Die Kirche umhegt die Sterbenden und erst recht die Toten mit großer Liebe, mahnt aber auch, allzeit bereit zu sein.

Abendlied

Abermal ein Teil vom Jahre,
Abermal ein Tag vollbracht;
Abermal ein Brett zur Bahre
Und ein Schritt zur Gruft gemacht.

Also nähert sich die Zeit
Nach und nach der Ewigkeit;
Also müssen wir auf Erden
Zu dem Tode reifer werden.

(Johann Christian Günther)

Wissen die Gläubigen, was alles zu den Sterbesakramenten gehört? Wo liest man heute noch die Gebete zum Hinscheiden: „Ziehe hin, christliche Seele …" (zu finden in: „Die Begleitung Schwerstkranker und Sterbender", ^{5}2001). Wo sterben die Menschen? In Hinterzimmern? Wie wird das letzte Stündlein bewältigt? Es konnte auch früher nicht alles gut sein, und das musste in der sonst intakten Volkskirche in Kauf genommen werden. Bisweilen wurde der Pfarrer leider vorsätzlich zu spät gerufen, damit er dem/der Toten noch die Letzte Ölung spende als „Rettungsseil", ohne zuvor das Familienmitglied „beunruhigen" zu können. Doch über Tote besitzt die Kirche keine sakramentale Gewalt mehr. Darum muss man zur Erdenzeit Jesus suchen! „Tag für Tag war ich bei euch im Tempel und lehrte" (Mt 26,55; vgl. auch Lk 16,19-31).

In Kliniken besuchen kirchliche Angestellte liebevoll die Kranken. Aber unter der fadenscheinigen Behauptung, der Schwerkranke solle nur von der immer gleichen Person betreut werden und durch „plötzlichen" Besuch eines „fremden" Priesters würde er verschreckt sein, wollen manche Laientheologen das Sakrament der Krankensalbung spenden (was selbst geweihte Diakone nicht vermögen) oder eine Quasi-Salbung vornehmen. Verwerflich wäre es, dem Patienten den Geistlichen absichtlich vorzuenthalten, selbst wenn er nicht von sich aus darum bitten würde. Es ist dies eine ernste Sache, weil der Sterbende dann nicht das Bußsakrament empfangen kann. Die Hospiz-Bewegung aber, von England ausgehend, würde eine gute Möglichkeit bieten, nicht nur für einen „sanften Tod" zu sorgen, sondern auch für einen „seligen Tod" – wenn man die Chance der persönlichen Sterbebegleitung auch für eine katholische Seelsorge nutzte mit Beichte, Gewinnung des vollkommenen Ablasses, Krankensalbung, eucharistischer Wegzehrung und den kirchlichen Sterbegebeten.

Und kommt das Ende
dieser raschen Tage,
Naht jene Stunde
mit der großen Frage,
Herr, gib mir Kraft,
dass ich das Eine sage.
Auch wenn kein Atem mehr
zum Worte bliebe,
Mein Herz lass stammeln
mit dem letzten Schlage:
Was auch geschah –
Du weißt, dass ich Dich liebe.

(Max Rößler)

Es hat sich vieles, fast Grundlegendes geändert. „*Im Alten Bund* versammelte sich der Heimgegangene zu den Vätern; das Fortleben schien durch die Weiterexistenz der Familie gesichert. Später tritt die *Einzelperson* in den Vordergrund, und die Öffentlichkeit gibt vor, wie man sich zum Tode stellt. Statt *traditionsgeleitet* ist das Sterben nun *außengeleitet*, und der Tote hat möglichst bald aus dem Blickfeld zu verschwinden."

Die Gesundheitswelle ist weit mehr als ein Bemühen um richtiges Essen und Trinken, um geeignete Kleidung, um Freizeit und Sport, und dies alles, um fit, leistungsfähig und lebensfroh sein zu können. Es ist inzwischen, vor allem in den letzten Jahren, mehr daraus geworden: geradezu ein Wegschieben des Todes, ein Nicht-akzeptieren-Wollen, dass eine Grenze für die eigene Freiheit existiert. Man spricht darum von einem „gesteigerten Lebensappetit".

In der säkularen Gesellschaft gibt es im Grunde nur einen Feind, und der heißt Tod. Nicht die Sünde des Menschen wird als böses Tun erkannt, und der Tod als die Folge der Erbsünde, sondern böse ist der Tod selbst. Welch eine Verdrehung der Tatsachen!

Kann die schwerste Nacht nun kommen
So in deine Hand genommen
Bleib ich dennoch heil.
Wie am sichern Seil
Klimm ich ins Gebirg der Gnaden
Trostbeladen.

(Christine Lavant)

In den dreißiger Jahren erlebte ich noch den Versehgang des Priesters durch die Straßen der Stadt, der Ministrant mit Leuchte und Glöckchen voraus. Die sogenannte Beisetzung wurde folgendermaßen gestaltet: Aussegnung des Leichnams im Sterbehaus und dessen Überführung in die Leichenhalle; zwei, vier Rösser (auch Rappen), mit schwarzen Tüchern behangen, zogen den Leichenwagen, dem die Angehörigen folgten. Meist zwei Tage später erfolgte dann die Beerdigung mit vorausgehendem Requiem. Da und dort findet heute noch ein Siebent- und Dreißigstgottesdienst statt. Auch „Jahrtage" gab es; vereinzelt gibt es sie immer noch. Ja, unsere Lieben sind „mit Leben über den Tod hinaus ausgestattet" (Bischof Walter Mixa).

338

Denk es o Seele!

Zwei schwarze Rösslein weiden
Auf der Wiese,
Sie kehren heim zur Stadt
In muntern Sprüngen.
Sie werden schrittweis gehn
Mit deiner Leiche;
Vielleicht, vielleicht noch eh
An ihren Hufen
Das Eisen los wird,
Das ich blitzen sehe!

(Eduard Mörike)

Die Leute haben immer gespürt: ihre Kirche umgibt den Toten mit Liebe und empfiehlt ihn der Barmherzigkeit Gottes. Die Aussegnung zu Hause oder in der Klinik wird auch heute noch manchmal vorgenommen. In großen Pfarreien wurde sie jedoch in den fünfziger Jahren abgeschafft. Auf einem anderen Blatt stand die Verweigerung des kirchlichen Geleits und Gebets bei Irregularitäten (Übertretung kirchlicher Normen), bei Verweigerung der Sterbesakramente im Falle noch klaren Bewusstseins, bei Selbstmord und bei der Leichenverbrennung (noch weit in das 20. Jahrhundert hinein oft eine Bekundung für das Freidenkertum). Übrigens gerieten viele Geistliche in Konflikt mit den NS-Behörden, wenn sie bei notorischen Kirchengegnern die Bestattung verweigerten. Der Stadtpfarrer einer Basilika-Pfarrei aber reflektierte bereits vor Jahren: „Ich beerdige alle" …

Kommt ihr Sünder, kommt gegangen, schaut den wahren Gottessohn!
Auf der Wies ist er gefangen, hat gelitten Spott und Hohn.
Schönster Jesus, schönster Jesus, schönster Jesus auf der Wies,
der so voller Gnaden ist. – ... Teufel müssen selbst bekennen,
Was das für ein Gnadenort, Und den wahren Gott ihn nennen;
Wer sollte nit hingehen dort? Schönster Jesus ...

BILDER DES EWIGEN –
DIE ETWAS ANDEREN REISEZIELE

Darum öffnet eure Pforten,
lasst Vertrauteste herein:
heute soll an allen Orten
Liebe nah der Liebe sein.
(Johann Wolfgang von Goethe)

Kirche und Kultur sind nicht dasselbe. In der Nachkriegszeit boten viele Zeitungen eigene Spalten für Kirchliches. Heute erscheinen kirchliche Nachrichten auf der Kulturseite. Kirche ist aber etwas anderes als Kultur, ist für das Ewige da, verkündet die göttliche Offenbarung und feiert sie. Dennoch muss die Kirche als ein Nährboden für Kunst und Kultur, für das Festliche und Kreative, angesehen werden. Die Beweise hierfür liegen auf der Hand. Mit der Destruktion des Wahren, Guten und Schönen (Begriffe seit der Antike) hat die Kirche nichts zu tun. In ihr lebt ein gewaltiges Zutrauen in Gottes gute Schöpfung; sie ist auf ihre Weise kompetent für die Bereitstellung von Glück.

Gottes Welt

Gottes Welt ist ein Zelt
und wir sitzen drinnen.
Ob es sommert oder schneit,
wartend auf die Ewigkeit,
immerdar erfreut bereit,
unsern Herrn zu minnen.

Halm und Zweig,
Hang und Steig,

tragen Frucht und Saaten.
Liebe Seele, sei nicht bang,
einen süßen Lobgesang
reife du dein Leben lang
aus allen deinen Taten.

(Ruth Schaumann)

Die kulturelle Leistung der Kirche durch zweitausend Jahre hindurch ist unermesslich und immens. Die Losung des heiligen Benedikt, „Ora et labora – Bete und arbeite", muss auch auf die kunstvoll ausgeführte schriftliche Überlieferung heiliger Texte bezogen werden: Schreibe unermüdlich! Schreibet! Schreibt die Kirchenväter ab, den heiligen Hieronymus zum Beispiel, diesen großen Bibelgelehrten! Mönche bevölkerten also die Schreibstuben und trugen mit ihrem Dienst zu dieser kulturellen Glanzleistung bei. Ein ungeheurer Kunst- und Gedankenreichtum entstand etwa in der Karolingerzeit! Rund 50.000 Handschriften unter Karl dem Großen, dem „einigenden Herrscher", sicherten fortan dem Christentum eine kulturelle Selbständigkeit.

Begeben wir uns nun auf die Reise zu einigen kulturell-kirchlichen Schätzen, die stellvertretend für je eine andere Kunst oder Wissenschaft stehen sollen.

♦ Da dienen heute noch im Land der vielen großartigen Stifte, in Österreich („Klösterreich"), etwa im oberösterreichischen *Kremsmünster*, Mönche ihrer Sendung. Adalbert Stifter erhielt einst in dem berühmten Gymnasium eine Prägung für sein späteres Leben. Im Museum wird der kostbare Tassilokelch aus dem 8. Jahrhundert zu ehrfürchtiger Schau gezeigt. Kremsmünster steht hier für die *Astronomie*. Auf dem Klostergelände erhebt sich die Sternwarte, das älteste erhaltene Hochhaus Europas, erbaut 1748-1759. Kundige Patres führten wissenschaftlich in die erhabene Welt der Himmelsräume ein. In diesem „mathematischen Turm" sind auch naturwissenschaftliche Sammlungen untergebracht. Doch das höchste Stockwerk beherbergt nicht nur die speziellen Geräte, sondern auch eine Kapelle. Ein gelungenes Exempel für das Beisammenwohnen von Glaube und Wissenschaft!

♦ Im oberbayerischen Alpenvorland blüht vor den Trauchgaubergen eine der – geistig betrachtet – anmutigsten Blumen Mitteleuropas. Es handelt sich um die Bruderschafts- und Wallfahrtskirche „Zum Gegeißelten Heiland in der ‚Wies' ", die *Wieskirche* bei Steingaden. Sie passt sich hervorragend in die sie umgebende Landschaft ein, denn Kirchendach und Saum des Bergwalds verlaufen ähnlich. Lange Jahre war sie außer der Würzburger Residenz das einzige bayerische Gebäude auf der UNESCO-Liste des Weltkulturerbes. Die „Wies" steht für die *Theologie*. Sie verkündet die letzten und tiefsten Einsichten der Gotteswissenschaft und des menschlichen Herzens: Jubel mitten im Leid, Auferstehung aus überwundener Todesnot. Es geht nicht nur um Jesus, sondern auch um den Christen, hineingetaucht in die Leiden seines Herrn, um mit ihm zur Glorie zu gelangen (Nachfolge Christi). „Die Wies als Auferstehungskirche, als heiliger Ort der Erneuerung, als Ort der seelischen Heilung, kann das Kreuz nur als Symbol des Lebens beinhalten" (Karlheinz Röder). In einem Kunst- und Kulturführer für das westliche Südbayern sind diesem Haus Gottes als einzigem Objekt drei Sterne (= es lohnt sich eine eigene Reise dorthin!) zuerkannt. Eine Komposition aus Landschaft, Kunstsinn und Frömmigkeit – in aller Bescheidenheit darf man anfügen: Seht, das ist katholisch! Hans Pörnbacher meint zu dem nachfolgenden Gedicht: „Der norddeutsche Dichter … verstand die Botschaft der Wieskirche gut: Freude über die Erlösung". Aber auch verlockende Töne sind zu hören, nicht nur aus der Orgelpracht in der Rokoko-Raumschale. Der vor über 50 Jahren (1951) verstorbene mainfränkische Tondichter Armin Knab holte die sanfte Betörung dieses weiten Wiesenplans in seine „Lindegger Ländler" für Klavier hinein (Lindegg = naher Weiler).

Wieskirche

Im Moor verdorren die Moose.
Von der Bauerngardine
Grünt Christi Dorn.

Wen ruft das Makellose?
Es summen die silbernen Bienen
Der Orgel über dem Korn.

343

Im Chor bei Rot und Golde
Rauschen die Cherubinen
Als Tuba, Flöte und Horn.

Sonne verklärt das holde
Lächeln in Engelsmienen,
Als wären wir nicht verlorn.

(Georg von der Vring)

♦ Machen wir nun einen „Sprung" ein gutes Stück nach Westen, ins viel-
gelobte Elsass, nach *Schlettstadt/Sélestat.* Hier können wir etwas Besonderes aus dem Gebiet der *Geisteswissenschaften* sehen und erleben.
Die dortige „Humanistische Bibliothek" gehört zu den 32 berühmte-
sten Bibliotheken der westlichen Welt. Wer den großen Ausstellungs-
raum betritt, ist von seiner Atmosphäre fasziniert. Diese vornehme
Stätte des Geistes geht auf das Jahr 1452 zurück. Der Kirchenrektor
(Pfarrer) von Sankt Georg, Johann von Westhuss, hinterließ dem Kir-
chenrat seine wertvollen Bücher. Er „wollte nicht nur die wesentlichen
Texte der katholischen Religion dem heimischen Klerus zugänglich
machen; er wollte auch der Jugend eine solide christliche Ausbildung
zukommen lassen." 1441 hatte der Pfarrer einen Schulleiter, Ludwig
Dringenberg, nach Schlettstadt berufen. Unter ihm und seinen Nachfolgern blühte die Bildungsstätte auf; zu Beginn des 16. Jahrhunderts
zählte man 900 Lateinschüler. Immer wieder ergänzten Humanisten
wie Beatus Rhenanus oder Jakob Wimpfeling die Büchersammlung
mit Handschriften und Wiegendrucken (Inkunabeln). Geistliche
schenkten weitere Bücher hinzu, manchmal sogar Schüler nach ihrem
Abschluss.
Was ist nun dort alles an Literarischem versammelt? Natürlich die
heilige Theologie, die Liturgie (als ältestes ein merowingisches Lek-
tionar aus dem 7. [!] Jahrhundert, auch ein Kyrillisches Lexikon [10.
Jahrhundert]) und vieles mehr. In dieses wertvolle Gut wurden mit der
Zeit Werke von Erasmus von Rotterdam oder des Dichters Petrarca
eingebracht. Die Welt des Geistes ging über das rein Kirchliche hinaus, war aber christlich bestimmt. Die Bibliothek von Schlettstadt gilt
als Hinweis auf die Bildungsbeflissenheit der Geistlichen am Vorabend
der Reformation. (Ähnliches Entstehungs-Beispiel: Der Präzeptor des

Antoniter-Klosters in Memmingen, der 1439-1479 dieses Amt innehatte, Petrus Mitte de Caprariis [zugleich Pfarrer bei St. Martin], trug
mit einem Teil seines Bücherschatzes zum Grundstock der heutigen
wissenschaftlichen Stadtbibliothek bei).

♦ Unser Reiseweg zieht sich zunächst nach Norden, doch biegen wir bald
weit nach Osten ein. Wir besuchen die alte Kaiserstadt *Bamberg*; ihre
Altstadt gehört heute ebenfalls zum Weltkulturerbe. Wir betreten nicht
den herrlichen Dom, sondern steigen auf den Hügel nördlich der Bischofskirche. Dort sind wir am Ziel angekommen, als Neugierige auf
den Botanischen Garten. „Botanischer Garten" auf einem hügeligen
Gelände? Nun, es gibt hier einen Pflanzenreichtum ganz anderer Art.
Die Decke der ehemaligen Benediktiner-Klosterkirche St. Michael ist
bemalt, bemustert mit 576 getreu wiedergegebenen Pflanzen, mit Blumen, Gräsern, Blüten und Blättern. *Botanik* im Gotteshaus! Es dürfte
sich längst herumgesprochen haben, dass die Monasterien Pflanzstätten
(„Seminarien") im buchstäblichen Sinne waren und ihre Klostergärten
hegten und pflegten. Die heilige Hildegard von Bingen ist hierfür besonders bekannt. In Bamberg, der jüngsten bayerischen Bischofsstadt
und als solche doch tausend Jahre alt (gegründet 1007), erhält besagter
Kirchenraum in Chor- und Langhaus eine ganz besondere Note. Die
Bemalung der Gewölbekappen mit einzelnen Blumen und Pflanzen geschah um 1614/17. Diese bilden „mit einiger botanischer Akribie zugleich ein monumentales Herbarium" (Georg Dehio). Der Bild-
schmuck ist zu einem großen Teil botanisch bestimmbar, und viele
„lassen sich in gedruckten Herbarien der Entstehungszeit nachweisen –
der Paradiesesgarten ist mit botanischer Gelehrsamkeit angelegt"
(ders.).

♦ Im Jahre 1985 rief das „heilige *Köln*" zum Jahr der „Romanischen Kirchen" auf. Colonia Romanica! Diese ehrwürdige Stadt soll die fünfte
Station unserer Reise sein. Und in dieser Kapitale am Rhein werden
wir uns länger aufhalten müssen. Doch sei an dieser Stelle in knapper
Form das Wichtigste vorgestellt. Köln bietet uns die Baukunst, die *Architektur*.
Es gibt keinen zweiten Ort auf der ganzen Erde, der solches sein eigen
nennen könnte, wie die Domstadt am Rhein mit ihrem Kranz von
zwölf romanischen Kirchen. Die mehr als empfindlichen Zerstörungen

im Zweiten Weltkrieg wurden in der Weise beseitigt, dass zumindest das äußere Erscheinungsbild der Gotteshäuser 1985 wieder hergestellt war. Die Kunstgeschichte zählt mehrere Epochen der romanischen Baukunst auf, wie es auch in Anlage und Innenräumen verschiedene Ausprägungen gibt. Die meisten romanischen Kirchen sind Basiliken mit Apsiden, mit klarer Gliederung der einzelnen Teile. In den gedrungen-massigen Baukörpern machen sich Flachdecke, Arkaden, Triforium streng und erhaben aus. Manchmal spricht man darum poetisch von „Gottesburgen". Feierliche Stille, fast überirdische Ruhe ziehen hier die Gläubigen in ihren Bann. Diese Kirchen haben mit dem Gottesglauben zu tun!

In Köln müsste der Besucher einen Pilgerweg zu den Zwölf beginnen und ihr Gemeinsames und ihr Verschiedenes in Augenschein nehmen. Groß St. Martin, St. Maria im Capitol, St. Andreas mit dem Grab des heiligen Albertus Magnus, St. Gereon, St. Aposteln, St. Pantaleon, St. Cäcilien, St. Georg, St. Kunibert, St. Maria Lyskirchen, St. Severin und St. Ursula wollen zum Gebet einladen, zur Betrachtung über die stete „Anwesenheit" von Kirche als Heilsanstalt des Neuen Bundes, gewiss aber auch zum Kunstgenuss. Neben dem Dom St. Peter und Maria sowie fast einer Überzahl von Kunstschätzen beeindruckt gerade dieses Dutzend rund 800-jähriger Sakralität.

♦ Dem Gang des Uhrzeigers gemäß wendet sich unsere gläubig motivierte Kultur-Tour ihrem Scheitelpunkt zu. Wir befinden uns in Mitteldeutschland, näherhin im Kloster *Helfta* im heutigen Bundesland Sachsen-Anhalt. Helfta (Bistum Magdeburg), ein Stadtteil von Lutherstadt Eisleben, ist der zentrale Ort der deutschen mittelalterlichen Frauenmystik.

Die christliche *Mystik*, für die in ganz ausgezeichneter Weise der Name Helfta steht, ist etwas anderes als das bloße Sichversenken in buddhistischer Manier. Sie ist geprägt vom Glauben an den dreifaltigen Gott, von der Erkenntnis Jesu Christi und der Anerkennung seines Wirkens in der Kirche im Heiligen Geist. Die drei berühmten Klosterfrauen, die heilige Gertrud von Helfta, Mechthild von Hackeborn und Mechthild von Magdeburg, erweisen sich in ihren Schriften als innerlich freie Frauen, weil sie sich gebunden wussten an die Liebe des göttlichen Erlösers. Von ihm bezogen sie alles, was ein Herz glücklich macht.

Wenn die Benediktiner von St. Ottilien als Wahlspruch führen: „Succisa virescit – Niedergehauen blüht (grünt) sie wieder auf", darf dies mit Fug und Recht auch vom Wiederaufbau Helftas angenommen werden. Unter größten Opfern und mit vielen Helfern ist der einstige Zisterzienserinnen-Konvent heute ein deutlicher Beweis für die geistliche Siegesmacht der Kirche, ja des Christentums. Zisterzienserinnen aus Landshut-Seligenthal begründeten inzwischen die neue Schwesterngemeinschaft. Ein wahres „Wunder Helfta" (Klaus Berger)! Viel hoffnungsfrohe Glaubenskraft beseelt das Land!

Alle staunen und fragen verwundert: „Kann das denn wirklich sein?", wenn sie zuvor das Ausmaß der Ruinenlandschaft gesehen hatten. „Kloster Helfta – ein Abenteuer Gottes", wie Pfarrer Josef Hochenauer, mit Pfarrer Horst Mittenentzwei einer der Engagierten, das Wunder nennt. Nahm Christus selbst sich dieses Vorgangs an, als „Gesandter der göttlichen Liebe" (Buchtitel der heiligen Gertrud)?

Ich schließe diesen letzten Beitrag des Buches mit einem Wort des 1998 fast hundertjährig heimgegangenen katholischen Dichters und Schriftstellers von Weltgeltung, Julien Green:

„Das Paradies muss voll sein von in Gott Verliebten."

ANHANG

Interview mit Weihbischof em. Max Ziegelbauer

Herr Weihbischof Ziegelbauer, Sie haben ein Buch mit dem Titel verfasst: „Die 'alte' Kirche ist mir lieber". Mich würde interessieren, welche beklagenswerten Veränderungen in der Kirche nach Ihrer Ansicht selbst verschuldet sind, gegebenenfalls durch Festlegungen des II. Vatikanischen Konzils, und welche durch ein Umsteuern korrigierbar wären. (Beispiel: Dass Kinder die Bedeutung der Eucharistie offenbar nicht mehr verstehen, lässt sich vermutlich nicht allein durch eine Dienstanweisung an Priester, Religionslehrer oder Kommunionhelfer aus der Welt schaffen.)

Das Zweite Vatikanische Konzil (1962-1965) habe ich bewusst noch in den Berichtszeitraum der „alten" Kirche hinein gerechnet (1925-1965). Viele, die sich heute auf das Konzil berufen, haben die Texte gar nicht gelesen. Sie wären erstaunt, wenn sie dort lesen würden: „Der Gebrauch der lateinischen Sprache soll in den lateinischen Riten erhalten bleiben" (SC 36). Das Konzil hat auch nicht beabsichtigt, die Zelebrationsrichtung umzudrehen („zum Volk hin"). Allerdings wurden von einigen Theologie-Professoren, die die Konzilsväter damals beraten haben, dafür gesorgt, dass manche Formulierungen des Konzils sehr offen blieben, um diese dann später gemäß ihrem modernistischen Gedankengut entsprechend liberal zu interpretieren und in die kirchliche Praxis umzusetzen.

Warum sollen Kinder von heute nicht die einzigartige Bedeutung der Eucharistie verstehen? Wenn es aber in ihrer religiösen Erziehung und Hinführung ausbleibt, dass die verwandelte Hostie nicht mehr Brot ist, sondern Jesus Christus mit Gottheit und Menschheit, ist das die desaströse Folge verderblichen katechetischen Materials, das zwar flott und ansprechend aufgemacht erscheint, theologisch aber weitgehend eine Katastrophe darstellt. Die Kinder, die heute zur Kommunion gehen und die Hostie wie einen Keks in den Mund schieben, können natürlich nichts dafür. Bei einer

348

Re-Katholisierung der Erstkommunionkatechese müsste man bei den Priestern ansetzen. Gutes katechetisches Material gibt es bereits. Ich verweise hier auf die Mappe „Jesus, wir kommen".

Ich denke, dass es auch um ein Abwägen geht, ob und inwieweit die Kirche versuchen sollte, mit ihrer Botschaft möglichst viele Menschen zu erreichen, und dabei auch die Botschaft modernisieren, abschwächen oder verändern darf. Vielleicht können Sie sich zu der hypothetischen Frage äußern, wo die Kirche heute ohne das II. Vatikanische Konzil stünde.

Es kann nicht bloß darum gehen, dass die Kirche mit irgendeiner Botschaft möglichst viele Menschen erreicht; sie muss sie mit der katholischen Glaubenslehre erreichen. Wenn die Kirche medienwirksame folkloristische Veranstaltungen organisiert, ohne den Glauben zu verkündigen, ist damit nichts gewonnen.

Mir geht es nicht darum, das Zweite Vatikanische Konzil zu kritisieren, sondern vielmehr darum, dieses Konzil in der 2000-jährigen Überlieferung der Kirche zu interpretieren. Im übrigen ist nicht ausgeschlossen, dass einzelne Aussagen des Pastoral-Konzils, das in einer bestimmten Zeit und für eine bestimmte Zeit gesprochen hat, heute mit anderen Augen gesehen werden. Manches ist auch höchst missverständlich. Zum Beispiel die Aussage, dass die Muslim „mit uns den einzigen Gott anbeten" (LG 16). Denn weder dürfen Christen gemeinsam mit Muslim beten – das wäre Synkretismus; noch glauben die Muslim an den dreifaltigen Gott, sondern lehnen diesen vielmehr ausdrücklich ab.

Im übrigen habe ich den Eindruck, dass viele Formen zum Beispiel der Volksfrömmigkeit, die Sie vermissen, durchaus noch vorhanden sind. Wäre der Kirche Ihrer Ansicht nach damit gedient, wenn die Liturgieformen des Jahreskreises, Marienverehrung, Familienandachten etc. mehr forciert würden? Gibt es eine nennenswerte Zahl von Menschen, die solche Angebote vermissen und nicht wahrnehmen können?

Eine Kirche, die sich dem Zeitgeist anpasst, macht sich überflüssig. Daran, dass der Kirche scharenweise die Menschen davonlaufen, erkennt man, dass der Ansatz, den „Menschen" in die Mitte zu stellen, falsch war. Wir müssen als Kirche wieder Gott ins Zentrum stellen. Liturgie darf nicht mehr als „Versammlung des Volkes" aufgefasst werden, die sich selbst

zelebriert. Vielmehr muss sie wieder als kultische Verehrung des Dreifaltigen Gottes verstanden werden, die zugleich dem ewigen Heil der Gläubigen dient. Dann wird die Kirche auch wieder anziehend für die Menschen
werden. Das sieht man bereits an den wenigen Orten, an denen die Liturgie
wieder als wirklicher „Gottes-Dienst" verstanden wird: hier sammeln sich
die Gläubigen, die von den Zeitgeist-Liturgien enttäuscht sind.
Obwohl die Eucharistiefeier das Höchste ist und die (oft stauenswerte)
Großzahl der Gläubigen Sonntag für Sonntag die heilige Messe besuchte:
das „Katholische" kam mit der Andachtsfrömmigkeit „rüber", mit der jeder
Katholik im Laufe des Lebens vertraut gemacht worden ist, und die sich
wie selbstverständlich in den Alltag und ins häusliche Leben fortgesetzt
hat.
Die vielen Wallfahrten und Wallfahrer heute gelten als Pluspunkt und
Hoffnungsschimmer. Doch gehören zu einer richtigen Pilgerfahrt und Pil-
gerschaft Beichte, Rosenkranz, Ablass, Bußübungen. Es ist verständlich,
dass sich katholische Christen zu solchen geprägten Orten begeben, damit
sie wenigstens dort noch Marienlieder singen dürfen. Andererseits mag
eine dieser Entwicklungen manche Bedenken hervorbringen: Wenn punk-
tuell an Wallfahrtsorten oder Gebetsstätten – man spricht von „Kristalisa-
tionspunkten des Glaubens" – Tausende Gläubige zusammentreffen,
gleichzeitig aber die Heimatkirche vernachlässigt oder gemieden wird,
dann sind immer leerer werdende Gotteshäuser gleichsam vorprogrammiert. Ein Appell an die Pfarrseelsorge, normales katholisches Frömmigkeitsleben auch selbst wieder anzubieten!

*Was müßte geschehen, damit Glaubenswahrheiten bei den Menschen wie-
der stärker ins Bewusstsein treten oder überhaupt verstanden werden? Sind
sie früher von breiten Bevölkerungsgruppen verstanden worden? - Laut
Pressemitteilung des Stella Maris Verlages sprechen Sie vom „Faszinosum
und Numinosum" der alten Liturgie, vergleichbar einer „Esoterik". Vielleicht lässt sich die Kernthese des Buchs allein an einem Beispiel verdeutlichen (zum Beispiel lateinische Messe).*

Früher gab es fundiertes Glaubenswissen in allen Bildungsschichten. Heute
können Erstklässler oft nicht einmal mehr das Kreuzzeichen machen. Was
fasziniert, und nur das, macht neugierig. Für die meisten Menschen in
Deutschland spielt Gott keine Rolle mehr in ihrem Leben. Bei vielen, auch
Kirchenmitgliedern, erscheint der Sinn für das Übernatürliche (aber auch

350

das Wissen um die natürliche Gotteserkenntnis) wie weggebrochen. Wenn in einer Pfarrkirche nicht mehr die katholische Glaubenslehre verkündigt wird, sondern nur aktuelle Zeitfragen beantwortet werden, wenn ferner in der Liturgie nicht die Verherrlichung Gottes und die Heiligung des Menschen im Vordergrund stehen, sondern am Sonntag priesterlose Wort-Gottes-Feiern abgehalten werden, wenn man sich – außerdem – scheut, kirchliche Leitungsgewalt wahrzunehmen, sondern stattdessen flächendeckend Missbräuche in der Verkündigung und Liturgie durchgehen lässt, ist es kein Wunder, dass das religiöse Leben in der katholischen Kirche in Deutschland am Boden liegt – von Ausnahmen abgesehen.

Mein Buch „Die 'alte' Kirche ist mir lieber" will in Wort und Bild das lebendige religiöse Leben wieder auferstehen lassen, das bis zum Konzil noch blühte, jedoch seit 40 Jahren vom Untergang bedroht ist.

Ein wichtiger Schritt wäre es, das „Faszinosum und Numinosum" der alten Liturgie, in der das Mysterium des Kreuzesopfers deutlich spürbar wird, wieder überall zu gestatten. Solange buddhistische Kultakte in katholischen Kirchen erlaubt werden, sollte man keine Probleme mit der klassischen römischen Liturgie haben, die jahrhundertelang in der Kirche gefeiert wurde und unzählige Heilige hervorgebracht hat. Gläubige, die sich nach der lateinischen Liturgie sehnen, werden ja vielerorts ausgegrenzt, obwohl Papst Johannes Paul II. die alte Liturgie bereits 1984 wieder zugelassen und die Bischöfe 1988 gebeten hat, die Erlaubnis zur Messfeier mit dem Messbuch von 1962 „weit und großzügig" anzuwenden.

Augsburg, den 09.09.2002
gez. + Max Ziegelbauer

351

Weihbischof em. Max Ziegelbauer und Dr. Sabine Düren

Begrüßung zur Buchpräsentation durch Dr. Sabine Düren
Verlegerin des Stella Maris Verlages
am 18.09.2002 im Bildungs- und Akademiezentrum Haus St. Ulrich, Augsburg

Exzellenz, hochwürdige Herren, ehrwürdige Schwestern, sehr geehrte Ehrengäste, meine sehr verehrten Damen und Herren,

ich freue mich, Sie alle heute zur Präsentation des Buches seiner Exzellenz, des hochwürdigsten Herrn Weihbischofs Max Ziegelbauer hier im Haus St.

Ulrich, am Grabe unserer drei Bistumspatrone Ulrich, Afra und Simpert begrüßen zu können.

Ich begrüße besonders herzlich unseren Laudator, Herrn Georg Lohmeier, sowie Frau Domorganistin Claudia Waßner mit den anwesenden Mitgliedern des Domchores.

Zu recht wählte eine Tageszeitung für ihren Artikel über das heute präsentierte Werk die Überschrift:»„Ein tiefer Griff in die Schatztruhe" – Buch aus Buttenwiesen soll in der katholischen Kirche für Aufsehen sorgen«. Dieses Buch ist nämlich kein nostalgisches Märchen- oder Sagenbuch, das mit den Worten „Es war einmal" von der „guten, alten Zeit" erzählt, und das man am Abend zum besseren Einschlafen lesen sollte. Es handelt sich hierbei auch nicht um die Memoiren eines betagten Würdenträgers, der in wehmütigen Erinnerungen schwelgt, sondern es ist tatsächlich, wie der Untertitel signalisiert, „ein Plädoyer für die Wiederentdeckung des Katholischen".

Der Autor und der Stella Maris Verlag wollen mit diesem Buch aufwecken und vielleicht auch ein wenig aufschrecken. Denn wer in dieses Buch schaut, blickt in eine Zeit, in der die katholische Kirche noch weitgehend in Ordnung war.

Es gab in der Kirche damals

➢ keinen Gläubigenmangel und daher auch keinen Priestermangel
➢ keine Erstkommunionvorbereitung, die einer Bäckerlehre ähnelt
➢ keinen liturgischen Tanz und anderen Firlefanz
➢ keine Techno-Messen mit Showeffekt anlässlich des Empfangs der heiligen Firmung
➢ keine Vorbereitungskurse für Diakoninnen
➢ keine bischöflichen Äußerungen, denen es an eindeutiger Papsttreue mangelt
➢ keine Beförderung in kirchliche Ämter und keine Auszeichnungen von Theologieprofessoren, die sich deutlich erkennbar außerhalb der kirchlichen Lehre befinden
➢ keine Priester, die man schon wegen ihrer Kleidung mit einem Versicherungsvertreter, einem Oberkellner oder einem Bestattungsunternehmer verwechselt hätte
➢ keine Sakramentshostessen beim Gottesdienst
➢ kein social kissing als liturgische Handlung

> kein Händeschütteln vor der Kommunion
> kein Kopfschütteln über die Beichtgelegenheit
> kcinen Ersatz der Sonntagsmesse durch eine Laienspielgruppe und
> keine bizarren Rituale aus Esoterik und anderen Religionen in katholischen Kirchen.

Stattdessen war der sonntägliche Messbesuch selbstverständlich, das tägliche Gebet in der Familie der Normalfall, die monatliche Beichte eine Ehrensache. Die fromme Verehrung der Muttergottes durch Rosenkranz und Skapulier gehörte zum genuin Katholischen, ebenfalls die sonntägliche Andacht mit Litaneien und sakramentalem Segen. Das jährliche „ewige Gebet" in den Pfarrkirchen dauerte nicht nur zwei Stunden; die Prozessionen wurden aus Frömmigkeit vom Volk geliebt und nicht aus Gründen der Folklore. Das Knien wurde den Gläubigen von ihren Hirten nicht verboten, sondern empfohlen. Katholische Kirchen dienten noch dem Kult und wurden nicht als Museum oder Konzertsaal zweckentfremdet.

Man könnte daher fragen: Fällt den Epískopoi – den bischöflichen Aufsehern in der Kirche – der Unterschied zwischen der „heutigen" und der „alten" Kirche nicht auf? Wie lange dauert es, bis sie das Ausmaß der Krise in Deutschland erkennen und entsprechende Maßnahmen ergreifen, die sich aus ihrer Hirtenpflicht ergeben? Meinen sie, dass man vor den Symptomen dieser Auflösungserscheinungen kirchlichen Lebens die Augen schließen kann, solange die Kirchensteuer fließt und der Pastoralbetrieb ja ach so gut läuft? Wer aber von den Gläubigen und von den Priestern heute an den kostbaren Schätzen der katholischen Kirche festhält und daraus seine Kraft schöpft, gilt als „vorkonziliar" und als „Fundamentalist". Mit diesem Totschlagwort wird man auch das neue Buch von Weihbischof Ziegelbauer angreifen. Aber nicht wir, die wir auf dem Fundament der katholischen Glaubenslehre stehen, auf einem zweitausendjährigen Fundament der Wahrheit und Liebe Gottes, sind Fundamentalisten. Denn nach 1 Timotheus 3,15 ist „die Kirche des lebendigen Gottes … die Säule und das Fundament der Wahrheit". Nein: Fundamentalisten sind – Sie werden staunen – in Wirklichkeit all jene, die meinen, die Kirche hätte mit dem Zweiten Vatikanischen Konzil begonnen.
Der Salzburger Erzbischof Dr. Georg Eder, der den Ehrentitel des „Primas Germaniae", des Ersten unter den deutschen Bischöfen, trägt – diesen Titel führt nicht der Vorsitzende der Deutschen Bischofskonferenz –, hat vor we-

nigen Tagen hier in unserer Diözese diese wirklichen Fundamentalisten namhaft gemacht. Ich zitiere wörtlich:

»… Können wir den Progressisten auch Fundamentalismus vorhalten? – JA! Und zwar STARKEN Fundamentalismus! … Was ist das Fundament, auf das sich die sogenannten Progressisten stützen? Das ist das Zweite Vaticanum. Ob es wahr ist oder nicht, ob sie's kennen oder nicht … Aber das ist doch immer das Dictum, hinter dem sie sich verbergen: „Hinter das Zweite Vaticanum darf niemand zurück!" Da steckt der Fundamentalismus dahinter: die Angst davor, dass dieses Fundament nicht trägt. DAS TRÄGT AUCH NICHT, wenn man die anderen zwanzig Konzilien vergisst und die ganze Kirchengeschichte! Das ist zu dünn! DAS IST ZU DÜNN! … DAS ALLEIN: die Kirche ohne ihre Kirchengeschichte und Dogmengeschichte – jetzt alles nur auf das Zweite Vaticanum zu gründen: das ist zu dünn. DAS Fundament hält nicht. Und da kommt auch die Angst davor: die Angst, dieses Fundament hält nicht. Und dann wird man ein Fundamentalist …« – Soweit die Worte von Erzbischof Eder.

Der Kölner Erzbischof Joachim Kardinal Meisner hob einmal hervor: „Der Stella Maris Verlag scheut sich nicht, ‚heiße Eisen' anzupacken und sie in Treue zum Lehramt in gewinnender Weise darzulegen" (Die Tagespost vom 15.06.2002, S. 16). Diesem Anspruch will der Verlag auch mit dem Buch von Weihbischof Ziegelbauer gerecht werden.

Und so dürfen wir uns nun freuen, dass Georg Lohmeier, der beliebte Schriftsteller und Drehbuchautor, das neue Buch von Weihbischof Ziegelbauer vorstellen wird. Lohmeier hat mit seinem eigenen Werk über den „Zorn eines Christenmenschen" gezeigt, dass in der Liebe zur „alten" Kirche mit all ihren katholischen Glaubenslehren, ihrer lateinischen Liturgie und ihrer zu Herzen gehenden Volksfrömmigkeit eine Übereinstimmung herrschen kann „von den Bischöfen bis zu den letzten gläubigen Laien" (vgl. Augustinus, De Præd. Sanct. 14,27; Zweites Vatikanisches Konzil, Lumen gentium, Art. 12).

Georg Lohmeier und Dr. Sabine Düren

Laudatio bei der Buchpräsentation durch Georg Lohmeier
Schriftsteller und Drehbuchautor
(„Königlich Bayrisches Amtsgericht")
am 18.09.2002 im Bildungs- und Akademiezentrum Haus St. Ulrich, Augsburg

Lass unser Glück den Hauch der Ewigkeit spüren!

Mit diesem Buch „Die alte Kirche ist mir lieber" haben Sie nicht nur uns Katholiken eine Freude gemacht, sondern der ganzen römischen Kirche. Auch allen Suchenden und Neuerern, die mit ihrer modernen Liturgie die Kirchen fast leer gefegt haben.

Mich freut es besonders, dass ein hoher Priester, ein Bischof, die in der Mehrheit doch falsch gezogenen Schlüsse aus dem Zweiten Vaticanum zu kritisieren wagt. In vielen Zitaten und Fußnoten, mit Versen und gelehrten Aussprüchen bedeutender Theologen. Und mit vielen sprechenden Fotographien. Rahners Compendium des Konzils haben Sie in allen Artikeln parat. Im Unterschied zu uns Laien sind Sie, Exzellenz, selbstverständlich ein hochgebildeter Theologe. Mein „Zorn eines Christenmenschen" ist gegen Ihre „alte Kirche" eine harmlose Laienpredigt. Gott sei Dank, Sie sind noch mehr als ein Fundamentalist. Sie sind ein Seelsorger und schreiben in der Sorge um unsere Seelen. Sie wissen, wo uns alten Katholiken der Schuh drückt. Und wünschen die Freuden der alten Kirche uns allen. Wir beten immer noch gern – auch in den stummen Stoßgebeten: „Hochgelobt und gebenedeit sei das allerheiligste Sakrament des Altares!"

Die hl. Messe ist Ihnen das unblutig erneuerte Kreuzesopfer Christi am Altar! – Wie gut das einem tut, der sich von seinem Glauben, von seiner Frömmigkeit doch noch etwas erwartet. Jedenfalls mehr als nur die Gemeinschaft, die in ihrer Mitte das hl. Mahl als Erinnerungsmahl feiert. Gewiss, sie feiern es auch – in der Erinnerung an Christi Tod. Und Erinnerung ist Poesie. Aber die hl. Liturgie ist nicht nur Poesie.

Ich war als Korrespondent des Bayerischen Fernsehens zweimal etliche Tage während des Konzils in Rom gewesen, und mir ist damals schon die Welt dieser modernen Theologen unheimlich fremd vorgekommen. Mir war die alte Kirche modern genug. Die Befreiung der Liebe hätten wir auch mit der lateinischen Missa Romana geschafft. Es ist alles radikaler geworden.

Nun geht es in manchen Pfarreien auch ohne Priester, schreiben Sie mit deutlicher Verwunderung. Laien wollen die Pfarreien am Leben erhalten! Der Feminismus geht um. Geistliche Diözesanleiterinnen machen sich breit, geben Sie zu bedenken.

Als Kardinal Ratzinger den Karl-Valentin-Orden bekommen hatte, musste ich die Laudatio halten und einen lustigen, valentinesken Satz aus dem umfangreichen Werk des Professors finden. Zur Begründung. Nach einer fleißigen Woche des Lesens und Suchens gab ich auf und wollte selber den Ausspruch erfinden oder mit Gottes Hilfe angleichen. Da fiel mir noch die La Stampa in die Hand mit einem kürzlich gegebenen Interview des Vorsitzenden der Glaubenskongregation. Der Zeitungsmann fragte den Kardinal: „Wann Eminenz, dürfen wir endlich mit einer Frau Pfarrerin rechnen?"

Mit bayerischer Schlagfertigkeit antwortete Ratzinger: „Ich bin nicht befugt, aus dem Vater unser ein Mutter unser zu machen." Jetzt hatte ich das valentineske Zitat.

Sie, Exzellenz, sagen es an vielen Stellen ähnlich schlagfertig: Wenn das Ja zur modernen Kirche wichtiger ist als alle Rückwärtsgänge wie zum Beispiel Mundkommunion oder Knien (das als Symbol der Unterdrückung verpönt ist), dann wird die Kirche, schreiben Sie, „nur jene geweihten Söhne haben, die sie sich scheinbar wünscht."

Deutlicher konnten Sie nicht werden. Von der Trauer um den Verlust des Lateinischen, der kirchlichen Weltsprache, die einen Teil der liturgischen Mystik ausgemacht hat, über diesen Verlust wollen und können wir nicht genug seufzen.

Die heutigen Ministranten können nicht mehr Latein. Aber ich hab in meiner Heimat, beim Bräu z'Loh, noch einen Stammtisch ehemaliger Ministranten zusammengebracht, die noch ihre lateinischen Gebete aufsagen können – vom „Ad Deum qui laetificat juventutem meam" bis zum „Deo gratias".

O mei, Exzellenz Maximilian!
Laudamus nomen tuum in saeculum et in saeculi! Was ist dagegen die „lingua vulgaris", wie im Kirchenlateinischen über 1500 Jahre die Volkssprache geheißen hat.

Mit Würde und Recht sprechen Sie von der liturgischen Verständnislosigkeit, in die die postkonziliare Kirche gefallen ist! Die moderne Kreativität hat den Novus Ordo Missae eingeführt, die 24 Eucharistische Hochgebete erfunden hat! Auch das mir persönlich so zusagende „Per mortem tuam mundum vivificasti – durch deinen Tod hast du der Welt das Leben geschenkt."

Von einer Exclamation möchte man in die andere fallen. „Manche Messfeier ist nicht mehr von einer gewöhnlichen ‚Veranstaltung' zu unterscheiden", schreiben Sie auf S. 81: „Begrüßung, Erläuterungen zum Ablauf, Platzwechsel für Auftritte (zum Beispiel Kinder auf der ‚Bühne'), Applaus, Austausch von Höflichkeiten, Übergabe von Blumen …"

Da ist kein Platz mehr für das Unverrückbare, Heilige, Sacrosancte, für die lateinische Mystik der alten heiligen Messe, für die Missa Romana. Vordergründig empfinden wir es alle, dass das Konzil anscheinend wenig anderes hervorgebracht hat als solche Messveranstaltungen in der Muttersprache mit Jazz, ja Rock. –

Josef Stalin betrieb zur Kurzweil die Sprachwissenschaft. Er veröffentlichte zwei Bücher: Die Politik der Sprache und die Philosophie der Sprache. In beiden gibt er der internationalen Kraft des Lateinischen der römischen Kirche die Schuld, dass in Europa und in Südamerika der reale Sozialismus keinen Fortschritt mache. Darum wollte er in Italien eine starke kommunistische Partei haben, dass diese Einfluss auf das Kardinalskollegium bekäme, um das Latein der Kirche durch 120 Volkssprachen zu ersetzen. – Das schreiben Sie zwar nicht, aber im „Zorn eines Christenmenschen" behaupte ich das – und es passt gut her. (1974 durfte ich den Bischof von Regensburg, Rudolf Graber, interviewen. Ich fragte ihn: Gibt es auch rote Kardinäle?)

Leicht spottend erwähnen Sie, Exzellenz, den Übergang der alten in die moderne Liturgie. Wie es da mancherorts zu heftigem Kopfschütteln der Leute gekommen sei. Ich durfte damals einen Spielfilm drehen: „Die 42 Heiligen." Eine Komödie in der Kirche. Da ärgern sich die Alten über das Kommando des Vorbeters: „Wir stehen, wir knien, wir sitzen!" Es war ein Jammer. 42 Heilige waren in unserer Kirche. Die hat unser neuer Herr Pfarrer alle entfernen lassen. – „Aber eine Kirche ohne Heilige ist wie ein Stall ohne Vieh", murrte ein frommer Bauer. „Und als Altar haben wir jetzt eine Waschbank!" (Der Film war sogar in Cannes, hat aber keinen Preis bekommen). Auch die Visionen der Heiligen und Mystiker wurden einmal für theologische Traditionen und Wahrheiten gehalten. Vorbei. Traditionen sind das Werk Jesu Christi und tragen die Verheißungen des Heiligen Geistes in sich, sind Übergang in das Reich Gottes. So schreiben Sie, Exzellenz, in dem Kapitel von der Heiligen Überlieferung.

Sola scriptura, predigte Luther und mit ihm heut manche Theologen unserer Kirche. Aber schon Johannes Eck hat in Leipzig gesagt: „Ecclesia est antiquior scriptura", die Kirche ist älter als die Schrift.

Darf ich hinzufügen, dass Eck damals seinem Freund Anselm, dem Dom-
herrn von Eichstätt geschrieben hat: „Gestern war hier in Leipzig Fronleichnamsprozession. Die Leipziger Frauen sind schöner als die Ingolstäd-
terinnen. Aber unser Bier ist halt viel besser als dieses Leipziger."

„Wen dürfen wir noch fragen? Nur die Kirche selbst. Nur die Große, die
Ganze, die Langlebige, auf Erden Unsterbliche", zitieren Sie Ida Friederike
Görres. – Und Sie schwärmen von der Kirche vor dem Konzil! Man lebte
mit der Kirche den Kalender, die Zeiten und die Feste. Auf das Papsttum
ließ man nichts kommen. Messopfer und Beichte schätzte man sehr hoch.
Man hatte Gottvertrauen. Die Mutter Kirche verfügte über ein Reservoir an
Trost und Zuversicht. Das Dogma war ein zentraler Begriff.
Und dann erzählen Sie, wie Sie als 13-Jähriger mit einem Sonderzug nach
Stuttgart fahren durften, um in St. Eberhard den Bischof Sproll gegen die
Angriffe der Nazis gegen das Dogma hören zu können. Wie zustimmend
Sie jedes Wort verstanden und wie der ganze Stuttgarter Dom sich freudig
zustimmend äußerte. Nach dem Gottesdienst natürlich. –
Viele solcher Erinnerungen machen dieses Buch besonders wertvoll und
interessant. Zum Beispiel, wie Sie mit dem Altbischof von Augsburg, dem
Bischof Freundorfer, dessen Sekretär Sie ja Jahre über gewesen sind, seine
damaligen Firmreisen erlebt haben. Den festlichen Einzug und Empfang
mit Glockengeläute, Musik und Bürgermeisterbegrüßung. Und den Fir-
mungstag erst selber! Die lateinische Anrufung der Sieben Gaben! „Spiri-
tum sapientiae et intellectus"! Das gewaltige „Ecce Sacerdos"! Den Backenstreich – das Mahl mit allen anwesenden Pfarrherrn, die Schlussan-
dacht und die Verabschiedung! –
Freundorfer war ein Sohn des Bayerischen Waldes. Er war noch ein Bischof von altem Schrot und Korn, ein „vir vere Israelita"! Und sein Vetter
war der Bayerwalddichter Max Peinkofer. Mit seinem berühmten Gedicht
„Die Maiduld von Passau".
„Im Himmel ist alles Wonne, in der Hölle alles Jammer, in der Welt … das
eine und das andere", zitieren Sie treffend Baltasar Gracián. – Was ist aus
dem Kirchenjahr geworden? – Seufzen wir lieber nicht. Lesen wir Max
Ziegelbauer und bleiben wir römisch-katholisch von jugendauf. Ohne äußere Zeichen gibt es keine innere Gnade.

Exzellenz, Sie zitieren Hans Urs von Balthasar und den Kardinal Henri de
Lubac. Überhaupt ist Ihre Belesenheit frappierend. Manchmal hab ich so-

gar das Gefühl, als ließen Sie das der heutigen Kirche Unangenehme, das, was Ihnen ja nicht gefällt, durch andere Federn schreiben. Aber auch diese treffenden Zitate mussten Sie ja parat haben. Darum die aufgeführten großen Poeten!

„Ihr Völker der Erde, mich rührt das Bleibende, das ihr vollführt." So Franz Werfel in seinem Gedicht „Das Bleibende", wo der Dichter schildert, wie die Leute am Bisherigen gern festhalten. Das nach Gilbert Chesterton nicht die „Demokratie der Toten" ist.

Viele Verse von Brentano sind Ihnen geläufig. Und in einem der schönsten Kapitel, das Sie mit dem Marienlied „Sagt an, wer ist doch diese" überschrieben haben und wo Sie es aussprechen: „Es gibt kein Christentum ohne Maria." Und Sie es mit uns allen bedauern, dass das Zweite Vaticanum kein eigenes Marienschema herausgebracht hat! – Dieses marianische Kapitel beschließen Sie mit den romantischen Versen von Guido Görres über die Maienkönigin: „O mach sie hell und liebeswarm, damit sie freudig singen; dass sie mit Lerch und Nachtigall im Lied empor sich schwingen und mit der Freude höchstem Schall dir Marienlieder singen."

Und Sie finden die schönsten Marienbilder unseres Vaterlandes. Auch die der von Engeln himmelwärts geschobenen Statue, einer hinaufjubilierenden barocken Primadonna, von Egid Quirin Asam zu Rohr in Niederbayern. Heute wieder wie damals Abteikirche.

Es ist schön, Exzellenz, in Ihrem Buch auch nur zu blättern. Sie stellen katholische Persönlichkeiten vor wie Ludwig Wolker, den bedeutenden Jugendpriester in der Nazizeit und danach. Auch Helden der NS-Zeit. Sie rücken manche Verdächtigung zurecht.

Und Sie zitieren auch aus meinem Buch „Der Zorn eines Christenmenschen". Das hätte ich nicht erwartet. Ich, der davongelaufene Klerikalseminarist des Freisinger Domberges, werde von einem Bischof erwähnt! Über das abgeschaffte Lateinische zitieren Sie: Dass „ich mich in der heutigen Kirche nicht mehr heimisch fühle. Es geht mir das Lateinische ab, die ehrwürdige Kultsprache. Auch wenn wir sie nicht verstanden haben, spürten wir doch ihre Erhabenheit über alle anderen Sprachen. Ihre prägnante Kürze tat einem wohl. Wie enttäuschend die deutsche Langsamkeit! Noch dazu des zu den Gläubigen deutlich sprechenden Zelebranten am Volksaltar. Je andächtiger und frömmer sie die Messe zelebrieren, desto langatmiger wird es. Heilige Zeremonien aber wollen mit bescheidener Raschheit vorgenommen werden." –

Solche Sätze aus meiner Feder wagten Sie in dieses gute Buch zu zitieren! Hoffentlich kommen wir da nicht auf den Index!

Bleibt sie, wie sie ist, unsere Kirche? Sie bemerken warnend, wie einige Bischöfe mehr Freiheit vom Papst verlangen. Nach dem Prinzip der Kollegialität. Und manche Pfarrer mehr Selbstbestimmung gegenüber ihrem Bischof. Auch ist Ihnen von diesen Neuerern der Unterschied zwischen Priestern und Laien zu schwindend.
Und doch sind Sie auch wieder bereit, ein klein bisschen einzulenken. Sie schreiben: Wandelbares müsse es geben, denn die Zeiten änderten sich. Fragen freilich dann gleich wieder: Ob das Glaubensgut veränderbar sei?
In Ihrem Buch fehlt natürlich auch nicht der Kirchenvater Augustinus. Und das hat mich besonders gefreut, dass Sie diesen mit Plato und Aristoteles zu vergleichenden Geist, der über den Jahrtausenden steht, also zitieren: „Staaten ohne Gott sind (wie) Räuberbanden". –
An alles haben Sie gedacht. Auch an die vielstrapazierte Ökumene. Als gebürtiger Memminger wissen Sie von jung auf mehr über das friedliche Zusammenleben von Katholiken und Protestanten. In gegenseitiger Achtung – ja versuchter Liebe – getrennt. –

Gegen Ende werden Sie dann immer schwerer. „Also nähert sich die Zeit / Nach und nach der Ewigkeit / Also müssen wir auf Erden / zu dem Tode reifer werden" (Johann Christian Günther). Und das „Denk es o Seele!" Eduard Mörikes lassen Sie anklingen. So umgeben Sie mit der alten Kirche die Toten mit Liebe.
Was mir ganz besonders gefällt an Ihrem Buch: Das Kapitel über die Wieskirche und das wiedererstandene Mystikerinnenkloser der hl. Gertrud von Helfta im Bistum Magdeburg.
„Succisa virescit" – niedergehauen blüht sie wieder auf. (Der Wahlspruch der Ottilianer). Und in Bamberg auf dem Michelsberg weisen Sie auf den botanischen Garten dieses Gotteshauses hin, nämlich auf die Bemalung der Gewölbekappe mit 575 Heilblumen und Pflanzen!

Exzellenz, Sie haben mit diesem Buch nicht nur den Gläubigen eine Freude gemacht, sondern auch den Heiligen und Engeln im Himmel.

Rezensionen

Wir befinden uns im Jahr 40 der Neuen Zeitrechnung. Die Kirche, die scheinbar mit dem II. Vatikanum begann, hat ein Wiedergängerproblem. Das Totgesagte kommt anscheinend zurück.

Die Pressemitteilung hat eingeschlagen wie eine Bombe. Der Augsburger Weihbischof Msgr. Max Ziegelbauer hat ein Buch veröffentlicht, das die Mauer des episkopalen Schweigens über die Kirchenkrise endlich durchbricht. Der Titel heißt lapidar: „Die alte Kirche war mir lieber." Bischof Ziegelbauers Plädoyer „für die Wiederentdeckung des Katholischen" ist deshalb intellektuell so erregend, weil ein Oberhirte den Mut gefunden hat, Dinge auszusprechen, die der heutigen theological correctness diametral entgegenstehen.

Johann Dietersohn, Initiativen. Positive Aufbrüche, die der Kirchenkrise begegnen, in: Kirchliche Umschau, 5. Jg., Nr. 8 v. August 2002, S. 1

***

Max Ziegelbauer (79), von 1984 bis 1998 Weihbischof in Augsburg, hat Sehnsucht nach der Kirche vor dem Zweiten Vatikanischen Konzil. In seinem neuen Buch „Die ‚alte' Kirche ist mir lieber", das im Buttenwiesener Stella Maris Verlag erscheint, plädiert der langjährige Leiter des Augsburger Seelsorgeamts angesichts einer „jetzt fast vierzig Jahre andauernden Kirchenkrise" für die „Wiederentdeckung des Katholischen".

Dabei lässt Ziegelbauer nach Verlagsangaben auf 360 Seiten die 40 Jahre zwischen 1925 und 1965 Revue passieren, als die Liturgie noch auf Latein gefeiert wurde, der Priester „selbstverständlich" an seiner Kleidung erkennbar und „buddhistische Kultakte in katholischen Kirchen noch undenkbar" waren. Ziel des Buches ist jedoch kein nostalgischer Rückblick auf eine vergangene Zeit, sondern eine kritische Auseinandersetzung mit zeitgenössischen Erscheinungen, „die das katholische Leben heute prägen oder gar umprägen wollen".

[Christoph] ren[zikowski], Weihbischof Ziegelbauer ist die „alte" Kirche lieber, in: KNA – Bayerischer Dienst Nr.101, Donnerstag, 5. September 2002, S. 6

***

Der emeritierte Augsburger Weihbischof Max Ziegelbauer fordert wieder mehr Latein im Gottesdienst. In der katholischen Kirche sei nach dem Zweiten Vatikanischen Konzil das religiöse Leben zugrunde gegangen, beklagte er im Gespräch mit der Nachrichtenagentur ddp. Die alte Liturgie, in der „das Mysterium des Kreuzesopfers deutlich spürbar wird", müsse daher wieder überall zugelassen werden ... Nach Ansicht von Ziegelbauer laufen der Kirche deshalb die Gläubigen in Scharen davon, weil dort nicht mehr Gott, sondern der Mensch in den Mittelpunkt gestellt wird. In der Liturgie feiere sich die Versammlung heute selbst. „Wenn in einer Pfarrkirche nicht mehr die katholische Glaubenslehre verkündet wird, sondern nur aktuelle Zeitfragen beantwortet werden, wenn in der Liturgie nicht die Verherrlichung Gottes und die Heiligung des Menschen im Vordergrund stehen, sondern am Sonntag priesterlose Wort-Gottes-Feiern abgehalten werden, dann ist es kein Wunder, dass das religiöse Leben in der katholischen Kirche in Deutschland am Boden liegt", kritisiert der 79-Jährige, der 1998 emeritiert wurde. Die Schuld an der Entwicklung gibt Ziegelbauer nicht dem Konzil, das von 1962 bis 1965 in Rom stattfand. Theologie-Professoren hatten allerdings dafür gesorgt, dass Formulierungen in den Konzilstexten offen oder gar missverständlich blieben, damit sie später „entsprechend ihrem modernistischen Gedankengut" liberal interpretiert werden konnten.

Andreas Alt, Emeritierter Bischof fordert wieder mehr Latein in der Kirche, in: ddp-Interview v. 17.09.2002

∗∗∗

„Die ‚alte' Kirche ist mir lieber." Weihbischof Max Ziegelbauer sagt es ganz offen in seinem neuen Buch, das er im Haus St. Ulrich vorstellte. Warum diese rückwärts gewandte Verklärung? „Die ‚alte' Kirche hatte einen Glanz, der die Herrlichkeit Gottes ungetrübt widerspiegelte und die Herzen der Menschen erfüllte", schreibt Ziegelbauer. Der urbayerische Schriftsteller Georg Lohmeier, der schon 1999 seinem Zorn über die neumodische Reformerei in der Kirche freien Lauf gelassen hatte, konnte schier nicht aufhören, das Buch des 79-Jährigen zu loben. Endlich wage ein Bischof „die in der Mehrheit doch falsch gezogenen Schlüsse" aus dem II. Vaticanum zu kritisieren. „Sie wissen, wo uns alten Katholiken der Schuh

drückt", sagte er. Insbesondere über den Verlust des Latein in der Liturgie
könne man nicht genug seufzen. Max Ziegelbauer hat speziell die Jahre
zwischen 1925 und 1965 im Auge, also die Blütezeit des Milieukatholizis-
mus, der sich unter der Bedrängnis der Nationalsozialisten noch enger zu-
sammenfand und nach dem Krieg die Adenauer'sche Restauration aktiv
mittrug. Im Unterschied dazu sei die Verweltlichung der Kirche heute nicht
wegzuleugnen, betonte der Weihbischof. Er habe das Buch nicht gegen
irgendjemanden geschrieben, „sondern damit den Leuten wieder aufgeht,
dass Kirche mehr als eine soziologische Größe ist". Essayistisch verbindet
Ziegelbauer eigene Erlebnisse, Anekdoten, Glaubensinformationen, Zeitgeschichte und kritische Reflexion. Reichlich sind seine vielfältigen
Lesefrüchte eingeflossen; 623 Namen zähle das Register, vermerkt der
Autor stolz. Vom Vergessen bedrohten Schriftstellern und Theologen errichtete der vielbelesene schöngeistige Bischof eine Ruhmeshalle. Den
atemlosen Takt einer schnelllebigen Zeit bremst Ziegelbauer mit einem fast
unerschöpflichen Zettelkasten aus. Das Buch ist ein Museum, was es alles
schon mal gab und was alles durchdacht wurde.

Verlegerin Sabine Düren vom Stella Maris-Verlag in Buttenwiesen sprach
von einem „tiefen Griff in die Schatztruhe". Wer in dieses Buch schaue,
„blickt in eine Zeit, in der die katholische Kirche noch weitgehend in Ordnung war". Dabei [sei] es weder nostalgisches Märchenbuch noch wehmü-
tige Erinnerung.

Alois Knoller, Lob der alten Kirche. Weihbischof Ziegelbauer blickt auf bessere
Zeiten zurück, in: Augsburger Allgemeine v. 20.09.2002, S. 29

***

Weihbischof Max Ziegelbauer … plädiert in seinem Buch „Die ‚alte' Kirche war mir lieber" (Stella Maris Verlag), das gegenwärtig in der deutschen
Ortskirche Furore macht, unumwunden für die „Wiederentdeckung" des
Katholischen, als sei dieses „Katholische" mit dem Vatikanum verloren
gegangen. Damals, so sein Verdikt, sei die katholische Kirche ein intaktes
Ganzes gewesen; heute gälten die früher feierlich bezeugten Glaubenssätze
als peripher; die sittlichen Prinzipien und die kirchliche Disziplin halte man
für überholt; wer sich auf die Lehre der Kirche berufe, sei schnell als Fundamentalist abgestempelt. Ziegelbauer schwärmt von dem Glanz, den die
„alte Kirche" hatte und der die „Herrlichkeit Gottes ungetrübt widerspie-

gelte und die Herzen der Menschen anrührte". Der Autor, schon das ist eine Sensation, widersteht der gängigen theologischen Korrektheit, er spricht öffentlich aus, was andere Kirchenmänner bestenfalls hinter vorgehaltener Hand bestätigen: Die Sehnsucht nach der „alten" Kirche ist ein aus der Nachkonzilsgeschichte begründetes Faktum, es wird nur vom Episkopat nicht angemessen gewürdigt.

Gernot Facius, Sehnsucht nach der alten Kirche. 40 Jahre nach dem Zweiten Vatikanischen Konzil sind Deutschlands Katholiken tief gespalten, in: Die Welt v. 02.10.2002, S. 9

***

Nachgefragt – Warum soll in der Kirche wieder Latein gesprochen werden? Der emeritierte Weihbischof Max Ziegelbauer, 79, fordert in seinem neuen Buch „Die alte Kirche ist mir lieber" die Rückkehr der lateinischen Sprache in den Gottesdienst. Wir fragten ihn nach den Gründen.

SZ: Cum hac aetate nemo fere Latine loquatur, cur postulas, ut Ecclesia etiam magis isti sermoni vetusto faveat eiusque dignitatem restituat?
Ziegelbauer: Non solum Concilium Vaticanum Secundum ut ritus Latini Latine agantur postulat; sed etiam Omnium Gentium Musicorum Ecclesiasticorum Sodalitas abolitionem Latini sermonis ut insanam deplorat. Quae enim per tot saecula feliciter tradita sunt, ea non sine damno cito abieceris.
SZ: Quare non eas quoque linguas, quae hodie in usu versantur, aptas ad Crucis mysterium significandum existimas?
Ziegelbauer: Sunt sane aptae, sed nescio quomodo Latina verba in Deo colendo longe accommodatiora tam augustis arcanis videntur. Nam salvationis nostrae mysterium hoc aevo terrestri nisi per signorum imaginum verborum tamquam velamenta et involucra fieri non potest.
SZ: In libro tuo, quo te ecclesiam, qualis quondam fuit, praeferre dicis, id maxime optas, ut in officio divino Dei ipsius partes maiores sint, reprehendisque Concilium Vaticanum Secundum, quod homini nimium tribuerit. Miror, cur sic tibi videatur.
Ziegelbauer: Plurimi eorum, qui auctoritate Concilii Vaticani II sententias suas munire volunt, sine dubio hominem nimii faciunt. Quare verendum est ne, cum hominem atque humana tamquam sancta venerantur, Dei ipsius maiestatem imminuant. Nam vide quam male etiam aras in ecclesiis versus

populum admoverint! Quod sic ut fieret quamquam Concilio numquam placuit, tamen iste mos ubique quasi per vim etiam nolentibus iniunctus est. Ne quis igitur Concilium pastorale vituperet, sed eos potius, qui post Concilium eius decretis in multis abusi sunt.

Die deutsche Übersetzung des Gesprächs lautet:
SZ: Heutzutage spricht doch kein Mensch mehr Latein. Sie fordern trotzdem, dass in der Kirche wieder mehr Wert auf die alte Sprache gelegt wird. Warum?
Ziegelbauer: Nicht nur das Zweite Vatikanische Konzil fordert, dass bei den lateinischen Riten Latein gesprochen wird. Auch die „Internationale Vereinigung für Kirchenmusik" findet die Abschaffung der lateinischen Sprache unsinnig. Eine jahrtausendealte Tradition ist ein so hohes Gut, dass es einen radikalen Bruch nicht ohne Schaden erträgt.
SZ: Sind moderne Sprachen nicht auch gut geeignet, das „Mysterium des Kreuzopfers" spürbar zu machen?
Ziegelbauer: Natürlich sind sie hierfür geeignet. Doch erhebt sich dabei die Frage, ob nicht die lateinische Kultsprache dem erhabenen Mysterium weitaus angemessener ist. Denn das Geheimnis unserer Erlösung vollzieht sich im irdischen Äon in Zeichen, Bildern und Worten gleichsam verhüllt und unter einem Schleier.
SZ: In Ihrem Buch „Die alte Kirche ist mir lieber" schreiben Sie, Gott müsste wieder Zentrum des Gottesdienstes sein. Das 2. Vatikanische Konzil habe den Menschen zu sehr in den Mittelpunkt gerückt. Wie kommen Sie zu dieser Aussage?
Ziegelbauer: Die Entwicklung in der Kirche, die sich auf das 2. Vatikanum als Ganzes beruft, stellt unwiderlegbar den Menschen zu stark heraus. Die Heiligsprechung des Menschen und alles Menschlichen könnte aber die Majestät Gottes verdunkeln. Sehen sie sich nur mal die Altarumstellung versus populum an. Das wurde vom Konzil gar nicht so verabschiedet, aber dennoch als eine Art Zwang praktisch überall eingeführt. Nicht das Pastoralkonzil ist also abzulehnen, sondern manches, was anschließend mit ihm begründet wurde.

Nachgefragt – Warum soll in der Kirche wieder Latein gesprochen werden? Interview: Martin Zips, Übersetzung: Wilfried Stroh, in: Süddeutsche Zeitung v. 15.10.2002 (Online-Fassung); Printfassung mit den lateinischen Fragen und den deutschen Antworten unter dem Titel „Credo, ut intellegam?", in: Süddeutsche Zeitung, Nr. 238 v. 15.10.2002, S. 51

Dankbar erinnern wir uns an das feierliche Pontifikalamt, das Weihbischof Ziegelbauer anläßlich der UNA VOCE-Tagung am Schutzengelfest 1999 in der prächtigen Kirche St. Mariä Himmelfahrt in Köln gehalten hat. Sowohl die Zelebration selbst als auch die Predigt des Hochwürdigsten Herrn Bischofs ließen erkennen, wie überzeugt und unbeirrbar er in der wahren katholischen Tradition steht.

So weisen wir mit Freude auf sein neuestes Buch hin, welches eben dieses Verwurzeltsein in der „alten" Kirche anschaulich und lebendig dokumentiert.

UNA VOCE-Korrespondenz, 32. Jg., Heft 6 v. Nov./Dez. 2002, S. 377f, hier 377

Schon häufiger konnte man es von gläubigen Laien hören, manchmal sogar von einem mutigen Priester der katholischen Kirche, doch jetzt hat es ein katholischer Bischof ausgesprochen: „Die alte Kirche ist mir lieber." … Doch dem Bischof geht es um mehr [als um Nostalgie]: Das Zweite Vatikanische Konzil (1962-1965) und die unmittelbare Nachkonzilzeit haben das äußere Erscheinungsbild der Kirche so stark verändert, daß die Kirche geradezu eine „andere" geworden zu sein scheint. Viele ältere Menschen sind heimatlos geworden und haben das Gefühl, daß ihnen etwas Wertvolles weggenommen wurde. Aber auch viele junge Menschen spüren, daß heute vieles in der Kirche im argen liegt: Sie erscheint allzu horizontal, zu sehr von Menschen gemacht. Viele vermissen das Mystische und das Göttliche. Die Kirche muß mehr sein als mitmenschliches Engagement, sie muß dem Menschen die Begegnung mit Gott ermöglichen. Wer die heutigen Defizite spürt, wird in der Besinnung auf die 2000-jährige Geschichte der katholischen Kirche einen reichen Schatz an Riten und Frömmigkeitsformen finden, in denen der wahre Glaube seinen Ausdruck findet … Eingangs geht Weihbischof Ziegelbauer der Frage nach, warum heute so wenige Menschen an Gott glauben können. Neben der fehlenden Demut beim Menschen von heute sieht er aber auch Mängel in der kirchlichen Verkünd[ig]ung. Dort wird zu wenig und zu einseitig von Gott gesprochen. Unbequeme Glaubenswahrheiten werden gerne ausgeblendet. Allerdings scheint ein solcher Glaube, der niemanden fordert, auch niemanden zu begeistern.

Eine große Versuchung sieht Ziegelbauer auch darin, das Religiöse zu profanieren, mit den Dingen dieser Welt gleichzusetzen. Bezogen auf den Kern kirchlicher Frömmigkeit, die Feier der heiligen Messe, ist es daher besonders gefährlich, wenn nur noch von der versammelten Gemeinde gesprochen wird, die gemeinsam Mahl feiert. Die Rede vom Opferpriester, vom heiligen Meßopfer und von der Vergegenwärtigung des Kreuzesopfers Christi ist heute leider nahezu verstummt … Mit diesem Buch, das sicherlich noch heftig diskutiert werden wird, zeigt Bischof Ziegelbauer einen Weg aus der heutigen Krise der katholischen Kirche: Die Rückbesinnung auf die Tradition fördert Schätze zutage, die ihren Wert noch nicht verloren haben und die es wieder zu entdecken gilt.

Georg Alois Oblinger, Mystisches und Göttliches wird vermißt. Die „Entheiligung" des katholischen Glaubens führt zu einer immer stärkeren Sehnsucht nach der Kirche vor dem Zweiten Vaticanum, in: Junge Freiheit [Berlin], 17. Jg., Nr. 29 v. 29.11.2002, S. 16

***

Das methodische Vorgehen ist klug gewählt: Der Text bietet eine angenehme und gut lesbare Mischung aus Darstellung verschiedenster Glaubensinhalte, zahlreicher Berichte persönlicher Erlebnisse und einer beachtlichen Fülle von Zitaten bekannter Persönlichkeiten … Die ersten beiden Teile bieten eine klare Zusammenfassung der katholischen Glaubenslehre in Bezug auf Gott und Kirche. Besonders hier besticht der Text durch seinen klaren und prägnanten Sprachstil … Ähnlich wie Josef Kardinal Ratzinger sieht er besonders auf dem Gebiet der Liturgie viele Mängel in der „neuen" Kirche … Der Hauptkritikpunkt an der „neuen" Kirche ist eine zu freudige Angleichung an die Welt … Doch nicht nur als Zeugnis für das Denken eines Einzelnen ist das Buch überzeugend und empfehlenswert, sondern besonders als gelungene Zusammenfassung und Darstellung der Herrlichkeit des katholischen Glaubens – Lehre und konkretes Leben umfasssend – wird es viele Leser erfreuen und ihnen neue und heute selten behandelte Dimensionen der Kirche aufzeigen.

Markus Christoph, Die verborgene Schönheit des Glaubens. Ein Plädoyer für die Wiederentdeckung der vorkonziliaren Kirche, in: Die Tagespost 55. Jg., Nr. 157/158 v. 31.12.2002, S. 15

∗∗∗

Die Schilderungen der Kirche vor dem letzten Konzil werden für viele, die die Kirche nur in ihrer nachkonziliaren Zerfahrenheit kennen, eine wohltuende Wirkung haben: solchen Lesern wird vermittelt – gerade auch durch die zahlreichen Abbildungen, die den Band bereichern – was kirchliches Leben eigentlich ausmacht.

Dr. theol. Hans Kindlimann, Ein kirchenpolitisch inkorrektes Buch, in: vobiscum – Publikationsorgan des Erzbistums Vaduz 06/02 (Nov./Dez. 2002), S. 40f, hier: 41

∗∗∗

Weitere Rezensionen bis Dezember 2002:

Martin Stäbe, „Ein tiefer Griff in die Schatztruhe". Buch aus Buttenwiesen soll in der katholischen Kirche für Aufsehen sorgen, in: Wertinger Zeitung Nr. 212 v. 13.09.2002, S. 17

Schweizerische Katholische Wochenzeitung, Nr. 37 v. 13.09.2002, S. 1

Schweizerisches Katholisches Sonntagsblatt, Nr. 38 v. 22.09.2002, S. 19

Informationsblatt der Priesterbruderschaft St. Petrus, 12. Jg., Nr. 124 v. 08.10.2002, S. 7

Ein gutes neues Buch über die „alte" Kirche, in: Der 13. v. 13.10.2002, S. 26

Das Neue Groschenblatt, 32. Jg., Nr. 10 v. Okt. 2002, S. 3

[markus] br[ändle], Es rauschen die brokatenen Messgewänder, in: Memminger Zeitung Nr. 277 v. 30.11.2002

∗∗∗

Leser-Zuschriften
an Weihbischof em. Max Ziegelbauer (Sept.-Dez. 2002)

Sie sprechen mir und meiner Frau aus dem Herzen! Zur Zeit lese ich das Kapitel „Liturgie …" Ganz entschieden unterstreiche ich, was Sie darin betonen. Ihrem Buch … wünsche ich weitmöglichste Verbreitung.   W. und R.T. in O.

Sie sprechen uns aus dem Herzen. Viel von unserem katholischen Reichtum wurde einer engherzigen Moderne geopfert. Auch hier bewahrheitet sich der alte Spruch: „Breche die Form, doch entferne dich nicht zu weit vom Maß". Ich denke an meine Schüler, die diesen Formenreichtum nicht kennen, deren gesellschaftliches und kulturelles Umfeld Grunderfahrungen einschränkt oder unmöglich macht. Unfähig zur Ehrfurcht werden sie auch lebensunfähig.   G.S. in A.

Ich habe mich über Ihre mutigen Aussagen sehr gefreut, ist es doch die erste kritische Äußerung eines Bischofs – jedenfalls soweit mir bekannt ist.   J.C. in H.

Ich bin immer wieder erstaunt darüber, wenn ein Bischof mal was richtig Katholisches sagt, wie beispielsweise Erzb. Eder, Salzburg, als er vor ca. 1 Jahr das Versagen der Hirten ansprach … In jedem Falle „Deo Gratias" für Ihren Mut … Ich stimme mit der Kernaussage Ihres Buches „Die ,alte' Kirche ist mir lieber" völlig überein.   H.S. in S.

Ich lese abends in Ihrem Buch, und es freut mich.   E.H. in W.

Ich persönlich werde mir das Buch zu Weihnachten kaufen und freue mich schon auf die Lektüre; denn der Titel, den Sie Ihrem Werk gegeben haben, ist auch mir aus der Seele gesprochen. Wie oft habe ich in letzter Zeit im Stillen gedacht „ … die alte Kirche (oder auch: die alte Messe) ist mir wirklich lieber".   I.Z. in O.

Ich habe Ihr Buch Wort für Wort dankbar gelesen. Wie Recht Sie haben! Ganz besonders gefallen haben mir die Kapitel über „Himmelfahrt, Fronleichnam und Herz-Jesu-Verehrung". Aber warum haben Sie sich nicht entschließen können, sich „über die frühere Heilige Messe … " weiter zu „verbreitern" (179) … Ich habe über diesen „Mangel" Ihres ausgezeichneten Buches fast geweint … wer wird unter den hohen Geistlichen unseres Landes Ihre „Predigt" fortsetzen? Wer wird mutig für die alte Messe, ja für die ganze alte Liturgie unter den Geistlichen eintreten, wenn Sie sterben?   Dr. theol. P.R. (Laie) in B.

Ich werde es (sc. das Buch) in den Weihnachtstagen mit Freude und Erwartung lesen. Schon jetzt kann ich Ihre Haltung erahnen. So wie ich Sie kenne und in Ihren vielen kirchlich-kulturellen Aktivitäten schätzen gelernt habe, wird dieses Buch – auch bei mir – die Mutterliebe zu unserer katholischen Kirche steigern können.   G.S. in A.

Es (sc. das Buch) ist so flüssig und lebendig geschrieben, daß ich es in ein paar Tagen ausgelesen hatte, es ließ mich nicht mehr los … Was Sie schreiben, ist mir selber aus der

Seele gesprochen. [Es folgen nun Erinnerungen ...] Da haben wir die ,alte' Kirche gelebt und sie geliebt.

M.G. in S.

Schon der Titel zeigt den Wert, kommt doch das Buch von jemand, der wie Euer Exzellenz eine große Erfahrung in der Kirche hat und daher auch ein gutes Urteil abgeben kann.

O.H. in P.

Mir hat Ihr Buch sehr viel gegeben: an Trost, Hoffnung und Zuversicht ... Die liturgische Neuorientierung ist auch hier bereits weit fortgeschritten. Das tut mir im tiefsten Herzen weh.

Dr. E.R.H. in R.

Es freut mich, daß es mit Ihnen noch einen Bischof gibt, der genau so wie ich Sehnsucht hat nach der ungefälschten, vorkonziliaren Kirche ... Ich bin auch 79 Jahre, hoffe aber, daß wir die „Rückkehr" der alten Kirche zu Latein und Trient noch erleben dürfen.

J.L. in H.

... ein Exemplar Ihres großartigen Buches „Die ,alte' Kirche ist mir lieber". Herzlichen Dank, Vergelts Gott. Ich habe das Buch bereits einigemale verschenkt und ich werde es weiterhin als ein gutes Geschenk für treue Katholiken ansehen.

A.S. in N.

Wir wissen, wie wichtig es gerade heute ist, der Aufweichung der Kernfragen unseres Glaubens zu begegnen. Diese fragwürdige Toleranz berührt inzwischen viele Bereiche unserer Gesellschaft, die ohne ihr Glaubensfundament vom Zerfall bedroht ist. Dank für Ihren Mut!

M.S. in O.

Ihr Buch „Die ,alte' Kirche ist mir lieber" habe ich sofort erworben und ich lese es gerade mit großer Begeisterung. Endlich einmal eine umfangreiche und genaue Zusammenstellung unserer Kirche – die ja heute noch genau so ist, wie in der ganzen Überlieferung –. Leider weicht die Entwicklung der letzten 33 Jahre erheblich davon ab, was sicher bald berichtigt wird.

M.H. in B.

Ich möchte Ihnen sehr herzlich zu einer Initiative gratulieren, die zweifellos Viele erreichen und nachdenklich machen wird! Viele Auflagen und auch sonst alle guten Wünsche!

Dr. W.B. in R.

Möchte ich mich herzlich bedanken und gleichzeitig gratulieren zu einem Werk, das, so hoffen wir, die Menschen für die Gnade Gottes öffne in unserer „gnadenlosen" Zeit. Ich habe auch selbst schon darin gelesen. Es ist eine große Freude und Ermutigung zu sehen, wie Sie sich für die Bewahrung des Glaubens einsetzen. Was von einem Bischof kommt, hat ein ganz anderes Gewicht.

W.D. in W.

Ich habe es von der ersten bis zur letzten Seite mit großer Aufmerksamkeit gelesen und ich finde es sehr gut und sehr gründlich durchdacht und ausgeführt. Es wird, wie uns, vielen aus dem Herzen gesprochen sein. Und es gebührt Ihnen für Ihren Mut und Ihre Offenheit großer Respekt. Ich hoffe, Sie werden viel Zustimmung erfahren und mit Kritik werden Sie fertig werden ... Es ist soviel Unsicherheit bei den Katholiken zu spüren und da sehe ich in Ihrem Buch eine Unterscheidungshilfe, denn vor dem Konzil gab es ja auch schon unsere Kirche, wenn auch bei vielen (auch bei Pfarrern) oft der Eindruck vermittelt wird, erst jetzt gäbe es „Volk Gottes" wie Sie schreiben, und dieses Volk Gottes sei die Mitte von Gott und Welt.

A.M. in O.

Ihr Buch hat viele Vorzüge: es ist reich an Gedanken, es kündet von Ihrer Liebe zur Kirche, es läßt aber auch Ihre Genauigkeit in der Auswahl der Themen, zugleich Ihre Versöhnlichkeit und Bescheidenheit erkennen. So ist mir dieses Buch, mit den zahlreichen Gedichten und schönen Texten sehr lieb und sehr wertvoll ... Sie sprechen von der Abwertung der hl. Messe. Früher sagte man: „Die beste Stunde des Tages" und heute? Man hat die Liturgie verstümmelt, Ehrfurcht ist abhanden gekommen ...

Prof. Dr. H.P. in W.

Ich schreibe Ihnen in großer Anerkennung und Dankbarkeit, aber doch in bleibender Sorge ... Aber daß mit Ihnen nun ein Bischof in den Chor dieser Stimmen (sc. für das „Eigentlich Katholische") eingetreten ist, bedeutet viel ... Das Schlimme ist, daß gegenwärtig ein völliger Traditionsbruch droht ... Die Auswüchse nehmen zu, und es geschieht nichts dagegen. Dieser zentrale Satz in Ihrem Buch ist Notruf und bittere Anklage zugleich ... Und deshalb wiederhole ich meine Einschätzung, wie wichtig es war und ist, daß gerade Sie dieses Buch geschrieben haben.

B.M. in P.

Herzlichen Dank für Ihr wichtiges Werk. Wer Ihre Darstellungen begreift, wird gestärkt, den guten Glauben zu verteidigen.

E.A. in B. (Schweiz)

Ein aufrichtiges Vergelt's Gott für Ihr letztes „opus": Die „alte" Kirche ist mir lieber. Sie sprechen mir aus dem Herzen.

R.K. in W. (Österreich)

... und lese es sehr interessiert, nachdem ich die „alte" Kirche nicht mehr bewußt erlebt habe. Ich denke, Sie legen ein wichtiges Zeugnis ab für eine allmählich im Vergessen verschwindende Epoche unserer Kirche.

A.B. in A.

Ihr Buch enthält eine Fülle von Informationen, läßt eine Epoche der Kirche in der Erinnerung wieder aufleben ... Viele Ihrer Aussagen decken sich mit meinen Erfahrungen. Bei einem Vergleich mit der Gegenwart kommt eine gewisse Wehmut auf und eine Projektion in die Zukunft wirkt deprimierend. Ich sehe in der gegenwärtigen Kirchenkrise eine große Chance, die mich – trotz allem – zuversichtlich stimmt. Wann diese Chance wahrgenommen wird, ist allerdings eine unbeantwortbare Frage.

E.S. in U.

... verbinde ich mit meinem „Vergelt's Gott" für Ihr wunderbares Buch „Die alte Kirche ist mir lieber". Was den Titel Ihres Buches angeht: Meinem Seelsorger und mir auch!!! Leider wissen nur noch wenige, was uns genommen wurde! Konvertitin seit 1945 – Ostern – aus Überzeugung.

U.W. in W.

Etwa 130 Seiten Ihres Buches „Die alte Kirche ist mir lieber" habe ich gelesen. So ist es erstaunlich, was Sie über die Schönheiten unseres katholischen Glaubens einfach und klar zu berichten wissen ...

G.J. in S.

Inzwischen habe ich auch Ihr hochaktuelles Buch „Die alte Kirche ist mir lieber" mit großem Interesse gelesen und möchte Ihnen für dieses gelungene Werk meine Hochachtung
aussprechen. Es ist umso glaubwürdiger, als es nicht pauschal alles ablehnt, was nach 1965
entstand, aber keinen Zweifel darüber läßt, welchen Substanzverlust unsere Kirche durch
überwiegend eigenes Verschulden hat hinnehmen müssen und dies auch penibel belegt.

J.C. in H.

Mit innerer Genugtuung und mit Dank für Deinen Mut, gegen den Zeitgeist zu sprechen,
lese ich Dein „Plädoyer ... " Viele werden Dir dankbar dafür sein und Deinen Erfahrungen
zustimmen.

Dr. K.B. in B.

Ihr Buch ist großartig!

F.K. in M.

Zwischenzeitlich konnte ich auch Ihr ausgezeichnetes Buch lesen, und ich möchte betonen,
daß darin jeder Satz, und jedes Kapitel ‚den Nagel auf den Kopf trifft', wenn ich es einmal
so nennen darf.

N.D. in M.

Ja, das war die katholische Kirche, in der ich aufgewachsen bin und mit der unsere Familie
gelebt hat! Das war einmal meine geistliche Heimat. Die „alte" Kirche ist auch mir lieber!
Exzellenz, der wesentliche Impuls für meine Gesundung kam von Ihnen! Ihr Entschluss,
dieses Werk zu schaffen, um das Katholische wieder neu zu beleben und den Anstoß zu
geben, es in der Kirche selbst wieder bewusst werden zu lassen, hat mich tief in meinem
Innern getroffen und ist für mich der Beweis einer Fügung. Es hat sich etwas in mir verändert. Wie kann ich Ihnen anders danken als mit meinem Gebet für eine weite Verbreitung
Ihres außergewöhnlichen Buches! Es ist ein wahres Geschenk! Eine besondere Perle ist Ihr
abschließendes Zitat von Julien Green!

M.H. in B.

Mit großem Gewinn lese ich Ihr Buch über die „alte" Kirche, das ich ausgezeichnet finde.
Sie bringen so viele überzeugende Argumente und zeigen auf, wie durch sog. Neuerungen
doch viel Glaubenssubstanz und gute Frömmigkeitsformen verloren gegangen sind. Im
unverkürzten Glauben und in der Liebe zur Kirche weiß ich mich als ev. Pfarrer zutiefst mit
Ihnen verbunden. Ihnen aufrichtigen Dank für dies Buch.

W.B. in B.

... möchte ich Ihnen besonders danken für Ihr neues Buch, worin Sie glaubwürdig und
nachdenklich ... zum Ausdruck bringen, daß Ihnen die ‚alte' Kirche lieber sei als so manches, was sich in oft willkürlichen Interpretationen der Intentionen des 2.Vaticanums als
eine angeblich bessere, neue, modernere Kirche oft lauthals praesentiert. Diese von Ihnen
wohl aus großer Sorge geschriebenen Reflexionen, Überlegungen, Erinnerungen und kriti-
schen Analysen sollen, wie ich es meine, letztlich der Besinnung dienen, nicht einer wie
auch immer gearteten Vergangenheitsverklärung, denn über die Grundanliegen des
2.Vaticanums brauchen wir wohl nicht zu diskutieren mehr. Ich habe das Buch auch anderen Christen zum Lesen empfohlen oder geschenkt und sie haben nach der Lektüre ähnlich
geurteilt wie ich. Ich hoffe, daß es seine missio erfüllen wird in den Turbulenzen unserer
Tage.

E.H. in M.

Ich gratuliere herzlich dazu!

Dr. A.R. in M.

Wie vieles ist verloren gegangen! Ich bewundere mit Freude Deinen Mut, Deine Tapferkeit, Deine glühende Liebe zu unserer Kirche, die ich mit Dir teile. Das Buch wird viele aufhorchen lassen und – hoffentlich – nachdenklich stimmen. 2 Tim 3,13-15 – 4,2-5! Wie aktuell! Du wirst viel Zuspruch erfahren – von rechts und von links! R.S. in A.

Noch immer lese ich täglich in Ihrem Buch. Es ist unerschöpflich an Weisheit und Lebenserfahrung. Dr. E.R.H. in R.

Ihr Buch, eine Fundgrube, liest sich wie eine märchenhafte Offenbarung in dieser gottfernen Zeit … Ich bete … „der in uns den Glauben vermehre" und setze manchmal hinzu „in allen Christen, besonders in den Herzen der Priester, Bischöfe, der Theologieprofessoren und der Kardinäle in dieser postkonziliaren Zeit!" G.L. in R.

Ihr Buch habe ich mit Interesse gelesen. Vieles ist sicher richtig, z.B. daß die Gläubigkeit im Volke früher viel tiefer war und der Glaube im Volk verwurzelt war. Darüberhinaus bietet Ihr Buch natürlich auch einen vertieften Einblick in das, was den Katholischen Glauben ausmacht. W.H. in P.

Mit großer Freude und Genugtuung habe ich … gelesen, dass es endlich ein Bischof gewagt hat, den Blick des katholischen Volkes auf eine kirchliche „Schatztruhe" zu lenken, die bereits in Vergessenheit geraten war, und das zu sagen, was das gläubige Christenvolk schon lange schmerzt und manches Leid verursacht hat. G.F. in I.

Im Moment war ich ein wenig erstaunt, das Bild mit hl. Messe von einst erkannte ich gleich. Der Titel ‚Die alte Kirche ist mir lieber' hat wohl einen tieferen Grund und ist verständlich für unsere Generation. Die Jüngeren wissen von der hl. Messe zum Altare nichts mehr und meinten, mit dem Titel nicht viel anzufangen. Aber man muß den Inhalt lesen und es stimmt so. K. sagte, Überschrift gefällt ihm nicht so gut, aber der Inhalt schon. Schwägerin G. aus T. sagte: teils teils sei ihr die alte Kirche lieber. Wünsche, daß es viele Leser gibt, und sich's zu Herzen nehmen. Eine gute Sache. C.N. in A.

Ich wünsche Ihnen großen Erfolg, daß sie mit Ihrem Buch die „braven und gut schlafenden Konzils-Katholiken" aufwecken! J.L. in H.

Was ich bis jetzt gesehen und gelesen habe, gefällt mir sehr gut. Du hast ja in vielem so recht. Wie ist die Resonanz bei Dir? H.W. in A.

Ihr schönes Buch habe ich inzwischen erhalten und auch schon darin gelesen, herzlichen Dank. Sie haben mir eine große Freude damit gemacht. I.K. in S.

Es muß in unserem katholischen Glaubensleben eine Trendwende um 180° eintreten … Vielleicht Sind Sie, Herr Weihbischof, in den Händen Gottes ein Werkzeug, das für die genannte Trendwende einen entscheidenden Anstoß darstellt. Ich wünsche es sehr. N.D. in M.

Für ihr wunderbares Geschenk „Die alte Kirche ist mir lieber", möchte ich mich noch einmal bedanken. Wir besitzen es dank Ihrer Güte nicht nur selbst, sondern haben es auch mehrfach verschenkt, in der Gewißheit, damit echte Glaubensfreude weitergeben zu können.
R.K. in E.

Das (anderer Buchtitel) zieht ganz erfreuliche Kreise, und auch von Ihrem Buch, das meinen Intentionen in mancher Hinsicht verwandt ist, hört man Gutes. Prof. Dr. H.K. in M.

Ich denke ... an die geistliche Stärkung, die so viele Menschen durch Ihr letztes Buch erfuhren.
Dr. W.G. in S.

Ich habe es mit grossem Interesse gelesen und stimme mit Ihnen überein, dass Anpassung an eine sich wandelnde Welt und die Gesellschaft nicht unbedingt den Verzicht bewährter Grundelemente und Wahrheiten bedeuten muss. Sie haben mit dem Mut zur Unbequemheit aus Überzeugung den Finger auf eine wunde Stelle gelegt. Dass Ihr Hinweis dennoch Wirkung gezeigt hat, beweist mir die Tatsache, dass ich bisher noch nirgends eine kritische Rezension Ihrer aufrüttelnden Publikation finden konnte. Verträgt man eine konstruktive Erinnerung nicht mehr?
M. und R.W. in S.

... komme ich endlich dazu, Ihnen (für das Buch) ein herzliches Vergelt's Gott zu sagen. Diese Überraschung hat mich sehr gefreut. In den Weihnachtsferien werde ich mich in diese schöne und bereichernde Lektüre vertiefen und sicher Kraft, Mut und Zuversicht daraus schöpfen.
A.R. in T.

... und danke für Ihren Mut, der „theological correctness" entgegen zu wirken und die Probleme deutlich aufzuzeigen.
M.H. in F.

Es freut uns, dass Ihr Buch ... grosses Interesse findet. Wir lesen es oft mit Tränen in den Augen. Da bekommt man Sehnsucht nach einer gesunden Volksfrömmigkeit, die kaum noch zu finden ist.
G. und J.K. in A.

Ich bedanke mich recht herzlich für das Buch ... Sie haben mir damit eine große Freude bereitet.
A.K. in W.

Dein neues Buch habe ich mit großem Interesse gelesen. Ich habe es inzwischen auch zweimal weiter verschenkt, da ich der Auffassung bin, daß Dein Buch eine große Aufmerksamkeit verdient.
Dr. G.W. in N.

... soll Ihnen dieses Brieflein meine Dankbarkeit, Freude und Bewunderung für Ihr einmaliges Werk ... ausdrücken. Diese exzellente Publikation zeigt Sie nicht nur als großen Kenner des wahren Wesens der Kirche, ihrer Lehre und Liturgie ... Ihre Liebe zur Kirche ist nichts anderes als die Liebe zum Herrn und seiner Herde ... Es ist sehr zu begrüßen, dass dieses wertvolle Buch auch eine ausgezeichnete Ausgestaltung erfahren hat. Die zitierten Texte aus dem Leben der Kirche, die herrlichen Fotos, die Einteilung, ja das Gesamte ist mit Liebe und feinem Gefühl für ein solches längst fälliges Opus gestaltet. Auch dem Maris Stella Verlag große Anerkennung. Prof. Dr. I.D. in A.

Große Freude, daß Du dieses Jahr Dein schönes, wertvolles Buch herausgeben konntest.
C.B. in N.

Wir haben uns sehr gefreut zu hören, daß Ihr Buch bereits in der 2.Auflage erschienen ist. Welch' eine rasante Entwicklung! M.S. in O.

Uns geht das Herz auf, wenn wir darin lesen. Gegen allen Wildwuchs in Liturgie und Gemeindearbeit setzen Sie darin auf das, was katholisch macht. Es ist zudem eine Fundgrube, in der wir fast Vergessenes wieder entdecken. W. und R.T. in O.

Noch ganz gefangen von dem Füllhorn schöner Gedanken und Erinnerungen, das Sie mit Ihrem mutigen Buch über uns arme Altgläubige ausgeschüttet haben, danken wir Ihnen von Herzen. W.W. in A.

Ganz herzlich danke ich für Ihr Buch ..., welches ich mit Begeisterung studiere. M.H. in F.

Vergelts Gott für Ihren Mut zu dem Buch ... Ich habe es mit großer Freude gelesen.
H.P. in D.

Meine Anerkennung für Ihr Buch ... Die Empfehlungen und Beurteilungen habe ich in der Kath. Presse gelesen. E.E. in I.

Ich werde sicher Zeit und Muse finden, das Buch zu lesen, und ich freue mich bereits jetzt schon darauf. Prof. Dr. P.F. in M.

Danke für Ihr Buch! Wir werden es gerne im nächsten Heft von ... anzeigen. Dr. E.J. in M.

Vergelt's Gott für Ihren Bekennermut! Prof. Dr. D.J.W. in N.

„Vergelt's Gott" für diese wunderbare Lektüre. Dieses Buch sollte ab sofort zum Pflichtstudium für jeden Erzbischof, Bischof und Generalvikar werden. Es müsste in jedem Priesterseminar in der Bibliothek stehen und von jedem angehenden Priester gelesen werden ... Wenn ich an die großen levitierten Hochämter an den hohen Festtagen denke, dann stehen mir jedesmal vor Freude die Tränen in den Augen. Heute wissen manche Priester gar nicht mehr, was das ist oder war ... Es war einfach schön und jeder Gottesdienst hatte seine eigene Feierlichkeit. Man hat uns nach dem Konzil, gerade in der Liturgie, die große Mystik in den liturgischen Feiern genommen. Aber verstehe es, wer will, ich nicht! ... Wenn ich so schreiben könnte und theologisch gebildet wäre, hätte ich dieses Buch nicht anders geschrieben und stimme Ihnen in allen IV Kapiteln voll und ganz zu ... Am liebsten würde ich diese „meine alte Kirche" nochmals zurückholen ... Dennoch habe ich die große Hoffnung, dass bald eine Kehrtwende kommen wird. H.-J. H. in M.

Bibliographie
Weihbischof em. Max Ziegelbauer

📖 **Im Banne des Papstbesuchs : Deutschlands festliche Kirche.** - Donauwörth : Auer, - 1. u. 2. Aufl. 1980. - 48 S.

📖 **Johannes Eck : Mann der Kirche im Zeitalter der Glaubensspaltung.** - St. Ottilien : EOS-Verl., - 1. Aufl. 1986. 2. Aufl. 1987 – X, 310 S. mit 47 Abb. im Text und auf 16 Tafeln.

📖 **Jugend, willst du noch katholisch sein? : Wege zu einer neuen Identität.** - Donauwörth : Auer, - 1. Aufl. 1983. 2. Aufl. 1984. - 176 S. mit Abb.

📖 **„Katholische Kirche und Katholizismus in Memmingen von 1900 bis 1975";** Sonderdruck aus: Jahrbuch des Vereins für Augsburger Bistumsgeschichte e.v., Band 10 (1976), S. 369-417.

📖 **Der Kirche auf der Spur,** Augsburg : Verl. Winfried-Werk **Band 1. Reise durch die geistliche Landschaft Deutschlands.** - 1. Aufl. 1971. 2. Aufl. 1972. - 480 S. mit Registern und 97 Abb. **Band 2. Ihr Erbe und Auftrag in Deutschland.** - 1. Aufl. 1973. - 488 S. mit Registern und 80 Abb.

📖 **Vom christlichen Glauben geprägt / Katholischer Kulturkongreß Augsburg.** (M.Z. als Hrsg.), Donauwörth : Auer, - 1. Aufl. 1992. - 200 S. mit Abb.

Außerdem zahlreiche Buchbeiträge (teils weitere Sonderdrucke), Abhandlungen in Periodica sowie Rezensionen

Bildnachweis

78: Kathedrale von Warschau, in: Bertram Otto, Überall bist Du zuhause. Ein dokumentarischer Bildband, Graz u.a. 1958, S. 97. Text: Gebet bei der Opferung (Römisches Messbuch 1962).

86: Bischof Julius Döpfner, Würzburg, später Erzbischof von München und Freising sowie Kardinal, spendet das Sakrament der Firmung, in: Oskar Neisinger, Kirche der Freude. Bilder – Notizen – Zitate über die Wirklichkeit, den Urgrund und das letzte Ziel christlicher Freude in unserer Zeit, Würzburg 1961, S. 86.

93: Erstkommunionfeier am Weißen Sonntag in Memmingen. Archiv Weihbischof Ziegelbauer.

94: H. Kunkel, Das heilige Messopfer (s.o. 34), o.S. Text: Spendeformel bei der Kommunionausteilung (Römisches Messbuch 1962).

101: Kommunionempfang im koptischen Ritus, in: B. Otto, Überall bist Du zuhause (s.o. 78), S. 47. Text: Nik. Liesel – Heinrich Kunkel, Die Liturgien der Ostkirche, Fulda 1956, 21. S.

102: Gaston Castella – Johann Baptist Villiger, Papstgeschichte, Bd. 3, o.O. o.J. [1966], Reprint Frechen o.J. [1998], S. 343.

111: Zeichnung von Prof. Albert Burkart, in: Katholischer Katechismus der Bistümer Deutschlands ("Grüner Katechismus"), München 1955, S. 90.

112: Die Verklärung des heiligen Thomas von Aquin, Altarbild in S. Catarina, Pisa, in: Vera Schauber u.a., Heilige und Namenspatrone im Jahreslauf, Augsburg 1998, S. 42.

118: H. Kunkel, Das heilige Messopfer (s.o. 34), o.S.

128: H. Kunkel, Das heilige Messopfer (s.o. 34), o.S.

136: Verkündigung des Dogmas von der Aufnahme Mariens mit Leib und Seele in den Himmel, in: B. Otto, Überall bist Du zuhause (s.o. 78), S. 4. Text: Introitus der Messe am Feste der Kirchweihe I. Am Jahrestag der Kirchweihe (Römisches Messbuch 1962).

140: Blasiussegen, in: B. Otto, Überall bist Du zuhause (s.o. 78), S. 123.

146: Die Speisung der Fünftausend, Egbert-Codex, um 980, in: Religionspädagogisches Seminar der Diözese Regensburg, Christusbilder zwischen Tradition und Provokation, o.O. o.J., Nr. 19.

151: St. Elisabeth in Trümmern, Frankfurt a.M. 1945, in: Unser gemeinsamer Weg. 150 Jahre Bistum Limburg, Frankfurt a.M. 1977, S. 107.

152: Im Petersdom steht diese alte Statue des heiligen Apostelfürsten Petrus, deren Schöpfer man nicht kennt. Die Pilger küssen zum Zeichen der Verehrung den Fuß des Standbildes, der im Laufe der Jahrhunderte durch diese Ehrenbezeugung seine unsprünglichen Konturen verloren hat, in: B. Otto, Überall bist Du zuhause (s.o. 78), S. 9.

158: Hochaltarplastik der leiblichen Aufnahme Mariens in den Himmel in der ehemaligen Augustinerstiftskirche zu Rohr (Niederbayern) von Egid Quirin Asam (1692-1750), in: A.M. Rathgeber, Kirche und Leben (s.o. 54), Bildtafel 40.

165: Abteikirche Münsterschwarzach (Fotografie aus dem Jahre 1938 im Archiv der Abtei), in: Alfred Wendehorst, Das Bistum Würzburg 1803-1957, Würzburg 1965, S. 87.

166: Maialtar in der Wallfahrtskirche St. Petrus und Paulus in Steinhausen bei Bad Schussenried (Diözese Rottenburg-Stuttgart). Archiv Stella Maris Verlag. Text: 4.

und 5. Strophe des Liedes „Sagt an, wer ist doch diese", in: Laudate. Gebet- und Gesangbuch für das Bistum Augsburg, München u.a. 1949, Nr. 186.

173: Doppelseitige, stehende Muttergottes im Strahlenkranz (um 1530); als Leihgabe des Königl. Museums in Berlin seit 1991 im Altenberger Dom, in: Arno Paffrath, Altenberg. Der Dom des Bergischen Landes, Königstein i.T. 1974, S. 41. Text aus dem Würzburger Gesangbuch (1830), in: Laudate (s.o. 166), Nr. 174.

174: Der heilige Bernhard. Miniatur aus einem Antiphonar, Sommerteil, Altenberg 1547. Heinrich-Heine-Institut, Hs. D 36, S. 207v, in: A. Paffrath, Altenberg, (s.o. 173), S. 80.

182: Archiv Weihbischof Ziegelbauer.

186: John Henry Kardinal Newman. Archiv Stella Maris Verlag.

191: Ludwig Pralle (Hrsg.), Gaude Fulda. Das Bonifatiusjahr 1954. Jubel am Apostelgrab. Die Feiern zum 1200. Todestag des heiligen Bonifatius, Fulda o.J., S. 35.

192: Kirche der Windrose. Bilder – Notizen – Berichte vom 37. Internationalen Eucharistischen Kongress in München 31. Juli – 7. August 1960, Würzburg [4]1960, S. 122.

198: O. Neisinger, Kirche der Freude (s.o. 86), S. 72.

206: Zisterzienser beim Chorgebet, in: A.M. Rathgeber, Kirche und Leben (s.o. 54), Bildtafel 58.

215: Choralschola, in: Michael Klöcker, Katholisch – von der Wiege bis zur Bahre. Eine Lebensmacht im Zerfall?, München 1991, Bildanhang Nr. 15.

216: Uraufführung des Maximilian-Kolbe-Oratoriums in der Kirche der Minoriten zu Würzburg am 16.03.1972, in: Max Ziegelbauer, Der Kirche auf der Spur. Bd. 2. Ihr Erbe und Auftrag in Deutschland, Augsburg 1973, Bildtafel 41 vor S. 225.

223: H. Kunkel, Das heilige Messopfer (s.o. 34), o.S.

224: Paul Kopf – Max Miller (Hrsg.), Die Vertreibung von Bischof Joannes Baptista Sproll von Rottenburg 1938-1945. Dokumente des kirchlichen Widerstands, Mainz 1971, Bild 4.

235: Flugblatt, in: Bertram Otto, 100 Jahre Nacht und Tag. Geschichte des deutschen Katholizismus zwischen 1868 und 1968, Bonn 1968, S. 245.

236: Bayerisches Pilgerbüro, Pilger-Studien-Wander-Reisen 2001.

244: Der letzte Fürstbischof von Würzburg, Georg Carl v. Fechenbach (Zeitgenössisches Gemälde im Mainfränkischen Museum Würzburg), in: A. Wendehorst, Bistum Würzburg (s.o. 165), S. 11.

250: Helmut Moll (Hrsg.), Zeugen für Christus. Das deutsche Martyrologium des 20. Jahrhunderts, Bd. 1, Paderborn u.a. [2]2000, S. 433.

260: A.M. Rathgeber, Kirche und Leben (s.o. 54), Bildtafel 26.

268: B. Otto, Überall bist Du zuhause (s.o. 78), S. 77.

280: A.M. Rathgeber, Kirche und Leben (s.o. 54), Bildtafel 55.

287: A.M. Rathgeber, Kirche und Leben (s.o. 54), Bildtafel 56.

288: Blasiussegen, in: O. Neisinger, Kirche der Freude (s.o. 86), S. 118.

295: Crucifixus: lebensgroßes Schnitzwerk des Augsburger Bildhauers Ehrgott Bernhard Bendel, Anfang des 18. Jhdt., Hoher Dom, Augsburg, südl. Querarm. Archiv Stella Maris Verlag.

296: Ein Schnappschuss aus einem kommunistischen Staat; frohes Gespräch vor der Bibelstunde, in: O. Neisinger, Kirche der Freude (s.o. 86), S. 73.

307: Gertrud von le Fort, in: B. Otto, 100 Jahre Nacht und Tag (s.o. 235), S. 199.

308: M. Klöcker, Katholisch (s.o. 215), Bildanhang Nr. 6.

314: Letzte Ölung im Busch, in: B. Otto, Überall bist Du zuhause (s.o. 78), S. 64. Text: Spendeworte bei der Letzten Ölung (vor der Liturgiereform).

320: B. Otto, Überall bist Du zuhause (s.o. 78), S. 110.

328: B. Otto, Überall bist Du zuhause (s.o. 78), S. 87.

332: Ein Engel offenbart der heiligen Lidwina (1380-1433), dass sie sterben muss, wenn alle Knospen des Rosenstrauchs blühen (Stich von Ludwig Seitz aus dem 19. Jhdt.), in: V. Schauber u.a., Heilige und Namenspatrone (s.o. 112), S. 156. Text: Responsorium „Subvenite" (7./8. Jhdt.) aus der Commendatio animæ (kirchliche Sterbegebete).

340: Prozession am Bruderschaftsfest 1979, in: Thomas und Helene Finkenstaedt, Die Wieswallfahrt. Ursprung und Ausstrahlung der Wallfahrt zum Gegeißelten Heiland, Regensburg 1981, S. 105. Text: Das Wieslied, aus: v. Ditfurth, Fränkische Volkslieder, Bd. I, Leipzig 1855, S. 17 (1. und 3. Strophe); abgedruckt in: Finkenstaedt, S. 84.

352: Buchpräsentation am 18.09.2002; Archiv Stella Maris Verlag.

356: Buchpräsentation am 18.09.2002; Archiv Stella Maris Verlag.

Ist im Text vom „Krieg" (ohne weiteren Zusatz) die Rede, ist stets der Zweite Weltkrieg (1939-1945) gemeint; wird lediglich von „dem Konzil" gesprochen, handelt es sich um das Zweite Vatikanische Konzil (1962-1965).

Belege der Zitate im Text: Archiv des Autors.

Die den Texten vorangestellten Leitworte sowie die Gedichte und Sinnsprüche sind vom Autor ausgewählte Schätze einer Weltkultur aus christlichem Erbe und Auftrag.

Personenregister

385

Stella Maris Verlag

Leo Cardinal Scheffczyk

Entschiedener Glaube –
befreiende Wahrheit

Ein Gespräch über
das Katholische und die Kirche
mit Peter Christoph Düren

Stella Maris Verlag
D-86647 Buttenwiesen
2003

Leo Cardinal Scheffczyk gibt Antworten auf Fragen des Augsburger Theologen **Peter Christoph Düren**. Anhand des klassischen Aufbaus der Dogmatik – Gotteslehre, Schöpfungslehre, Christologie, Mariologie, Gnadenlehre, Ekklesiologie, Sakramentenlehre und Eschatologie – entwirft einer der bedeutendsten deutschen Theologen ein Gesamtbild des spezifisch Katholischen und nimmt Stellung zu aktuellen Fragen.

Leo Cardinal Scheffczyk
**Entschiedener Glaube –
befreiende Wahrheit**
Ein Gespräch über das Katholische und die Kirche mit Peter Christoph Düren
Buttenwiesen 2003
ISBN 3-934225-27-6
Ca. 355 S. € 14,90

Peter Christoph Düren

Der Ablass
in Lehre und Praxis

Was ist ein Ablass und wie kann man Ablässe gewinnen? Nach einer Darlegung der kirchlichen Lehre über den Ablass werden sämtliche vollkommenen Ablässe, die die Kirche im Handbuch der Ablässe (1999) bewilligt hat, beschrieben und die Bedingungen für ihre Gewinnung genannt.

Peter Christoph Düren
Der Ablass in Lehre und Praxis
Die vollkommenen Ablässe der katholischen Kirche
Buttenwiesen ²2000
ISBN 3-934225-04-7
272 S. 16 Abb. € 10,20

Fordern Sie einen Buchprospekt an
und bestellen Sie beim

Stella Maris Verlag
D-86647 Buttenwiesen

Tel.   0 (049) – 8274 – 6543
Fax: 0 (049) – 8274 – 6542
Internet: www.stella-maris-verlag.de
eMail: sabine.dueren@t-online.de